國語國文學叢書 084

女小學

학자원

국어국문학총서 84

女小學

2018년 9월 15일 초판 1쇄 발행

저 자 : 朴文鎬
펴낸이 : 김병환
펴낸곳 : 학자원
주 소 : 134-814 서울시 강동구 천호대로 1121
전 화 : 02) 6403-1000
팩 스 : 02) 6338-1001
E-mail : hakjaone@daum.net
등 록 : 2011년 3월 24일 제324-2011-14호

HAKJAONE Publishing Co.
1121 Cheonho-Daero Kangdong-Gu Seoul

ISBN : 979-11-6247-053-4 93810

값 70,000원

女小學 卷一

共六

六冊三百二十八枚

에ᄉᆞ 이며 미오 이 ᄒᆞ야 ᄒᆞ니ᄒᆞᄒᆞ연 로 언 으로 ᄒᆞ니라

女 녀녀ᄌᆞ 小 쇼쟉을 學 학비울 題 뎨쓸 辭 ᄉᆞ말ᄉᆞᆷ

녀쇼학뎨ᄉᆞ는 녀쇼학 짓넌 소이연 말ᄒᆞᆫ 글이라

天 텬ᄒᆞᆫ을 畀 비줄 我 아니 性 셩셩、품 無 무업슬 間 간ᄒᆞᆯ시이 男 남남ᄌᆞ 女 녀녀ᄌᆞ、

匪 비안안 敎 교ᄀᆞ리츨 何 하엇지 善 션착ᄒᆞᆯ、 匪 비안안 書 셔글 何 하엇지 據 거의

조건ᄒᆞᆯ 肆 ᄉᆞ연 고 古 고녜 捛 쳘착ᄒᆞᆯ 嬡 원미녀、 優 우넉넉 有 유잇 內 니안 助 도을

여 玩 완구 경 心 심ᄆᆞᆷ 圖 도그림 史 ᄉᆞᄉᆞ기 亦 역ᄯᅩ 蕩 탕방탕 帛 박 其 기그 流 류ᄎᆞ 譽 예명

文 문글 如 여만 勝 승이을 德 덕덕 取 ᄎᆔ 譏 긔조롱 匹 필짝 慮 려싱각 琰 염

옥 韞 온감 多 다 識 식알 取 ᄎᆔ받을 庶 셔셔 인

ᄒᆞᆫ을이 ᄉᆞ람의 셩품을 주신 쩍의 남녀의 후박이 업ᄉᆞ

ᄂᆞ마리 ᄎᆞ지ᄉᆞ니ᄒᆞ면 엇지 착ᄒᆞ여 글이ᄉᆞ니면 무어

ᄒᆞᄂᆞᆫ 이라
ㅣ ᄒᆞᄂᆞ이라
ᄒᆞ야 일러니
ᄒᆞ야 이라
넌 ᄒᆞ야
ᄒᆞ고

슴의거ᄒᆞ리요그런고로이견착ᄒᆞᆫ부인뎔이글에잠
심ᄒᆞ야니치에유조ᄒᆞ고ᄉᆞ착의알음을ᄭᅢ쳔ᄂᆞ니라
그러허ᄂᆞᆫ글이덕열이이면ᄯᅩᄒᆞᆫ맘을방ᄉᆞ케ᄒᆞ논고
로ᄒᆞᆫᄂᆞᆫ채염파진ᄂᆞᆫ샤도온은ᄉᆞ년거시만기로
좀ᄉᆞ람ᄒᆞᆫ틔도조롱함을바닷너니라

我아有유國국文문作작者쟈其기聖셩인婦부인
儒유皆기學학崇숭朝죠可가竟경以
以써譯번역經경傳젼以이資ᄌᆞ誦송詠영世셰간
降강俗쇽續쇽益익晦회古고鏡경富
婦부女녀宴연安안奢사風풍日일盛셩

ᄒᆞ더라

貧간난빈 乃이예내 不못홀불 遑겨를황 身몸신 勞수고로 治다ᄉᆞ릴치 生세간
살신、

우리나라에연문이잇스니그글지으시는셩인이
라부인과어린ᄋᆞ히도비울만ᄒᆞ니ᄒᆞ로ᄋᆞ침에도가
히통할거시라그글로평셔를번역ᄒᆞ야부인뎐노비
우쳬ᄒᆞ엿더니세샹에누리고시속이무너저셔이젼
법이추추어둡더라부귀가부인뎐너머편ᄒᆞ야사
치ᄒᆞ는풍쇽만날노셩ᄒᆞ고간난ᄒᆞ니는치산에골몰
ᄒᆞ야언문열ᄃᆡ롤치못ᄒᆞ더라

我아 妹미、在지 蠢춘、略략 曉효 方방 言언、 二

ᄒᆞ야

이라 ᄒᆞ고ᄒᆞ고 ᄒᆞ고 ᄒᆞ라ᄒᆞ니 이러라

所소習습의 힘伊이재 何하여 稗패書셔 不블한 根근이 [illegible]

陳진神신怪괴何하여 與여閨규門문 [illegible]

乃내取취聖성訓훈篇편章장 不블繁번을 ᄒᆞ고

用용納납歸귀裝장 日일愼신無무議의 ᄒᆞ고

杜두寧녕索삭書셔屋옥火화遭조燔번 ᄒᆞ니

잠미뎨마쳔말셰예 언문니당통ᄒᆞ야 아히너거시 허

탄ᄒᆞ고 셜이라 ᄡᅳ웃과괴이ᄒᆞᆫ날이 규문에 하관아나

ᄒᆞ고 이졀셩헌의 말ᄉᆞᆷ 열뫼와 조고마 치ᄎᆡᆨ 열만드러

마리치고 ᄎᆞᆯ가ᄒᆞᆯ제 롱의너허 보닛더니 근친시에 그

ᄎᆡᆨ을 ᄎᆞᄌᆞ니 화지예 티와더라

我아ᄒᆡ子ᄌᆞ 멸成셩일울 童동ᄋᆞᄒᆡ 七칠일곱 書셔칙 在ᄌᆡ잇슬 口구입 我

아ᄒᆡ女녀ᄯᆞᆯ 行ᄒᆡᆼ장ᄎᆡᆺ 笄계비녀 最최ᄆᆞ장 能능ᄂᆞᆼᄒᆞᆯ 井졍우물 曰왈ᄀᆞᆯ 若약ᄀᆞ탈

약ᄆᆞ 口구무를 其기그 中듕가온 片편조각 語어말ᄉᆞᆷ 無무업슬 受슈바ᄃᆞᆯ 子ᄌᆞ

ᄋᆞ뎔 之지어조 不불못ᄒᆞᆯ 學학비울 見견볼 恕셔용셔ᄒᆞᆯ 父부부친 母모모친

ᄌᆞ 之지어조 不불못ᄒᆞᆯ 學학비울 貽이끼칠 怒노ᄒᆞᆯ 夫부지아비 壻셔

女녀ᄯᆞᆯ 之지어조 德덕 不불알 修슈닷글 胡호엇지 爲위될 人인남 婦부며ᄂᆞ리부

구 四ᄉᆞ넉

자ᄉᆞ희 년 仙오 세예 ᄎᆞᆯ셔련ᄃᆞ 일것더니 녀사과 질녀

는ᄎᆞ 초고ᄂᆞᆫ 희되미 졍ᄌᆞ는 ᄆᆞ장 ᄂᆞᆼ히ᄒᆞᆫ 속에든거

슬무를진ᄃᆡ 한말도 비온거시 업도ᄃᆞ 대뎌 ᄋᆞ뎔에 비

우지못ᄒᆞᆫ거ᄂᆞᆫ 부모ᄆᆞ 용셔ᄂᆞᆫ ᄒᆞ련이와 ᄯᆞᆯ연 남의집

년에ᄂᆞ니

년이ᄂᆞ

ᄒᆞ면ᄋᆞᄒᆞ

언ᄒᆞᆫ이와

년

ᄒᆞᄂᆞ니 욕

면리요

ᄒᆞ야

이나ᄒᆞ니

이로ᄃᆞ

ᄒᆡ어던

ᄒᆞ나

ㅣ라

ᄒᆞ야

ᄒᆞ로다

에터인ᄉᆞ람이라만일비우지못ᄒᆞ면외졍과구고의
제이우ᄒᆞᄂᆞ니ᄉᆞ덕을닥지ᄋᆞ니ᄒᆞ면엇지남의며느
리마되리요
念싱각념 我아니 好조와ᄒᆞᆯ호 遊놀유 編엮을편 髮터럭발 爲ᄒᆞᆯ위 始비로솔시 學
書셔최셔 萬일만만 卷권최권 一ᄒᆞᆫ일 不아닐불 在잇슬재 已이믜이 己몸긔 中가온대즁
夜밤야 仰울얼앙 屋집옥 驚놀날경 汗ᄯᆞᆷ한 不아닐불 踐발블쳔 履발블리 凡대범범
人ᄉᆞ람인 有잇슬유 聞드를문 貴귀ᄒᆞᆯ귀 在잇슬재 踐 其그기
言말언 其그기 事일ᄉᆞ 有잇슬유 經글경 有잇슬유 史ᄉᆞ긔ᄉᆞ 叢
韓나라한 此이ᄎᆞ 書셔최셔 以ᄡᅥ이 遺기칠유 女계집녀 士션비ᄉᆞ
ᄂᆡ마편발젹부터놀며비우기를조와ᄒᆞ야ᄎᆡ열만권

에넌 ᄒᆞ로라

율비와쓰ᄂᆞ ᄒᆞᆫ노도몸의잇지ᄋᆞ니 ᄒᆞ니 즙야의혼ᄌᆞ
싱각ᄒᆞ미놀난ᄯᆞᆷ이그치지ᄋᆞ니ᄒᆞ도ᄃᆞ대뎌드른거
시잇거던그말되로힘ᄒᆞ미키ᄒᆞ니그말과그날이경
ᄉᆡ에잇끄ᄉᆞ리예잇넌지라두루뫼와셔이착열만드
러녀ᄉᆞ의게주노리

壬(별 임)午(낫 오)春(봄 츈)三(석 삼)月(달 월)匏(박 호)山(산 산)題(쓸 뎨)

임오츈삼월에호산은쓰노라

四

女小學目錄

녀쇼학목록

卷之一

일권

敍倫第一

인륜ᄎᆞ례말ᄒᆞᆫ첫지편

設敎第二

가ᄅᆞ치ᄂᆞᆫ법마련ᄒᆞᆫ둘지편

明別第三

남녀분별ᄇᆞᆯ키ᄂᆞᆫ셋지편

女德第四上

녀덕말ᄒᆞᆫ넷지샹편

飭身

쳐신ᄒᆞᄂᆞᆫ법

事父母

부모셤기ᄂᆞᆫ법

卷之二

이권

女德第四下

녀덕말ᄒᆞᆫ넷지하편

事사 셤 舅구 시부 姑고 시모

구고 셤기넌 법

事사 셤 夫부 외정 子ᄌ 남ᄌ

외정 셤기넌 법

育육 길을 子ᄌ ᄌ식

ᄌ식 길으넌 법

友우 우의 兄형 형 弟뎨 ᄋ우

형뎨간의 우이ᄒ넌 말

睦목 화목 宗종 일가 族족 일가

일가에 화목ᄒ넌 말

二

事 섬길ᄉ 長 얼운쟝
얼운섬기넌법

接 졉ᄒᆞᆯ졉 物 물건물
남의게졉ᄃᆡᄒᆞ넌말

治 다ᄉᆞ릴치 家 집가
세간ᄉᆞ넌말

女 녀ᄌᆞ녀 禮 례졀례 第 ᄎᆞ례뎨 五 ᄃᆞᄉᆞᆺ오 上 위샹
녀례말ᄒᆞᄃᆞ셔지샹편

笄 빈여계 禮 례졀례
빈여ᄒᆞᄂᆞᆫ례

卷권칙권 之어조ᄉᆞ지 三삼석

삼권

女녀ᄌᆞ녀 禮례졀례 第ᄎᆞ례뎨 五ᄃᆞᄉᆞ오 中가운ᄃᆡ듕

녀례말흔ᄃᆞ섯지즁편

昏혼인혼 禮례졀례

혼례

喪상ᄉᆞ상 禮례졀례

상례

卷권칙권 之어조ᄉᆞ지 四넉ᄉᆞ

ᄉᆞ권

三

女(녀)禮(례)第(뎨)五(오)下(하) — 녀ᄌᆞ례졀ᄎᆞ례다ᄉᆞᆺ아리

녀례말ᄒᆞᄂᆞᆫ셔지하편

祭(제)禮(례) — 제ᄉᆞ례졀

제례

事(ᄉᆞ)生(ᄉᆡᆼ)儀(의) — 섬길산례졀

산ᄉᆞ람섬기던례

女(녀)功(공)第(뎨)六(륙) — 녀ᄌᆞ공ᄎᆞ례여셧

녀공말ᄒᆞᆫ여셔지편

織(직)紝(임) — ᄧᆞᆯ잉으

길삼

衣(옷의)服(옷복) 의복

飮(마실음)食(먹을식) 음식

卷(책권)之(어조ᄉᆞ자)五(다ᄉᆞᆺ오) 권지오

古(녜고)事(일ᄉᆞ)第(ᄎᆞ례뎨)七(닐곱칠)上(위샹) 고ᄉᆞ뎨칠상

녯적부인ᄒᆡᆼ젹말ᄒᆞᆫ일곱치샹편

孝(효도효)女(ᄯᆞᆯ녀) 효녀

孝(효 효) 婦(며느리 부)

효부

烈(미올 렬) 女(녀ᄌᆞ 녀)

렬녀

卷(치권 권) 之(어조ᄉᆞ 지) 六(여섯 륙)

륙권

古(녜 고) 事(닐 ᄉᆞ) 第(ᄎᆞ례 뎨) 七(닐곱 칠) 下(ᄋᆞ래 하)

녜져부인ᄒᆡᆼ젹말ᄒᆞᆫ일곱치하편

賢(어질 현) 妻(아내 쳐)

어진아ᄂᆡ

賢현어질 母모친

어진모친

賢현어질 婦부부인 人인사람

어진부인

五

에 에
효에
효세
효에
효에
효고

女녀ᄌᆞ小쇼學학을卷권之지一일

녀쇼학말권

敍셔倫륜第뎨一일

인륜ᄎᆞ례말ᄒᆞᆫ차지편

易쥬역曰일월有유잇슴天텬을地ᄯᅡ디然연그럴열後후뒤有유잇습

萬만일만物물만물有유잇슴萬만일만物물然연그럴後후뒤有유잇슴

有유잇슴男남女녀有유잇슴男남女녀然연그럴後후뒤有유잇

有유잇슴夫부남편婦부부인有유잇슴夫부婦부然연그럴後후뒤

有유잇슴父부아비子ᄌᆞ자식有유잇슴父부子ᄌᆞ然연그럴後후뒤

有유잇슴君군인군臣신신하有유잇슴君군臣신然연그럴後후뒤

有유잇슴男남夫부父부君군臣신하有유잇슴男남夫부父부君군臣신

에 ᄒᆞ고
에 金니라

後뒤후 有잇슬유 上위샹 下아래하ᅵ오 有잇슬유 上위샹 下아래하ᅵ오 然그럴연 後뒤후
禮례례 義올을의 有잇슬유 所바소 錯둘조

쥬역에 왈 텬디ᄀᆞ 잇슨 후에 만물이 잇고 만물이 잇슨
후에 남녀ᄀᆞ 잇고 남녀ᄀᆞ 잇슨 후에 부부ᄀᆞ 잇고 부부
ᄀᆞ 잇슨 후에 부ᄌᆞᄀᆞ 잇고 부ᄌᆞᄀᆞ 잇슨 후에 군신이 잇
고 군신이 잇슨 후에 샹하ᄀᆞ 잇고 샹하ᄀᆞ 잇슨 후에 례
의를 둘 바이 잇ᄂᆞ니라

ᄒᆞ며 ᄒᆞ며
父부친부 父부친부 子ᄌᆞ식ᄌᆞ 子ᄌᆞ식ᄌᆞ 兄형형 兄형형 弟아우뎨 弟아우뎨
夫외졍부 夫외졍부 婦마느리부 婦마느리부 而어조ᄉᆞ이 家집가 道도리도 正발을졍
家집가 道도리도 正발을졍 而ᄉᆞ이 天한을텬 下아래하 正발을졍 矣
ᄒᆞ고 ㅣ ᄒᆞ고

니라

예조 ᄉᆞ의

부는부ᄒᆞᆯ도리ᄒᆞ고ᄌᆞ는ᄌᆞᄒᆞᆯ도리ᄒᆞ고형언형ᄒᆞᆯ도
리ᄒᆞ고뎨는뎨ᄒᆞᆯ도리ᄒᆞ고외졍언외졍ᄒᆞᆯ도리ᄒᆞ고
아ᄂᆡ는아ᄂᆡᄒᆞᆯ도리ᄒᆞ면가도ᄀᆞ발ᄂᆞᄌᆞ고가도ᄀᆞ
바르면텬하ᄀᆞ발ᄂᆞᄌᆞᄂᆞ니라

孟 셩 밍 子 군ᄌᆞ ᄌᆞ 曰 일 왈 人 ᄉᆞ람 인 而 ᄉᆞ 이 無 업술 무 教 ᄀᆞ르칠 교 則 近 갓가 근 ᄒᆞ시니
於 어조ᄉᆞ 어 禽 금 獸 즘ᄉᆡᆼ 슈 ᄒᆞ며 聖 셩 셩 人 ᄉᆞ람 인 有 잇 유 ᄒᆞ며
教 ᄀᆞ르칠 교 人 ᄉᆞ람 인 倫 인륜 륜 ᄒᆞ시니 父 부 子 ᄌᆞ 有 잇 유 親 친ᄒᆞᆯ 친 ᄒᆞ며 君 군 臣 신 有 잇 유 義 올ᄒᆞᆯ 의 ᄒᆞ며
夫 부 婦 부 有 잇 유 別 분별 별 ᄒᆞ며 長 어룬 쟝 幼 어릴 유 有 잇 유 序 ᄎᆞ례 셔 ᄒᆞ며
朋 벗 붕 友 벗 우 有 잇 유 信 미들 신 ᄒᆞ니라

二

밍ᄌᆞ에왈ᄉᆞ람이비운거시읍스면금슈에갓갑기로
셩인이인륜을ᄀᆞ리ᄎᆞ니부ᄌᆞᄂᆞᆫ친홈이잇고군신언
의ᄀᆞ잇고부부ᄂᆞᆫ분별이잇고쟝유ᄂᆞᆫᄎᆞ례ᄀᆞ잇고붕
우ᄂᆞᆫ신이잇ᄂᆞ니이거시오륜이라

左좌傳젼曰왈 君군令령臣신共공父부慈ᄌᆞ
子ᄌᆞ孝효兄형愛ᄋᆡ弟뎨敬경夫부
和화妻쳐柔유姑고慈ᄌᆞ婦부聽텽禮례
也야

좌젼에왈인군언령ᄒᆞ고신하ᄂᆞᆫ공슌ᄒᆞ고부친언
ᄉᆞ랑ᄒᆞ고ᄌᆞ식언효도ᄒᆞ고형은우ᄋᆡᄒᆞ고아우ᄂᆞᆫ공

경ᄒᆞ고지아비ᄂᆞᆫ화ᄒᆞ고안ᄒᆡᄂᆞᆫ유슌ᄒᆞ고싀모ᄂᆞᆫᄉᆞ랑ᄒᆞ고며ᄂᆞ리ᄂᆞᆫ드를디니례에마ᄌᆞ

에ᄒᆞ고
ᄒᆞ고효
효이
라

뎡ᄒᆞ고외졍연화ᄒᆞ고아니면윤슌ᄒᆞ고시모든ᄉᆞ람
ᄒᆞ고며느리는슌텽ᄒᆞ는져시례법이라

國국 어 는 語어 말ᄉᆞᆷ 曰왈 일ᄋᆞᆯ 民민 ᄉᆞ람 生ᄉᆡᆼ 산 於어 어조ᄉᆞ 三삼 셕 事ᄉᆞ 셤길 에ᄒᆞ나
之지 어조ᄉᆞ 如여 ᄀᆞᄐᆞᆯ 一일 홀 父부 부친 生ᄉᆡᆼ 난 之지 어조ᄉᆞ 師ᄉᆞ 스승 敎교 ᄀᆞᄅᆞ칠 이라ᄒᆞ고
之지 어조ᄉᆞ 君군 인군 食식 먹일 之지 어조ᄉᆞ 故고 연고 一일 ᄒᆞᆫ 事ᄉᆞ 셤길 之지 어조 ᄒᆞ고이로
지 ᄒᆞᄂᆞ니라

국어에왈ᄉᆞ람이세군ᄃᆡ의ᄉᆞᄂᆞ니부모ᄀᆞᆺ코스승
이ᄀᆞᄅᆞ치고인군이먹이는고로일톄로셤기ᄂᆞ니라

白ᄇᆡᆨ 흰 虎호 범 通통 ᄐᆞᆯ 曰왈 일ᄋᆞᆯ 三삼 셕 綱강 벼리 父부 부친 爲위 될 子ᄌᆞ 아ᄃᆞᆯ 에 은
綱강 벼리 君군 인군 爲위 될 臣신 신하 綱강 벼리 夫부 외졍 爲위 될 妻쳐 안해 이요 이요

니이라

綱강벼리 쳐

빅호통에왈부친은ᄌ식의벼리ㅣ되고인군은신하

의벼리ㅣ되고외졍은아니의벼리ㅣ되니이거시삼

강이라

에 史ᄉᄉ記긔긔록註주주닐曰일늘왈父부부친母모모친兄형형弟아우

을이라ᄒᆞ고 뎨妻처아ᄂ子ᄌᄌ식謂위일늘之지어조ᄉ三삼석族족일가父부부친族

을 가母무모친族족일가妻처아니族족일가亦역또謂위일늘之ᄉ지어조

이라ᄒᆞᄂ니라 三삼석族족일가

ᄉ긔주에왈부모와형뎨와쳐ᄌ를삼족이라ᄒᆞ고부

족과모족과쳐족열또ᄒᆞᆫ삼족이라ᄒᆞᄂ니라

設설 敎교 第뎨 二이

ᄀᆞ리ᄎᆞ는 법마련ᄒᆞᆫ 둘지편

예이어던ㅣ 內안 則법 曰일 女녀 子ᄌᆞ 十열 年년、姆녀스 敎ᄀᆞ리

ᄒᆞᄂᆞ니다 婉원순ᄒᆞᆯ 娩만순ᄒᆞᆯ 聽텽드를 從죵조ᄎᆞᆯ、

ᄂᆡ즉에 왈 녀ᄌᆞㄱ 십셰ᄆᆞ 되거던 녀스승이 유순ᄒᆞᆫ 모

양과 텽죵ᄒᆞᄂᆞᆫ 도리로 ᄀᆞ리ᄎᆞᄂᆞ니라

예 예이 禮례례 記긔긔 졀록、曰일왈 古고녜 者쟈적 婦부부 人인ᄉᆞ람、先션먼져

ᄒᆞ야 嫁시집갈가 三삼석 月월달 敎교ᄀᆞ리 婦부부 德덕덕 婦부부 言언말 婦부

ᄒᆞᄂᆞ니라 부부인 容용모 婦부부인 功공공ᄒᆞᆫ

례긔에 왈 녯적의 부인이 시집ᄀᆞ기 삼월 전긔ᄒᆞ야 부

四

에 은　ᄒᆞ고 ᄒᆞ니　아 에에어던　ᄒᆞ고 ᄒᆞ야　아

인의덕과부인의말ᄒᆞ는법과부인의모양ᄀᆞ지던법

功부인의일ᄉᆞ룰ᄀᆞ리ᄎᆞ느니이거시ᄉᆞ덕이라

女녀녀ᄌᆞ 誡계경계 曰왈일늘 今금이제 之지어조ᄉᆞ 君군군 子ᄌᆞᄌᆞ군 徒

도ᄒᆞᆫ갓 知지알 敎교ᄀᆞ르출 男남ᄋᆞ덜 不불못ᄒᆞᆯ 知지알 敎교ᄀᆞ르출 女녀ᄯᆞᆯ 不불안얀

亦역또 蔽폐ᄀᆞ리울 乎호어조ᄉᆞ 禮례례법 八팔여덜 歲세ᄂᆞᆫ 始시비로솔 敎교ᄀᆞ리

출 書서글 獨독홀노 不불못ᄒᆞᆯ 可가가ᄒᆞᆯ 依의의지ᄒᆞᆯ 此ᄎᆞ이 以이ᄡᅥ 爲위ᄒᆞ 則

즉법 乎호어조ᄉᆞ

녀계에왈지금ᄉᆞ람덜언ᄉᆞ뎐ᄀᆞ리출줄만알고ᄯᆞᆯᄀᆞ

리출줄언모르니또ᄒᆞᆫᄀᆞ리운소견이ᄋᆞ니냐녜법되

로팔세ᄀᆞ되거던글열ᄀᆞ리ᄎᆞ는닐이올흐니라

어딘

ᄒᆞ나니라

에

이런만ᄃᆡ이 ᄒᆞ야 예셔

朱쥬子ᄌᆞ曰왈古고人인生ᄉᆡᆼ八팔歲셰에 敎교之지

어ᄉᆞ以이써灑쇄뿌릴掃소쓸應응ᄒᆞᆯ對ᄃᆡ대답進진나갈退퇴믈너갈之지

ᄉᆞ어조지節졀례졀、

쥬ᄌᆞ왈 ᄉᆡᆼ이 팔셰ㅁ되거던 방쓸고 ᄃᆡ답ᄒᆞ고 진퇴

ᄒᆞᄂᆞᆫ 례졀을 ᄀᆞ르치ᄂᆞ니라

小쇼ᄌᆞ근學ᄒᆞᆨ비울集집모들解ᄒᆡ플曰왈小쇼ᄌᆞᆨ學ᄒᆞᆨ비울之지어조

ᄌᆞ을 ᄒᆞᆨ비울 어조일 쪽敎교ᄀᆞ리ᄎᆞᆯ諭유효유ᄒᆞᆯ非비아닐

道도리在ᄌᆡ이실於어조부ᄌᆞ於어조於연、女녀ᄌᆞ子ᄌᆞ、亦역또

惰유소ᄌᆞ男남ᄌᆞ子ᄌᆞ남ᄌᆞ爲위될於연、女녀ᄌᆞ子ᄌᆞ、亦역또

於연、習습익힐俗쇽풍쇽日이날靡미쓰러閨규규문門문즁문之ᄌᆞ조

內ᄂᆡ안或혹혹敎교ᄀᆞ르칠之어조ᄉᆞ지習습익힐俗쇽시쇽樂악풍류攻시

五

호야, 호고 호야 호며 호야ㅣ 호니아

헐 歌노리가 曲곡 쥬 以ᄡᅥ이 蕩방탕 찰탕 其그기 息식ᄉᆞ 각 治ᄃᆞ릴 시치 篡탄 을이

흥 찬 組꾼조 事 ᄉᆞ볼 華빗화 날 靡ᄉᆞ치할 미 以ᄡᅥ이 壞괴문 其그기 質바탕질 性셩품

길 을 成실셩 울 驕교교 만 恣방ᄌᆞ 조 妒투투 그 悍한할 악한 之ᄉᆞ어 지조 性

양셩 以ᄡᅥ이 敗패패 흘 人인남 家가집 者쟈니 多다만 을 爲위ᄒᆞᆯ 人인남 父부부 친

毋모무 치 可가 흘 不불안 찰 戒계경 哉ᄌᆡ어 ᄉᆞ

쇼햑졉히에왈알추마리초는법선남ᄌᆞ만그결뿐이

ᄉᆞ니라녀ᄌᆞ도그려ᄒᆞ건마는세쇽이날노변ᄒᆞ야규

문안에셔혹시시쇽노리를익혀셔맘을방탕ᄒᆞ게ᄒᆞ

고의복사치만숭샹ᄒᆞ야조ᄒᆞᆫ바탕을문의틀이며교

만ᄒᆞ고방ᄌᆞᄒᆞ고투긔ᄒᆞ고한악ᄒᆞᆫ셩 품을길너일우

에언 파 ᄒᆞ야 도이라 에

위남의집을 [illegible] 녀ᄂᆞ가허ᄃᆞᆫ녀니남의부모되

니마가치렴계치ᄉᆞ니ᄒᆞ랴

禮례례 절 記긔긔 록 正졍 발을 義의 뜻 曰왈일 늘 內내안 則측법 記긔긔 록

男남남 ᄌᆞ 女녀녀 ᄌᆞ 居거거 ᄒᆞᆯ 室실집 事ᄉᆞ셤 길 父부부 친 母모모 친 舅구시부

姑고시 모 之지어조 法법법 以이써 閨규규 문 門문문 문 內내안 軌궤법 儀의례 절

可가가 ᄒᆞᆯ 則측법 故고연 고 名명이름 曰왈일 늘 內내안 則측

례긔졍의에왈례긔니측편언남녀마집에거ᄒᆞᄂᆞᆫ도

리와부모구고셤기ᄂᆞᆫ법셜긔록ᄒᆞ야규문안희셔법

밧게ᄒᆞᆫ글이라

毛모셩 詩시시 경 集집모 들 傳젼 치 曰왈일 늘 周쥬쥬 나 南남남 녁 名명 [illegible]

은 라 과 ᄒᆞ야 ᄒᆞ야 으로 회 ᄒᆞ야 ᄒᆞ야ᄒᆞ고 니라

南(남녁 남) 正(발를 졍) 家(집 가) 之(어조ᄉᆞ 지) 道(도리 도) 也(어조ᄉᆞ 야) 陳(베풀 진) 后(황후 후)

妃(왕비 비) 夫(외졍 부) 人(ᄉᆞ람 인) 大(큰 대) 夫(외졍 부) 妻(아니 쳐) 之(어조ᄉᆞ 지) 德(덕 덕)

推(밀 츄) 之(어조ᄉᆞ 지) 士(션비 ᄉᆞ) 庶(셔인 셔) 人(ᄉᆞ람 인) 之(어조ᄉᆞ 지) 家(집 가) 使(식힐 ᄉᆞ)

邦(ᄂᆞ라 방) 國(ᄂᆞ라 국) 至(이를 지) 於(어조ᄉᆞ 어) 鄕(시골 향) 黨(향당 당) 皆(ᄃᆞ ᄀᆡ)

用(써 용) 爲(ᄒᆞᆯ 위) 房(방 방) 中(ᄀᆞ운듸 즁) 之(어조ᄉᆞ 지) 樂(풍류 악) 謳(노리 우) 吟(을플 음) 諷(외올 풍)

誦(외올 숑) 以(써 이) 事(셤길 ᄉᆞ) 君(님군 군) 子(군ᄌᆞ ᄌᆞ) 以(써 이) 化(변화 화) 天(ᄒᆞᄂᆞᆯ 텬)

下(ᄋᆞ리 하)

모시집젼에왈시젼첫편쥬남과둘지편쇼남은집셜
발으게ᄒᆞᄂᆞᆫ글이라텬ᄌᆞ후비와졔후부인과대부며
ᄉᆞ족이며셔인의안ᄒᆡ의덕열긔록ᄒᆞ야졍찬엽시안

이 업던 ᄒᆞ야 니은 ᄒᆞ야시니라

밧에셔외오던풍류렴소ᄆᆞ셔ᄂᆞᆫ조를셩거고뎐하믈

변화ᄒᆞᄂᆞ니라

司ᄉᆞ馬마溫온公공曰왈女녀子ᄌᆞ七칠

歲셰誦숑孝효經경論론語어列렬女녀

傳젼女녀誡계之지類류略략曉효大대

義의蓋개古고之지賢현女녀無무不불

觀관圖도史ᄉᆞ以이自ᄌᆞ鑑감戒계

ᄉᆞ마온공이왈녯적어진부인뎐ᄂᆞᆫ도글열보아몸열

경계ᄒᆞᄂᆞ니녀ᄌᆞ가칠셰ᄆᆡ되거던효경과론어와렬

녀젼과녀계ᄀᆞ튼글열외와글뜻셜티감알게홀거시

七

라효경은부모셤기ᄂᆞᆫ법을말ᄒᆞᆫ칙이오론어ᄂᆞᆫ공ᄌᆞ말ᄉᆞᆷ기록ᄒᆞᆫ칙이라

漢한劉류向향이采ᄎᆡ詩시書셔所소載ᄌᆡ賢현妃비貞정婦부興흥國국顯현家가와及급孼얼嬖폐亂란亡망者쟈ᄒᆞ야序셔次ᄎᆞ爲위列렬女녀傳젼八팔篇편ᄒᆞ야以이戒계天텬下하ᄒᆞ니라

ᄒᆞᆫ나라류향이녯적어진부인이나라와집을흥ᄒᆞ게ᄒᆞᆫ일과악ᄒᆞᆫ계집이나라와집을망ᄒᆞ게ᄒᆞᆫ일을ᄎᆡᆨ의두루ᄀᆡ여렬녀젼팔편을만드러텬하ᄉᆞ람을경계

ᄒᆞ엿ᄂᆞ니라

曹(셩조) 壽(슈)ᄒᆞᆫ 妻(아ᄂᆡ처)ᄂᆞᆫ 班(셩반) 昭(발쇼)ᄂᆞᆫ 彪(뮨ᄒᆞ) 女(ᄯᆞᆯ녀) 也(어조ᄉᆞ야) 高

노ᄑᆞᆯ 才(ᄌᆡ조ᄌᆡ)오 博(너블박) 學(ᄇᆡ흘학)ᄒᆞ야 作(지을작)ᄒᆞᆫ 女(계집녀) 誡(경계계) 七(닐곱칠)

篇(편칙편)ᄋᆞᆯ 馬(셩마) 融(화ᄒᆞᆯ융)ᄋᆡ 善(착ᄒᆞᆯ션)ᄒᆞᆯ 之(어조ᄉᆞ지) 命(명ᄒᆞᆯ명) 婦(며ᄂᆞ리부) 女(계집녀)

ᄯᆞᆯ녀 習(익힐습) 焉(어조ᄉᆞ언) 和(화ᄒᆞᆯ화) 帝(님군데) 數(ᄌᆞ조삭) 召(부ᄅᆞᆯ쇼) 入(들입)

宮(궁궁) 命(명식명) 皇(황ᄒᆞᆯ황) 后(황후후) 貴(귀ᄒᆞᆯ귀) 人(사ᄅᆞᆷ인) 師(스승ᄉᆞ) 事(셤길ᄉᆞ)

之(어조ᄉᆞ지) 號(별호호) 曰(ᄀᆞᆯ왈) 曹(셩조) 大(큰대) 家(집가) 子(ᄌᆞ식ᄌᆞ) 婦(며ᄂᆞ리부)

氏(셩시씨) 亦(ᄯᅩ역) 能(능ᄒᆞᆯ능) 文(글문) 作(지을작) 大(큰대) 家(ᄌᆡ가) 贊(칭찬ᄒᆞᆯ찬)

丁(셩뎡) 조유의 아ᄂᆡ 반쇼ᄂᆞᆫ 반표의 ᄯᆞᆯ이라 노픈 ᄌᆡ조로 널니

비와 녀계 칠편을 지어 더니 그ᄯᅢ 큰 션비 마융이 그 ᄎᆡᆨ

ᄒᆞ니라 ᄒᆞ야 ᄒᆞ야

을보고칭찬ᄒᆞ야가죵부녀뎔노비와익히게ᄒᆞ고효
화황뎨계셔ᄌᆞ죠반죠ᄅᆞᆯ권ᄂᆡ예불너드리여황후와
후궁뎔노스승으로섬기게ᄒᆞ고별조련조대가라ᄒᆞ
더라대가의조부뎜씨도또ᄒᆞᆫ글일늉통ᄒᆞ야대가칭
찬ᄒᆞᆫ글셜지엇ᄂᆞ니라

唐당文문德덕皇황后후、喜희圖도傳전采채
古고婦부人인事ᄉᆞ著저女녀則측十십篇편、

당ᄂᆞᆫ태죵의문덕황후쟝손씨ᄀᆞ글열조와ᄒᆞ야이
젼부인의널연두루캐야녀즉십편을지엇ᄂᆞ니라

이 ᄒᆞ야 ᄒᆞ야 ᄒᆞ니 나ᄒᆞ야 어라ᄒᆞ나 ᄒᆞ고 ᄒᆞ니도 ᄒᆞ고도 이라

東동國국文문獻헌備비考고、曰왈世
셰셰되宗종조종大대큰王왕인、군製졔지을訓ᄀ출려고民민빅셩正졍발을
音소리子ᄌᆞ뎐母어미무二두이十열습八여덟팔字글ᄌᆞ分논분은
爲ᄒᆞ위初흠초中마ᄃᆞ운終침즁聲소리셩凡대범字ᄌᆞ必반ᄃᆞ시
合합참而이조成일셩音소리음雖비록슈簡간략
轉屬셔굴換박화無업무窮궁궁名일명曰ᄀᆞᆯ월諺
文글문欲ᄒᆞ고使ᄒᆞ여곰人사ᄅᆞᆷ인易쉬이習익힐습便편편於
日날일用쓸용智지혜者놈쟈不불崇ᄒᆞᆯ朝됴而이
通ᄉᆞ못ᄎᆞ愚어릴우者놈쟈可가浹旬열흘而이學
ㄱ牙어금니音소리君군初초聲소리九ㅋ牙어금니音

음소 리 快 쾌쾌 훌 初 초층 聲 셩소 리 ㅇ 牙 니아 아금 音 음소 리 業 엽업 初 초층 聲
셩소 리 ㄷ 舌 셜서 音 음소 리 覃 담벗 을 初 초층 聲 셩소 리 ㅌ 舌 셜서 音 음소 리
呑 툰싱 킬 初 초층 聲 셩소 리 ㄴ 舌 셜서 音 음소 리 那 나엇 지 初 초층 聲 셩소 리
ㅂ 脣 순입 술 音 음소 리 彆 날활 별틀 初 초층 聲 셩소 리 ㅍ 脣 순입 술 音 음소 리
漂 표덜 初 초층 聲 셩소 리 ㅁ 脣 순입 술 音 음소 리 彌 일활 미붇 初 초층 聲 셩소 리
ㅈ 齒 치압 이 音 음소 리 卽 즉ᄂ 갈 初 초층 聲 셩소 리 ㅊ 齒 치압 니 音 음소 리
侵 침침 도 初 초층 聲 셩소 리 ㅅ 齒 치압 니 音 음소 리 戌 술술 방 初 초층 聲 리소
ㆆ 喉 후인 후 音 음소 리 挹 읍뎔 初 초층 聲 셩소 리 ㅎ 喉 후인 후 音 음소 리
洪 홍쫄 初 초층 聲 셩소 리 ㆁ 喉 후인 후 音 음소 리 欲 잘ᄒ 욕고 初 초층 聲 셩소 리
ㄹ 半 반반 舌 셜서 音 음소 리 閭 려리 문 初 초층 聲 셩소 리 ㅿ 半 반반 齒 치압 니

音음소리 穰양 初처음초 聲소리셩 ● 呑ᄉᆞᆷ킬튼 中가운데중 聲소리셩 ㅡ
卽곧즉 中가운데중 聲소리셩 ㅣ 侵침노ᄅᆞᆯ침 中가운데중 聲소리셩 ㅗ 洪클홍
中가운데중 聲소리셩 ㅏ 覃벗을담 中가운데중 聲소리셩 ㅜ 君인군군 中가운
데중 聲소리셩 ㅓ 業업업 中가운데중 聲소리셩 ㅛ 欲ᄒᆞ고쟐욕 中가운데중 聲소리셩
ㅑ 穰풍년들양 中가운데중 聲소리셩 ㅠ 戌술방술 中가운데중 聲소리셩 ㅋ 聲
활을날별 中가운데중 聲소리셩 終마침종 聲소리셩 復다시부 用쓸용 初처음초 聲
셩소리

동국문헌비고에왈우리ᄂᆞ라 세종대왕계서글ᄌᆞ
스믈여덜을지으시되초셩죵셩이합ᄒᆞ야음이
되게ᄒᆞ니글ᄌᆞ는비록간략ᄒᆞ는ᄒᆞ랴섭시박구고변

ᄒᆞ여비오기는쉽고쓰기는편ᄒᆞ게ᄒᆞ야그글일음을
ᄒᆞᆫ민졍음이라ᄒᆞ고또ᄒᆞᆫ언문이라ᄒᆞᄂᆞ니실긔잇는니
는ᄒᆞ로ᄉᆞ참에통ᄒᆞ고미련ᄒᆞᆫ이도열흘이면비우너
니라ㄱㅋㆁ셕ᄌᆞ는ᄉᆞ곰니예셔는넌초셩이요ㄷㅌ
ㄴ셕ᄌᆞ는셔에셔는넌초셩이요ㅂㅍㅁ셕ᄌᆞ는입술
의셔는넌초셩이요ㅈㅊㅅ셕ᄌᆞ는삽니에셔는넌초
셩이요ㆆㅎㆁ셕ᄌᆞ는인후에셔는넌초셩이요ㄹᄒᆞᆫ
ᄌᆞ는반만셔의셔는넌초셩이요ㅿᄒᆞᆫᄌᆞ는반만맘니
에셔는넌초셩이니ㆆㆁㅿ셕ᄌᆞ는ㅇᄌᆞ음과거의가
튼고로금셰예는쓰지ᄋᆞ니ᄒᆞᆫ고통ᄒᆞ야ㅿᄌᆞ론ᄂᆞ만

예 운 타 ㅣ 와 로 년

쓰ᄂᆞ니라 ㆍ ㅡ ㅣ ㅗ ㅏ ㅜ ㅓ ㅛ ㅑ ㅠ ㅕ 열ᄒᆞᆫ자ᄂᆞᆫ즁셩이니초즁셩이합ᄒᆞᆫ글자ᄅᆞᆯ아합음이라ᄒᆞᄂᆞ니라종셩은도로초셩글자련쓰ᄂᆞ니초즁종셩이합ᄒᆞᆫ글자ᄅᆞᆯ삼합음이라ᄒᆞ고ᄉᆞ합오합륙합을글자ᄭᅥ지잇ᄂᆞ니라

小(쟉을 쇼) 學(비흘 학) 諺(언문 언) 解(풀 ᄒᆡ) 序(ᄎᆞ례 셔) 曰(ᄀᆞᆯ 왈) 小(쟉을 쇼) 學(비흘 학) 書(글 셔)

節(마듸 졀) 敎(ᄀᆞᄅᆞ칠 교) 訓(ᄀᆞᄅᆞ칠 훈) 男(ᄉᆞ나ᄒᆡ 남) 女(계집 녀) 之(어조ᄉᆞ 지) 要(요긴 요)

聖(셩인 셩) 后(황후 후) 賢(어질 현) 妃(왕비 비) 孝(효도 효) 婦(며느리 부) 列(벌릴 렬)

女(계집 녀) 俱(함ᄭᅴ 구) 在(잇슬 ᄌᆡ) 此(이 ᄎᆞ) 書(글 셔) 而(어조ᄉᆞ 이) 國(나라 국) 有(잇슬 유)

方(방위 방) 語(말ᄉᆞᆷ 어) 敎(ᄀᆞᄅᆞ칠 교) 婦(며느리 부) 人(사ᄅᆞᆷ 인) 之(어조ᄉᆞ 지) 道(도리 도) 非

면·날

에

이

ᄒᆞ야

ᄒᆞ시고 이

ᄒᆞ야

비안실 諺언언 무 解ᄭᅳᆯ해 莫못막 ᄒᆞᆯ 能능ᄒᆞᆯ능 曉알효 也어조ᄉᆞ야

쇼ᄒᆞᆨ언ᄒᆡ셔에 쇼ᄒᆞᆨ은 남녀를 ᄀᆞᄅᆞ치ᄂᆞᆫ 죵요로온

칙이라 셩현비와 효부렬녀ᄀᆞᄐᆞᆫ 이 칙에 잇스되 ᄂᆞᆫ

글에 방언이 잇ᄂᆞᆫ 고로 부인열ᄆᆡ ᄀᆞᄅᆞ치ᄂᆞᆫ 법 언 언ᄒᆡ ᄀᆞ

ᄉᆞ니면 능히 알지 못ᄒᆞᄂᆞ니라

五ᄃᆞᄉᆞ오 倫인륜륜 行ᄒᆡᆼ실ᄒᆡᆼ 實실상실 序서문셔 曰ᄀᆞᄅᆞᆯ왈 실ᄂᆞᆯ 世셰셰 ᄃᆡ ᄃᆞ

宗ᄆᆞᄅᆞ죵 大큰대 王님군왕 集모들집 古녜고 忠츙셩츙 臣신하신 孝효도효

子ᄌᆞᄌᆞ 烈ᄆᆡ울렬 女녀녀 事일ᄉᆞ 爲ᄒᆞ위 三석삼 綱벼리강 行ᄒᆡᆼ실ᄒᆡᆼ 實열ᄆᆡ실

中가온ᄃᆡ듕 宗ᄆᆞᄅᆞ죵 大큰대 王님군왕 衆무리즁 古녜고 之어조ᄉᆞ지 善착ᄒᆞᆯ션

處곳쳐 長어룬쟝 幼어릴유 朋벗붕 友벗우 間ᄉᆞ이간 者놈쟈 爲ᄒᆞ위

이러시니
이ᄒᆞ야
이라ᄒᆞ시고
ᄒᆞ야 도
ᄒᆞ시니라

二이倫륜行ᄒᆡᇰ實실 正정宗종大대王왕
合합爲위一일書서名명曰왈五오倫륜 (왕이 합ᄒᆞ야 ᄒᆞᆫ 칙을 일음을 ᄀᆞᆯ오ᄃᆡ 오륜)
行ᄒᆡᇰ實실諺언譯역而이廣광布포中중 (ᄒᆡᇰ실 언문 번역ᄒᆞ야 널니 펴 줌)
外외使ᄉᆞ孩해童동婦부女녀皆개有유 (밧 ᄒᆞ여곰 아ᄒᆡ 부인 녀ᄌᆞ 다 잇)
以이樂락觀관而이習습聞문焉언 (써 즐거 보며 익혀 듯게)

오륜ᄒᆡᇰ실셔에왈 셰종대왕계셔 이젼츙신효ᄌᆞ졀
녀의널열뫼와삼강ᄒᆡᇰ실이라ᄒᆞᄂᆞᆫ 칙을만드시고
즁종대왕계셔 쟝유붕우에극진ᄒᆞᆫ 널열뫼와이륜ᄒᆡᇰ
실이라ᄒᆞᄂᆞᆫ 칙을만드셧더니 졍종대왕계셔두칙
을합ᄒᆞ야ᄒᆞᆫ칙을만드러일음을오륜ᄒᆡᇰ실이라ᄒᆞ시

十二

예야 ᄒᆞ신ᄒᆞ고 ᄒᆞ여면 ᄒᆞ야ᄒᆞ고 이어던이 을 ᄒᆞ더라

고언문으로번역ᄒᆞ야경향의널니펴여셔민ᄉᆞ히뎐
과부녀뎐노보고익히게ᄒᆞ시니라

顔(안)氏(셩시)家(집가)訓(ᄀᆞᄅᆞ칠훈)曰(ᄀᆞᆯ왈)世(인간셰)人(사ᄅᆞᆷ인)讀(닐글독)書(글셔)
但(다만단)能(능홀능)言(말ᄉᆞᆷ언)之(어조ᄉᆞ지)不(못불)能(능홀능)行(ᄒᆡᆼᄒᆞᆯᄒᆡᆼ)
之(어조ᄉᆞ지)又(또우)有(잇슬유)讀(닐글독)數(두어수)十(열십)卷(권권)書(글셔)者(놈자)
便(문득편)自(스스로자)高(노플고)大(큰대)凌(릉멸ᄒᆞᆯ릉)忽(경홀홀)長(어룬장)
輕(가ᄇᆡ야올경)慢(만홀만)同(ᄒᆞᆫ가지동)列(벌렬)人(사ᄅᆞᆷ인)疾(믜울질)之(어조ᄉᆞ지)如(ᄀᆞᆯᄐᆞᆯ여)
讎(원슈슈)

안씨가훈에왈세샹ᄉᆞ람뎔이글열익되능히말만ᄒᆞ
고ᄒᆡᆼᄒᆞ지넌못ᄒᆞ며혹수십권칙을닐그면발서놉고

이
은 ᄒᆞ고
은에ᄒᆞ고
은
ᄒᆞ나이라

큰체ᄒᆞ야열운열졍ᄒᆞᆯ이녀기고동무렴엽신녀기기거
던남덜이미워ᄒᆞ기를원슈ᄀᆞ치녀기ᄂᆞ니라

康(편안 강)節(졀개 졀)邵(셩 쇼)先(먼여 션)生(난 싱)曰(얄 왈)上(위 샹)品(픔수 픔)人(사람 인)
不(안 불)敎(ᄀᆞᄅᆞ칠 교)而(어조ᄉᆞ 이)善(착ᄒᆞᆯ 션)、中(가온ᄃᆡ 즁)品(픔수 픔)人(사람 인)
敎(ᄀᆞᄅᆞ칠 교)而(어조ᄉᆞ 이)後(뒤 후)善(착ᄒᆞᆯ 션)、下(아ᄅᆡ 하)品(픔슈 픔)人(사람 인)、
敎(ᄀᆞᄅᆞ칠 교)亦(또 역)不(못ᄒᆞᆯ 불)善(착ᄒᆞᆯ 션)、

강졀쇼션싱이왈샹픔사람은ᄀᆞᄅᆞ치지아니ᄒᆞ야도
착ᄒᆞ고즁픔사람은ᄀᆞᄅᆞ친후에착ᄒᆞ고하픔사람은
ᄀᆞᄅᆞ쳐도착ᄒᆞ지못ᄒᆞᄂᆞ니라

明(발길 명)別(분별 별)第(ᄎᆞ례 뎨)三(셕 삼)

에ᄒᆞ니노 ᄒᆞ고 노ᄒᆞ야 ᄒᆞ고 ᄒᆞ나니 ㅣ 다

남녀분별ᄇᆞᆯ키ᄂᆞᆫ셋지편

易(쥬역)曰(일왈) 乾(건흔)剛(강강ᄒᆞᆯ)坤(곤ᄯᅡ)柔(유유ᄒᆞᆯ)乾(건ᄒᆞᆯ)道(도리)

成(셩일울)男(남남)坤(곤ᄯᅡ)道(도도리)成(셩일울)女(녀녀)女(녀녀)正(졍발)

位(위디)乎(어조ᄉᆞ)內(안ᄂᆡ)男(남남)正(졍발)位(위디)乎(어조ᄉᆞ)

外(외빗)男(남남)女(녀녀)正(졍발)天(텬ᄒᆞᆫ을)地(ᄯᅡ디)之(어조ᄉᆞ)大(큰대)

義(올을의)也(어조ᄉᆞ야)

쥬역에왈한을연강ᄒᆞ고ᄯᅡᆫ은유ᄒᆞ니텬도ᄂᆞᆫ남ᄌᆞᄀᆞ되고디도ᄂᆞᆫ녀ᄌᆞᄀᆞ되야남ᄌᆞᄂᆞᆫ박겨ᄒᆡ서위럴브르게ᄒᆞ고녀ᄌᆞᄂᆞᆫ안희서위럴브르게ᄒᆞᄂᆞ니남녀ᄀᆞ부른거슨텬디에대의라

에 이어던 ᄒᆞ며 ᄒᆞ고 ᄆᆞ 이요 나라 은 ᄒᆞ니 ᄒᆞ되 ᄒᆞ야 ᄂᆞᆫ ᄒᆞ고 ᄂᆞᆫ ᄒᆞ야 ᄒᆞ고 ᄒᆞ며 ᄒᆞ고

內(ᄂᆡ안)則(즉법)曰(왈ᄀᆞᆯ)七(칠닐곱)年(년ᄒᆡ)男(남남ᄌᆞ)女(녀녀ᄌᆞ)不(불안할)同

席(셕ᄌᆞ리)不(불안할)共(공ᄒᆞᆫᄀᆞ지)食(식먹을)男(남남ᄌᆞ)鞶(반ᄯᅴ)革(혁ᄀᆞ죡)

女(녀녀ᄌᆞ)鞶(반ᄯᅴ)絲(ᄉᆞ실)

니측에 왈 칠세ᄆᆞ되거던 남녀ᄆᆞ ᄒᆞᆫᄌᆞ리에 안찌ᄉᆞ니

ᄒᆞ며 ᄒᆞᆫ 그릇세 먹지 안코 남ᄌᆞ는 ᄆᆞ죡ᄯᅴ렬ᄯᅴ고 녀ᄌᆞ

는 실ᄯᅴ렬ᄯᅴ던 ᄯᅳᆺ선 강유렬 취홈이라

禮(례례)節(절)始(비로솔시)於(어조ᄉᆞ어)謹(삼갈근)夫(지아비부)婦(며ᄂᆞ리부)爲(ᄒᆞᆯ위)宮(집궁)

室(집실)辨(분변변)內(ᄂᆡ안)外(외밧것)男(남남ᄌᆞ)子(ᄌᆞ)居(거거처)外(외밧것)

女(녀녀ᄌᆞ)子(ᄌᆞ)居(거거처)內(ᄂᆡ안)男(남남ᄌᆞ)不(불안할)入(들입)女(ᄌᆞ녀)

不(불안할)出(날출)男(남남ᄌᆞ)不(불안할)言(말ᄉᆞᆷ언)內(ᄂᆡ안)女(녀녀ᄌᆞ)不

十四

ᄒᆞ며 ㅣ

ᄒᆞ고

ᄒᆞ며 니어던

ᄒᆞ나니

ᄒᆞ고 에

ᄒᆞ나니라

言外 男女不同椸枷 不敢藏於夫之椸 篋笥 非祭非喪 不相授器 其相授則女受以篚 其無篚則坐奠之而後取之

례졀은부부렬샹ᄀᆞ넌되서시초ᄒᆞ니집열자되안밧
슬분변ᄒᆞ야남ᄌᆞ는박기거쳐ᄒᆞ고녀ᄌᆞ는안의거쳐
ᄒᆞ야남ᄌᆞ는드러ᄀᆞ지안코녀ᄌᆞ는ᄂᆞᄀᆞ지은[illegible]ᄒᆞ며
남ᄌᆞ는은날열말ᄒᆞ지안코녀ᄌᆞ는밧날열말ᄒᆞ지은

언ᄒᆞ고언
書해ᄂᆞᆫ
녈ᄒᆞ고년
ᄒᆞᆫ반이라

나ᄒᆞ며남녀의옷셜한홰에걸지못ᄒᆞ고ᄒᆞᆫ샹ᄌᆞ의ᄂᆞᆺ
치못ᄒᆞ며제ᄉᆞ때와초상때ᄆᆞᄉᆞ니어던서로그릇셜
주고밧지못ᄒᆞᄂᆞ니그릇셜주랴여던광우리로밧고
광우리ᄆᆞ업거던ᄯᅡ의노흔후에집어ᄆᆞᄂᆞ니라
男(남ᄌᆞ 남)拜(절 ᄇᆡ)尙(위 샹)左(왼 자)手(손 슈)女(녀ᄌᆞ 녀)拜(절 ᄇᆡ)尙(위 샹)右(올ᄒᆞᆫ 우)手
(손 슈)道(길 도)路(길 로)男(남ᄌᆞ 남)子(남 ᄌᆞ)由(말미 유)右(올ᄒᆞᆫ 우)女(녀 녀)子(녀 ᄌᆞ)
由(말미 유)左(왼 작)
남ᄌᆞ의절언왼손을위로보니고녀ᄌᆞ의절언올흔손
을위로보니며길에서는남ᄌᆞ넌올은짝으로ᄃᆞᆼ기고
녀ᄌᆞ넌왼짝으로ᄃᆞᆼ기ᄂᆞ니라 十五

에 연니라

은

라에

ᄒᆞ고에

ᄒᆞ니면

라

禮記曰婦人肅拜

례긔에왈부인언슉비ᄒᆞᄂᆞ니슉비ᄒᆞᄂᆞᆫ법언손만ᄯᅡ의닷코머리ᄂᆞᆫ반만구무리ᄂᆞ니라

男女有別人道之大者男女有別然後父子親父子親然後義生無別無義禽獸之道也

남녀유별은인도의큰지시라남녀유별ᄒᆞᆫ후에부ᄌᆞㅣᄆᆞ친ᄒᆞ고부ᄌᆞㅣᄆᆞ친ᄒᆞᆫ후에례의ᄆᆞ싱기쓰니분별이

업고례의ᄆᆞ엽스면금슈에도라

ㅣᄒᆞ니 男(남)女(녀)不(불)雜(잡)坐(좌)ᄒᆞ며 姊(ᄌᆞ)妹(ᄆᆡ)已(이)

이어던 嫁(가)而(이)反(반)兄(형)弟(뎨)不(불)與(여)

니라 同(동)席(셕)而(이)坐(좌)

남녀ᄆᆞ셕겨안ᄌᆞ지아니ᄒᆞ며ᄌᆞ미ᄆᆞ츌가ᄒᆞᆫ후에근친오거

던남미ᄒᆞᆫ자리에안ᄌᆞ지아니ᄒᆞᄂᆞ니라

ㅣ 男(남)子(ᄌᆞ)不(불)死(ᄉᆞ)於(어)婦(부)人(인)之(지)

ᄒᆞ고 이 手(슈)ᄒᆞ며 婦(부)人(인)不(불)死(ᄉᆞ)於(어)男(남)

니라 子(ᄌᆞ)之(지)手(슈)

남ᄌᆞᄆᆞ부인의손에서운명ᄒᆞ지아니ᄒᆞ고부인이남

十六

에 이 로ᄒᆞ며 ᄒᆞ니 ᄒᆞ시고 라ᄒᆞᆫ니라

ᄌᆞ의손에서운명ᄒᆞ지안너니라

國(나라 국) 語(말ᄉᆞᆷ 어) 曰(일ᄋᆞᆯ 왈) 公(공ᄉᆞ 공) 父(클 보) 文(글월 문) 伯(맛 ᄇᆡᆨ) 之(어조ᄉᆞ 지) 母(모친 무) 敬(공경 경) 姜(셩 강) 與(더불 여) 其(그 기) 從(좃항 종) 孫(손ᄌᆞ 손) 季(말ᄌᆡ 계) 康(편안 강) 子(남ᄌᆞ ᄌᆞ) 𨵥(열 왜) 門(방문 문) 而(어조ᄉᆞ 이) 言(말ᄉᆞᆷ 언) 皆(ᄃᆞ 개) 不(안ᄒᆞᆯ 불) 踰(넘을 유) 閾(문찌방 역) 仲(버금 즁) 尼(화홀 니) 聞(들을 문) 之(어조ᄉᆞ 지) 以(써 이) 爲(ᄒᆞᆯ 위) 別(분별 별) 於(어조ᄉᆞ 어) 男(남ᄌᆞ 남) 女(녀ᄌᆞ 녀) 之(어조ᄉᆞ 지) 禮(례졀 례) 矣(어조ᄉᆞ 의)

국어에왈공보문빅의모친경강이그종손계강ᄌᆞ로
더브러문열열고말ᄒᆞ며서로문ᄶᅵ방을넘지아니ᄒᆞ
니즁니계서드르시고남녀의분별잇다칭찬ᄒᆞ시니
라즁니ᄂᆞᆫ공ᄌᆞ의ᄌᆞ이라

에
ㄱ이러니
ᄒ야 ᄒ고
ᄒ야 ᄒ니
ᄒ나라
에이ᄉᄒ고

前젼앞 編편엮을 綱강벼리 目목눈 曰왈일 上샹위 古고녜 男남남ᄌ 女녀ᄌ녀

無무업슬 別별분별 太태클 昊호ᄒ태 始시비로ᄉ 制제지을 嫁가시집 娶취장가

장가들 以이ᄡ 儷려짝 皮피가죽 爲위ᄒ 禮례례절 通통ᄒ 媒매중매 妁작중매

以이ᄡ 重즁즁ᄒ 人인ᄉ람 倫륜인륜 之지어조ᄉ 本본근본 民민ᄇᄉ 始시비로ᄉ

不불안할 瀆독잡란할독

젼편강목에왈샹고에남녀ᄀ분별이업더니태호복

희시ᄀ비로소가취범열지어짝ᄀ죽으로례물열삼

고즁미를통ᄒ야인륜에근본얼즁ᄒ게ᄒ후에ᄉ랑

덜이ᄒᄒ잡란ᄒ지으니ᄒ니라

女녀녀ᄌ 誡계경계 曰왈일 陰음그늘 陽양볕 殊수다를 性셩품 男남ᄌ남

十七

ㅣᄒᆞ니
은 이요
은 이라
은
ᄒᆞ며 ᄒᆞᄆᆞᆯ
에 이어던
이라도
이요 어던
라도
ᄒᆞᄂᆞ니라

남 女녀 녀ㅣ ᄌᆞ 異이 다ᄅᆞᆯ 行ᄒᆡᆼ ᄒᆡᆼ실 陽양 볃 以이ᄡᅥ 剛강 강ᄒᆞᆯ 爲위ᄒᆞᆫ 德덕 덕 陰
그늘 以이ᄡᅥ 柔유 유ᄒᆞᆯ 爲위ᄒᆞᆫ 用용ᄡᅥ 男남 남ㅣ ᄌᆞ 以이ᄡᅥ 强강 ᄀᆞᆺ셸 爲위ᄒᆞᆫ 貴
귀 귀ᄒᆞᆯ 女녀 녀ㅣ ᄌᆞ 以이ᄡᅥ 弱약 약ᄒᆞᆯ 爲위ᄒᆞᆫ 美미 ᄃᆞᆯᄋᆞ름 故고 연고 鄙비 ᄃᆞ러울 諺
언 시속 말 曰일 일ᄋᆞᆯ 生ᄂᆞᆯ 싱 男남 ᄉᆞ뎐 如여 ᄀᆞᄐᆞᆯ 狼랑 늑ᄃᆡ 猶유 오히려 恐공 두려울 其
기 그 尫왕 병신 生ᄂᆞᆫ 싱 女녀 ᄯᆞᆯ 如여 ᄀᆞᄐᆞᆯ 鼠서 쥐 猶유 오히려 恐공 두려울 其기 그
虎호 범、

녀계에 왈 음양이 셩품이 ᄃᆞ르고 남녀ㅣ ᄒᆡᆼ실이 ᄃᆞ르
니 양은 강ᄒᆞᆫ거시 덕이요 음은 유ᄒᆞᆫ거시 덕이라 남ᄌᆞ
ᄂᆞᆫ 셴거시 귀ᄒᆞ며 녀ᄌᆞᄂᆞᆫ 유약ᄒᆞᆫ거시 귀ᄒᆞᆫ고로 속
담에 ᄒᆞ기를 ᄉᆞ덜얼 낫커던 비록 늑ᄃᆡ ᄀᆞ터도 일흘

에반편이되까무섭고달얼낫커던비록쥐ᄆᆞ터도알
후에법이될까무섭드ᄒᆞ니라
司ᄉᆞ맛들馬마말溫온디염公공공후曰왈실늘男남ᄌᆞ僕복죵非비안일
有유잇슬故고연고不불안할入입들어中듕가온ᄃᆡ門문문入입들어中듕
가온ᄃᆡ門문문婦부부人인사람必반ᄃᆞ시避피피홀女녀녀ᄌᆞ僕복죵
非비안일有유잇슬故고연고不불안할出출날中듕가온ᄃᆡ門문문
ᄉᆞ마온곰이될ᄉᆞ니죵이연고엽거던죵문에드러오
지ᄉᆞ니ᄒᆞᆫ느니혹시죵문에드러오거던부인덜이피
ᄒᆞᆫ고기집죵이연고엽거던죵문에는ᄂᆞ지안녀니라

女녀녀ᄌᆞ德덕덕第뎨ᄎᆞ례四ᄉᆞ넉上상위

녀덕말ᄒᆞᆫ넷지샹편

飭(칙 티시) 身(신 몸)

칙신ᄒᆞᄂᆞᆫ법

內(안 ᄂᆡ)則(법 측)에 曰(일ᄋᆞᆯ 왈) 女(녀 녀)子(ᄌᆞ ᄌᆞ)ㅣ 出(날 출)門(문 문)ᄒᆞ면 必(반ᄃᆞ시 필)

擁(ᄀᆞ리올 옹)蔽(ᄀᆞ리올 폐)其(그 기)面(ᄂᆞᆺ 면)ᄒᆞ고 夜(밤 야)行(ᄃᆞᆫ닐 ᄒᆡᆼ)以(ᄡᅥ 이)燭(촉불 촉)ᄒᆞ고 無(업슬 무)

燭(촉불 촉)則(즉 곳)止(그칠 지)니라

ᄂᆡ측에왈녀ᄌᆞ가즁문을나가면낫슬그리우고밤의

ᄃᆞᆫ니면촉불노ᄃᆞᆫ기고촉불이업거던그치ᄂᆞ니라

禮(례 례)記(긔 긔)에 曰(일ᄋᆞᆯ 왈) 人(사ᄅᆞᆷ 인)之(어조ᄉᆞ 지)所(바 소)以(ᄡᅥ 이)爲(ᄒᆞᆯ 위)人(사ᄅᆞᆷ 인)

者(놈 쟈)ᄂᆞᆫ 禮(례례 절)義(올ᄒᆞᆯ 의)니 也(어조ᄉᆞ 야) 禮(례례 절)義(올ᄒᆞᆯ 의) 在(잇ᄉᆞᆯ 재)

於어조어 正바를정 容모양용 體몸톄 齊졍제홀제 顔얼굴안 色빗ᄉᆡᆨ 順슌ᄒᆞᆯ슌ᄒᆞ며 ᄒᆞ고

辭말ᄉᆞᆷᄉᆞ 令령령령 니어라

례긔에왈ᄉᆞ람이ᄉᆞ람노릇ᄒᆞ논거ᄉᆞᆫ례와의니례의

는용톄를브르게ᄒᆞ고안ᄉᆡᆨ을졍제이ᄒᆞ고언ᄉᆞ를슌

히ᄒᆞᆫ뎐디잇ᄂᆞ니라

姦간샤간 聲소리셩 亂잡란ᄒᆞᆯ란 色빗ᄉᆡᆨ 不안할불 留머므를류 聰귀발글총 明눈발글명 을

淫음란음 樂풍류악 慝간특ᄒᆞᆯ특 禮례례례 不안할불 接졉ᄒᆞᆯ졉 心마ᄋᆞᆷ심 術법술 ᄒᆞ며 술

惰게으를타 慢게으를만 邪간샤ᄒᆞᆯ샤 辟벽벽 之어조지 氣긔운긔 不안할불 ᄒᆞ며 을

設베풀셜 於어조어 身몸신 ᄒᆞᄂᆞ니라

간사ᄒᆞᆫ소리와잡란ᄒᆞᆫ빗슬듯고보뎐디류ᄒᆞ지아

十九

니ᄒᆞ며 승란ᄒᆞᆫ 풍류와 간특ᄒᆞᆫ 례졀을 ᄆᆞᄋᆞᆷ의 용졉ᄒᆞ지 아니ᄒᆞ며 게우르고 사벽ᄒᆞᆫ 긔운을 몸에 두지 아니ᄒᆞᄂᆞ니라

執(잡을 집)虛(비 허)如(ᄀᆞᄐᆞᆯ 여)執(잡을 집)盈(ᄀᆞ득ᄒᆞᆯ 영)入(들 입)虛(비 허)如(ᄀᆞᄐᆞᆯ 여)有(이슬 유)人(사ᄅᆞᆷ 인)

빈 그릇 ᄀᆞ지기를 ᄀᆞ득ᄒᆞᆫ 그릇 ᄀᆞ치 ᄒᆞ며 빈 듸 드러ᄀᆞ기를 사ᄅᆞᆷ 인ᄂᆞᆫ 듸 ᄀᆞ치 ᄒᆞᄂᆞ니라

欲(욕심 욕)不(못 불)可(가히 가)從(조ᄎᆞᆯ 종)志(ᄯᅳᆺ 지)不(못 불)可(가히 가)滿(ᄀᆞ득 만)財(ᄌᆡ물 ᄌᆡ)毋(말 무)苟(구차 구)得(어들 득)很(ᄃᆞ톨 흔)毋(말 무)求(구ᄒᆞᆯ 구)勝(이긜 승)

不(안 불)窺(엿볼 규)密(은밀 밀)不(안 불)道(말ᄒᆞᆯ 도)故(젼 고)舊(친구 구)

ᄒᆞ다

ᄒᆞ며ᄒᆞ며
ᄒᆞ며ᄒᆞ며
ᄒᆞ며
ᄒᆞ며ᄒᆞ며
ᄒᆞ며ᄒᆞ며
ᄒᆞ다

毋(말 무)瀆(번독 홀 독)神(귀신 신)。

욕심을ᄯᆞ르지못ᄒᆞ며ᄯᅳᆺ졀넘치게못ᄒᆞ며ᄌᆡ물엇

주ᄌᆞ이엇지말며ᄃᆞ투던ᄃᆡ이기기렬구ᄒᆞ지말며남

의은말ᄒᆞᆫ날엇여보던말며남의잘못ᄒᆞᆫ날엿말ᄒᆞ지

말며귀신엳혹ᄒᆞ지말라

毋(말 무)側(기우릴 측)聽(드를 텽)。毋(말 무)噭(소리 교)應(응홀 응)。毋(말 무)淫(불졀 음)視(볼 시)。

遊(놀 유)[illegible] 毋(말 무)倨(거만 거)。立(셜 립)毋(말 무)跛(기우려 피)。坐(안즐 좌)毋(말 무)

箕(키 긔)。寢(잘 침)毋(말 무)伏(업딜 복)。勞(수구로울 로)毋(말 무)袒(반버술 단)。暑(더울 서)毋(말 무)

褰(거둘 건)裳(치마 상)。毋(말 무)跣(발버슬 션)。屨(신 구)。

기우려듯덜말며ᄇᆡ기보던말며숍ᄒᆞᆫ소리로ᄃᆡ답ᄒᆞ

二十

ᄎᆡᆼᄒᆞ며 ᄒᆞ며
ᄒᆞ며 ᄒᆞ며
ᄒᆞ며
ᄒᆞ며ᄒᆞ며
ᄒᆞ며
ᄒᆞ며
ᄒᆞ라

지말며거만ᄒᆞ게딛기[illegible]말며남의신을밟지말며ᄒᆞᆫ
발열기수려스지말며두발열뻣고안찌말며엽드려
ᄌᆞ뎌말며수구려워도버뎔말며더워도치마를것지
말라

毋말무 摶둥구럴단 飯밥반 毋말무 放노방을 飯밥반 毋말무 流흘류을 歠마실철
毋말무 咤차노훌 食먹식을 毋말무 齧깨물설 骨뼈골 毋말무 投던질투 與줄여
狗구기 骨뼈골 毋말무 反도로반 魚어어 肉육육 毋말무 揚뉘칠양 飯밥반 毋말
무 刺찌를척 齒이치 毋말무 嚃크게마실탑 羹국갱

밥열둥구려뜨도말며크게뜨도말며머을쪄불도말
며입속의서소리느게먹도말며전게므시도말며국

할셔ᄒᆞ고 예ᄒᆞ되ᄒᆞ고 ᄒᆞ며ᄒᆞ되 ᄒᆞ고어던 ᄒᆞ고 ᄒᆞ여던ᄒᆞ되 어던 ᄒᆞ다

건지련입으로므시도말며븨어며던어유열그릇세
되텃치말며뻬렬끼무지말며기렬주도말며니렬쇼
시지말라
將장찻장 上올ᄂᆞ갈샹 堂집당 聲소리셩 必반득필 揚날날양 戶창호호 外밧긧
외 有잇슬유 二두이 屨신구 言말심언 聞들을문 則곳즉 入들어갈입 不안찰불
聞들을문 則곳즉 不안찰불 入들어갈입 將장찻장 入들어갈입 戶창호호 視볼시
必반득필 下니릴하 戶창호호 開열날기 亦또역 開열날기 戶창호호 闔ᄃᆞ들
합 亦또역 闔ᄃᆞ들합 有잇슬유 後뒤후 入들어올입 者니자 闔ᄃᆞ들합 而어조이
勿말물 遂일울슈、
남의집에ᄆᆞ서ᄯᅳᆯ에오를젹의기침ᄒᆞ고문박기신돌

主

이잇쓰되말소리ᄆᆞ들리거던드러ᄆᆞ고들리지안커
던드러ᄆᆞ지말며문열드러ᄆᆞ되눈열니리여보고문
이열려껴던열어두고닷쳐껴던드드두되뒤예드러
오넌니ᄆᆞ잇거던반짐드드라

凡대범범 視볼시 上올ᄂᆞᆫ샹 於어조ᄉᆞ어 面얼굴면 則곳즉 敎ᄀᆞᄅᆞ칠교 下아래하
於어조ᄉᆞ어 帶ᄯᅴ대 則곳즉 憂근심우 傾기울경 則곳즉 姦간ᄉᆞ간

남의ᄂᆞᆺ셜본즉저만시럽고ᄯᅴᄋᆞ리럴본즉근심시럽
고기우려본즉간샤시러우니라

古녜고 之어조ᄉᆞ지 君군ᄌᆞ군 子ᄌᆞᄌᆞ 必반ᄃᆞ시필 佩찰패 玉옥옥 行ᄃᆞᆫ닐ᄒᆡᆼ 則
卽곳즉 玉옥옥 鏘옥소리장 鳴울명 是이시 以ᄡᅥ이 非글비 辟피ᄒᆞᆯ벽 之어조ᄉᆞ지 心

호고 호고 호니라 논호니니 호니로

이니다 어던 ᄃᆞ도니라 ᄒᆞ며ᄒᆞ며 ᄒᆞ며ᄒᆞ며ᄒᆞ ᄒᆞ며ᄒᆞ며 ᄒᆞ며

심망 無무못홀 自ᄌᆞ조ᄎᆞ 出츌날 入입들 也야어조ᄉᆞ

녯적군ᄌᆞᄂᆞᆫ긔혜옥열ᄎᆞᄂᆞ니ᄒᆞᆫ걸ᄶᅥ의옥소리결듯

너르고그른맘이조ᄎᆞ드러오지못ᄒᆞᄂᆞ니라

有유잇슬 疾질ᄲᆞᆯ을 風풍ᄇᆞ람 迅신ᄲᆞᆯ을 雷뇌우ᄅᆡ 甚심심홀 雨우비 雖슈비록

夜야밤 衣의입을 服복입을 而이어조ᄉᆞ 坐좌안즐

ᄲᆞᆯ은ᄇᆞ람과급ᄒᆞᆫ우뢰와심ᄒᆞᆫ비ᄀᆞ잇ᄭᅥ던밤이라도

이러ᄂᆞᆫ셔의관ᄒᆞ고안ᄂᆞ니라

足족발 容용모양 重즁무거 手슈손 容용모양 恭공공슌 目목눈 容용모양 端단

단졍홀단 口구입 容용모양 止지그칠 聲셩소리 容용모양 靜졍고요 頭두머리

容용모양 直직고들 氣긔긔운 容용모양 肅슉엄슉 立립설 容용모양 德덕더

ᄒᆞᄂᆞ니라　에 ㅣ　ᄒᆞ시ᄒᆞ며　ᄒᆞ며　ᄒᆞ며 ᄒᆞ며　ᄒᆞ며 ᄒᆞ며　ᄒᆞ며　ᄒᆞ며 니라

色안석容모양용莊엄ᄒᆞᆯ장

발모양은무겁게ᄒᆞ고손모양은공손ᄒᆞ고입모양은

묵즁ᄒᆞ고셩음모양은조용ᄒᆞ고머리모양은반ᄃᆞᆺᄒᆞ

고숨쉬던모양은엄슉ᄒᆞ고섯던모양은덕시럽고안

식모양은엄ᄒᆞ게ᄒᆞᄂᆞ니이거시구용이라

論의론론語말심어曰일ᄂᆞᆯ왈君군ᄌᆞ군子군ᄌᆞᄌᆞ有잇슬유九ᄋᆞ홉구思

싱각ᄉᆞ視볼시思싱각ᄉᆞ明발글명聽드를텽思싱각ᄉᆞ聰귀발글총色안식식

思싱각ᄉᆞ溫온화ᄒᆞᆯ온貌모양모思싱각ᄉᆞ恭공슈공言말심언思싱각ᄉᆞ忠

츙ᄒᆞᆯ츙事일ᄉᆞ思싱각ᄉᆞ敬공경경疑의심의思싱각ᄉᆞ問물을문忿분ᄒᆞᆯ분

思싱각ᄉᆞ難힐난ᄒᆞᆯ난見볼견得으들득思싱각ᄉᆞ義올을의

론어에왈보년거슨밝기렬심각ᄒᆞ고듯년거슨똑똑
ᄒᆞ기렬심각ᄒᆞ고안식은온화ᄒᆞ기렬심각ᄒᆞ고몸모
양은공손ᄒᆞ기렬심각ᄒᆞ고말은츙후ᄒᆞ기렬심각ᄒᆞ
고닐은조심ᄒᆞ기렬심각ᄒᆞ고의심ᄒᆞᄂᆞᆫ거슨뭇기렬
심각ᄒᆞ고분ᄂᆞᆫ거던혈난ᄒᆞ기렬심각ᄒᆞ고읏년거시
잇거던의렬심각ᄒᆞᄂᆞ니이거시구ᄉᆞ라
非비안일禮례례법勿물말視시볼非비안일禮례례법勿물말聽텽드를非ᄒᆞ며 ᄒᆞ며
비안일禮례례법勿물말言언말심非비안일禮례례법勿물말動동움지길出ᄒᆞ여 ᄒᆞ고
ᄂᆞᆫ츌갈門문문如여ᄀᆞ틀見견볼大대큰賓빈빈긱ᄒᆞ나니라
례ᄆᆞᄉᆞ니거던보도말며례ᄆᆞᄉᆞ니거던듯도말며례

二十三

ᄆᆞᄉᆞ니거던말ᄒᆞ도말며려ᄆᆞᄉᆞ니거던동ᄒᆞ도말고
문의ᄂᆞᄆᆞ라면큰손넘볼떠시ᄒᆞᄂᆞ니라

動(움지길동) 容(모양용) 貌(모양모) 斯(이ᄉᆞ) 遠(멀원) 暴(사오나올포) 慢(게으를만) 矣(어조의) ᄒᆞ더며

正(바를정) 顔(얼굴안) 色(빗색) 斯(이ᄉᆞ) 近(갓가올근) 信(미들신) 矣(어조의) 出(날츌) ᄒᆞ기며

辭(말ᄉᆞᆷᄉᆞ) 氣(기운긔) 斯(이ᄉᆞ) 遠(멀원) 鄙(더러울비) 倍(패리ᄒᆞᆯ패) 矣(어조의) ᄒᆞ더니라

알신열동ᄒᆞ되츄솔ᄒᆞ고방ᄉᆞ히말며안색을정제이
ᄒᆞ되실졍으로ᄒᆞ여말을느되비루ᄒᆞ고패리ᄒᆞ게말
ᄶᅵ을라

食(먹을식) 無(말무) 求(구ᄒᆞᆯ구) 飽(불을포) 居(거ᄒᆞᆯ거) 無(말무) 求(구ᄒᆞᆯ구) 安(편안안) ᄒᆞ며 齋

敏(민첩ᄒᆞᆯ민) 於(어조ᄉᆞ어) 事(일ᄉᆞ) 而(어조ᄉᆞ이) 愼(삼갈신) 於(어조ᄉᆞ어) 言(말ᄉᆞᆷ언) ᄒᆞ고 ᄒᆞ라

ᄒᆞ며ᄒᆞ고 이어던 나라 에 을 어ᄒᆞᄂᆞ에 다

음식에ᄇᆡ부르기럴구ᄒᆞ지말며거처의편ᄒᆞ기럴구ᄒᆞ지말고일에ᄂᆞᆫ민첩ᄒᆞ고말에ᄂᆞᆫ삼가라

食식먹을 不불안ᄒᆞᆯ 語어말ᄉᆞᆷ 寢침잘 不불안ᄒᆞᆯ 言언말ᄉᆞᆷ 席석ᄌᆞ리 不불안ᄒᆞᆯ 正정바ᄅᆞᆯ 不불안ᄒᆞᆯ 坐좌안ᄌᆞᆯ

먹으면서말ᄒᆞ지안코자면서말ᄒᆞ지안코자리가바르지안커던안자지안ᄂᆞ니라

孟맹셩 子ᄌᆞ군ᄌᆞ 曰왈일ᄋᆞᆯ 飮음마실 食식먹을 之지어조ᄉᆞ 人인ᄉᆞ람 則즉곳 人인남 賤쳔쳔ᄒᆞᆯ 之지어조ᄉᆞ

맹ᄌᆞ께왈음식만위ᄒᆞᄂᆞᆫᄉᆞ람은남덜이쳔이너기ᄂᆞ니라

예언ᄒᆞᄂᆞ니라 예ᄒᆞ며 ᄒᆞ고ᄒᆞ야 어ᄒᆞ야 계ᄒᆞ라

家(집 가) 語(말ᄉᆞᆷ 어) 曰(ᄀᆞᆯ 왈) 婦(부인 부) 人(사ᄅᆞᆷ 인) 晝(낫 쥬) 不(아니 불) 遊(놀 유) 庭(모당 뎡)

가어에왈부인ᄂᆞᆫ제모당의서놀지안너니라

女(녀ᄌᆞ 녀) 誡(경계 계) 曰(ᄀᆞᆯ 왈) 行(ᄒᆡᆼᄒᆞᆯ ᄒᆡᆼ) 己(몸 긔) 有(잇ᄉᆞᆯ 유) 恥(붓그러울 치) 動(움ᄌᆞᆨ일 동) 靜(고요 졍) 有(잇ᄉᆞᆯ 유) 法(법 법) 擇(ᄀᆞ릴 ᄐᆡᆨ) 辭(말ᄉᆞᆷ ᄉᆞ) 而(말이을 이) 說(말ᄉᆞᆷ 셜) 不(안ᄒᆞᆯ 불) 道(말ᄒᆞᆯ 도) 惡(악ᄒᆞᆯ 악) 語(말ᄉᆞᆷ 어) 時(ᄯᅢ 시) 然(그럴 연) 後(뒤 후) 言(말ᄉᆞᆷ 언) 不(안ᄒᆞᆯ 불) 厭(실ᄒᆞᆯ 염) 於(어조ᄉᆞ 어) 人(사ᄅᆞᆷ 인)

녀계에왈몸ᄆᆞᄌᆞ기ᄅᆞᆯ붓그럼이잇스며동졍간의법이잇게ᄒᆞ고말을ᄀᆞ리여말ᄒᆞ야악ᄒᆞᆫ말을ᄒᆞ지안코말ᄒᆞᆯᄯᅢ에말ᄒᆞ야남더리스려ᄒᆞ지안케ᄒᆞ라

이 이 이면 아ᄒᆞᆫ디 언 ᄒᆞ고 언 ᄒᆞ니라 에 ᄒᆞ니

或혹혹問물을문於어조ᄉᆞ어伊이이川내쳔先먼여션生난ᄉᆡᆼ曰언는월

孤외로올고孀과상、부貧가난빈窮궁ᄒᆞᆯ궁無업슬무託의탁탁可가ᄒᆞᆯ가再

嫁두지시집갈가否안일부、先먼여션生난ᄉᆡᆼ曰얻는월餓주릴아死죽을ᄉᆞ事

날ᄉᆞ極극ᄒᆞᆯ극小죡을쇼、失일을실節절개절事날ᄉᆞ極극ᄒᆞᆯ극大큰대、

어던ᄉᆞ람이이쳔션ᄉᆡᆼ끠뭇ᄌᆞ오ᄃᆡ고단ᄒᆞᆫ과부ᄀᆞ

빈궁ᄒᆞ야의탁이읍스면ᄀᆞ히기가ᄒᆞᆷ라ᄒᆞ오ᄃᆡ션ᄉᆡᆼ왈

굴머죽ᄂᆞᆫ날언극히죽고실절ᄒᆞᆫ날언극히크니라

事셤길ᄉᆞ父부친부母모친모

부모섬기ᄂᆞᆫ법

易쥬역역、曰얻월家집가有잇슬유嚴엄ᄒᆞᆯ엄君인군군焉어조ᄉᆞ언、父부친부

二十五

라

부 母모친 之어조ᄉᆞ지 謂닐ᄋᆞᆯ위 也어조ᄉᆞ야

쥬역에 ᄀᆞᆯ오ᄃᆡ 집에 엄ᄒᆞᆫ 인군이 잇ᄉᆞ니 부모를 닐ᄋᆞᆷ이

라

詩시시 에ᄒᆞ엿고 曰ᄀᆞᆯ왈 父부친부 兮어조ᄉᆞ혜 生날ᄉᆡᆼ 我나아 母모친무 兮어조ᄉᆞ혜

鞠길을국 ᄒᆞ시나ᄉᆡ인ᄃᆡ 我나아 欲ᄒᆞ고져ᄒᆞᆯ욕 報갑흘보 之어조ᄉᆞ지 德덕덕 昊호호ᄒᆞᆯ호 天하ᄂᆞᆯ텬

罔업슬망 極극극 이로다

시젼에 ᄀᆞᆯ오ᄃᆡ 부친이 ᄂᆞᆯ을 나으시고 모친이 ᄂᆞᆯ을 기르셔

씨니 은덕을 갑흘야 ᄒᆞᆯ진ᄃᆡᆫ ᄒᆞᄂᆞᆯ ᄀᆞ치 ᄀᆞ이 업도다

內안내 則법즉 曰ᄀᆞᆯ왈 子ᄌᆞ식ᄌᆞ 事섬길ᄉᆞ 父부친부 母모친무 雞ᄃᆞᆰ계 初 에ᄒᆞ되

鳴울명 咸다함 盥셰관 漱양지ᄒᆞᆯ수 櫛빗즐 縰ᄉᆞ 笄빈혀계 衣옷의 紳ᄯᅴ신 左왼좌 右 이어던ᄒᆞ고

ᄒᆞ고 ᄒᆞ야 ᄒᆞ야 ᄒᆞ고 이어던 ᄒᆞ고 ᄒᆞ야 ᄒᆞ고하며 ᄒᆞ더에 ᄒᆞ나니도 ᄒᆞ나이라

올은 佩패찬 用용씨 適석갈 父부부친 母모무친 之어조사 所소보 下하아래

우 氣기괴 운 怡이화 ᄒᆞᆯ 聲성소리 問문물을 衣의옷 燠욱더울 寒한찰 疾질병 들

痛통압 苛하옴 癢양가려울 敬경공경 抑억누를 搔소긁을 之어조사 出갈는

ᄒᆞᆯ 入들어 갈 則즉곧 或혹혹 先선먼저 或혹혹 後후뒤 敬경공경 扶부부들 持

마 즐 之어조사 進진나는 進진나는 盥관세수 問문물을 所소바 欲욕ᄒᆞ고잘 而어조사

지 敬경공 進진나는 之어조사 嘗상맛볼 之어조사 而어조사 後후뒤 退퇴물러날

되물 婦부며느리 事사섬길 舅구시부 姑고시모 如여마 事사섬길 父부부친

母모무친

느니 즉 메 왈 ᄌᆞ식이 부모를 셤기되 닭이 울거던 세수ᄒᆞ

고 양치ᄒᆞ고 머리 빗고 갓 쓰고 옷 닙고 띄 띄고 자우

二十六

의 운
ᄎᆞ고 ᄎᆞ고
ᄎᆞ나니마

에쓸연장ᄎᆞ고부모계신듸렬ᄀᆞ서괴운열ᄂᆞ지기ᄒᆞ
고소리렬화ᄒᆞ게ᄒᆞ야옷시더운ᄀᆞ찬ᄀᆞ뭇고압푸거
ᄂᆞᄀᆞ렵거던공경ᄒᆞ야누르며긁고츌입ᄒᆞ시거던혹
압스며뒤서셔조심ᄒᆞ야붓들고세수물열노ᄒᆞᆫ후에
잡수꼬시푼거슬물어ᄂᆞ수되맛보신후에물너ᄀᆞᄂᆞ
니ᄌᆞ부ᄀᆞ구고섬기기도부모섬기더시ᄒᆞᄂᆞ니라

男남남ᄌᆞ女녀녀ᄌᆞ未미안할冠관관笄계비여者쟈니皆기ᄃᆞ佩패찬容모양
용臭ᄂᆞᆫ츄ᄂᆡ음昧미어둘爽상발글而ᄉᆞ이조朝툐아회若약만일未미안할
食식먹을則즉곳佐자도을長장얼운者쟈니視시볼具구ᄀᆞ출

남녀의이셩인은드향낭을ᄎᆞ고실적의문안ᄒᆞ고마

을 ᄒᆞ여ᄋᆞᆯ
ᄒᆞ야 ᄒᆞ여 ᄋᆞᆯ
어던 ᄒᆞᄂᆞᆫ 나라

일잡숫지ᄋᆞ니ᄒᆞ여개던을운열도ᄋᆞ서ᄎᆞ리넌거설
보ᄂᆞ니라
父부친부 母모친무 舅시부구 姑시모고 之어조ᄉᆞ지 衣옷의 衾이불금 簞ᄃᆞ
리뎡 席자리셔 不안불 傳향길젼 杖지팡이 屨신구 祇공경지 敬공경경 之
어조ᄉᆞ지 勿말물 敢감히강 近갓가올근 敦주발ᄃᆞᆫ 牟밥믜유 巵잔치 匜그릇이 非
안비 餕일공딘쥰 餘남을여 莫못ᄒᆞᆯ막 敢감히감 飮마실음 食먹을식
부모ᄌᆞ고의옷과이불과ᄌᆞ리럴옹겨노치ᄋᆞ니ᄒᆞ며
지팡이와신을공경ᄒᆞ야갓가이시ᄎᆞ지말며낭거주
시넌그릇시ᄉᆞ니거던부모구고의잡순넌그릇세감
히먹지못ᄒᆞᄂᆞ니라

二十七

에난 / 을 ᄒᆞ야 / ᄒᆞ며 ᄒᆞ며 / ᄒᆞ며 ᄒᆞ며 / 이어던 ᄒᆞ고 / 을 / ᄒᆞᄂᆞ니라

在잇슬재 父부친부 母모친모 舅시부구 姑시모고 之어조ᄌᆞ 所바소 進나갈진

退물너갈퇴 周두루쥬 旋돌닐션 愼삼갈신 齊졍제ᄒᆞᆯ제 不못불 敢감히ᄒᆞᆯ감

噦얼폐 噫트름희 嚏ᄌᆡ치기톄 咳기침히 欠하픔흠 伸기지기신 跛기우려피

倚의지ᄒᆞᆯ의 睇볼뎨 視볼시 不못ᄒᆞᆯ불 敢감히ᄒᆞᆯ감 唾춤타 洟코물톄 寒찰한 不

안 ᄒᆞᆯ 敢감히ᄒᆞᆯ감 襲ᄭᅧ입을습 癢가려울양 不못ᄒᆞᆯ불 敢감히ᄒᆞᆯ감 搔긁을소 不안일

불 涉건널셥 不안ᄒᆞᆯ불 撅걷을궐 父부친부 母모친무 唾춤타 洟코물톄 不

불 ᄒᆞᆯ 見뵐현 ᄒᆞᆯ

부모구고계신듸셔난진퇴와쥬션을삼가고조심ᄒᆞ

야감히폐기와트름과ᄌᆡ치기와기침과하픔과기지

기를ᄒᆞ지못ᄒᆞ며감히기우려스지못ᄒᆞ며기ᄃᆡ지못

ᄂᆞᆫ
을ᄒᆞ고
어던라도
ᄒᆞ며이어던
이라도ᄒᆞ고
ᄒᆞ여ᄒᆞ고

ᄒᆞ여주제보도몯ᄒᆞ며춤밧고코플도몯ᄒᆞ여치워도
겨입지몯ᄒᆞ여ᄆᆞ려워도긁지몯ᄒᆞ여믈엳ᄌᆞᆫ느지안
커던갓지ᄉᆞ니ᄒᆞ고부모의춤과고믈을뵈이제ᄒᆞ지
안너니라
子ᄌᆞᄌᆞ식婦부며느리孝효효도者쟈니敬경공경者쟈니父부부친母모모친
舅구시부姑고시모之ᄌᆞ어조命명명勿믈말逆역거실勿믈말怠태게을若약만
飮음마실食식먹之ᄌᆞ어조雖슈비록不불안嗜기즐길必필반드시
嘗상맛볼而ᄉᆞ이어조待ᄃᆡ기ᄃᆞ릴加가더ᄒᆞᆯ之ᄌᆞ어조衣의옷服복옷雖슈비록
不불안欲욕ᄒᆞᆯ必필반드시服복입을而ᄉᆞ이어조待ᄃᆡ기ᄃᆞ릴無무업슬
私ᄉᆞᄉᆞᄉᆞ貨화ᄌᆡ믈無무업슬私ᄉᆞᄉᆞᄉᆞ器긔그릇不불몯ᄒᆞᆯ敢감ᄒᆞᆯ감히私

二十八

ᄒᆞ며 ᄒᆞ니라

ᄉᆞᄉᆞ ᄉᆞ 與줄여 不못ᄒᆞᆯ블 敢감히ᄒᆞᆯ감 私ᄉᆞᄉᆞ ᄉᆞ 假빌가 날

ᄌᆞ식과며ᄂᆞ리의효ᄒᆞᆫ고공경ᄒᆞᆫ너ᄂᆞᆫ부모와구고

의명을거시리지ᄋᆞ니ᄒᆞ여게울니ᄒᆞ지ᄋᆞ니ᄒᆞ고음

식열주시거던비록질기지ᄋᆞ니ᄒᆞᄂᆞᆫ거시라도맛본

후에기드리며의복을주시거던비록조와ᄒᆞᄂᆞᆫ거시

안입지라도입은후에기드리고ᄉᆞᄉᆞ지물이업스며

ᄌᆞᄉᆞ그릇시업고감히ᄉᆞᄉᆞ이남을주고빌니지못ᄒᆞ

ᄂᆞ니라

을 ᄒᆞ며

父부친부 母모친모 之어조ᄉᆞ지 所바소 愛ᄉᆞ랑ᄒᆞᆯ애 亦또역 愛ᄉᆞ랑ᄒᆞᆯ애 之어조ᄉᆞ지

을 ᄒᆞ야

父부친부 母모친모 之어조ᄉᆞ지 所바소 敬공경경 亦또역 敬공경경 之어조ᄉᆞ지

도커던 아 어던 ᄒᆞ고 ᄒᆞ되 ᄒᆞ나 이라도 ᄒᆞ나니라

至지이를 於어조ᄉᆞ 犬견개 馬마말 盡진다ᄒᆞᆯ 然연그럴 而이어조ᄉᆞ 況황ᄒᆞ물며 於
어조ᄉᆞ 人인사람 乎호어조ᄉᆞ
부모ᄉᆞ랑ᄒᆞ는거ᄉᆞᆯ ᄂᆞᆫ도ᄉᆞ랑ᄒᆞ며부모공경ᄒᆞᄂᆞ니
를ᄂᆞᆫ도공경ᄒᆞ야견마도그러커던ᄒᆞ물며ᄉᆞ람이랴
父부친 母모친 有유잇슬 過과허물 下하ᄂᆞ릴 氣긔긔운 怡이화ᄒᆞᆯ 色
안ᄉᆡᆨ 柔유유ᄒᆞᆯ 聲셩소리 以이ᄡᅥ 諫간간ᄒᆞᆯ 悅열깃블 則즉곳 復부다시 諫
간간ᄒᆞᆯ 父부친 母모친 怒노노ᄒᆞᆯ 不불아닐 悅열깃블 而이어조ᄉᆞ 撻달츌
之지어조ᄉᆞ 流류흐를 血혈피 不불못ᄒᆞᆯ 敢감감히 疾질미워ᄒᆞᆯ 怨원원망
부모ᄀᆞ허물이잇거던긔운열ᄂᆞ지ᄒᆞ고안ᄉᆡᆨ을화ᄒᆞ
게ᄒᆞ고소리렬유ᄒᆞ게ᄒᆞ야간ᄒᆞ되조와ᄒᆞ시거던ᄃᆞ

二十九

이라도

ᄒᆞ야 ᄒᆞ고

ᄒᆞ야 ᄒᆞ나라

에

시간ᄒᆞᄂᆞ니부모ᄅᆞᆯ노ᄒᆞ야피ᄅᆞᆯ흐르게처도감히미
워ᄒᆞ고원망치못ᄒᆞᄂᆞ니라

父부부친母무모친雖슈비록沒몰죽을將장장ᄎᆞᆺ爲위ᄒᆞᆫ善션착ᄒᆞᆯ思ᄉᆞᄉᆡᆼ각
貽이줄父부부친母무모친令령말음名명일홈必필반득果과과단將
장장ᄎᆞᆺ爲위ᄒᆞᆫ不불안일善션착ᄒᆞᆯ思ᄉᆞᄉᆡᆼ각貽이줄父부부친母무모친羞
슈결븟그辱욕욕必필반득不불안활果과과단

부모ᄅᆞᆯ하세ᄒᆞᆫ후이라도부모의게알음ᄃᆞ온실음ᄭᅵ
ᄎᆞ기렬심각ᄒᆞ야착ᄒᆞᆫ노르셜과단익게ᄒᆞ고부모의
게욕을ᄭᅵ치기렬심각ᄒᆞ야악ᄒᆞᆫ닐열ᄒᆞ지안너니라

禮례례절記긔긔록日왈ᄀᆞᆯ凡범대범爲위ᄒᆞ된人인남子ᄌᆞᄌᆞ식之ᄉᆞ지어조

눈 ᄒᆞ고 ᄒᆞ고 ᄒᆞ며 ᄒᆞ며 ᄒᆞ고 ᄒᆞ고에 ᄒᆞ고 ᄒᆞ며 ᄒᆞ며 ᄒᆞ며 ᄒᆞ고 ᄒᆞ며 ᄒᆞᄂᆞ니라

禮례례、졀 冬겨울동 溫드실온 而ᄉᆞ이어조 夏열음하 凊셔늘쳥、 昏어둘혼 定뎡ᄒᆞᆯ뎡

而ᄉᆞ이어조 晨새벽신 省살필셩、 聽드를텽 於어조ᄉᆞ어 無업을무 聲소리셩

視볼시 於어조ᄉᆞ어 無업을무 形형용형、 出날츌 必반ᄃᆞ시필 告고ᄒᆞᆯ고、 反도라올반

必반ᄃᆞ시필 面얼굴면、 恒항샹항 言말ᄉᆞᆷ언、 不안일불 稱일커를칭 老늘글로

居거쳐ᄒᆞᆯ거 不안일불 主쥬쟝ᄒᆞᆯ쥬 奧아ᄅᆞᆷ오 行ᄒᆡᆼᄒᆞᆯ길ᄒᆡᆼ 不안일불 中가운데즁

道길도 坐안즐좌 不안일불 中가운데즁 席ᄌᆞ리셕、 立셜립 不안일불 中가운데즁

門문문、 不안일불 登오를등 高노플고、 不안일불 臨림ᄒᆞᆯ림 深기플심

례긔에왈남의ᄌᆞ식노릇ᄒᆞᄂᆞᆫ례ᄂᆞᆫ겨울에ᄂᆞᆫ더웁게
ᄒᆞ며열음의ᄂᆞᆫ서늘ᄒᆞ게ᄒᆞ고어ᄉᆞᆫ미ᄂᆞᆫᄌᆞ리려뎡ᄒᆞ
며시벽의ᄂᆞᆫ안부를살피고소리업ᄂᆞᆫ듸서드르며형

三十

용엽년듸서보고츌타ᄒᆞᆫ랴면고ᄒᆞ며도ᄅᆞ와도고ᄒᆞ고
ᄒᆞᆯ언에졔ᄆᆞ늘거ᄯᅳ고ᄒᆞ지안코알압묵에거쳐ᄒᆞ지
ᄉᆞ니ᄒᆞ며즈리ᄒᆞᆫᄆᆞ온듸예안찌ᄉᆞ니ᄒᆞ며창결ᄒᆞᆫᄆᆞ
운듸로댕기지ᄉᆞ니ᄒᆞ며대문ᄒᆞᆫᄆᆞ운듸예스지ᄉᆞ니
ᄒᆞ고노픈듸렬오르지ᄉᆞ니ᄒᆞ며기픈듸렬림ᄒᆞ지안
너니라

논 ᄒᆞ나니 논 ᄒᆞ며 ᄒᆞ야 ᄒᆞ야

孝 효도효 子 ᄌᆞ식ᄌᆞ 之 어조ᄉᆞ지 有 잇슬유 深 깁흘심 愛 ᄉᆞ랑ᄒᆞᆯ이 者 니쟈 必 반ᄃᆞᆨ필
有 잇슬유 和 화ᄒᆞᆯ화 氣 긔운긔 愉 깃블유 色 안ᄉᆡᆨ식 婉 순ᄒᆞᆯ원 容 모양용
孝 효도효 子 ᄌᆞ식ᄌᆞ 如 ᄀᆞ틀여 執 잡을집 玉 옥옥 如 ᄀᆞ틀여 奉 밧들봉 盈 ᄀᆞ득영
洞 동동ᄒᆞᆯ동 洞 동동ᄒᆞᆯ동 屬 족족ᄒᆞᆯ족 屬 족족ᄒᆞᆯ족 然 글연 如 ᄀᆞ틀여 不 못불 ᄒᆞᆯ

ᄒᆞ며 조ᄎᆞ나니 운 니라

어시던 ᄒᆞᄂᆞ니라

勝승이긜 如여ᄀᆞᄐᆞᆯ 將장장ᄎᆞᆺ 失실안을 之지어조ᄉᆞ 嚴엄엄ᄒᆞᆯ 威위위엄 儼엄엄연
ᄒᆞᆯ 恪각공경 非비아닐 所소바 以이ᄡᅥ 事ᄉᆞ섬길 親친어버이 也야어조ᄉᆞ

효ᄌᆞ의깁흔ᄉᆞ랑ᄒᆞᆫ넌ᄆᆞᆷ이잇년니ᄂᆞᆫ반ᄃᆞ시화ᄒᆞᆫ긔
운과슌ᄒᆞᆫ모양이잇ᄂᆞ니효ᄌᆞᄂᆞᆫ옥을ᄀᆞ지듯기ᄒᆞ며
ᄀᆞ득ᄒᆞᆫ것바ᄃᆞ더시ᄒᆞ야동동쵹쵹히조심ᄒᆞ여익이
지못ᄒᆞᆯ떠시ᄒᆞ여일을떠시ᄒᆞᄂᆞ니엄위ᄒᆞ고엄각ᄒᆞᆫ
모양은ᄉᆞ친ᄒᆞᄂᆞᆫ도리ᄀᆞᄉᆞ니니라

父부부친 母모모친 在재잇슬 不불못ᄒᆞᆯ 敢감감히 有유둘 其기그 身신몸
부모ᄀᆞ계시거던감히제몸얼임의로ᄒᆞ지못ᄒᆞᄂᆞ니
라

三十一

ㅣᄒᆞ고ㅣ
어던ᄒᆞ노이
ᄒᆞ고 ᄒᆞ고
니라
온이ᄒᆞ며
을 은ㅣ

父부친子ᄌᆞ식不불안할同동ᄀᆞᄐᆞᆯ席셕ᄌᆞ리父부친命명명呼을불
唯유ᄃᆡ답ᄒᆞᆯ而이어조不불안할諾낙허락手슈손執집잡을業업업則즉곧
投투던질之ᄉᆞ지어조食식먹을在재잇을口구입則즉곧吐토토ᄒᆞᆯ之ᄉᆞ지어조
走주ᄃᆞᆮ근而ᄉᆞ이어조不불안할趨추ᄌᆞᆷᄎᆞᆯᄒᆞᆯ
부ᄌᆞᄀᆞᄒᆞᆫ조리예ᄋᆞᆫ쟈ᄋᆞ니ᄒᆞ고부친이부르거던속
히ᄃᆡ답ᄒᆞ고ᄲᆞᆯ니ᄃᆞᆺᄂᆞ니손의닐열조ᄇᆡ개던던지고
입에음식열무러개던토ᄒᆞᄂᆞ니라
父부친沒몰죽을而ᄉᆞ이어조不불못能능ᄒᆞᆯ讀독닐글父부친之어조
書셔칙手슈손澤택뎌젿存존잇숄焉언어조母모친沒몰죽을而어조
杯비잔圈권징반不불못ᄒᆞᆯ能능ᄒᆞᆯ飮음마실口구입澤택지젿之ᄉᆞ지어조

ㅣ니라 ㅣ어시던 ᄒᆞ며어시던 ᄒᆞ고어던 ᄒᆞ며 이어던 니라

氣긔, 운存존잇슴焉어조ᄉᆞ언,

부모하세ᄒᆞ에부친일그시던칙의는손ᄯᅢ마잇기에

ᄎᆞ마그식을마지못ᄒᆞ며모친잡숫던그릇세는입과

운이잇기에ᄎᆞ마그그릇세먹지못ᄒᆞᄂᆞ니라

父부친부母모친무, 愛ᄉᆞ랑ᄋᆡ之어조ᄉᆞ지喜깃불희而어조ᄉᆞ이不안할불忘

이즐망, 惡미워ᄒᆞᆯ오之어조ᄉᆞ지懼두려울구而어조ᄉᆞ이無업슬무怨원망원, 有잇슬

유過허물과, 諫간ᄒᆞᆯ간而어조ᄉᆞ이不안할불逆거ᄉᆞ릴역, 三세번삼諫간ᄒᆞᆯ간

而어조ᄉᆞ이不안할불聽드를텽, 號우를호泣우를읍而어조ᄉᆞ이隨ᄯᆞ를슈之어조ᄉᆞ지,

부모ᄀᆞ ᄉᆞ랑ᄒᆞ시거던깃거ᄒᆞ야잇지ᄉᆞ니ᄒᆞ며미워

ᄒᆞ시거던두려워ᄒᆞ야원망이업고허물이잇거던간

三十二

ᄒᆞ되거시리지ᄋᆞ니ᄒᆞ며세번간ᄒᆞ여도듣지안커던

울면서ᄯᅡ루너니라

父부친 母모친 有잇슬 疾병들 冠관쓸 者니 不안ᄒᆞᆯ 櫛빗

行단길 不안ᄒᆞᆯ 翔날 言말ᄉᆞᆷ 不안ᄒᆞᆯ 惰게을 琴거문고 瑟

不안ᄒᆞᆯ 御갓가이ᄒᆞᆯ 食먹을 肉고기 不안ᄒᆞᆯ 至이를 變변ᄒᆞᆯ

味만 飮마실 酒술 不안ᄒᆞᆯ 至이를 變변ᄒᆞᆯ 貌얼굴 笑우슴

不안ᄒᆞᆯ 至이를 矧의 怒노ᄒᆞᆯ 不안ᄒᆞᆯ 至이를 詈꾸즈실

疾병들 止그칠 復회복 故이젼

부모ᄀᆞ병환이잇거던갓쓰니ᄀᆞ머리빗지ᄋᆞ니ᄒᆞ며

ᄃᆡᆼ길ᄯᅢ의날ᄀᆡ짓ᄒᆞ지ᄋᆞ니ᄒᆞ며말을게울니ᄒᆞ지안

이면 이 나라

이연이 호ᄃᆡ이 이어시던

이ᄒᆞ며거운고와비파를갓마이ᄒᆞ지ᄋᆞ니ᄒᆞ며고기
를먹으되구미변ᄒᆞ기예이르지ᄋᆞ니ᄒᆞ며술얼마시
되얼굴변ᄒᆞ기예이르지ᄋᆞ니ᄒᆞ며우서도니ᄲᅮᆯ의ᄀᆞ
보이게ᄒᆞ지ᄋᆞ니ᄒᆞ며노ᄒᆞ여도꾸짓기예이르지ᄋᆞ
니ᄒᆞᄂᆞ니병환이그치거던젼ᄃᆡ로ᄒᆞᄂᆞ니라

親(어버이 친) 有(잇슬 유) 疾(병들 질) 飮(마실 음) 藥(약 약) 子(ᄌᆞ식 ᄌᆞ) 先(먼저 션) 嘗(맛볼 상) 之(어조ᄉᆞ 지)

친환의약을마시라면ᄌᆞ식이먼저맛보ᄂᆞ니라

文(글 문) 王(인군 왕) 有(잇슬 유) 疾(병들 질) 武(호반 무) 王(인군 왕) 不(안할 불) 脫(벗슬 탈) 冠(관 관) 帶(띄 ᄃᆡ) 而(어조ᄉᆞ 이) 養(봉양 양) 文(글 문) 王(인군 왕) 一(ᄒᆞᆫ 일) 飯(먹을 반) 亦

ᄒᆞ여이 이어시던 니나라

와

을 ㅣ 너라

은

또 역 반、一(ᄒᆞᆫ 일) 飯(먹을 반) 文(글 문) 王(인군 왕)、再(두 재) 飯(먹을 반) 亦(또 역) 再(두 재) 飯(먹을 반)

쥬문왕이병환이잇ᄊᆞ면무왕이갓과ᄯᅴ를벗지안코

봉양ᄒᆞ되문왕이ᄒᆞᆫ번먹거시던무왕도ᄒᆞᆫ번먹으며

문왕이두번먹거시던무왕도두번먹더니라

孔(성 공) 子(존 ᄌᆞ) 曰(ᄀᆞᆯ 왈) 斷(ᄭᅳᆫ을 단) 一(ᄒᆞᆫ 일) 樹(나무 슈) 殺(죽일 살) 一(ᄒᆞᆫ 일) 獸(즘ᄉᆡᆼ 슈)

不(안할 불) 以(ᄡᅥ 이) 其(그 기) 時(ᄯᅢ 시) 非(안일 비) 孝(효도 효) 也(어조사 야)

공ᄌᆞ왈나무ᄒᆞ나뷔기와김ᄉᆡᆼᄒᆞ나죽이기를ᄯᅢ안인

ᄯᅢ예ᄒᆞᄂᆞᆫ거시효ㅣ아니니라

曾(성 증) 子(존 ᄌᆞ) 曰(ᄀᆞᆯ 왈) 身(몸 신) 也(어조사 야) 者(것 쟈) 父(부친 부) 母(모친 모) 之

니
호되아 遺
이
ᄒ야 ᄉᆡᆼ
ㅣ어던
ㅣ되야
니로
라몬

어조ᄉ지 遺끼칠유 體몸톄 也어조ᄉ야 行ᄒᆡᆼ밧들 父부친부 母모친무 之어조ᄉ지
遺유끼친 體몸톄 敢감히감 不안불 敬공경경 乎어조ᄉ호
증ᄌ왈ᄌ식의몸은부모의끼친몸이니부모의끼친
몸을밧들되감히조심ᄒ지ᄋ니ᄒ라
樂풍류악 正발을정 子조ᄌ 春봄츈 下ᄂ릴하 堂집당 而어조ᄉ이 傷상ᄒ야상
足발족 數두어수 月달월 足발족 瘳나을츄 猶오히려유 有이슬유 憂근심우 色빗ᄉᆡᆨ
안식 曰일왈 父부친부 母모친무 全온젼전 而어조ᄉ이 生날ᄉᆡᆼ 之어조ᄉ지
子ᄌ식ᄌ 全온젼전 而어조ᄉ이 歸도라갈귀 之어조ᄉ지 可가히가 謂닐을위 孝효도효
효도 矣어조ᄉ의 是이시 以써이 一ᄒ나일 擧드러거 足발족 而어조ᄉ이 不못불 敢감히감
할감히 忘이즐망 父부친부 母모친모 故고로고 道길도 而어조ᄉ이 不아니불

二十四

ᄒᆞ여 ᄒᆞ며 불 徑지렴질경 舟비쥬 而어조ᄉᆞ이 不불안할 游헤염유、一ᄒᆞᆫ일 出날츌 言말ᄉᆞᆷ언

로 而어조ᄉᆞ이 不못불 敢감히감 忘이즐망 父부친부 母모친모 故연고고、惡

을 니라 악악ᄒᆞᆯ 言말ᄉᆞᆷ언、不안할불 出날츌 於어조ᄉᆞ어 口입구、

악졍ᄌᆞ츈이당에ᄂᆞ려ᄀᆞ다ᄀᆞ발을ᄃᆞ치여수월후에
발이나스되오히려근심ᄒᆞᄂᆞᆫ안석이잇서왈부모ᄀᆞ
셩히나어ᄶᅥ던ᄌᆞ식이셩히도ᄅᆞᄀᆞ야효ᄅᆞᆯ일으너니
이럭키로ᄒᆞᆫ번발열드던되도감히부모럴잇지못ᄒᆞ
ᄂᆞ지근ᄒᆞᆫ길노ᄃᆞᆼ기고기렴길노ᄃᆞᆼ기지으니ᄒᆞ며비
를타고헤염ᄒᆞ지으니ᄒᆞ며ᄒᆞᆫ번말ᄂᆡᆯᄯᅢ에도감히부
모를잇지못ᄒᆞᆫ고로악ᄒᆞᆫ말을입의ᄂᆡ지안ᄂᆡ니라

에 ᄒᆞ더
ᄒᆞ면、이ᄂᆞᆫ
리라
에을
나니라
노 ᄒᆞ며

論론語어曰왈事ᄉᆞ父부母모能능竭갈其기力력雖슈曰왈未미學학、吾오必필謂위之지學학矣의

론어에왈부모렬셤기되능히심열ᄂᆞᆫᄒᆞ면비록비우지ᄋᆞᆫ니ᄒᆞᆺᄃᆞᄒᆞ여도ᄂᆞᆫᄃᆞᄒᆞ기렬비왓ᄯᅡ고ᄒᆞ리라

孝효經경曰왈身신體톄髮발膚부受슈之지父부母모、不불敢감毁훼傷샹、

효경에왈모발과살을부모괴브ᄃᆞ씨니감히샹ᄒᆞ지못ᄒᆞᄂᆞ니라

愛ᄋᆡ親친者쟈不불敢감惡오於어人인

논 ᄒᆞ논이 敬공경경 親친어버 者쟈니 不블못ᄒᆞᆯ 敢감ᄒᆞᆯ감히 慢만ᄒᆞᆯ거만 於어조ᄉᆞ어 人인남

이요 不블안 愛ᄋᆡᄉᆞ랑ᄒᆞᆯ 其기그 親친어버이 而이조ᄉᆞ 愛ᄋᆡᄉᆞ랑ᄒᆞᆯ 他타달 人인ᄉᆞ람

을 이요 謂위일 之지어조ᄉᆞ 悖패패역ᄒᆞᆯ 德덕덕 不블안 敬경공경 其기그 親친어버이

이요 을 而이조ᄉᆞ 敬경공경 他타달 人인ᄉᆞ람 謂위일 之지어조ᄉᆞ 悖패패역ᄒᆞᆯ

니라 禮례례법

부모를ᄉᆞ랑ᄒᆞᄂᆞ니는감히남을미워ᄒᆞ지못ᄒᆞ며부
모를공경ᄒᆞᄂᆞ니는감히남을업신너기지못ᄒᆞᄂᆞ니
제부모를ᄉᆞ랑ᄒᆞ지안코타인을ᄉᆞ랑ᄒᆞ는거슨패덕
이라닐으고제부모를공경치안코타인을공경ᄒᆞ는
거슨패례라닐으ᄂᆞ니라

孝子之事親연 居則致其敬ᄒᆞ고 養則致其樂ᄒᆞ고 病則致其憂ᄒᆞ고 喪則致其哀ᄒᆞ고 祭則致其嚴ᄒᆞᄂᆞ이라

효ᄌᆞ의부모셤기ᄂᆞᆫ법은평거에ᄂᆞᆫ극히공경ᄒᆞ고봉양ᄒᆞ기ᄂᆞᆫ극히즐겁게ᄒᆞ고병들면극히근심ᄒᆞ고상ᄉᆞ에ᄂᆞᆫ극히슬어ᄒᆞ고제ᄉᆞ에ᄂᆞᆫ극히엄ᄒᆞ게ᄒᆞᄂᆞ니라

事親者ᄂᆞᆫ 居上不驕ᄒᆞ며 爲下不亂ᄒᆞ며 在醜不爭ᄒᆞᄂᆞ이 三

을면
이라도니
이실로뎌
니라

者(것 쟈) 不(안 불) 除(제할 져) 雖(비록 슈) 日(날 일) 用(쓸 용) 三(석 삼) 牲(소 싱) 之(어조ᄉᆞ 지)
養(봉양 양) 猶(오히려 유) 爲(될 위) 不(안 불) 孝(효도 효) 也(어조ᄉᆞ 야) 五(다ᄉᆞᆺ 오) 刑(형벌 형)
之(어조ᄉᆞ 지) 屬(부칠 쇽) 三(석 삼) 千(일쳔 쳔) 而(어조ᄉᆞ 이) 罪(죄 죄) 莫(업슬 막) 大(큰 대)
於(어조ᄉᆞ 어) 不(안 불) 孝(효도 효)

부모련셩기ᄂᆞ니넌남의우에거ᄒᆞ여도교만치ᄋᆞ니
ᄒᆞ여남의ᄋᆞ리ᄆᆞ되야도패란ᄒᆞ지ᄋᆞ니ᄒᆞ며동류호
티잇써도ᄃᆞ투지ᄋᆞ니ᄒᆞᄂᆞ니세ᄀᆞ지렬제ᄒᆞ지ᄋᆞ니
ᄒᆞ면비록날모도삼싱으로봉양ᄒᆞ여도불효련면치
못ᄒᆞᄂᆞ니ᄃᆞ섯ᄀᆞ지형별ᄒᆞᄂᆞ죄ᄀᆞ삼쳔이로ᄃᆡ불효
갓치큰죄ᄀᆞ업ᄂᆞ니라

로
니나라

에난
로니라

父부친有잇슬爭닷톨子ᄌ식則곳身몸不안할陷빠즐

於어조ᄉ不안일義올흘故연고當당ᄒ不안일義올흘則

곳즉子ᄌ식不안할可가以써不안할爭닷톨

닷투넌ᄌ식이잇쓰면부모ᄀ글은디ᄲᆞ지안너니

연고로올치슨넌거슬당ᄒ면ᄌ식이으니ᄃ투지못

ᄒᆞᄂ니라

大큰대戴대禮례문례曰가론왈孝효도효子ᄌ식ᄌ惟오직유巧공교교

變변ᄒ변故연고고父부친부母모친모安편안안之어조ᄉ지

대디례예왈효ᄌ노공교ᄒ고변ᄒ시럽기로부모ᄀ

편이너기ᄂ니라

에 ᄒᆞ되 孟(맹셩 맹)子(군ᄌᆞ ᄌᆞ)曰(일ᄋᆞᆯ 왈)不(아닐 불)孝(효도 효)有(이슬 유)三(셕 삼)無(업슬 무)

ᄒᆞ니라 後(뒤 후)爲(ᄒᆞᆯ 위)大(큰 대)。

밍ᄌᆞ에왈불효ᄀᆞ세ᄀᆞ지ᄀᆞ잇쓰되무후ᄀᆞᄀᆞ장크니

라

揚(셩 양)子(남ᄌᆞ ᄌᆞ)雲(구름 운)曰(일ᄋᆞᆯ 왈)不(못 불)可(가ᄒᆞᆯ 가)得(으들 득)而(어조 어)

이 久(오릴 구)者(것 쟈)事(셤길 ᄉᆞ)親(어베 친)之(어조 지)謂(일늘 위)也(어조 야)故(연고 고)

는 내 孝(효도 효)子(ᄌᆞ식 ᄌᆞ)愛(익길 익)日(날 일)。

로 년 양ᄌᆞ운이왈쟝구이ᄒᆞᆯ수업넌거슨부모셤김을일은

니이라 말이니연고로효ᄌᆞ는날ᄀᆞ던거슬익기는니라

에 ㅣ이 高(놉흘 고)士(션비 ᄉᆞ)傳(젼칠 젼)曰(일ᄋᆞᆯ 왈)老(늘글 로)萊(쑥 리)子(남ᄌᆞ ᄌᆞ)年(ᄒᆡ 년)七

에 호ᄃᆡ
ᄒᆞ고
ᄒᆞ여 이라가
ᄒᆞ야 ᄒᆞ여
ᄒᆞ야 러라

일곱칠 十열십 孝효도효 養봉양양 二두이 親어버친 身몸신 著착 을 五ᄃᆞᄉᆞ
오 色빗ᄉᆡᆨ 斑아롱반 爛문ᄎᆡ란 之어조ᄉᆞ지 衣옷의 作지을작 嬰영 일 兒ᄋᆞ희
ᄋᆞ 戲희롱희 取ᄀᆞ쵸취 水물슈 上올샹 堂집당 詐그즛자 跌미그러질질 臥누을와
놀 地ᄯᆞ디 爲ᄒᆞ욀위 小쟈글쇼 兒ᄋᆞ희ᄋᆞ 啼울뎨 弄희롱롱 雛새기시츄 於어조ᄉᆞ어
와 親어버ᄭᅴ친 側겻측 欲ᄒᆞ고잘욕 親어버ᄭᅴ친 之어조ᄉᆞ지 喜깃블희 也어조ᄉᆞ야
고ᄉᆞ젼에 왈 로ᄅᆡᄌᆞ ᄂᆞ히 칠십에 량친을 봉양ᄒᆞ되
오ᄉᆡᆨ옷설 닙고 어린ᄋᆞ희 ᄒᆞᄂᆞᆫ 희롱을 ᄒᆞ며 물 열ᄀᆞ지
고당에 올ᄂᆞ오ᄃᆞᄀᆞ 불어 너머저서 ᄯᆞ의 누어서 열인
ᄋᆞ희 우던 모양을 ᄒᆞ며 부모 겻희서 ᄉᆡ식기 렬희롱ᄒᆞ
야 부모ᄀᆞ 깃거ᄒᆞ고 늘근거설 잇제ᄒᆞ더라

에 어덜 ㅣ 이어벌ㅣ에 이러나고 넌 허어나ㅔ ᄒᆞ나로 이라ᄒᆞ더라

이

說(말ᄉᆞᆷ 설) 苑(후원 원) 曰(일을 왈) 伯(맛 빅) 兪(글얻 유) 有(잇슬 유) 過(허물 과) 其(그 기)

母(무 모) 笞(출 치) 之(어조ᄉᆞ 지) 泣(울 읍) 母(무 모) 曰(일 왈) 他(타 다를) 日(날 일) 笞(출 치)

未(미 안) 嘗(일 샹) 泣(울 읍) 今(이제 금) 何(엇지 하) 泣(울 읍) 對(대ᄒᆞᆯ 대) 曰(일 왈)

他(타 다를) 日(날 일) 笞(출 치) 常(샹 샹) 痛(압풀 통) 今(이제 금) 母(모 무) 力(힘 력)

不(불 못) 能(능 능) 使(ᄒᆞᆯ 사) 痛(압풀 통) 是(이 시) 以(써 이) 泣(울 읍)

셜원에왈한빅유ㅣ죄ㅣ잇거널그모친이츤티빅유

ㅣ울거널모친왈젼의넌울지안트ㅣ이제는엇지우

야우느고빅유왈젼의넌미ㅣ압푸더니이제는모친

의심이쇠ᄒᆞ야압푸게ᄒᆞ지못ᄒᆞᆫ고로운ᄃᆞᄒᆞ더라

伊(이 이) 川(쳔 니물) 先(션 먼여) 生(ᄉᆡᆼ 난) 曰(왈 일늘) 人(인 사람) 無(무 업슬) 父(부 친)

에면 너니
ᄒᆞ야 익려요
은、니라
이
ㅣ 허
ᄒᆞ고 ᄒᆞ도라

부모母무、친生싱 난日인 맛當당 갑倍비 슬플悲비 스러痛술통、엇安지 若

산忍참을인 置둘치 酒술쥬 張배풀쟝 樂풍류악、以써이 爲ᄒᆞᆯ위 樂즐거락 若

만일 마출 지경ᄉᆞ 니가ᄒᆞᆯ 어조이

약 具구 慶경 者쟝 可가 矣ᄋᆡ

이쳔션ᄉᆡᆼ이왈부모ᄀᆞ하셰ᄒᆞ면제ᄉᆞ실에갑졀이나

비통ᄒᆞᆯ꺼시니엇지ᄎᆞᄆᆞ잔치렬ᄒᆞ리고풍류렬ᄒᆞ리

요만일량친구경ᄒᆞᄉᆞ람은가ᄒᆞ니라

司맛ᄉᆞ 馬말마 溫더온* 公공공、曰실윌 凡대범 諸뭇저 卑ᄂᆞᆫ비

幼열유、事일ᄉᆞ 無업무 大큰대 小쇼、毋말무 得득 專오전 行

ᄒᆞᆫ 必반필 稟품 於어 家집가 長쟝、

ᄉᆞ마온공이왈어리고ᄂᆞᆫ즈니마큰닐즉은닐업씨제

三十九

ᄒᆞ고 호디이어던 ᄒᆞ야 호디 ᄒᆞ며 어던ᄒᆞᄂᆞ니 도ᄒᆞᄂᆞ니라

맘디로말고기쳬열운의게품달ᄒᆞᄂᆞ니라

子ᄌᆞᄌᆞ식 事ᄉᆞ셩길 父부부친 母무모친、婦부며ᄂᆞ리 事ᄉᆞ셩길 舅구시부 姑

시모고、天련ᄒᆞᆫ을 欲욕ᄒᆞ고잘 明명발글、起이러날 盥쎄슈관 櫛빗즐 冠관 帶

ᄯᅥ디、而어ᄉᆞ이 省살필셩 問물을문、不못홀불 敢감히감 喧훤화훤 呼소리절호

於어조ᄉᆞ어 父부부친 母무모친 舅구시부 姑고시모 之어조ᄉᆞ지 側겻측 不안할

불 命명명 之어조ᄉᆞ지 坐안질좌 退물너갈퇴 不못홀불 敢감히감 坐안질좌 退

물너갈퇴 孫손ᄌᆞ손 事셤길ᄉᆞ 祖조부조 父부친부 母모친무、如ᄀᆞ틀여 事셤길ᄉᆞ

父부친부 母모친무、

ᄌᆞ식이부모렬셩기고며ᄂᆞ리ᄀᆞ구고렬셩기되ᄒᆞᆫ을

이발그라ᄒᆞ거던이러ᄂᆞ서세슈ᄒᆞ고머리빗고의관

ㅣᄒᆞ야

ᄒᆞ고

ᄒᆞᄂᆞ니ㅣ

리오

ᄒᆞ고문안ᄒᆞ되감히부모구고졋희서현화ᄒᆞ지못ᄒᆞ
며안즈르물너마란명이엽거던감히안꼬물너마지
못ᄒᆞᄂᆞ니손ᄌᆞ손녀ᄀᆞ조부모렬셔기되부모셔기ᄃᆞ
시ᄒᆞᄂᆞ니라

父부친부 子ᄌᆞ식ᄌᆞ 異달을이 財지물지 互서루호 相서루샹 假빌가 借빌차

則즉즉 有잇슬유 子ᄌᆞ식ᄌᆞ 富부훌부 而어이 父부친부 母모친무 貧간난빈

者놈쟈 父부친부 母모친무 飢주릴긔 而어ᄉᆞ이 子ᄌᆞ식조 飽비블을포 者놈쟈

不안할불 孝효도효 不안불 義올을의 孰누구슉 甚심할심 於어조ᄉᆞ어 此이ᄎᆞ

부ᄌᆞ간의지물열각각ᄒᆞ야서로꾸고빈니면ᄌᆞ식은

四十

불ᄒᆞ야비부르고부모는간난ᄒᆞ야주리너어ᄆᆞ잇ᄂᆞ니불효와불의ᄀᆞ엇던닐이이보다심ᄒᆞ리요

范(범)淳(순)夫(부)曰(왈) 子(ᄌᆞ)能(능)以(이)父(부)母(모)之(지)心(심)爲(위)心(심)則(즉)孝(효)矣(의)

범순부왈ᄌᆞ식이능히부모의ᄆᆞᆷ으로제ᄆᆞᆷ을ᄉᆞᄆᆞ면효ᄌᆞ니라

羅(라)仲(즁)素(소)曰(왈) 天(텬)下(하)無(무)不(불)是(시)底(저)父(부)母(모)

라즁소왈텬하의올치안인부모ᄀᆞ업ᄂᆞ니라

女小學 卷之三

예、ᄒᆞᆫ더
ᄒᆞᄂᆞ니 이런
ᄒᆞ고 예
ᄒᆞ고

女녀小쇼學ᄒᆞᆨ卷권之ᄌ二이

녀쇼ᄒᆞᆨ이권

女녀德덕第뎨四ᄉ下하

녀덕ᄆᆞᆫ 넷재하편

事ᄉ舅구姑고

구고 섬기ᄂᆞᆫ 법

內내則즉曰왈婦부事ᄉ舅구姑고如여

事ᄉ父부母모ᄒᆞ야雞계初초鳴명이어든盥관漱수櫛즐

縰ᄉᆡ笄계ᄒᆞ며衣의紳신ᄒᆞ고左좌右우에佩패帨세刀도礪려

管관線선縏반及급纓영ᄒᆞ고適젹舅구姑고

ᄒᆞ야 ᄒᆞ고　ᄒᆞ고　시어던 ᄒᆞ며　ᄒᆞ며　ᄒᆞ며 ᄒᆞ고　ᄒᆞᄂᆞ니 ᄒᆞᆫ니라

고시 모之 어조ᄉᆞ 지 所 바 소 問 물을 문 衣 옷 의 燠 더울 욱 寒 찰 한 問 물을 문 所 바 소

欲 ᄒᆞ고잘 욕 而 어조ᄉᆞ 이 敬 공경 경 進 나아갈 진 之 어조ᄉᆞ 지 不 아닐 불 命 명ᄒᆞᆯ 명 適 갈 적

私 ᄉᆞᄉᆞ ᄉᆞ 室 집 실 不 못ᄒᆞᆯ 불 敢 ᄒᆞᆯ감히 감 退 물너 퇴 不 못ᄒᆞᆯ 불 敢 ᄒᆞᆯ감히 감 噦 ᄒᆡᆨ질 홰

열 噫 트름 의 嚏 재채기 톄 咳 기ᄎᆞᆷ ᄒᆡ 欠 하품 흠 伸 기지개 신 跛 기우ᄅᆞᆯ 피 倚 의지ᄒᆞᆯ 의

외 唾 춤 타 洟 코물 톄、無 업슬 무 私 ᄉᆞᄉᆞ ᄉᆞ 貨 재물 화 無 업슬 무 私 ᄉᆞᄉᆞ ᄉᆞ 器

그 긔、詳 자세 상 見 뵈일 현 上 위 상 篇 책 편、

셔쥭에앉ᄂᆞᆫ며ᄂᆞ리ᄆᆞ구고 엳ᄌᆞᆸ기되부모셤기더시ᄒᆞᆫ
ᄂᆞ니닭이울거던셰슈ᄒᆞ고양치ᄒᆞ고머리빗고의관
ᄒᆞ고띄띄고자우에슈건파칼파부넏동파실주머니
와향낭등쇽애ᄎᆞ고구고계신듸랄ᄆᆞ서옷시ᄎᆞ고더

이어던 ᄒᆞ야 ㅣ어던 ᄒᆞ며

운거슬못고잡숩고시픈거슬무러ᄂᆞ수고ᄉᆞ실노마
르던명이엽거던감히물너마지못ᄒᆞ여감히폐ᄒᆞ와
트름과지ᄎᆡ기와기침과ᄎᆡᆷ쳡과기지게ᄒᆞ지못ᄒᆞ
며춤밧고코풀지못ᄒᆞ며기우려ᄉᆞ지못ᄒᆞ며기ᄃᆡ지
못ᄒᆞ고ᄉᆞᄉᆞ지물과ᄉᆞᄉᆞ그릇시엽ᄂᆞ니상편의ᄌᆞ셰
이말ᄒᆞ엿ᄂᆞ니라

或혹賜ᄉᆞ줄之어조ᄉᆞ지飮마실음食먹을식衣옷의服옷복布베포帛명ᄇᆡᆨ쥬
則곳즉受밧을슈而어조ᄉᆞ이獻드릴헌諸어조ᄉᆞ저舅시아비구姑시어미고舅시아비부
子주姑시어미고、모受밧을슈之어조ᄉᆞ지則곳즉喜기ᄲᅮᆯ희如마ᄃᆞᆯ여新새신受
슈밧을賜ᄉᆞ줄若만약알反도리켤반賜ᄉᆞ줄之어조ᄉᆞ지則곳즉辭ᄉᆞ양ᄉᆞ不못찰[illegible]

ᄒᆞ고 ᄒᆞ야
이라ᄆᆞ
ᄒᆞ야 에니라
에 에

弗불獲획어든、命명엳如여마들變변ᄒᆞ시受슈받을賜ᄉᆞ줄藏장감출以이ᄡ서
待ᄃᆡ기ᄃᆞ릴乏핍엽、슬若약만일有유잇슬私ᄉᆞᄉᆞᄉᆞ親친친속兄형형弟뎨아ᄋᆞ
뎨將쟝쟝찻與여줄之ᄉᆞ지조則즉곳必필반ᄃᆞ시復부ᄃᆞ시請쳥쳥ᄒᆞᆯ其기그
故고이、졀賜ᄉᆞ줄而ᄉᆞ어이조後후뒤與여줄之ᄉᆞ지어조、
ᄒᆞᆨ이 음식과의복과필육엳주거던구고끠드리여구
고ᄆᆞ 밧거던깃거ᄒᆞ기를시로브든더시ᄒᆞ며만일도
로주거던ᄉᆞ양ᄒᆞ기를밧으되ᄃᆞ시브든더시ᄒᆞ야감
취두고업슬ᄯᆡ를기ᄃᆞ리ᄃᆞᄀᆞ친뎡형뎨간의줄디ᄀᆞ
잇거던ᄃᆞ시졀ᄭᅦ슐쳥ᄒᆞ야허락ᄒᆞᆫ후에주ᄂᆞ니라
穀곡곡식梁량대량傳젼젼ᄒᆞᆯ曰왈일ᄂᆞᆫ送송보낼女녀ᄯᆞᆯ父부부친戒계경계

ᄒᆞ야 ᄒᆞ라ᄒᆞ고 ㅣ ᄒᆞ야 ᄒᆞ라ᄒᆞ니라

之어조ᄉᆞ지 曰일월 謹상근 갈 愼상신 갈、從조종 출 爾너이 舅시구 부 之어조
言말언、毋모무、戒경계 之어조ᄉᆞ지 曰일월 謹상근 갈 愼상신 갈、
從조종 출 爾너이 姑시고 모 之어조ᄉᆞ지 言말언、삼
곡량젼에 왈 돌 열 보 닐 쩍 의 부친이 징계ᄒᆞ여 왈 상ᄀᆞ
고 조심ᄒᆞ야 네의 시부의 훈계랄 조ᄎᆞ므ᄒᆞ고 모친이
경계ᄒᆞ여 왈 상ᄀᆞ고 조심ᄒᆞ야 네의 시모의 후계를 조
ᄎᆞ라 ᄒᆞᄂᆞ니라

에예 ...
女너녀 ㅈ 識계 계 曰일월 舅시구 부 姑시고 모 之어조ᄉᆞ지 言말언、삼
이오
의맛당 曲곡구불 從조종、출 勿말물 得득으 듣 違위어 길 戾려어지 길 是시올 을
ᄒᆞ난니라
非비글 을 分분 분별 ᄒᆞᆯ 爭정둘 둘 * 曲곡구불 直직고、둘 故연고 고、女너녀 ㅈ 憲

三

에 ᄒᆞ니라

법헌 曰왈일는 婦며느리부 如마ᄃᆞᆯ여 影그림자영 響소리향 울

녀계에 왈주고의 말ᄉᆞᆷ 얻맛당이 위곡히 초ᄎᆞᆫ거시요

시비곡지열ᄃᆞ투지 못ᄒᆞᄂᆞ니 연고로 녀헌에 ᄒᆞ기ᄅᆞᆯ

며느리는 그림ᄌᆞ와 울니넌 소리 갓ᄐᆞᆫᄒᆞ니라

事셤길ᄉᆞ 夫부외졍 子남ᄌᆞᄌᆞ

외졍셩기넌법

에이면 易역ᄎᆔ역 曰왈일ᄂᆞᆫ 夫부외졍 妻처아니 反반올ᄎᆔ 目목눈 不불못ᄒᆞᆯ 能능ᄒᆞᆯ

ᄂᆡ라 능 正졍발울 室실집 也야ᄉᆞ어조

ᄎᆔ역에 왈 부부간의 눈얼 ᄎᆔ잡고 서로 ᄃᆞ투면 능히 집

열ᄇᆞ르게 ᄒᆞ지 못ᄒᆞᄂᆞ니라

三

에 은
니 은
타
예 은
타 로 ᄒᆞ고
ᄒᆞ니
ᄒᆞ고 ᄒᆞ고
ᄒᆞ나니라

儀례의 禮례졀 문 曰왈일ᄂᆞᆫ 夫부외졍 者쟈ᄂᆞᆫ 妻쳐아니 之ᄉᆞ지어조 天텬ᄒᆞᆯ을

텬 也ᄉᆞ어조 婦부인 人인ᄉᆞ람 之ᄉᆞ지어조 不블안할 二이두 適시집갈 猶유

ᄆᆞ틀 曰왈일ᄂᆞᆫ 不블업슬 二이두 天텬ᄒᆞᆯ을 也ᄉᆞ야어조

의례예 왈 외졍은 아니의 ᄒᆞᆯ을이니 부인이 두번 시집

ᄆᆞ지 안년 법은 비유컨ᄃᆡ 두ᄒᆞᆯ을이 업ᄃᆞ 알테라

家가집 語어말ᄉᆞᆷ 曰왈일ᄂᆞᆫ 婦부인 人인ᄉᆞ람 伏굴복ᄒᆞᆯ 於어조ᄉᆞ 人인남

也ᄉᆞ어조 是시이 以ᄡᅥ 無무업슬 專젼ᄒᆞ올 制졔ᄒᆞᆯ졔 之어조 義의올을

有잇슬 三삼석 從좃ᄎᆞᆯ 之ᄉᆞ지어조 道도리 在지잇슬 家가집 從좃ᄎᆞᆯ

父부친 適시집 人인남 從좃ᄎᆞᆯ 夫부외졍 夫부외졍 死죽을 從좃ᄎᆞᆯ

子ᄌᆞ식 ᄯᆞᆯ

ᄒᆞᄂᆞ니 ᄒᆞ여 ᄒᆞ여 ᄒᆞ며 ᄒᆞ며 ᄒᆞ며 ᄒᆞ며 ᄒᆞ나니라

가어에왈부인연남의게출복ᄒᆞᄂᆞᆫᄉᆞ람인고로쳔단
이ᄒᆞᆫ날이업고셰ᄀᆞ지존ᄒᆞᆫ도ᄀᆞ잇스니집에잇셔
셔ᄂᆞᆫ부친을좃고출가ᄒᆞ야ᄂᆞᆫ외졍을좃고외졍이죽
으면ᄋᆞ덜얼좃ᄂᆞ니이셔삼죵이라삼죵즁에외졍존ᄒᆞᆫ
날이더욱크니평거의ᄌᆞᄎᆞ와복졔와직함이며ᄉᆞ후
에시호도무비외졍얼존ᄂᆞ니라

有유잇슬 七칠일곱 去거별달、不불안할 順슌슌할 父부부친 母모모친 去거별일、
無무업슬 子ᄌᆞ자식 去거별일、淫음음란 去거별일、妬투투기 去거별일、
有유잇슬 惡악악ᄒᆞᆯ 疾질병들 去거별일、多다만 言언말삼 去거별일、
竊졀도젹 盜도도젹 去거별일、

ᄒᆞ나　ᄒᆞ요이요　ㅣ니라

일곱가지버린거시잇스니부모에게슌치ᄋᆞ니ᄒᆞ
거ᄂᆞ무ᄌᆞᄒᆞ거ᄂᆞ음란ᄒᆞ거나투긔ᄒᆞ거ᄂᆞ악ᄒᆞᆫ병이
잇거ᄂᆞ말이ᄉᆞ다ᄒᆞ거ᄂᆞ도적질ᄒᆞ거던ᄃᆞ버리ᄂᆞ니
이거시칠거라
有잇슬유 三셕삼 不안할불 去별일거、有잇슬유 所바소 取장기들츄 無업슬무
所바소 歸도라갈귀、不안할불 去별일거、與더불여 更지날경 三셕삼 年ᄒᆡ년 喪
상ᄉᆞ、不안할불 去별일거、前이젼 貧간난빈 賤쳔할쳔 後뒤후 富부ᄌᆞ부
貴귀ᄒᆞᆯ귀、不안할불 去별일거、
칠거즁의세가지별이지아닌거시게셔잇
쓰니친뎡의도라갈데가업거나부모삼년상을ᄌᆞ치

五

이 은 이요 은 니라 에 에 이요 이요

지ᄂᆡ거ᄂᆞᆫ 젼에 년 빈쳔ᄒᆞ다가 후에와서 부귀ᄒᆞ면ᄃᆞ
별이지 안너니 이거시 삼불거라
王왕蠋쵹 曰왈 忠츙臣신은 不불事ᄉᆞ二이君군ᄒᆞ고
君군 烈렬女녀ᄂᆞᆫ 不불更경二이夫부ᄒᆞᆫ다 ᄒᆞ니
왕쵹이 왈 츙신은 두 인군을 섬기지 안코 렬녀ᄂᆞᆫ 두서
방을 곤치지 안너니라
女녀傳젼曰왈 婦부之지事ᄉᆞ夫부
列렬 纚리笄계而이朝조則즉有유君군
也야 臣신之지嚴엄 沃옥盥관饋궤食식
臣신 子ᄌᆞ之지 敬경
則즉有유父부子ᄌᆞ之지敬경 會회計계

二5 b

요 난이라 에 이면 이요

세有잇슬無업슬則곳有잇슬兄형弟뎨우之ᄉᆞ어조道도리受밧을期기약必반ᄃᆞ시誠졍셩則곳有잇슬朋붕友벗之ᄉᆞ어조信밋을신、

ᄒᆞ렴ᄃᆞ니 젼에 ᄋᆞᆯ아니ᄆᆞ 외졍을 ᄉᆞ기되 ᄋᆞ참믄도 단장ᄒᆞ고 문안ᄒᆞᄂᆞᆫ 제즉 군신간의 엄ᄒᆞᆫ거시 잇고 졍결이 곰케ᄒᆞᄂᆞᆫ 제즉 부ᄌᆞ간의 공졍이 잇고 인ᄂᆞᆫ것 업넌 거슬의로ᄒᆞᄂᆞᆫ 제즉 형뎨간의 도ᄆᆞ 잇고 긔약을 보드면 긔혜졍셩으로 ᄒᆞᄂᆞᆫ 제즉 친구간의 신이 잇ᄂᆞ니라

女너녀ᄌᆞ誡경계계曰일월 ᄂᆞᆯ 得득으ᄂᆞᆯ 意ᄯᅳᆺ의 一일ᄒᆞᆫ 人ᄉᆞ인ᄅᆞᆷ、是이시謂이일 위일ᄂᆞᆯ 永긴영 畢ᄃᆞ필、ᄒᆞᆯ 失일실을 意ᄯᅳᆺ의 一일ᄒᆞᆫ、人ᄉᆞ인ᄅᆞᆷ、是이ᄉᆞ謂일ᄂᆞᆫ

六

실니 전신
이나 이나
ㅣ
라 ᄒᆞ야
ᄒᆞ며 ᄒᆞ야
ᄒᆞ야
니라

위永영訖흘맛칠、由유말미斯ᄉᆞ이言언말ᄉᆞᆷ之지어조不블못할可가ᄒᆞ
가不블안求구ᄒᆞᆯ夫부쇠之지어조心심마ᄋᆞᆷ然연그럴、所소바求구ᄒᆞᆯ
구者쟈것亦역또非비아닐謂위닐을依의지ᄒᆞᆯ倚의지ᄒᆞᆯ親친ᄒᆞᆯ
친也야어조固고진실로莫막말若약같을專전오로지心심마ᄋᆞᆷ正정바를色색
산쇠出츌날갈無무말治치다스릴容용모양入입들無무말廢폐폐할飾식꾸밀
색、꿈실當당맛당淸쳥말글淨졍말글自ᄌᆞ스스로守슈지킬以이써事ᄉᆞ섬길
夫부쇠、정主쥬쥬장、
네계에왈ᄒᆞᄉᆞ람의뜻설으드면평ᄉᆡᆼ을잡지안거시
요ᄒᆞᆫᄉᆞ람의뜻설일으면평ᄉᆡᆼ을모치너니일노보건
뒤외졍의맘을안이구ᄒᆞᆯ길이업스ᄂᆞ그러나구ᄒᆞᆫ득

에 이 / 이면 ᅵ요 / 면 ᄒᆞ고 / ᄒᆞ면 이ᄒᆞ며 / 이면 ᄒᆞ고 / 면 이 ᄒᆞ나니

번거시수쳠ᄒᆞ야구챠이친ᄒᆞᆫ단말이ᄉᆞ니라맘열젼
알이ᄒᆞ고안ᄉᆡᆨ얼젼대이ᄒᆞ야말고긱갓ᄒᆞᆫ거스로몸
을직히여외졍열셩기되ᄂᆞᆫ간ᄃᆞ고요망ᄒᆞ게꾸미지
말며드러ᄀᆞ도메ᄉᆞ단장을폐ᄒᆞ지말개시라
夫부외졍婦부아내之ᄉᆞ어조지間간새이媟셜만ᄒᆞᆯ셜黷번독ᄒᆞᆯ독旣긔이메生
난ᄉᆡᆼ語어말ᄉᆞᆷ言언말ᄉᆞᆷ過과지날矣ᄉᆞ어의조語어말ᄉᆞᆷ言언말ᄉᆞᆷ旣긔이메
過과지날縱ᄒᆞᆯ방죵恣ᄌᆞ방心반ᄃᆞ시필作작지을縱ᄒᆞᆯ방죵恣ᄌᆞ방旣
긔이메作작지을侮업슈녁일모夫부외졍之ᄉᆞ어조지心ᄆᆞᆷ심生ᄉᆡᆼ난侮업슈녁일모
夫부외졍不안불節ᄒᆞᆫ졀졍譴꾸지견呵꾸지ᄉᆞᆯᄒᆞ從조ᄎᆞᆯ죵之ᄉᆞ어조지
七 忿분분ᄒᆞᆯ怒노노ᄒᆞᆯ不안불ᄒᆞᆯ止그칠지楚ᄎᆞ리초撻ᄃᆞᆯ달隨ᄯᆞᄅᆞᆯ슈之ᄉᆞ어조지

이에난 려요

이면ㅣᄎᆞ며

하나니라

楚초미 撻달초 旣긔이메 行힝홈 何어지 義의올흠 之ᄉᆞ어조 有유잇슬

부부간의너머셜만ᄒᆞ면이과ᄒᆞ고말이과ᄒᆞ면ᄎᆞᄎᆞ

방자ᄒᆞ고방자ᄒᆞ면외정업슨너기ᄂᆞᆫ맘이싱기ᄂᆞ니

업슨너기넌되련지ᄂᆞ면호령이ᄂᆞ고호령의지ᄂᆞ면

필경의미ᄋᆞᄂᆞ니니미ᄋᆞ난후에ᄂᆞᆫ무슨의ᄋᆞ잇ᄉᆞ리

요

尤우더욱 菴암집 先션먼여 生싱난 日일날 出츌갈 遊유놀 數수두어 日

날以이써 上샹위 夫부외정 妻쳐ᄉᆞ너 相샹서로 拜비졀 以이써 別별리별 歸

실도귀로 亦역또 拜비졀

솔수암송션싱이왈수일츌입만ᄒᆞ여도부부ᄀᆞ서로절

에어던 ᄒᆞ고 ᄒᆞ야 ᄒᆞ고 이어던ᄒᆞ고 이어던 ᄒᆞ고 어던 ᄒᆞ고 어던 에

ᄒᆞ고리별ᄒᆞ며도ᄅᆞ와도서루졉ᄒᆞᄂᆞ니라

育(육길을)子(ᄌᆞ식ᄌᆞ) ᄌᆞ식 길으ᄂᆞᆫ 법

內(안내)則(법측)曰(ᄀᆞᆯ왈) 生(날생)子(ᄌᆞ식ᄌᆞ) 擇(ᄀᆞᆯᄒᆡᆯᄐᆡᆨ)寬(너그러올관)裕(넉넉유)慈(ᄉᆞ랑ᄌᆞ)惠(은혜혜)溫(온화ᄒᆞᆯ온)良(어질량)恭(공손공)敬(공경경)愼(삼갈신)而(어조ᄉᆞ이)寡(적을과)言(말ᄉᆞᆷ언)者(놈쟈)ㅣ니 爲(ᄒᆞ위)子(ᄌᆞ식ᄌᆞ)師(스승ᄉᆞ)ㅣ니 子(ᄌᆞ식ᄌᆞ)能(능ᄒᆞᆯ능)食(밥식)食(먹을식)이어던 敎(ᄀᆞᄅᆞ칠교)以(ᄡᅥ이)右(올ᄒᆞᆯ우)手(손슈)ᄒᆞ고 能(능ᄒᆞᆯ능)言(말ᄉᆞᆷ언)이어던 男(ᄉᆞ나ᄒᆡ남)唯(대답ᄒᆞᆯ유)女(계집녀)兪(대답ᄒᆞᆯ유)ᄒᆞ고 六(여ᄉᆞᆺ륙)年(ᄒᆡ년)이어던 敎(ᄀᆞᄅᆞ칠교)之(어조ᄉᆞ지)數(ᄉᆡᆷ수)與(더블여)方(방위방)名(일홈명)ᄒᆞ고 八(여ᄃᆞᆲ팔)年(ᄒᆡ년)이어던 出(날츌)入(들입)門(문문)戶(지게호)及(밋급)卽(나아갈즉)席(자리셕)飮(마실음)食(먹을식)에 必

ᄒᆞ야 ᄒᆞ고
여던 ᄒᆞ고
이어던 ᄒᆞ고 ᄒᆞ나라

반드 後뒤 후 長얼 장 者놈 쟈 始비로솔 시 敎ᄀᆞᄅᆞ칠 교 之어조ᄉᆞ 지 讓ᄉᆞ양 양
팔 九아홉 구 年ᄒᆡ 년 敎ᄀᆞᄅᆞ칠 교 之어조ᄉᆞ 지 數셀 수 日날 일 十열 십 年ᄒᆡ 년 出날 츌
就나갈 츄 外밧 외 傅스승 부 居거ᄒᆞᆯ 거 宿잘 숙 於어조ᄉᆞ 어 外밧 외
니즉에 왈 ᄌᆞ식을 ᄂᆞ거던 니 그럽고 슌ᄒᆞ고 어질고 조
심ᄒᆞ고 말수적은 ᄉᆞ람을 ᄀᆞ리여 유모럴 삼고 ᄋᆞ희ᄀᆞ
능히 밥얼 먹거던 올은손으로 ᄀᆞ리치고 능히 말ᄒᆞ거
던 남ᄌᆞ넌 속히 말ᄒᆞ고 녀ᄌᆞ넌 늑게 말ᄒᆞ게 ᄀᆞ리치고
륙세ᄀᆞ 되거던 셈수와 동서남북얼 ᄀᆞ리치고 팔세ᄀᆞ
되거던 츌입음식에 올은보ᄃᆞ 뒤ᄒᆞ야 비로소 ᄉᆞ양ᄒᆞ
는법얼 ᄀᆞ리치고 구세ᄀᆞ 되거던 날수와 륙갑얼 ᄀᆞ리

에 연 ᄒᆞ오 년 추ᄒᆞ니라 에 년 ᄂ나라

치고십세ᄀ되거던박갓션ᄉᆡᆼ의게입학ᄒᆞ고외당에

서ᄌ게ᄒᆞᄂ니라

禮례례 記긔긔록 曰왈일 大대큰 夫부남ᄌ 之ᄉ어조지 子ᄌᄌ식 有잇슴

食ᄉ먹 알 毋무어미 士ᄉ선비 之ᄉ어조지 妻쳐 ᄋ니 自ᄌ스스리 養양길을

其그기 子ᄌᄌ식

례긔예왈대부에ᄌ식언유모ᄀ잇고션비아닌스스

로ᄌ식열기르ᄂ니라

子ᄌᄌ식 旣긔이미 生ᄉᆡᆼ날 不불못ᄒᆞᆯ 免면면ᄒᆞᆫ 于우어조 水슈물 火화불 毋

모 친 之ᄉ어조지 罪죄죄 也야어조

ᄌ식이난후에슈화ᄅᆞᆯ면치못ᄒᆞᆫ거슨모친의죄요

커서ᄀᆞ리치지못ᄒᆞᄂᆞᆫ거슨부친의죄라

幼유어릴 子ᄌᆞᄌᆞ식 常샹ᄒᆞᆼ샹 示시뵈일 毋무말 誑광속일 (어니아라 / 언)

어린ᄌᆞ식언샹히속이지말꺼스로뵈이ᄂᆞ니라

周쥬ᄂᆞ 南남남녁 曰왈일을 螽죵기멋 斯ᄉᆞ이 羽우짓 詵신홀션 詵신홀션 (에)

兮혜어조ᄉᆞ 宜의맛당 爾이너 子ᄌᆞᄌᆞ식 孫손손ᄌᆞ 振진홀진 振진홀진 兮조어 (에 / 로도)

쥬남에왈멋뒤기ᄀᆞ무리로치ᄒᆞ되화집ᄒᆞ고로ᄒᆞ번

의ᄋᆞ흔ᄋᆞ흡식기씩낫코문왕후비태ᄉᆞᄀᆞ뭇[illegible]엄투

긔ᄒᆞ지안키로동복에열ᄋᆞ달열ᄂᆞ흐니라

大태큰 學학배울 曰왈일을 人인ᄉᆞ람 莫막못 知지알 其기그 子ᄌᆞᄌᆞ식 之 (에)

니이라 에 에이 시 ᄒ며ᄒ며 ᄒ며ᄒ며 이어던ᄒ며 이어던 ᄒ며ᄒ며 ᄒ며로 ᄒ고ᄒ나니 ᄒ면

어조ᄉ지 惡 악홀악
대학에왈ᄉ람모도제ᄌ식의악ᄒ거ᄉ알지못ᄒ누
나이졍에ᄇ저서그러ᄒ니라
列 홀라 렬렬 女 녀녀ᄌ 傳 젼ᄎ 曰 월얼눈 古 고녜 者 쟈적 婦 부부인 人 신ᄉ람 姙
발일 子 ᄌᄌ식 寢 침잠 不 불안할 側 측기우랄 坐 좌알즐 不 불안할 邊 변갓 立 립선
不 불안할 蹕 발울을 不 불안비기할 食 식먹을 邪 사간홀 不 불안할 味 미맛 割 갈배을 不 일안할 蹕 ᄒᆞᆯ
正 정발 不 불안할 食 식먹을 席 석ᄌ리 不 불안할 正 정 不 불안할 聽 드를
坐 좌안줄 目 목눈 不 불안할 視 시볼 惡 악악홀 色 색빗 耳 이귀 不 불안할 聽 을드
淫 음란할 聲 셩소리 夜 야밤 則 즉곳 令 령시길 瞽 고소경 誦 송외올 詩 시
道 도말홀 正 정발을 事 ᄉ일 如 여그 此 ᄎ이 則 즉곳 生 생날 子 ᄌᄌ식 形 형

이ᄒᆞ고
나라

은

열굴容용、얼굴端단 졍ᄒᆞᆯ단正졍、발을才ᄌᆡ 재조過과 지날人인 사람吳오 어 ᄒᆡᆼ실、의ᄉᆞ、

렬녀젼에왈녜졔부인에 잇ᄉᆞ올을비미기우려ᄌᆞ도안

코기우려안ᄯᅩ안코기우려스도안코사미를먹도안

코볼으게베이지ᄋᆞ니ᄒᆞ여도먹지안코ᄌᆞ리ᄀᆞ발으지

ᄋᆞ니ᄒᆞ여도안ᄶᅵ안코눈에악ᄒᆞᆫ빗슬보도안코귀에

음란ᄒᆞᆫ소리도듯지안코밤에눈기집소경ᄒᆞ야곰열식혀

시젼을외고발은날얼말ᄒᆞ니이ᄀᆞ치ᄒᆞ여서조식얼

나ᄒᆞ면ᄒᆡᆼ용이단졍ᄒᆞ고지죠ᄀᆞ츌즁ᄒᆞᄂᆞ니라

王왕 신군 李계 말지 之ᄉᆞ 어지조 妃비 왕비 太태 큰 姙임 셩 摯지 디명 任임 셩 氏

셩씨之ᄉᆞ어조 仲버금 女녀ᄯᆞᆯ 也ᄉᆞ어조 生ᄉᆡᆼ 端단 一일
誠셩 莊장엄 惟유오직 德덕 之ᄉᆞ어조 行ᄒᆡᆼ 其그 娠신 文
王왕인군 也ᄉᆞ어조 目눈 不불 視시 惡악 色빗 耳귀 不
聽텽드를 淫음 聲셩소리 口구 不불 出츌 敖오 言
及급 生ᄉᆡᆼ 文문 王왕 而ᄉᆞ어조 明명 聖셩 太
任 教 之ᄉᆞ어조 以이ᄡᅥ 一일 而ᄉᆞ어조 識식 百ᄇᆡᆨ 卒
爲위 周쥬 宗종 君군 子ᄌᆞ 謂위 太 任
能능 胎틱 教

쥬ᄂᆞ라 왕계의 후비 태임은 지나라 임씨예 즁녀라 셩
픔이 단졍ᄒᆞ고 젼일ᄒᆞ고 엄ᄒᆞ야 오직 덕만 힝ᄒᆞ더니

十一

문왕을비예쓸제눈에악ᄒᆫ빗설보도안코귀예음란
ᄒᆫ소릐도듯지안코입에거만ᄒᆫ말도니지안터니문
왕을나ᄒᆞ매발고ᄒᆞ야대임이ᄒᆞ나ᄒᆞ믈그리치면빅
을아ᄅᆞ고쥬나ᄂᆞ군ᄌᆞ시조그되니군ᄌᆞ그알느기ᄅᆞᆯ대임
인ᄐᆡ예서버ᄅᆞᆯ그리치ᄃᆞᄒᆞ니이거시태임의ᄐᆡ교라
孟맹셩子군ᄌᆞ之어조ᄉᆞ지母무모친舍사집近갓ᄀᆞ울근墓무덤묘孟맹셩子
幼얼유嬉놀희戲희희踊뛸용躍뛸약築쌀축埋무ᄃᆞᆯ매爲ᄒᆞᆯ위
墓무덤묘間ᄉᆞ이간之어조ᄉᆞ지事섬길사母모친무曰ᄀᆞᄅᆞᆫ왈此이차非안일비
所바소以써이居거ᄒᆞᆯ거子ᄌᆞ去갈거舍집사市저자시其그기嬉놀희戲
爲ᄒᆞᆯ위賈상고고衒도부ᄒᆞᆯ현母모친무曰ᄀᆞᄅᆞᆫ왈此이차非안일비所

ㅣ러니
ᄒᆞ고
어널
타ᄒᆞ고러니
에이어널

라ᄒᆞ고 ᄇᆞᆺ 以이ᄡᅥ 居거ᄒᆞᆯ 子ᄌᆞᄃᆞᆯ 乃내이에 舍사집 學ᄒᆞᆨ비울 宮궁집 之ᄌᆞ어조

소 竊방ᄌᆞᆺ 其기그 嬉희놀 戲희희롱 乃내이에 設셜베풀 俎조도마 豆두제긔 揖

이러니 에 揖읍 讓양ᄉᆞ양 進진나갈 退퇴물널 毋무모친 曰왈일ᄋᆞᆯ 此ᄎᆞ이 眞진참 可가ᄒᆞᆯ

어녈 가 以이ᄡᅥ 居거ᄒᆞᆯ 子ᄌᆞᄃᆞᆯ 遂슈인ᄒᆞᆯ 居거ᄒᆞᆯ 之ᄌᆞ어조 旣긔이미 長댱

라ᄒᆞ고 러니 에 장셩 成일울 大대큰 儒유션비

ᄒᆞ니라 ᄒᆞᆫ장ᄌᆞ 成싱

밍ᄌᆞ의모친장ᄉᆡ기집이뫼쓰넌ᄃᆡ가갑더니밍ᄌᆞ어려서놀며희롱ᄒᆞᆯ제뮈ᄀᆞ드지예뫼쓰넌모양얼ᄒᆞ거ᄂᆞᆯ모친왈예긔ᄀᆞᄋᆞᄃᆞᆯ키울ᄃᆡᄀᆞᄋᆞ니라ᄒᆞ고옹기예시번의사더니놀며희롱ᄒᆞᆯ제장ᄉᆞ도부ᄒᆞ넌모양을ᄒᆞ거ᄂᆞᆯ모친왈예긔도ᄋᆞᄃᆞᆯ키울ᄃᆡᄀᆞᄋᆞ니라ᄒᆞ고옴

기ᄲᅥ학궁짓희ᄉᆞ더니놀며희롱ᄒᆞ졔긔랄진셜ᄒᆞ
고읍양ᄒᆞ며진퇴ᄒᆞ거날모친왈여긔넉ᄀᆞ히ᄋᆞ덜얼
키우것ᄃᆞᄒᆞ고졀ᄂᆞ사더니ᄌᆞ란후에큰션비ᄀᆞ되니
이거시ᄆᆡᆼ모삼쳔지교라
孟ᄆᆡᆼ셩子ᄌᆞ군ᄌᆞ幼유열時시ᄯᆡ問문믈을東동녁家가집殺살죽일猪 에
何하엿ᄀᆞ지爲위ᄒᆞ母무모친曰월ᄋᆞᆯ欲욕ᄒᆞ고ᄌᆞᆫ담먹얄汝여너餧메이 던잇ᄂᆞ냐
而ᄉᆞ이조悔회뉘칠曰월ᄋᆞᆯ늘古고녜有유잇슴月ᄐᆡ胎ᄐᆡ敎교ᄀᆞ치ᄀᆡ今금제이 오더니
吾適ᄉᆞ침有유잇슬知지알而ᄉᆞ이조欺긔소길之ᄉᆞ어지조是시이敎교리 ᄒᆞᄂᆞᆫ
ᄎᆞᆫ之ᄉᆞ어지조不불안할信신밋을乃내이예買ᄆᆡ살猪져돗肉육고기食식먹일 이라ᄒᆞ고
ᄉᆞ之ᄉᆞ어지조 ᄒᆞ다

에
은 라
ᄒᆞ며 라 에
ᄒᆞ며 ᄒᆞ며
ᄒᆞ며 ᄒᆞ니
라 ᄒᆞ야

밍ᄌᆞ어려ᄉᆞᆷ제모친ᄭᅴ[illegible]무엇ᄒᆞ
랴고돗잡ᄂᆞᆫ잇ᄀᆞ모친왈너먹이랴고잡ᄂᆞᆫ단ᄃᆞ그
리ᄒᆞ고후회ᄒᆞ되ᄂᆡ젹의노티고도이넌디ᄂᆞᆫ으덜
이방쟝ᄌᆞ각이잇ᄉᆞᆷ제속이니이ᄂᆞᆫ무신ᄒᆞᆫ거ᄉᆞ로ᄀᆞ
리츰이라ᄒᆞ고ᄃᆡ육얼ᄉᆞ서먹이이다

大큰대 戴ᄯᅴᆯ대 禮례례 文문 曰일올 武무ᄒᆞ반 王왕인군 妃비왕비 邑읍골 姜
싱 太클태 公공공 후 之어조ᄉᆞ 女녀ᄌᆞ 也어조ᄉᆞ 孕잉ᄇᆡᆯ 成일울 王왕인군
立설립 不안불 跛기울피 坐안ᄌᆞᆯ좌 不안불 差어긋날채 獨홀로독 處
쳐ᄒᆞᆯ 不안불 倨거만ᄒᆞᆯ거 雖비록슈 怒노ᄒᆞᆯ노 不안불 詈ᄭᅮ지ᄌᆞᆯ리 月ᄃᆞᆯ월 台ᄐᆡ ᄐᆡ
쳐 ᄒᆞᆯ
敎ᄀᆞᄅᆞ칠교 之어조ᄉᆞ 謂닐ᄋᆞᆯ위 也어조ᄉᆞ 書글서 之어조ᄉᆞ 玉옥옥 版판ᄯᅩ 각

十三

ᄒᆞ야 ᄒᆞ고
ᄒᆞ니라
에 ᄂᆞᆫ 요
은 ᄒᆞᄂᆞ니라

藏감쟝ᄒᆞᆯ 之ᄉᆞ어조 金쇠곰 匱궤궤、置치둘 之ᄉᆞ어조지 宗조종종 廟ᄉᆞ당묘、爲
위ᄒᆞ 後뒤후 世셰셰 디 戒경계계、
대뒤례예 왕쥬우 왕후비 읍강은 강태공의 ᄯᆞᆯ이라 셩
왕을 비예 슬제 기우리스고 기우리 안지 ᄋᆞ니ᄒᆞ며 喜
조 잇써도 거만ᄒᆞ지 ᄋᆞ니ᄒᆞ며 노ᄒᆞ여도 ᄭᅮ짓지 ᄋᆞ니
ᄒᆞ니 아것도 티교라 그 날얼 옥판의 써서 금궤예 너서
종묘에 두고 후셰예 법얼ᄉᆞ무니 쥬ᄂᆞ라 태강 태임 태
ᄉᆞ 읍강은 ᄉᆞ셰셩녀라 고금에 드무니라
顔안얼 氏씨시셩 家가집 訓ᄀᆞ르칠훈 曰왈일ᄋᆞᆯ ᄂᆞᆯ 敎ᄀᆞᄅᆞ칠교 婦부인ᄂᆞ 初초음 來
위올 敎ᄀᆞᄅᆞ칠교 兒ᄋᆞ조식、嬰얼ᄋᆞᆯ영 孩ᄋᆞ헤ᄒᆡ、

이 예 ᄒᆞ야 ᄒᆞ며 어던 ㅣ ᄒᆞ고 면 ᄒᆞ고 ᄒᆞ니 예 ᄒᆞ야

안씨가훈에왈ᄋᆞ니ᄂᆞᆫ초왓ᄉᆞᆯ제ᄀᆞ리치고ᄌᆞ식은어
리ᄉᆞᆯ제ᄀᆞ리치ᄂᆞ니라

司맛틀ᄉᆞ馬말마溫디명온公공후曰알왈子ᄌᆞ식ᄌᆞ之어조ᄉᆞ지初ᄎᆞᆷ초

生난ᄉᆡᆼ若만일약使식힐ᄉᆞ之어조ᄉᆞ지不못불知알지尊노플존卑ᄂᆞᆺ즐비

長얼장幼어릴유之어조ᄉᆞ지禮례례법遂인ᄒᆞᆯ슈至이를지侮업신녀길모

詈ᄭᅮ지ᄌᆞᆯ리父부친부母모친모歐구擊츨격兄형형姊ᄌᆞ녀ᄌᆞ父부부母

모무不못불知알지訶ᄭᅮ지ᄌᆞᆯ가禁금ᄒᆞᆯ금反도로반笑우슬쇼而어조ᄉᆞ이

獎권ᄒᆞᆯ쟝之어조ᄉᆞ지彼저피旣이믜긔未못미辨분별변好됴ᄒᆞᆯ호惡

謂닐ᄋᆞᆯ위禮례도례當맛당당然그럴연及밋급其그기旣이믜긔長

오흘ᄉᆞ 習닉일습已이믜이成일울셩性셩픔셩乃이에내怒노ᄒᆞᆯ노而어조

덜나

에ᄒᆞ고

ᄒᆞᄂᆞ니ㅣ

ᄒᆞ야ᄒᆞ야

ᄂᆞ니라

이ᄉᆞ 禁금ᄒᆞᆯ 之ᄉᆞ어조 不블ᄒᆞᆫ 可가가ᄒᆞᆫ 復ᄃᆞ시부 制제어ᄒᆞᆯ제 於어조ᄉᆞ어

是시이 父부부친 嫉미워ᄒᆞᆯ질 其기그 子ᄌᆞ식ᄌᆞ 子ᄌᆞ식ᄌᆞ 怨원망ᄒᆞᆯ원 其기그

부친 此ᄎᆞ이 蓋대개개 父부부친 母모친 無업ᄉᆞ무 深기ᄑᆞᆫ심 識알식 遠

원멀 慮ᄉᆞᆼ각ᄒᆞᆯ려 溺ᄲᅡᆯ닉 於어조ᄉᆞ어 小쇼 ᄌᆞ즉을 慈ᄌᆞ랑ᄒᆞᆯᄌᆞ 養길을양 成일울셩

其기그 惡악ᄒᆞᆫ악 故연고고 也어조ᄉᆞ야

ᄌᆞ마온공이왈사이어렷슬제만안조비쟝유의법

얼모르게ᄒᆞ야부모를꾸지ᄌᆞ며ᄒᆞᆼ댓를초거던열운

이금ᄒᆞᆯ줄얼알지못ᄒᆞ고도로에웃고칭찬ᄒᆞ면어린

ᄆᆞ음에션악을분변치못ᄒᆞ고례법이그럿ᄐᆞᄒᆞ야버

릇시되니ᄌᆞ란후에야금ᄒᆞ랴ᄒᆞᆫ덜ᄃᆞ시제어ᄒᆞ지못

ᄒᆞ면
이라 니라
에이
에과

ᄒᆞ야필경의부모ᄀᆞᄌᆞ셔열미워ᄒᆞ고ᄌᆞ식이부모럴
원망ᄒᆞᄂᆞ니무ᄐᆡ라부모ᄀᆞ갑고먼소견이업써서악
습얼길너민든된고라
乳젓유母어미무、不안일불良어질량、非안일비惟오직유敗패패ᄒᆞᆫ亂분란
ᄒᆞᆫ란家집가法법법、兼겸겸ᄒᆞᆫ令식힐령所바소飼먹일ᄉᆞ子ᄌᆞ식ᄌᆞ類닮을류
之어조ᄉᆞ지、
유모ᄀᆞ불량ᄒᆞ면가법열패란ᄒᆞᆯ뿐이오니라겸ᄒᆞ여
그젓먹넌ᄋᆞᄒᆡ까지담ᄁᆡᄒᆞᄂᆞ니라
小즉을쇼學비울학、曰일ᄋᆞᆯ왈呂셩려榮영ᄒᆞᆯ형公공공후、公공공후南계유보十열슙
義ᄂᆞ셔、父부친부正발을정獻드릴헌公공공후、母모친무申신ᄃᆡ명신國나라국

去

이 출뎌
에도
ᄒᆞ고 면
ᄒᆞ여 랍
ᄒᆞ며 에
ᄒᆞ더라

국夫부외 셩人인ᄉ람 敎교ᄎᆞᆯ교리 之ᄉ어조 祁지 寒한찰 暑셔더울 雨비
侍시모실 立립설 終종ᄆᆞᆺ칠 日일날 不부안 命명명 之ᄉ어조 坐좌안즐 不
불못ᄒᆞᆯ 敢감ᄒᆞᆯ감히 坐좌안즐、 雖슈비록 甚심심ᄒᆞᆯ 暑셔더울、 不불못ᄒᆞᆯ 得득ᄒᆞ들
득 去거ᄇᆞ릴 襪말버선 出츌나갈 入입들어갈 無무못ᄒᆞᆯ 得득으 入입들어갈
酒쥬술 肆ᄉᆞ져집ᄉᆞ、
쇼학에왈송ᄂᆞ라례졍공이계우실ᄯᅵ에부친졍헌공
과모친국부인이그리ᄎᆞ되대한대ᄉᆡ에도종일모
셔스고안즐안명이업스면감히안ᄯᅵ못ᄒᆞ며비록셔
ᄒᆞᆫ더위ᄅᆞ도버션열벗지못ᄒᆞ며츌입ᄒᆞᆯ제술집에드
리지못ᄒᆞ게ᄒᆞ더라

에 에
요 로다
이나 이라
에 로다

友우兄형弟뎨

형뎨간의 우이ᄒᆞᄂᆞᆫ 말

詩시경曰ᄀᆞᆯ 兄형及미칠급弟아ᄋᆞ뎨矣어조ᄉᆞ의式법식相서로
샹好조와홀호矣어조ᄉᆞ의無말무相서로샹猶그틀유矣어조ᄉᆞ의兄형형弟아ᄋᆞ
뎨鬩ᄡᆞ홀혁于어조ᄉᆞ우牆담댱外밧외禦막을어其그기侮업신녀길모•死
죽을ᄉᆞ喪상ᄉᆞ상之어조ᄉᆞ지威두려울위兄형형弟아ᄋᆞ뎨孔심홀공懷ᄉᆡᆼ각회•

시젼에왈형뎨간의서로조와ᄒᆞ게시요잘못ᄒᆞᄂᆞᆫ거
슬서로담ᄶᅵ말며담안의서ᄂᆞᆫᄊᆞ올ᄶᅵ라도박그로ᄂᆞᆫ
남의만무이보ᄂᆞᆫ거슬막으며ᄉᆞ싱간을당ᄒᆞ면형뎨
위야심히ᄉᆡᆼ각ᄒᆞᄂᆞ니라

에도 이요면 나라 에 에ᄒᆞ여 로ㅣ ᄒᆞᄂᆞ니 에덜

孟밍셩子ᄌᆞ군ᄌᆞㅣ曰왈일ᄋᆞᆯ孩ᄒᆡ어린아提뎨끌之지어조ᄉᆞ童동ᄋᆞ희無무업슬

不불못ᄒᆞᆯ知지알愛ᄋᆡᄉᆞ랑ᄒᆞᆯ其기그親친어버이及급미ᄎᆞᆯ其기그長쟝ᄌᆞ랄也

ᄉᆞ어야조無무업슬不불못ᄒᆞᆯ知지알敬경공경其기그兄형형也ᄉᆞ어야조

ᄆᆡᆼᄌᆞ에왈깟난ᄋᆞ희도제부모ᄉᆞ랑ᄒᆞᆯ줄언알고ᄌᆞᄌᆞ

크면제ㅣ형공경ᄒᆞᆯ줄언ᄋᆞᄂᆞ니이거시량지량능이라

大디큰戴디싱禮례례曰월일ᄋᆞᆯ人인ᄉᆞ람生ᄉᆡᆼ산百ᄇᆡᆨ일ᄇᆡᆨ歲셰ᄒᆡ之조어

中디ᄀᆞ듕운有유잇슬疾질병들病병병들焉ᄉᆞ어언조有유잇슬老로늘글

지ᄉᆞ幼유얼焉ᄉᆞ어언조故고연고君군군子ᄌᆞ군ᄌᆞ思ᄉᆞᄉᆡᆼ其기그不불못ᄒᆞᆯ

불可가가ᄒᆞᆯ復부다시者쟈것而ᄉᆞ어이조先션먼져에施시베ᄉᆞᆯ焉ᄉᆞ어언조親

친어배旣긔이믜沒몰죽을雖슈비록欲욕ᄒᆞ잘孝효효도誰슈누구爲ᄒᆞ위

며에련

리소

에는本고

타

에ㅣ本고

위孝효도 年년 旣기이 耆기늙 雖비록 欲욕ᄒ고 悌뎨공경 誰

슈누구 爲위위홀 悌뎨공경

대디려예 와는 인ᄉ상 박 備 즐에 어리고 늘근 때ᄀ 잇쓰며

병든 때ᄀ 잇넛고로 군ᄌᄀ 잔니못홀거슬 생각ᄒ야

먼저 베푸느니 부모ᄀ 하세 후에 비록 효ᄒ랴 ᄒ단 누

구ᄅᆞᆯ 위ᄒ야 효ᄒ며 누히 늘근 후에 비록 형뎨에 우이

ᄒ랴 ᄒ단 누구ᄅᆞᆯ 위ᄒ야 우이ᄒ리요

顔안성 氏씨 家집가 訓ᄀᄅ칠훈 曰ᄀᄅ실왈 兄형형 弟뎨아ᄋ 分분논을 形형

형형 뎨 連련련홀 氣긔기운 之지어조ᄉ 人인ᄉ람 也야어조ᄉ 方방바야흐로 其기그

幼유얼일 也야어조ᄉ 父부부친 母모모친 左자왼 提뎨끌 右우올은 挈결끌 前

ᄒᆞ고 ᄒᆞ며
연난
이나 라가
연ᄒᆞᆫ ᄒᆞ고
라
이나 니라

암 襟옷ᄌᆞ락금 後뒤후 裾옷깃거 食먹을식 則곳즉 同ᄀᆞᆷ동 案쇼반안 衣입을의
則곳즉 傳젼ᄒᆞᆯ젼 服옷복 雖비록슈 有잇슬유 悖패약ᄒᆞᆯ패 亂잡란ᄒᆞᆯ란 之어조ᄉᆞ지
人ᄉᆞ람인 不못불 能능ᄒᆞᆯ능 不안ᄒᆞᆯ불 相서로샹 愛ᄉᆞ랑ᄒᆞᆯᄋᆡ 及미ᄎᆞᆯ급
其그기 壯장셩ᄒᆞᆯ장 也어조ᄉᆞ야 各각각각 妻안해쳐 其그기 妻안해쳐 各각각각
子ᄌᆞ식ᄌᆞ 其그기 子ᄌᆞ식ᄌᆞ 雖비록슈 有이슬유 篤두터울독 厚두터울후 之어조ᄉᆞ지
人ᄉᆞ람인 不못불 能능ᄒᆞᆯ능 不안ᄒᆞᆯ불 少젹을쇼 衰쇠ᄒᆞᆯ쇠 也어조ᄉᆞ야

안씨가훈에 닐오ᄃᆡ 논몸을 노ᄂᆞᆫ 고기운 업ᄉᆞᆫ ᄉᆞ람
이ᄅᆞ에 ᄅᆞᆺ슬 쳐 부모ᄀᆞ 외ᄶᅡᆨ으로 ᄭᅳᆯᄭᅴ 오른ᄶᅡᆨ으로 ᄭᅳᆯ
고 암희ᄯᅡ흐며 뒤에 업ᄭᅩ ᄒᆞᆫ상의 ᄌᆞᆨ으며 옷섭젼ᄒᆞ야
입을 ᄶᅥᆨ의 넌비로 [illegible]란ᄒᆞᆫ ᄉᆞ람이 ᄂᆞ서로 ᄉᆞ랑ᄒᆞ지 ᄋᆞ

이언 ᄒᆞ야 렬 ᄒᆞ고 낭ᄒᆞ야 ᄒᆞ니라

디뎐못ᄒᆞᆫ가 잠생ᄒᆞᆫ 후에 넌 각각 ᄋᆞ니가 잇고 각각
조식이 잇ᄂᆞᆫ지라 비록 후ᄒᆞᆫ ᄉᆞ람이 ᄂᆞᆺᄎᆞᆺ 쉬ᄒᆞ지 ᄋᆞ
니치 못ᄒᆞᄂᆞ니 ᄂᆞ니라

伊(이 이에) 川(쳔 내) 先(션 먼져) 生(ᄉᆡᆼ 난) 曰(왈 일ᄋᆞ늘) 今(금 이졔) 人(인 ᄉᆞ람) 多(다 만을)
不(불 못ᄒᆞᆯ) 知(지 알) 兄(형 ᄆᆞᆮ) 弟(뎨 아ᄋᆞ) 之(어조ᄉᆞ 지) 愛(ᄋᆡ ᄉᆞ랑) 愛(ᄋᆡ ᄉᆞ랑) 父(부 친)
母(모) 之(어조ᄉᆞ 지) 子(ᄌᆞ ᄌᆞ식) 却(각 믈) 輕(경 가ᄇᆡ야올) 於(어조ᄉᆞ 어) 己(긔 몸) 之
子(ᄌᆞ ᄌᆞ식) 甚(심 심ᄒᆞᆯ) 者(쟈 놈) 至(지 이를) 若(약 ᄀᆞᆮᄐᆞᆯ) 仇(구 원슈) 讎(슈 원슈)
擧(거 들) 世(셰 인간) 如(여 ᄀᆞᆮᄐᆞᆯ) 此(ᄎᆞ 이) 惑(혹 의혹) 之(어조ᄉᆞ 지) 甚(심 심ᄒᆞᆯ) 矣(어조ᄉᆞ 의)

이쳔션ᄉᆡᆼ이 왈 이금 ᄉᆞ람언 ᄆᆞ니 형뎨 우이ᄅᆞᆯ 알지 못
ᄒᆞ야 부모의 ᄌᆞ식 ᄉᆞ랑ᄒᆞ기ᄅᆞᆯ 제 ᄌᆞ식보다 경ᄒᆞ게 ᄒᆞ

이이
더니이ㅣ
ᄒᆞ고이어ᄯᅧ
에ᄒᆞ고아
ᄒᆞ고로
아ᄒᆞ되
ㅣᄒᆞ고
ᄒᆞ더라

고ᄉᆞᄒᆞ니 ᄂᆞᆫ구슈ᄀᆞ치 ᄃᆡ졉ᄒᆞ야 거셰ᄀᆞ에 ᄎᆞᄒᆞ니ᄉᆞ
히ㅣ 아 혹 홀 날 이 라
漢 한 繆 목 形 ᄒᆡᆼ 兄 형 弟 뎨우 우 四 ᄉᆞ 人 인ᄉᆞ ᄀᆞᆷ 同 동ᄀᆞ 을 居
거 무 한ᄂᆞ 이 목 융 ᄒᆡᆼ 뎨 장 츄 ᄌᆡ우 ᄂᆡ 諸 져뭇 婦 부우 ᄂᆡ 求 구 구 홀
거 홀 及 급 各 각 ᄭᆡ 髮 들 ᄌᆞᆼ 妻 ᄎᆡ 爭 ᄌᆡᆼ 들 彤 융 융 乃 녜이
分 ᄂᆞᆫ 을 을 이 又 우ᄯᅩ 數 삭 조 闘 투 ᄒᆞᆯ 繆 목 ᄒᆡᆼ 形 융 ᄎᆡ 汝 여
내 掩 엄 ᄃᆞᆯ 異 ᄃᆞᆯ 장 호 自 ᄌᆞ 之 지 걸 日 왈 일 ᄂᆞᆫ 何 하 ᄒᆡ 지 ᄎᆡ 不 불
學 ᄒᆞᆨ 비 聖 셩 白 ᄇᆡᆨ 人 인ᄉᆞ 之 지 擿 지 조 佉 법 법 縈 내 ᄋᆡᆺ 불 不 불
불 能 능 ᄒᆞᆯ 正 경 ᄆᆞᆯ 을 家 가 집 孚 ᄭᆞ 어 弟 뎨우 及 급 ᄃᆡ 諸 져 뭇 婦 부우
부 뚜 구 頭 두 머 리 謝 ᄉᆞ 사 례 罪 죄 ᄒᆞ 遂 슈 신 ᄒᆞ 爰 ᄌᆞᆼ 곤 ᄎᆞ 爲 위 ᄒᆞ 敎 ᄌᆞ ᄃᆞ
돈을 叩 고 ᄃᆞ 之 ᄉᆞ 지 行 ᄒᆡᆼ ᄒᆞᆯ 살

한나라목융이ᄉᆞ쳥예동거ᄒᆞ더니ᄃᆞ춰ᄒᆞ리못ᄒᆞ
니ᄀᆞ분산ᄒᆞ기를구ᄒᆞ고또조조ᄃᆞ투거ᄂᆞᆯ융이문열
닷고스스로ᄎᆡ여왈목융은네가ᄉᆡᆼ인에법열비우고
엿지ᄒᆞ야집얼브르게ᄒᆞ지못ᄒᆞᄂᆞ뇨ᄒᆞᆫ대우우덜과
우니덜이고두샤좌ᄒᆞ고고쳐도목ᄒᆞᆫ힝ᄉᆞᆯ얀ᄒᆞ더라
晉진나구진王왕싱祥샹샹셔繼계이을母모무친朱쥬싱氏시씨遇우뎌
祥샹샹無무업슬道도도리弟뎨우覽람볼數수두어歲셰나見졍볼祥샹
샹셔시임을楚楚매撻달달涕톄믈流류믈泣읍울抱포안을持지가질朱쥬
又우또被피닙을非비안理리치使ᄉᆞ식ᄒᆞᆫ祥샹샹覽람볼與여더블之
어조以이ᄡᅥ非비虐포학使ᄉᆞ식ᄒᆞᆫ祥샹샹妻처
ᄉᆞ지俱구ᄒᆞᆷ又우또虐학약使ᄉᆞ식ᄒᆞᆫ祥샹샹셔妻처우니覽람볼妻

ㅣ ᄒᆞ니 ᄒᆞ야러라

ㅣ 라가

ᄋᆡ너 亦또역 遏ᄆᆞᆨ을알 而어조ᄉᆞ이 共ᄒᆞᆫ가지공 之어조ᄉᆞ지 朱쥬 憲법헌 之
저、어조ᄉᆞ 乃이에내 止그칠지、
진ᄂᆞᆫ 왕샹의게 모쥬씨 ᄀᆞ무도ᄒᆞ게 샹을 ᄃᆡ졉ᄒᆞ더
니 쥬씨 소ᄉᆡᆼ ᄌᆞ람이 두어 살 되여 샹의 만ᄂᆞᆫ 거슬
보면 울고 안ᄒᆞ며 말리고 쥬씨 ᄀᆞ 비리로 샹을 식히면
람이 ᄀᆞ치 그 날 엳ᄒᆞ고 샹의 ᄋᆞ니를 식히면 ᄅᆞᆷ에 ᄋᆞ내
ᄆᆞ ᄆᆞ치 그 날 엳ᄒᆞ니 쥬씨 ᄒᆞᆯ수 업서 곳치더라 ᄅᆞᆷ의 ᄌᆞ
손이 크게 되엿ᄂᆞ니라
鄧등싱 伯ᄆᆡᆺ빅 道도 擔갈멜담 其그기 兒ᄋᆞᄋᆞ 及미급 弟아ᄋᆞ뎨 子ᄋᆞ달ᄌᆞ
ᄌᆞ 而어조ᄉᆞ이 逃도망 難난리난 度길세ᄐᆞᆨ 不못ᄒᆞᆯ불 能능ᄒᆞᆯ능 兩두량 全

ᄒᆞ고
ᄒᆞ고、ᄒᆞ니
아효、ᄒᆞ고
이면 ᄒᆞᆫ
ㅣ
터니 ᄒᆞ니
어 ㅣ
ᄒᆞ야 라ᄒᆞ더라

온젼謂위ᄋᆞᆫ其가ᄒᆞ妻쳐ᄋᆞ니曰왈ᄋᆞᆫ吾오ᄂᆡ弟뎨ᄋᆞ早조안ᄌᆞᆨ亡
젼、죽을惟유오직有유잇ᄂᆞᆫ一일ᄒᆞᆫ息식ᄌᆞ식、理리리치不불못ᄒᆞᆯ可가가ᄒᆞᆫ
망、絶졀끈을應응맛당棄기ᄇᆞ릴我아나의兒ᄋᆞᄃᆡᆫ、幸ᄒᆡᆼ두ᄒᆡᆼ而ᄉᆞ어이조得득으ᄂᆞᆫ
듯全젼온젼後후뒤當당맛당有유잇ᄂᆞᆫ子ᄌᆞ、妻쳐ᄋᆞ니泣읍울而조어
ᄉᆞ이從종조ᄎᆞᆫ之지조後후뒤卒졸마ᄎᆞᆷ無무업ᄉᆞᆫ子ᄌᆞ、時시ᄯᅴ人인ᄉᆞᄅᆞᆷ
인義의올을而ᄉᆞ어이조哀ᄋᆡ슬플之지어조曰왈일ᄋᆞᆫ天텬ᄒᆞᆫ을道도도리、
無무업슨知지알使ᄉᆞ식ᄒᆞᆫ鄧등伯박맛지道도無무업슨兒ᄋᆞ、
등박도ᄀᆞ난리렬당ᄒᆞ야ᄋᆞ달파죽하물업고도망ᄒᆞ
ᄃᆞᄀᆞ둘ᄃᆞ살니지못ᄒᆞᆯ줄알고그ᄋᆞ비디리안녀오ᄂᆞᆫ
ᄂᆡᄋᆞ우ᄀᆞ안ᄶᅩᆨ죽고ᄋᆞ달ᄒᆞᄂᆞ말ᄊᆞ니리치예끈치

예ㅣ ᄒᆞ며 ᄒᆞ여
ᄒᆞ고 을
ᄒᆞ고 도
니라

못ᄒᆞᆯ께시요 우리넌 텬하으로소구나 ᄯᅩᄒᆞ 떠얼둘

께시니니ᄋᆞ던 얼버리것두 혼뒤우니 ᄆᆞ울며 조ᄎᆞ떠

니후에 편경무조ᄒᆞ니 그ᄯᆡ 스람덜이 불상이너거 왈

던 도ᄀᆞ무지ᄒᆞ야 등박도ᄀᆞᄋᆞ던이 업수ᄒᆞ더라

니안 則법즉 曰왈일 介개지 之 婦리며느 毋무못 乾 敢ᄒᆞᆯ감 감히 敵덕대

짝 於ᄉᆞ어조 家ᄌᆞᆼ클 婦리며느 不불못 敢ᄒᆞᆯ감 감히 並병울 行ᄒᆡᆼ할 간

려에스 不 耦 吶

不불못 ᄒᆞᆯ 敢ᄒᆞᆯ감 감히 並을ᄋᆞ 병올 坐좌안 毋위미 양 事사 날 請청청 ᄒᆞᆯ 於어조

家ᄋᆞ스어 ᄌᆞᆼ클 婦리며 家ᄌᆞᆼ클 婦리며느 不불못 ᄒᆞᆯ 敢ᄒᆞᆯ감 감히 無무업 禮례법

於ᄉᆞ스에조 介개지 之 婦리며느 부

니즉에왈 개부ᄆᆞ 감히 ᄒᆞᆷ부의게 뒤ᄃᆡᆨᄒᆞ야 짝ᄒᆞ지못

에ᄂᆞᆫ
니ㅣ면ㅣ
나라

內 뎨수못블

ᄒᆞ며감히나란이당가고나란이안재못ᄒᆞ며위ᄉᆞ를
총부의게쳥ᄒᆞ고총부도감히개부ᄅᆞᆯ무례이되졉ᄒᆞ
지못ᄒᆞᄂᆞ니총부ᄂᆞᆫ맛며ᄂᆞ리요개부ᄂᆞᆫ지차며ᄂᆞ리
라

則(안니 즉법) 主(주주) 言(님) 曰(왈) 娣(제늘) 姒(동) 猶(유) 兄(형) 弟(뎨)
也(야) 衆(중) 婦(부며리) 無(무업ᄉᆡ) 禮(례례) 於(어) 家(총) 婦(부며리) 不
友(우) 之(지) 也(야)

니즈주에 외ᄂᆞᆫ 뎨ᄉᆞᄂᆞᆫ 형뎨ᄀᆞᄐᆞ니 총부ᄀᆞ우이ᄒᆞ지ᄋᆞ
니ᄒᆞ면개부ᄃᆞᆫ이무례ᄒᆞ니라뎨ᄂᆞᆫᄋᆞ귀동셔요ᄉᆞᄂᆞᆫ
윗동셔라

二十一

의 와 의 ㅣ 이터니 난 이라도ᄒᆞ고 ᄒᆞ니 와 ᄒᆞ더라

晉王渾妻鍾氏 弟湛妻郝氏 皆有德行 鍾雖門高 不以陵郝 郝以賤下鍾 時人稱鍾夫人之禮 郝夫人之法

진ᄂᆞ무 왕혼의 쳐 죵씨와 ᄋᆞ우 담의 쳐 학씨ᄀᆞ ᄃᆞ 덕ᄒᆡᆼ이 잇더니 죵씨넌 디쳬ᄀᆞ 놉파도 학씨ᄅᆞᆯ 업씬녀기지 안코 학씨넌 쳔ᄒᆞᄃᆞ고 죵씨의게 ᄂᆞ리초지 ᄋᆞ니ᄒᆞ니 그ᄯᅢ ᄉᆞ람ᄃᆞᆯ이 죵부인의 례와 학부인의 법얻 칭찬ᄒᆞ더라

唐당나 李리씨 光광빗 進진나갈 弟뎨아ᄋᆞ 光광빗 顏안면 先션먼져 堅
듣장 리무 而어조 妻쳐위 以써이 家가집 事ᄉᆞ셤길 及미ᄎᆞᆯ급 先광빗 進진나갈
堅듣장 쟝츄리 光광빗 顏안 妻쳐ᄋᆞ니 籍문셔젹 貨ᄌᆡ물 貝 ᄌᆡ믈을 納나 리
납 管관잠 鑰쇠약 於어조 光광빗 進진나갈 妻쳐ᄋᆞ니 光광빗 進진나갈
진 妻쳐ᄋᆞ니 還도라올환 之어조ᄉᆞ지

당나라 리광진의 아ᄋᆞ 광안이 몬져 취쳐ᄒᆞ야 가ᄉᆞ를 맛겨ᄃᆞ니 광진이 취쳐ᄒᆞᄆᆡ 광안의 안ᄒᆡ 그 지물을 문셔ᄒᆞ고 열쇠를 바친ᄃᆡ 광진의 안ᄒᆡ 그 도로 돌녀 보내더라

女녀ᄌᆞ 誡계경계 曰왈일ᄋᆞ 婦부부인 人인ᄉᆞᄅᆞᆷ 之어조ᄉᆞ지 得득어들 意

의이
머니이
어이ᄋᆡ ᄒᆞ고
춘ᄃᆡ
ㅣ러타
에

운
은 년
나
컨단 을
요
이연 후니
나라

於(어조ᄉ) 夫(부 외뎡) 主(쥬쟝 쥬) 由(말믜아믈 유) 舅(시구) 姑(시모 고) 之(어조ᄉ)
愛(ᄉ랑홀 이) 己(몸 긔) 也(어조ᄉ) 舅(시구) 姑(시모 고) 之(어조ᄉ) 愛(ᄉ랑 이) 己(몸 긔)
由(말믜아믈 유) 叔(시아잡시 슉) 妹(시누의 미) 之(어조ᄉ) 譽(칭찬ᄒᆞᆯ 예) 己(몸 긔) 也(어조ᄉ) 由(말믜아믈 유)
此(이 ᄎᆞ) 言(말ᄉᆞᆷ 언) 之(어조ᄉ) 叔(시아잡시 슉) 妹(시누의 미) 之(어조ᄉ) 心(ᄆᆞᄋᆞᆷ 심) 不(못ᄒᆞᆯ 불)
可(가ᄒᆞᆯ 가) 失(일흘 실) 也(어조ᄉ) 欲(ᄒᆞ고져 ᄒᆞᆯ 욕) 得(으들 득) 叔(시아잡시 슉) 妹(시누의 미)
之(어조ᄉ) 心(ᄆᆞᄋᆞᆷ 심) 莫(업ᄉᆞᆯ 막) 如(어조ᄉ 여) 謙(겸ᄉᆞᆫ 겸) 順(순ᄒᆞᆯ 순) 謙(겸ᄉᆞᆫ 겸) 順(순ᄒᆞᆯ 순)
則(곳 즉) 和(화ᄒᆞᆯ 화) 矣(어조ᄉ 의)

녀계에 왈 부인이 외뎡의 뜻셜 엇기는 구고의 ᄉ랑ᄒ
기예 달니고 구고의 ᄉ랑ᄒ기는 시슉과 시ᄆᆡ의 칭찬
ᄒ기예 달녀쓰니 알노 보건ᄃ 시슉과 시ᄆᆡ의 ᄆᆞᄋᆞᆷ을 엇

에로

니이라 이오로

에

으로ᄒᆞ고

을꺼시요시슉과시미의맘열어ᄶᅥ연겸손ᄒᆞ고슌ᄒᆞ
것만ᄀᆞ튼거시업ᄉᆞ니겸손ᄒᆞ고슌ᄒᆞ면화ᄒᆞᄂᆞ니라

睦목 宗종 族족 일가
일가에화목ᄒᆞᄂᆞᆫ말

禮례 記긔 曰왈 尊존 祖조 故고 敬경 宗
종 敬경 宗종 故고 睦목 族족
례긔에왈조상을노피ᄂᆞᆫ고로종가를공경ᄒᆞ고종가
를공경ᄒᆞᄂᆞᆫ고로일가를화목ᄒᆞᄂᆞ니라

周쥬 禮례 曰왈 以이 孝효 友우 睦목 婣인
任임 恤휼 六륙 行ᄒᆡᆼ 敎교 萬만 民민

二十三

有잇슬유不안할불孝효도효不안할불弟공경뎨不안할불睦화목목不안할불婣화할인不안할부任맛길임不안할불恤구제휼之어조사지刑형별형

쥬례에오ᄅᆞᆫ부모에효도와형뎨에우이와ᄋᆞᆫ가에돈목ᄒᆞᆫ것과ᄉᆞ친에화ᄒᆞᆫ것과친구에신과읍닌ᄉᆞ람구제ᄒᆞᄂᆞᆫ여섯ᄒᆡᆼ실노ᄇᆡᆨ셩얼ᄀᆞᄅᆞ치고여섯ᄒᆡᆼ실얼ᄉᆞ니ᄒᆞ면형벌이잇ᄂᆞ니라

白흰ᄇᆡᆨ虎범호通통ᄒᆞᆯ통日날일族일가족者것쟈聚모들츄也어조사야生산ᄉᆡᆼ相서루상親친ᄒᆞᆯ친愛ᄉᆞ랑ᄒᆞᆯ이死죽을ᄉᆞ相서루샹哀슬풀이痛슬풀통

ᄇᆡᆨ호통에오ᄅᆞᆫ일가ᄂᆞᆫ뫼와사ᄂᆞᆫ거시니ᄉᆞ구서ᄂᆞᆫ서

로 ᄌᆞᆫ인ᄒᆞ고 죽으며 서로 이툼ᄒᆞᄂᆞ니라

漢한나라한 薛셜 包포 弟아ᄋᆞ뎨 子ᄌᆞ 求구ᄒᆞᆯ구 異다ᄅᆞᆯ이 居거ᄒᆞᆯ거、

包쌀포 不못ᄒᆞᆯ불 能능ᄒᆞᆯ능 止그칠지、乃이에내 中가온대듕 分논ᄂᆞᆯ분 其그기

財ᄌᆡ물ᄌᆡ、奴남죵노 婢녀죵비、引당길인 其그기 老늘글로 者놈쟈 田밧뎐 廬

取가질취 其그기 荒거칠황 頓무너질돈 者것쟈 器그릇기 物물건물 取

其그기 朽썩을후 敗패ᄒᆞᆯ패 者것쟈 弟아ᄋᆞ뎨 子아ᄃᆞᆯᄌᆞ、數ᄌᆞ조삭 破ᄒᆞᆯ패

產산업산、輒믄득쳡 復다시부 賑진휼진 給줄급、

한나라 설포의 졔ᄌᆞ가 거ᄒᆞ기ᄅᆞᆯ 구ᄒᆞᆫ 뒤 포가 금지

ᄒᆞ지 못ᄒᆞ야 ᄌᆡ믈을 반분ᄒᆞ되 노비 늘그니ᄅᆞᆯ ᄎᆞ지

ᄒᆞ고 밧 션무근 거슬 ᄎᆞ지ᄒᆞ고 집 년퇴ᄒᆞᆫ 거슬 ᄎᆞ지

위ㅣ혼디 ㅣᄒᆞ야 호시던 ᄒᆞ고 년 러니ㅣ 인 ᄒᆞ더라

二十四

이로
ᄒ니 이
을 눈
ᄒ고 라ᄒ니라
ᄒ야
에 ᄒ되

ᄒ고 괴물어ᄂ 근것을 ᄎ지ᄒ더니 족하ᄀᄌ 조패가
ᄒ되 도시 눈수주더라
晉진나라 진 汜범셩 毓육길을 奕혁클 世세대 儒유선비 素소 敦돈도타올
睦목화목 九구아홉 族족일가 時시시 人인사람 號호별호 其기그 家가집 兒ᄋᆞ아ᄒᆡ
ᄉᆞ희 無무업슬 常상ᄯᅥᆺᄯᅥᆺ 父부부친 衣의옷 無무업슬 常상ᄯᅥᆺᄯᅥᆺ 主쥬쥬인
진나라 범육이 ᄃᆡ 뒤 선비 집으로 구족을 돈목ᄒᆞ니 그
ᄯᅢ ᄉᆞ람ᄃᆞᆯ이 별명ᄒᆞ기를 그 집의 ᄂᆞᆫ ᄉᆞ희가 뎡ᄒᆞᆫ 부모
ᄀᆞ 업고 옷시 뎡ᄒᆞᆫ 쥬인이 업다 ᄒᆞ더라
魏위나라 위 楊양셩 播파ᄲᅮᆯ 家가집 世세ᄃᆡ 純슌젼 厚후두터울 一일ᄒᆞᆫ 家가
之지어조ᄉᆞ 內내안 百ᄇᆡᆨ일ᄇᆡᆨ 口구입 同동ᄒᆞᆫ가지 變변ᄒᆞᆯ 庭뎡ᄯᅳᆯ 無무업슬

本고라도 無무間리간言말ᄉᆞᆷ언有잇슬유一ᄒᆞᆫ일美아ᄅᆞᆷ다올미味맛미不안불集모흘집

ᄒᆞ면 ᄒᆞ여라 亦 不안할불食먹을식

위ᄂᆞ니 양파ᄀᆞ무세 쇼ᄒᆞ야 ᄒᆞᆫ집안의셔 남ᄂᆞᆫ 벗어

구ᄀᆞᄒᆞᆫ 불열스로 되지에 리간ᄒᆞᆫ 말이 업고 ᄒᆞᆫᄀᆞ지

조ᄒᆞᆫ 음식이 잇셔도 못지ᄉᆞ니ᄒᆞ면 먹지 안터니라

ㅣ

唐당나라당 張장 公공 藝예 九구 世셰 同동 居거

터ᄂᆞ이ᄒᆞ야 唐 高노픈고 宗조종종 臨림할림 幸거동ᄒᆡᆼ 其그기 家집가 問무를문 所바소

ᄒᆞᆫ디 居거ᄒᆞᆯ거 同ᄒᆞᆫ가지동 居거ᄒᆞᆫ 之지 故연고고 公공 藝예

ㅣ ᄒᆞ야 ᄒᆞ시ᄂᆞᆫ 書이써 能능 忍참을인 字글ᄌᆞᄌᆞ 百일백백 餘남을여 以이써 進나아갈진

이러라 당나라 張공 예ᄀᆞ 구세동거ᄒᆞ더니 고종황뎨 계셔 그

넌이라

집에서 동ᄒᆞ야 동거ᄒᆞᆫ 소이 ᄲᅢᆫ 올무론 뒤공에ᄀᆞ ᄎᆞ

물인ᄌᆞ 박에ᄌᆞ 물서서 올니더라

이러니

周쥬ᄂᆞ쥬 尹셩윤 氏시、셩씨 數슈 두어 代되 세되 貴귀ᄒᆞᆫ 族족、일가 共ᄀᆞᄒᆞᆯ

ᄒᆞ야 이

지 居거 거ᄒᆞᆯ 食식 먹을 口구 입 數슈 두어 千쳔 일쳔、當상 당 遇우 만날 幾

공 그 흉년 荒황、흉 이 依지 의지 ᄒᆞᆯ 糜미 죽 之갈 어조 聲셩 소리 聞문 드ᄅᆞᆯ 於어 어조

러라

十열 里리、리 ᄡᅮᆫ

育 ᄒᆞᆫ 흉년 윤 씨 년 무 되 지 족이라 수 쳔 식구 ᄀᆞ 동거ᄒᆞ더

니 흉년을 당ᄒᆞ야 죽 만든 언 소리 ᄀᆞ 십리 걸 들니더라

ㅣ

南남 남녁 唐당 나라 江강 州쥬 고을 陳진 셩 氏시 셩씨 十열 三석 世세 ᄃᆡ

ᄒᆞ야ㅣ

셰 同동 ᄒᆞᆫ 居거 ᄒᆞᆫ 宗종 일가 族족 일가 七칠 일곱 百일 百 口입 無

미매식食식ᄒᆞ야 設셜베플 廣광너블 席셕자리 長쟝얼운 幼유어릴 以이써

次ᄎᆞ례 坐좌안즐 而ᄉᆞ이어조 共공ᄒᆞᆫ가지 食식먹을 有유잇슬 畜휵길을 大대큰

百ᄇᆡᆨ일ᄇᆡᆨ 餘여남을 共공ᄒᆞᆫ가지 一일ᄒᆞᆫ 牢뢰우리 食식먹을 十십열 犬견개

안ᄒᆞᆫ 至지이를 諸져모둘 大견개 爲위ᄒᆞᆯ 之지어조사 不불안ᄒᆞᆯ 食식먹을

남당 쟉강쥬 진셰ᄆᆞ 십삼셰 면동거ᄒᆞ야 챵ᄇᆡᆨ식구

떠모도 너론 조리 렬ᄭᆞᆯ고 쟝유ᄀᆞ ᄎᆞ례로 안조 먹고 개

렬ᄇᆡᆨ여 쥬렬 먹이 되ᄒᆞᆫ우리에 먹이더니 ᄒᆞᆫ마리만 오

니와도 못기ᄀᆞ 위ᄒᆞ야 먹지 안터라

家 宋송나라 范범성 文문글 正졍발을 公공공 후 爲위ᄒᆞᆯ 參참참 知지 政졍정사 恩

은 은혜 例례례 俸봉녹 賜사줄 常샹ᄒᆞᆼ샹 均균고롤 於어어조 族족일가 人

은

예ᄒᆞ고 ㅣ

ᄒᆞ고

이 ᄒᆞ더 이러니

면 이ᄒᆞ더라

이 혜

을

二六

ᄒᆞ고 ᄒᆞ야
츅이 과
ᄒᆞ고 에
이러타 이
이ᄒᆞ니 에
연이와 이
면 이요
니라

ᄉᆞ람 인、又 또 우 買 살 ᄆᆡ 良 어질 량 田 밧 뎐 數 두어 수 千 일쳔 쳔 畝 두둑 무、爲 ᄒᆞ 위

義 올흘 의 莊 뎐장 장、人 ᄉᆞ람 인 日 날 일 食 먹을 식 米 ᄡᆞᆯ 미 一 ᄒᆞᆫ 일 升 되 승 歲 ᄒᆡ 세

衣 옷 의 縑 명쥬 겸 一 ᄒᆞᆫ 일 疋 필 필 嫁 시집갈 가 娶 장가들 취 喪 상ᄉᆞ 상 葬 장ᄉᆞ 장、皆 다 ᄀᆡ

有 잇 유 給 줄 급 公 공 공、嘗 일즉 샹 謂 닐을 위 諸 뭇 졔 子 아ᄃᆞᆯ ᄌᆞ 曰 ᄀᆞᆯ 왈

吾 나 오 宗 ᄆᆞᄅᆞ 종 族 일가 족、甚 심ᄒᆞᆯ 심 衆 만흘 즁、於 어조ᄉᆞ 어 吾 나 오 固 진실로 고

有 잇 유 親 친ᄒᆞᆯ 친、疏 셩긜 소 然 그럴 연 吾 나 오 祖 할아비 조 宗 ᄆᆞᄅᆞ 종、親 친

之 어조ᄉᆞ 지 均 고를 균 是 이 시 子 아ᄃᆞᆯ ᄌᆞ 孫 손ᄌᆞ 손、固 진실로 고 無 업슬 무 親 친ᄒᆞᆯ 친

疏 셩긜 소 也 어조ᄉᆞ 야、

송누루범문정공이정승이되야쓸제샹급과봉록에

소출얼샹히얻가의게끝니ᄒᆞ고량뎐수천묘럴소서

의ㅣ장얼만드되미명의날마도솔ᄒᆞᆫ되와취무ᄒᆞᆫ도명유
ᄒᆞᆫ필식주고혼인과상장에각각주던거시잇더라공이
샹취무수ᄒᆞᆫ덜드러온너왈우리안가ᄆᆞ삼ᄒᆞᆫ만흐니
날노보면친소ᄀᆞ잇거니와우리조샹이보시면동시
조손이요친소ᄆᆞ업ᄂᆞ니라

元원ᄂᆞᆫ무원長장셩閏윤달ᄋᆡ八팔어年년世셰ᄃᆡ不불안ᄒᆞᆯ異이ᄃᆞᆯ온變변불ᄃᆞᆫ

찬諸졔뭇婦부부인女녀ᄃᆞᆯ、조紅홍갈삼畢필ᄃᆞ혼斂렴거둔ᄒᆞᆫ貯져ᄒᆞᆫ을一

ᄒᆞᆫ안庫고、고세幼유안稚치연안啼뎨울泣읍울諸졔뭇母모모친見견볼者

안ᄒᆞᆫ자ᄂᆞᆫ卽즉곳抱포안哺포먹一ᄒᆞᆫ婦부부인歸귀ᄃᆞ寧녕ᄒᆞ면留류머

믈을其기그子ᄌᆞ식衆즁뭇婦부ㅣ共공ᄒᆞᆫ가지乳유졋不불안ᄒᆞᆯ問문물을

이
ᄒᆞ야ㅣ
ᄒᆞ고이면
ㅣ러라
이라고
면ㅣᄒᆞ더

二十七

ᄒᆞ고
ᄒᆞ더라
ᄀᆞ러니
ᄀᆞ오ᄒᆞ더
라ᄒᆞ니

孰숙누 爲위ᄒᆞᆯ 己긔몸 兒ᄋᆞᄋᆞᄒᆡ 兒ᄋᆞᄋᆞᄒᆡ 亦역ᄯᅩ 不블못ᄒᆞᆯ 知지알 孰숙누
숙 爲위된 己긔몸 母모친
원ᄂᆞᆫ 누구뇨 쟝윤이 ᄑᆞᆯ세에 동거ᄒᆞ야 뭇부ᄯᅵᄀᆞ 갈삼ᄒᆞ면 거
두어 ᄒᆞ고 집에 늑고 엄신ᄋᆞᄒᆡᄀᆞ을 면제 모ᄀᆞ 보니 뒤
로 젓먹이더라 ᄒᆞᆫ부인이 큰 친ᄒᆞ니라 ᄀᆞ ᄋᆞᄒᆡ랄 두고
ᄀᆞ 편모ᄒᆞ분인이 갓치 젓먹이 되뉘ᄀᆞ 재ᄋᆞ 희나 뭇지 안
코 ᄋᆞᄒᆡ도 뉘ᄀᆞ 제 모친신지 알지 못ᄒᆞ더라
明명 면ᄂᆞ 鄭뎡ᄉᆡᆼ 濟졔근 ᄂᆞᆫ 十열 世세 同동ᄀᆞ 居거ᄒᆞᆫ 太태 祖조
조 동 問문 ᄒᆞᆯ 何하 엇지 以이 써 得득 어들 此ᄎᆞ 이 濟졔근 ᄂᆞᆫ 曰왈 ᄀᆞᆯᄋᆞᄃᆡ 惟유
오직 不블 안ᄒᆞᆫ 聽텽드ᄅᆞᆫ 婦부 인 人인 言언 말ᄉᆞᆷ 耳이 ᄯᆞ름 太대 클

ᄒᆞ시니라

祖조宗종嘉아름다올가歎탄식ᄒᆞᆯ탄ᄒᆞ샤

대명젹졍졔ᄀᆞ심에동거ᄒᆞ며나태조황뎨게셔소에

연을무루신디졔ᄀᆞ뒤왈오직부인에맛연듯지안넌ᄃᆞ

ᄒᆞ니상이칭찬ᄒᆞ시니라

事셤길ᄉᆞ長어룬장

어룬섬기넌법

禮례젼記긔록曰일을왈尊놉흘존長어룬장於어조사어己몸긔踰넘을유

等등수等등不못ᄒᆞᆯ불敢감히감問물을문其그기年ᄒᆡ년侍뫼실시坐안즐좌

不아닐불畫그을획地ᄯᅡ지手손슈無말무容모양용將장ᄎᆞᆺ장卽곳즉席자리석

容얼굴용毋말무作지을작衣옷의毋말무撥헛칠발足발족毋말무蹶

예이에

ᄒᆞ더ᄒᆞ며

ᄒᆞ며ᄒᆞ여

에ᄒᆞ며ᄒᆞ여

二十八

ᄒᆞ여

익글에 들켠,

례긔에 왈 존쟈이 쳐게 원등ᄒᆞ거던 감히 그ᄂᆞᆯ관 뭇지
못ᄒᆞ며 ᄌᆞ리에 드러갈제 열쥴이 불러위ᄒᆞ지 말며
옷이 헛ᄎᆞ게 말며 발이 밀ᄭᅳ러ᄌᆞ게 말고 모서 안ᄌᆞ서
ᄂᆞᆫ 손스로 ᄯᅡᆨ을 긋지 안코 손짓ᄒᆞ지 못ᄒᆞᄂᆞ니라

見(견 볼) 父(부 부친) 之(ᄌᆞ 어조ᄉᆞ) 執(집 잡을) 不(불 안할) 謂(위 일을) 之(ᄌᆞ 어조ᄉᆞ) 進(진 나갈)에 이면

진 不(불 못ᄒᆞᆯ) 敢(감 감히) 進(진 나갈) 不(불 안할) 謂(위 일을) 之(지 어조ᄉᆞ) 退(퇴 물너갈)ᄒᆞ여면

不(불 못ᄒᆞᆯ) 敢(감 감히) 退(퇴 물너갈) 不(불 안할) 問(문 물을) 不(불 못ᄒᆞᆯ) 敢(감 감히) 對(대 답ᄒᆞᆯ)ᄒᆞ고 어며

딘디 답 나라

부집엳 보믜ᄂᆞᆫ 오르ᄒᆞ지 아니ᄒᆞ면 ᄂᆞ오지 못ᄒᆞ며 물

을 ㅣ

ᄒᆞᄂᆞ니라

ᄂᆞᆫ ᄒᆞᄂᆞ니라

ᄂᆞᆫ ᄒᆞᄂᆞ니라

네ᄀᆞ로ᄒᆞ지ᄋᆞ니ᄒᆞ면물니ᄆᆞ지못ᄒᆞ고못지ᄋᆞ니ᄒᆞ
면감히면여ᄆᆞᆯᄒᆞ지못ᄒᆞᄂᆞ니라

長쟝어른 者쟈놈 賜ᄉᆞ줄 少쇼졀믈 者쟈놈 賤쳔쳔ᄒᆞᆯ 者쟈놈 不불못ᄒᆞᆯ 敢감감히
辭ᄉᆞᄉᆞ양

어룬이주ᄂᆞᆫ거ᄉᆞᆯ졀문이와쳔ᄒᆞᆫ니ᄀᆞ감히ᄉᆞ양ᄒᆞ지
못ᄒᆞᄂᆞ니라

婦부부인 人인ᄉᆞ람 坐좌안즐 以이써 夫부외쟝 之지어조ᄉᆞ 處치면치
부인의안ᄂᆞᆫ톄ᄂᆞᆫ외졍의면치ᄃᆡ로ᄒᆞᄂᆞ니라

尊존놉흘 客ᄀᆡᆨ빈ᄀᆡᆨ 之지어조ᄉᆞ 前젼압 不불안할 叱즐ᄭᅮ지 狗구ᄀᆡ
놉흔손님압희셔ᄂᆞᆫ기도ᄭᅮ짓지못ᄒᆞᄂᆞ니라

二十九

요
ᄒᆞ고 ᄒᆞ야
ᄒᆞᄂᆞ니라
ᄒᆞ고
ᄒᆞ야
ᄒᆞ며
ᄒᆞ야 이
ᄒᆞᄂᆞ니라

侍(모실 시)食(먹을 식)於(어조 어)君(군 군)子(군 자)則(곳 즉)先(먼 선)飯(먹을 반)而(어조 이)後(뒤 후)已(그칠 이)少(적을 쇼)飯(먹을 반)而(어조 이)亟(급 극)之(ᄒᆞᆯ 지)

數(주 삭)噍(씨블 쵸)毋(말 무)爲(ᄒᆞᆯ 위)口(입 구)容(모양 용)

얼운 모시고 밥을 먹으랴면 맛보던 일톄로 먼여시

작ᄒᆞ야 권ᄒᆞ던 일톄로야 즁에 그치고 작게 떠느서 급

히 먹고 조조 저작ᄒᆞ야 입짓 실ᄒᆞ지 못ᄒᆞᄂᆞ니라

凡(대범 범)爲(위ᄒᆞᆯ 위)長(얼운 쟝)者(나 쟈)糞(방쓸 분)之(어조 지)禮(례절 례)必(반득 필)

加(더 가)帚(뷔 츄)於(어조 어)箕(키 긔)上(위 상)以(써 이)袂(소매 몌)拘(거리 구)而(어조 이)

退(물너갈 퇴)以(써 이)箕(키 긔)自(스스 ᄌᆞ)鄕(향ᄒᆞᆯ 향)而(어조 이)扱(거둘 흡)之

其(그 기)塵(틋글 진)不(안 불)及(미칠 급)長(얼운 쟝)者(나 쟈)

에 을
요
니라

열운열위ᄒᆞ야방쓰년례ᄂᆞᆫ소ᄆᆡ로ᄆᆞ리우고물너ᄆᆞ
며ᄊᆞᆯ어서제게로향ᄒᆞ고커예거두워서문지ᄆᆞ열운
의게미츠지안게ᄒᆞᄂᆞ니라
孟맹셩子ᄌᆞ군ᄌᆞ曰월일ᄋᆞᆯ 徐셔쳔쳔 行ᄒᆡᆼᄒᆡᆼ길 後후뒤 長쟝얼운 者쟈놈
謂위일ᄋᆞᆯ 之지어조ᄉᆞ 弟뎨공경 疾질ᄲᆞᆯ을 行ᄒᆡᆼᄒᆡᆼ길 先션먼저 長쟝얼운 者쟈놈
謂위일ᄋᆞᆯ 之지어조ᄉᆞ 不불안 弟뎨공경
뎡ᄌᆞ에왈천천이ᄒᆡᆼᄒᆞ야얼운뒤에ᄆᆞ년거ᄉᆞᆯ공경ᄒᆞᆫ
ᄃᆞ알으고ᄲᆞᆯ니ᄒᆡᆼᄒᆞ야얼운먼저ᄆᆞ년거ᄉᆞᆯ공경ᄒᆞ지
안년ᄃᆞ실으ᄂᆞ니라
ᄒᆞ야ᄒᆞ고
老로늘글 吾오나 老로늘글 以이써 及급이를 人인남 之지어조 老로늘글 幼

ᄒᆞ야 니라

에 ᄂᆞᆫ

나 넌

니이라

下一字

吾오 시 幼유 열실, 以이 써 及급 이를 人인 남 之ᄌᆞ 어조 幼유 열실

내 늘근이ᄅᆞᆯ 공경ᄒᆞ야 남의 늘근이게 미ᄎᆞ고 내 얼인

거ᄉᆞᆯ ᄉᆞ랑ᄒᆞ야 남의 얼인 것세 미ᄎᆞᄂᆞ니라

接졉 졉 物물 남

남의게 졉ᄃᆡᄒᆞᄂᆞᆫ 말

禮례 례 절 記긔 긔록 曰왈 실 禮례 례 절, 不불 못 可가 가 不불 안 學학 ᄇᆡ울 也야 ᄉᆞ 어조 禮례 례 절 者쟈 것 自ᄌᆞ 스스리 卑비 ᄂᆞ즐 而이 ᄉᆞ 어조 尊존 노플 人인 남,

례긔예 왈 례ᄂᆞᆫ 불가불 ᄇᆡ울 거시니 례란 거ᄉᆞᆫ 제 몸얼

ᄂᆞ쥬고 남을 놉피ᄂᆞ니라

共ᄒᆞᆫ가지공 食먹을식 不안불할 飽비불을포 共ᄒᆞᆫ가지공 飯먹을반 不안불할 澤ᄒᆞ며

떡찔칙 手손슈 並올병 坐안즐좌 不안불할 橫빗횡 肱팔뚝굉 授줄슈 立ᄒᆞ고ᄒᆞ고

섭립 不안불할 坐안즐좌 授줄슈 坐안즐좌 不안불할 立설립 ᄒᆞ며 ᄒᆞᄂᆞ니라

갓치먹으면서넌비부르게먹지ᄉᆞ니ᄒᆞ며손으로먹

지ᄉᆞ니ᄒᆞ고ᄂᆞ란이안조서팔뚝얼빅기지ᄉᆞ니ᄒᆞ고

손니게안조서주지ᄉᆞ니ᄒᆞ며안즌니게서서주지ᄉᆞ

니ᄒᆞᄂᆞ니라

論의논론 語말ᄉᆞᆷ어 曰갈일왈 己몸긔 所바소 不안불할 欲ᄒᆞ고잘욕 勿말물 施베풀시 에을

於어조어 人남인 攻칠공 其그기 惡악악 無말무 攻칠공 人남인 之어조지 ᄒᆞ며 이요

惡악악 ᄒᆞ라

론어에왈저ᄒᆞ기시린날엳남의게베ᇦ지말며제약ᄒᆞᆫ
거슬츨께시요남의약ᄒᆞᆫ거슨츠지말ᄂᆞ
(ᄒᆞ며 ᄒᆞ라) 貧빈간난 而ᄉᆞ이어조 無무말 諂쳠ᄋᆡ쳠 富부부촐 而ᄉᆞ이어조 無무말 驕교ᄋᆡ교만
가난ᄒᆞ여도ᄉᆞ쳠ᄒᆞ지말며부ᄒᆞ여도교만ᄒᆞ지말ᄂᆞ
(ᄒᆞ며 어던) 見견볼 齊졔ᄌᆞ 衰최최복 者쟈ᄂᆞᆫ 必필반ᄃᆞ 變변변ᄒᆞᆯ 見견볼 瞽고소경 者
(어던 ᄒᆞ나라) 쟈ᄂᆞᆫ 必필반ᄃᆞ 以이써 貌모모양
상제와판슈덜보거던안식을변ᄒᆞᄂᆞ니라
(을로 ᄒᆞ며) 以이써 能능능출 問문물을 於ᄉᆞ어조 不불못출 能능능출 有유잇슬 若약틀ᄀ
(ᄒᆞ며 나라) 약 無무업슬 犯범범출 而ᄉᆞ이어조 不불살찰 校교비교
니의능ᄒᆞᆫ걸노능치못ᄒᆞᆫ니게무르며ᄉᆞ넌것도모로

에 인면
ᄒᆞ고 이면
니ᄋᆞ라
에 ᄒᆞ며
ᄒᆞ며니일라

넌더시ᄒᆞ며남에침범ᄒᆞ야도ᄇᆞᆷ(?)ᄒᆞ지안녀니라

大 대큰 學 학ᄇᆡ울 曰 왈일ᄋᆞᆯ 言 언말ᄉᆞᆷ 悖 패거스릴 而 ᄉᆞ이조어 出 츌나갈 亦 역또 悖 패거스릴 而 ᄉᆞ이조어 入 입들 貨 화재물 悖 패거스릴 而 ᄉᆞ이조어 入 입들 亦 역또 悖 패거스릴 而 ᄉᆞ이조어 出 츌나갈

며학에왈말이패약ᄒᆞ거나ᄀᆞ면또ᄎᆞᆫ패약ᄒᆞ게드러
오고지물이패약ᄒᆞ게드러오면또ᄎᆞᆫ패약ᄒᆞ게나ᄀᆞ
너니라

家 가집 語 어말ᄉᆞᆷ 曰 월일ᄋᆞᆯ 足 족발 不 불안ᄒᆞᆯ 履 리ᄇᆞᆯ 影 영그름 啓 계열
藝 칩집 흉 不 불안ᄒᆞᆯ 殺 살죽일 方 방모 로비방ᄉᆞ 長 장조랄 不 불안ᄒᆞᆯ 折 절꺼ᄀᆞᆯ
가어에왈남의그름ᄌᆞ렬밥지ᄉᆞ니ᄒᆞ며景천또ᄀᆞ시

에 ᄒᆞ야 ᄒᆞ며 ᄒᆞ야 ᄒᆞ야 ᄒᆞ라 이 이어던 ᄒᆞ야

로ᄂᆞ온벌어지렴즉이지ᄉᆞ니ᄒᆞ여큰언ᄂᆞ무렴껵지
안너니라
女녀녀 ᄌᆞ誡계경계 曰왈왈 謙겸겸 讓ᄉᆞ양 恭공공 敬공경 先
出어먼션 人인남 後후뒤 出 己몸기 忍참인 辱욕욕 含먹음함 垢ᄯᅵ구 卑ᄂᆞᄌᆞᆯ비
弱약약 下ᄒᆞ아래하 人인남 常샹ᄒᆞᆼ샹 若약ᄀᆞᄐᆞᆯ 畏두려울외 愼삼갈신
녀계예왈겸ᄉᆞᄒᆞ고ᄉᆞ양ᄒᆞ고공경ᄒᆞ야남먼져ᄒᆞ
고저ᄅᆞᆫ뒤ᄒᆞ며욕을참고약ᄒᆞ니렴용납ᄒᆞ야ᄂᆞᆺ고약
ᄒᆞ쳐ᄒᆞ야남의게ᄂᆞ리처서샹히두려워ᄒᆞ고샹ᄯᅳᆮ
馬마셩 援원당 길 曰월실 눌 聞문드를 人인남 過과허물 失실일을 如여ᄀᆞᆮ들
聞문드를 父부부친 母무모친 之ᄉᆞ어지조 名명일음 耳이귀 可가가 得ᄒᆞᆯ들으

이언정
나라

이

라도 ᄒᆞ고

이라 을로

ᄒᆞ고 으로 ᄒᆞ면

리라

聞(문드를)、口(구입)不(불못ᄒᆞᆯ)可(가가ᄒᆞᆯ)得(득스을)言(언말ᄉᆞᆷ)也(야어조ᄉᆞ)、

마원이왈남의허물듯거던부모의일음드른ᄃᆞ시ᄒᆞ
야귀로넌드를지언정입으로넌말ᄒᆞ지못ᄒᆞᆯ꺼시니
타

范(범셩)忠(튱충)宣(션베풀)公(공공)、ᄒᆞᆫ 曰(왈일)늘 人(인ᄉᆞ)람 雖(슈비)록 至(지극)
ᄒᆞᆯ 愚(우미)ᄒᆞ면 責(책착)ᄒᆞᆯ망 人(인남) 則(즉곳) 明(명밝)ᄒᆞᆯ、恕(서용ᄒᆞᆯ셔) 己(기몸) 則(즉곳) 昏(혼어두)
ᄒᆞᆫ、以(이써) 責(책착ᄒᆞᆯ망) 人(인남) 之(지ᄉᆞ) 心(심맘) 責(책착ᄒᆞᆯ망) 己(기몸) 恕(서용ᄒᆞᆯ셔)
己(기몸) 之(지어조ᄉᆞ) 心(심맘) 恕(서용ᄒᆞᆯ셔) 人(인남) 不(불안) 患(환근심ᄒᆞᆯ) 不(불못ᄒᆞᆯ) 到(도이를)
聖(셩셩인) 賢(현어질) 地(디ᄯᆞ) 位(위위)、

三十三

범츙션공이왈ᄉᆞ람이삼만미련ᄒᆞ야도남을책망ᄒᆞ

이면
니이라

이
이어날이ᄒᆞ야

넌듸넌밧꼬저랄용ᄒᆞ넌듸넌어둔지라남을칙망ᄒᆞ
넌맘으로저럴칙망ᄒᆞ고저럴용서ᄒᆞ넌맘으로남을
용셔ᄒᆞ면셩현디위예이르지못ᄒᆞᆯ거슬걱정ᄒᆞ지ᄋᆞ
니ᄒᆞ리라

范(범 성범) 益(익 더ᄒᆞᆯ) 謙(겸 겸손) 曰(왈 일늘) 與(여 더블) 人(인 남) 同(동 ᄀᆞ틀) 處(쳐 쳐ᄒᆞᆯ)
不(불 못ᄒᆞᆯ) 可(가 가ᄒᆞᆯ) 自(ᄌᆞ 스스) 擇(칙 ᄀᆞ릴) 便(편 편ᄒᆞᆯ) 利(리 리로울)
범익겸이왈남과ᄒᆞᆷᄭᅴ쳐ᄒᆞ면스스로편ᄒᆞ고리로은
것슬ᄀᆞ리지못ᄒᆞᄂᆞ니라

漢(한 한나라) 劉(류 셩) 寬(관 너그럴) 未(미 안ᄒᆞᆯ) 嘗(상 일ᄍᆞᆨ) 疾(질 뽈을) 言(언 말삼) 遽(거 급ᄒᆞᆯ)
色(색 빗) 於(어 어조ᄉᆞ) 人(인 사람) 欲(욕 ᄒᆞ고자) 試(시 시험ᄒᆞᆯ) 之(지 어조ᄉᆞ) 使(ᄉᆞ 시길)

일ᄅᆞᆯ ᄒᆞᆸ
이여 이ᄒᆞ고
아ᄒᆞ더라

이 ᄒᆞ야
ᄒᆞ고
ᄂᆞ

婢비녀죵 奉봉밧들 羹깅국 翻번두를 汙오더러 朝조조회 服복옷 寬관너그러울
神신졍신 色ᄉᆡᆨ안ᄉᆡᆨ 不불안닐 異이다ᄅᆞᆯ 徐셔쳔쳔 言언말ᄉᆞᆷ 曰왈ᄀᆞᆯ 羹
깅국 爛란ᄃᆡᆯ 汝여너 手슈손 乎호어조ᄉᆞ
ᄒᆞᆫ나ᄅᆞᆫ 졍승류관이 평상에 ᄲᆡᄅᆞ말과 급ᄒᆞᆫ 안ᄉᆡᆨ이 업
거널 그부인이 시험코저ᄒᆞ야 비조를 ᄉᆡᆨ혀 국얼 ᄃᆡ리
ᄃᆞ마 업처서 조복얼 ᄃᆡ럽히니 관이 신ᄉᆡᆨ이 조약ᄒᆞ고
쳔쳔이 일너 ᄀᆞᆯ 네손을 ᄃᆡ지ᄋᆞ니ᄒᆞ얏너냐 ᄒᆞ더라
晉진나라진 陶도셩 淵연못 明명발글 爲위될 彭ᄑᆡᆼ더 澤ᄐᆡᆨ못 令령슈령 送송보낼
一일ᄒᆞᆫ 力력죵 於어어조ᄉᆞ 家가집 給급줄 其기그 子ᄌᆞᄌᆞ식 書셔편지 曰왈ᄀᆞᆯ
此ᄎᆞ이 亦역또 人인사ᄅᆞᆷ 子ᄌᆞᄌᆞ식 可가가히 善션착ᄒᆞᆯ 遇우ᄃᆡ접 之지어조ᄉᆞ

三十四

ᄒᆞ라ᄒᆞ더라

소직

진ᄂᆞᆫ도연명이팽택원이되야서좋ᄒᆞᄂᆞᆫ집에보

내고그ᄉᆞ뎡의게편지ᄒᆞ여왈이것도ᄉᆞ람의ᄌᆞ식이

니부ᄃᆡ잘ᄃᆡ졉ᄒᆞ라ᄒᆞ더라

治ᄃᆞ시릴치 家가집

세간ᄉᆞ넌말

에 호ᄃᆡ 易쥬역역 曰일을월 幹맛들간 母모친무 之어조ᄉᆞ지 蠱닐고 不못홀불 可홀ᄀᆞ

이라ᄒᆞ더라 가 貞고들졍

쥬역에왈모친의날연ᄆᆞᄐᆞᄒᆞ되제맘ᄃᆡ로ᄒᆞ지못ᄒᆞ

너니라

에
호디 에 을
ᄒᆞ나니라
에 ㅣ
에야 ᄒᆞ고
에야
ᄒᆞ니라

內則曰舅沒則姑老家
冢婦所祭祀賓客每事
必請於姑、
닉즉에 왈 시부ᄆᆞ 상ᄉᆞ나면 시모ᄆᆞ 춍부에게 젼가ᄒᆞ
되 봉졔ᄉᆞ 졉빈각에 미ᄉᆞ를 시모끠 쳥ᄒᆞᄂᆞ니라
禮記曰婦順備而後
內和理內和理而後
家可長久也、
례긔예 왈 부인이 슌ᄒᆞ고 구비ᄒᆞ여야 안이 화ᄒᆞ야ᄂᆞ
스러즈고 안이 화ᄒᆞ야ᄂᆞ시린 후에 집이 장구ᄒᆞ니라

三十五

詩시시、경 曰왈일늘 釃시걸을 酒쥬술 有유잇슴 藇셔미、쥬 旣긔이메 有유잇슴 에ᄒᆞ고

肥비살을 羜져식기양 以이써 速속청홀 諸저못 父부부、항 民민빅셩 之조어 이어던ᄒᆞ다

失실일을 德덕덕 乾간므를 餱후찬밥 以이써 愆건허물、 언ᄒᆞ니라

시젼에 왈 조흔 술이 잇고 살존 양련ᄌ보ᄯᅥ당니제

부렬청좌ᄒᆞ라 범민의 덕을 일넌거슨 모른밥에 허물

이되ᄂᆞ니라

大대큰 學학비올、曰왈일늘 生싱날 財저ᄌᆡ물 有유잇슴 大대큰 道도도、리 生 에ᄒᆞ니

싱븐 之스어 지조 者쟈니 衆즁만、을 食식먹을 之스어 지조 者쟈니 寡과적、을 爲위ᄒᆞ 넌ᄒᆞ고번

之스어 지조 者쟈니 疾질뻘、을 用용써 之스어 지조 者쟈니 舒셔천천 則즉곳 財ᄌᆡ물지 ᄒᆞ며 넌ᄒᆞ고번

恒홍홍상 足족족출 矣의조、 ᄒᆞ리라

에 에
ᄒᆞ고 에
ᄒᆞ나니라
에 ᄒᆞ야
ᄒᆞᆫ 초ᄃᆡ
케니라

대학에왈셩지ᄒᆞ너니넌만코먹어니넌적으며셩지
ᄒᆞ기넌빨니ᄒᆞ고쓰기넌눅게ᄒᆞ면財재물이ᄒᆞᆼ샹족
족ᄒᆞ리라
史ᄉᆞᄉᆞ記긔긔록曰왈실늘家가집貧빈간난思ᄉᆞ싱각賢현어질妻서수
쳐國국나라亂란분란思ᄉᆞᄉᆞ각良량어질相샹정승
ᄉᆞ긔에왈집이가난ᄒᆞ면어진수서랄싱각ᄒᆞ고나ᄅᆞ
히분란ᄒᆞ면어진졍승얼싱각ᄒᆞᄂᆞ니라
女녀녀子ᄌᆞ誡계경계曰왈실늘晚만느즐寢침잘早조실쯕作작지을勿물말
憚탄꺼릴夙슈일쯕夜야밤務무심쓸執집잡을私ᄉᆞᄉᆞ事ᄉᆞ닐不불안찰
辭ᄉᆞᄉᆞ양劇극어려울易이쉬울

에에
연ᄒᆞ니
연ᄒᆞ다
이ᄒᆞ셔
ᄒᆞ여
ᄒᆞ되 니라

뎌계에와 늣기ᄌᆞ고 알쪽이러나서 삼써실얼잡으되
얼렵고 쉬운거슬ᄉᆞ양ᄒᆞ지안너니라

顏안셩氏시셩 씨家가집訓ᄀᆞ르칠 훈曰월일 늘 吾오나家가집巫무녀 무覡무남
符부부 작章장글絶졀ᄒᆞᆯ고 늘於어조ᄉᆞ 言언말 삼議의의론 의 汝여너輩무리
비所소보見견볼 勿말물 爲위ᄒᆞᆯ 祅찰 요요妄망 망령된 망

안써가츈에와우리법에무녀와경각언말도못ᄒᆞ니
不ᄉᆞᆫ덜연부디요망ᄒᆞᆫ거슬갓ᄀᆞ이말라

范범셩益익더 할謙겸겸 손曰왈일 늘凡범대범 借차빌 人인남 物물물건不
불못 할可가가할損손덜날壞괴문허질 不불안찰 還환도라올 喫긱먹을 飮음마실
음食식먹을 不불못할 可가가할 揀간가릴 擇택가릴 去거버릴 取취가질

ㅣ예ㅣ
ᄒᆞ야
ᄒᆞᆫ대ㅣ은
아니예
이리쇼마넌
예 ᄒᆞ니는
이라ㅣ
라ᄒᆞᆫ대ㅣ
이러니예

범식겸이왈남의물건열비러쓰되결단ᄒᆞ도록ᄉᆞ니
돌녀보내지못ᄒᆞ여음식열며으되ᄀᆞ리여취ᄒᆞ지못
ᄒᆞ너니라

唐당나ᄅᆞ당王셩왕涯물갓애、居거ᄒᆞᆯ거相졍ᄉᆞ상位벼슬위、其그기女ᄯᆞᆯ녀歸
도ᄅᆞ올귀寧편ᄒᆞᆯ녕請쳥ᄒᆞᆯ쳥貨살화一ᄒᆞᆫ일釵빈여채須기ᄃᆞ릴슈七일곱칠十
열습萬일만만錢돈젼涯물애、曰실는왈七일곱칠十열습萬일만만、吾나오
一ᄒᆞᆫ일月ᄃᆞᆯ월俸록봉豈엇지기於어조ᄉᆞ어汝너여惜앗길셕、但다만단一ᄒᆞᆫ일
釵빈여채、七일곱칠十열습萬일만만、此이ᄎᆞ妖요망ᄒᆞᆯ요物물건물、必반ᄃᆞ시필
與더블어여禍화ᄌᆞ화相서로상隨ᄯᆞᆯ올슈、女ᄯᆞᆯ녀不못불敢감히감復다시부
言말ᄉᆞᆷ언、數두어수月ᄃᆞᆯ월女ᄯᆞᆯ녀自스스로ᄌᆞ婚혼인혼姻혼인인會모ᄃᆞᆯ회

三十七

ᄒᆞ야ㅣ

의 이러시ᄃᆞㅣ

시ᄒᆞ야

에 ᄒᆞ니

아ᄒᆞ더니 에

에 ᄒᆞ니라

歸 돌도귀 告 고ᄒᆞᆯ고 涯 애물갓애 日 일날일 前 젼앏젼 時 시ᄯᅢ시 釵 ᄎᆡ빈혀ᄎᆡ 爲 위ᄒᆞᆯ위

馮 풍셩풍 買 ᄆᆡ살ᄆᆡ 外 외밧외 妻 쳐겨집쳐 首 슈머리슈 飾 식ᄭᅮ밀식 涯 애물갓애 歎 탄탄식탄

단 曰 왈갈왈 馮 풍셩풍 爲 위ᄒᆞᆯ위 郞 랑랑랑 吏 리관리리 妻 쳐겨집쳐 之 지어조ᄉᆞ지 首 슈머리슈

유 飾 식ᄭᅮ밀식 有 유잇슬유 七 칠닐곱칠 十 십열십 萬 만일만만 錢 젼돈젼 其 기그기 可 가가ᄒᆞᆯ가

久 구오랄구 乎 호어조ᄉᆞ호 後 후뒤후 馮 풍셩풍 果 과과연과 遘 구만날구 禍 화화화화

당나라 졍승 왕애에 ᄯᆞᆯ이 근친와서 칠쳔량ᄶᆞ리 비여
렬ᄉᆞ라 ᄑᆞ쳥ᄒᆞᆫ대 애왈 칠쳔량은 너ᄒᆞᆫ 달록이니 엇지
네게 익기리오마ᄂᆞᆫ 빈여ᄒᆞᄂᆞ에 칠쳔량을 ᄒᆞ니 이ᄂᆞᆫ
요물이라 화가 ᄯᅡᄅᆞᄂᆞᆫ 당 긴ᄃᆞ ᄒᆞᆫ대 그 ᄯᆞᆯ이 ᄃᆞ시 말ᄒᆞ지
못ᄒᆞ더니 수월 후에 남의 혼인 못거지에 갓ᄃᆞ와서 부

의

언

라넌ᄒᆞ야

ᄒᆞᆫᄒᆞ야

로

친게고왈그빈녀ᄀᆞ풍원외의ᄯᆡᄉᆞ셔물건이되야뎌
이ᄃᆞ애ᄀᆞ탄식왈풍원외ᄀᆞ일개랑관으로ᄉᆞ셔ᄀᆞ찰
쳔량쟈리빈녀ᄀᆞ잇쓰니엇지소리리오ᄒᆞ더니풍원
외ᄀᆞ과연화렬당ᄒᆞ니라

宋송ᄂᆞᄅᆞ송呂려셩榮명더형公공ᄒᆞ공張쟝셩夫부외경人인ᄉᆞ람之ᄉᆞ어지조
母모친무申신더명國ᄂᆞᄅᆞ국夫부외경人인ᄉᆞ람之ᄉᆞ어지조姊ᄌᆞ녀형也
어조ᄉᆞ야一ᄒᆞᆫ일日날일來올ᄅᆡ視볼시女ᄯᆞᆯ녀見볼견舍집사後뒤후有잇슬유鍋
파시옹釜ᄀᆞ마부之ᄉᆞ어지조類동류류大큰대不안불樂즐길락謂닐ᄋᆞᆯ위
申신뎌명國ᄂᆞᄅᆞ국夫부외경人인ᄉᆞ람曰ᄀᆞᆯ월豈엇지긔可가가ᄒᆞᆯ使
ᄉᆞ식힐小쇼즉을兒ᄋᆞᄋᆞ희輩무리배私ᄉᆞᄉᆞᄉᆞ作지을작飮마실음食먹을식

三十八

壞괴문알 家가집 法법법 耶야어조ᄉᆞ

송ᄂᆞ라 려형공의 ᄉᆞ나장부인의 모친 연신국부인에

ᄒᆞᆫ날이ᄅᆞ할우넌 ᄯᆞᆯ보려와셔 집ᄒᆞ면의 시옹과 ᄀᆞ무

등쇽이 신넌 거슬 보고 크게 조와ᄉᆞ나ᄒᆞ야 신국부인

더러 삼ᄂᆞ샐 엇지 ᄉᆞ희 열노ᄉᆞᄉᆞ이 음식 열지여 가법을

문허트리게 ᄒᆞᄂᆞ뇨 ᄒᆞ더라

司ᄉᆞ맛틀 馬마말 溫온디 公공ᄭᅩᆷ 曰왈알ᄋᆞᆯ 婦부부인 者쟈놈 家가집 之

所소바 由유말ᄆᆡ 盛셩셩ᄒᆞᆯ 衰쇠쇠ᄒᆞᆯ 也야어조ᄉᆞ

ᄉᆞ마온공이 삼집에 흥망셩쇠넌 부인의게 달녀ᄂᆞ니

라

ᄒᆞ야 야ᄒᆞ더라

이 년

니라

연 ᄒᆞ고
ᄒᆞ야 ᄒᆞᄂᆞ니라
이 ᄒᆞ야
ᄂᆞᆫ ᄒᆞ고
ᄂᆞᆫ ᄒᆞ고,
ᄂᆞᆫ ᄒᆞ고 ᄂᆞᆫ
ᄒᆞ고 ᄂᆞᆫ
어던 니라

財재믈用쓸之지節절ᄒᆞᆯ量량入들어爲위出출낼
常상ᄒᆞᆼ存존ᄒᆞᆯ贏영넉餘여남을以이써備비ᄒᆞᆯ不불못ᄒᆞᆯ虞우려
지믈쓰ᄂᆞᆫ법언들어오ᄂᆞᆫ거ᄉᆞᆯ세아려서나가ᄂᆞᆫ걸ᄆᆞ
련ᄒᆞ고ᄒᆞᆼ샹영여ᄅᆞᆯ두어셔불우지변을예비ᄒᆞ다
女녀계집ᄌᆞ 僕복종 飾식꾸밀 虛허빈 造조지을 讒참소 離리ᄯᅥ날 間간
骨골ᄲᅧ 肉육살 者자ᄂᆞᆫ 逐축ᄶᅩᆺ출 之지어조 屢루여러 爲위ᄒᆞᆯ 盜도적 竊절도
절 者자ᄂᆞᆫ 逐축ᄶᅩᆺ출 之지어조 放방노을 蕩방탕 不불안 謹근상갈 者자ᄂᆞᆫ
자ᄂᆞᆫ 逐축ᄶᅩᆺ출 之지어조 有유잇슬 離리ᄯᅥᆯ 叛반ᄇᆡ반 之지어조 心심ᄆᆞᄋᆞᆷ 者자ᄂᆞᆫ
逐축ᄶᅩᆺ출 之지어조 鬪투ᄊᆞ홈 爭쟁ᄃᆞ톨 者자ᄂᆞᆫ 訶가ᄭᅮ짓슬 禁금ᄒᆞ지 之지어조
지소 不불안 止지그칠 杖장출 之지어조

三十九

어 ᄒᆞᄂᆞ니라

기집죵이거짓말열꾸미고참소렬지여끌육열리간
ᄒᆞ년쟈ᄂᆞᆫ쫓고여러번도적질ᄒᆞ년쟈ᄂᆞᆫ쫓고방탕ᄒᆞ
야상ᄀᆞ지안년쟈ᄂᆞᆫ쫓고비반출맘이잇년쟈ᄂᆞᆫ쫓고
ᄉᆞᄉᆞ우년쟈ᄂᆞᆫ꾸지써금ᄒᆞ되그치지안커던ᄎᆞᄂᆞ니라

女녀녀 ᄌᆞ 禮례례 졀 第뎨ᄎᆞ례 五오ᄃᆞ ᄉᆞ 上상위

녀례말ᄒᆞᆫᄂᆞᆫ셧지상편

笄계빈 여 禮례례 졀

빈여ᄒᆞᄂᆞᆫ례

內ᄂᆡ산 則측법 曰왈일늘 十습열 有유또 五오ᄃᆞ ᄉᆞ 年년ᄒᆡ 而ᄉᆞ이어조 笄계빈여
니즉에왈녀ᄌᆞᄀᆞ십소셰예계례를ᄒᆞᄂᆞ니라남ᄌᆞ년

에 어던
ᄒᆞᆫ녀니라도
ᄒᆞ고 ᄒᆞᄂᆞ니라

관례 쇼녀ᄌᆞ년계례니계례ᄂᆞᆫ빈여ᄒᆞᆫ년례라

禮례례 절 記긔긔 록 曰왈일 ᄂᆞᆯ 女녀녀 ᄌᆞ 子ᄌᆞ녀 ᄌᆞ 許허허 락 嫁가시집 갈 笄

계빈 여 而이어조ᄉᆞ 字ᄌᆞ명 ᄌᆞ 雖슈비 록 未미안 찰 許허허 락 嫁가시집 갈 年년ᄂᆞ

二이두 十십열 而이어조ᄉᆞ 笄계빈 여 燕연평 거 則즉고 髮발분 출 건 首슈머 리

례긔예왈시집가기럴허락ᄒᆞ여개던계례ᄒᆞ고ᄌᆞ럴

짓너니허가럴ᄉᆞ니ᄒᆞ여서도이십세ᄀᆞ되거던계례

ᄒᆞ고평거에넌머리털얼논ᄉᆞ서쪽ᄎᆞᄂᆞ니라

四ᄉᆞ녁 禮례례 결 便편편 출 覽람볼 曰왈일 ᄂᆞᆯ 笄계빈 여 禮례례 절 久구올 일

에

廢폐폐 출 古고녜 昔셕녜 婦부부 人인 ᄉᆞ란 冠관ᄎᆞᆫ 服복옷 之지어조ᄉᆞ 制졔법

ᄒᆞ야

졔ᄌᆞ 殆티ᄌᆞ 못 不불못 ᄒᆞᆯ 可가가 ᄒᆞᆯ 考고상 ᄒᆞ고 今금이 졔 依의ᄒᆞᆯ 의거 家가집 禮

을 ᄂᆞ

ᄒᆞ야 ᄒᆞ노니 / 면 리라 / 에 ᄒᆞ니 에 / 을 / ᄒᆞ야 로 / ᄒᆞᄂᆞ니라

례례、문 收슈거 둘 錄록지록 若약만 일 自ᄌᆞ조 ᄎᆞᆯ 一일ᄒᆞᆫ 二이두 大대큰 家가집
始시비로 식 則즉곳 可가가 以이써 變변변 ᄒᆞᆯ 俗쇽쇽 矣의조、
ᄉᆞ례편람에 왈계례ᄀᆞ 오리폐ᄒᆞ야 이젼부인의 의관
제도를 샹고ᄒᆞᆯ수 업ᄊᆞ매 ᄂᆞ 쥬ᄌᆞ가례렬의 거ᄒᆞ야 계
례절太렬 거록ᄒᆞ노니 만일 ᄒᆞᆫ 둘 대가에서 시작ᄒᆞ
야 힝ᄒᆞ면 가히 풍쇽을 변ᄒᆞ리라
笄계빈、여 母무모 친 爲위될 主쥬쥬、신 前젼젼 期긔긔 약 三삼석 日일날 戒계경
賓빈빈、직 擇ᄐᆡᆨ ᄀᆞᆯ 親친친 척 姻인인 아 婦부부 인 女녀녀 조 之지조
賢현어질 而ᄉᆞ이조 有유잇 禮례례 졀 者쟈니 爲위ᄒᆞ 之지조 以이써 書
셔편、지 使ᄉᆞ식 힐 人인사람 致치이를 之지조、

계례에모친이쥬인이되ᄂᆞ니젼긔삼일에녀빈노롯
ᄒᆞ리ᄅᆞᆯ쳥ᄒᆞ되친척인아간부인즁의에잘ᄀᆞ지례ᄒᆞ
ᄂᆞ니ᄅᆞᆯ마리여편지로쳥ᄒᆞᄂᆞ니라

書셔편지式식법

忝더럽힐텸 親친친척 非비산일 親친척 則즉곳 云운일늘 辱욕될욕 識
某무ᄉᆞ무 某무ᄉᆞ무 氏셩시 拜절비 白ᄉᆞᆯ외ᄇᆡᆨ
某무ᄉᆞ무 親친친척 某무ᄉᆞ무 封봉봉 非바살 親친친척 則즉곳 云운늘일
某무ᄉᆞ무 封봉봉 夫부외경 人인ᄉᆞ람 孺유열 人인ᄉᆞ람 粧장
단장 次ᄎᆞ집 玆이ᄌᆞ 有잇슬유 女ᄯᆞᆯ녀 年년ᄂᆞ 適마ᄌᆞᆯ젹 可가ᄒᆞᆯ가 笄비녀계
계 欲ᄒᆞ고잘욕 擧들거 行ᄒᆡᆼᄒᆞᆯᄒᆡᆼ 之어조ᄉᆞ지 伏업ᄃᆡ릴복 聞들을문 吾나오

四十一

親친친척閑한익을於어어조禮례례졀度도법도敢감감히屈굴구필幸

惠혜은혜臨림림ᄒᆞᆯ以이써敎교ᄀᆞ릴之지어조不블못ᄒᆞᆯ勝승이긜

稱칭ᄉᆞ칭甚심심ᄒᆞᆯ

月월달日일날某모아모무氏시셩씨拜배절白빅ᄉᆞᆯ월

편지ᄌᆞ식

뎜친 친척이ᄉᆞ나면 뎜친두ᄌᆞ 를욕식두ᄌᆞ로ᄭᅳᆫᄎᆞ라 ᄉᆞ모ᄊᆞ셔년비빅

ᄉᆞ모친ᄉᆞ모봉 친척이ᄉᆞ이면ᄉᆞ모친이ᄂᆞᆫ안고ᄉᆞ 모봉부인이ᄂᆞᆫ혹ᄉᆞ모셩유인이라

고ᄒᆞ 장ᄎᆞᄂᆞᆫ잇곳세너식이잇써ᄂᆞ뎌계례ᄒᆞᆯ만ᄒᆞ기

예려렴힝ᄒᆞ고저ᄒᆞ오니그유하듯ᄒᆞᆫ디우리

ᄉᆞ모친계서례도에익ᄃᆞ시기예감히굽히오니

톄림ᄒᆞ야ᄀᆞᄅᆞ치시기ᄇᆞ라ᄂᆞᆼ히심

년월일○모씨비ᄇᆡ

復복회복書셔편지式식법

忝텸더럽힐親친친쳑某무아무氏시셩씨拜ᄇᆡ절復복회복

某무아무親친친쳑某무아무封봉봉홀粧장단장次ᄎᆞ잡蒙몽닙을不

불안할棄기버릴

名명불조불을爲위ᄒᆞᆯ貧빈여賓빈빈ᄀᆡ自ᄌᆞ스스로念념ᄉᆡᆼ각粗추굴을俗

쇽쇽될不불못홀足죡죡홀以이써相샹도을盛셩셩홀禮례례결然연그럴

션旣긔이메有유잇슬

命명명敢감감히不불안찰勉면심쓸從죵조츨謹근삼갈此ᄎᆞ이奉봉밧들

四十二

봉復복회복

月월달 日일날 某모ᄋᆞ무 氏ᄉᆞ셩씨 拜ᄇᆡ졀 復복회복

답장규식

뎍친ᄋᆞ무씨던비복

ᄋᆞ무친ᄋᆞ무봉장ᄎᆞ라버리지ᄋᆞ니심을엽ᄉᆞ와계

빈으로

부르시니스스로싱각건ᄃᆡ추솩ᄒᆞ야죡히셩ᄎᆞᆫ례

런도습지못홀덧ᄒᆞ오나이의

명이계시니감히면강ᄒᆞ야조ᄶᅵᄋᆞ니랏ᄀᆞ근ᄎᆞ봉

복

뎐월일 슈모씨 빈·목

布포펼 席셕자리 中듕가온대 堂당대텽 以이써 帟역휘장 爲위ᄒᆞ 房방방 於어조

ᄉᆞ어 堂당대텽 之지어조ᄉᆞ 東동동녁 北북북녁 陳진버풀 背비등 子ᄌᆞ비 櫛즐

빌줄 酒쥬술 注주주전 盞잔잔 盤반잔 脯포포 醢ᄒᆡ젓 於어조ᄉᆞ 房방방 中듕가온대

디층 設셜베풀 盥관셰 盤반쇼 帨셰슈건 于우조 東동동녁 階계뜰 下하ᄉᆞ

판화 卓계반 於어조ᄉᆞ 西셔셔녁 階계뜰 下하ᄉᆞ 冠

대텽에 조리폐고 휘장으로 대텽 동북에 방얼 만들고

비ᄌᆞ와 빗과 슐쥬젼ᄌᆞ와 잔ᄃᆡ와 포ᄒᆡ럴 방속에 진셜

ᄒᆞ고 셔슈믈과 슈건얼 동계하의 진셜ᄒᆞ고 화관과 빈

여럳셔 계하의 쇼반으로 진셜ᄒᆞ고

主 쥬쥬 인 婦 부부 인 盛 셩셩 출 服 복옷 華 화빗 날 冠 관화 판 宵 쇼쇼 의 衣 의옷
帶 대띄 阼 조동 계 階 계뜰 下 하ᄋᆞ 리 西 셔셔 녁 向 향향 ᄒᆞᆯ 親 친친 속 戚 쳑외 친
序 셔ᄎᆞ 례 立 립셜 其 기그 後 후뒤 將 장장 찻 笄 계빈 여 者 자ᄂᆡ 雙 상쌍 髻 계상 투
唐 ᄃᆞᆼ당 당ᄂᆞ 衣 의옷 房 방방 中 듕가 운 南 남남 녁 面 면얼 굴 賓 빈빈 각 至 지이 를
盛 셩셩 출 服 복옷 如 여ᄀᆞ 틀 主 쥬쥬 인 婦 부부 인 侍 시모 실 者 자ᄂᆡ 從 종조 츌
之 ᄉᆞ어 지조 主 쥬쥬 인 婦 부부 인 迎 영모 츌 入 올들 섬어 升 승올 늘 自 ᄌᆞ조 츌 阼
조동 계 階 계뜰 賓 빈빈 각 升 승올 늘 自 ᄌᆞ조 츌 西 셔셔 녁 階 계뜰 各 각각 각 就
츄ᄂᆞ 갈 東 동동 녁 西 셔셔 녁 位 위자 리 侍 시모 실 者 자ᄂᆡ 布 포펼 笄 계빈 여 醮
효효 례 席 셕자 리 將 장장 찻 笄 계빈 여 者 자ᄂᆡ 出 츌ᄂᆞ 갈 房 방방 侍 시모 실 者
재ᄂᆡ 奠 뎐노 을 櫛 즐빗 席 셕자 리 左 좌왼 賓 빈빈 기 以 이써 手 슈손 導 도인 도도 將

장장 찻 笄계빈 여 者쟈ㄴ 節졀ㄴ 席셕조리 南남남녁 向향향 출 跪꿀즐 제안

侍시모 살 者쟈ㄴ 如여ㄱ 틀 其기그 向향향 출 跪즐꿀 제안 解기플 髮발더 러 梳

之소어 合합합 출 髮발터 려 爲위ㅎ 髻계상 투 賓빈빈 각 降강ㄴ 란 階

소빗 主쥬쥬 인 婦부부 인 亦역또 降강ㄴ 릴 賓빈빈 각 盥관쉬 출 訖흘ㄱ 칠 主

기뜰 쥬쥬 신 婦부부 신 請청청 출 賓빈빈 각 復복회 복 位위조 리 侍시모 살 者쟈ㄴ

쥬쥬 신 冠관화 관 笄계빈 여 盤반소 반 進진소 반 賓빈빈 受슈밧 을 冠관화

ㄴ스 이써 笄계빈 여 執잡잡 을 之수어 梳지조 詣예ㄴ 갈 將장장 찻 笄계빈 여

관 者쟈ㄴ 前전앞 向향향 출 之수어 지조 祝주축 曰왈일 吉길길 출 月월달 令

령좋 曰일날 始비로 시 加가더 월 元원마 리 服복옷 棄기버 릴 爾이너 幼유어 일

志지뜻 順순 爾이너 成성일 울 德덕덕 壽슈슈 출 考고슈 출 維유어 祺

四十四

복괴以써이介클개景클경복복복복乃이에내예跪꿀안즐레加더얼가冠화관관笄

빈여계起이러날긔復회복복位주리위笄빈여계者니자興이러날흥適갈셔房

방방服입을복背등비子비조조侍모실시者니자徹거들철櫛빗즐

쥬부〃셩복ᄒᆞ되화관쓰고쇼의입고ᄯᅴᄯᅴ고동계하

예셔향ᄒᆞ고친쳑뎔언쥬부뒤예셔립ᄒᆞ고계홀이넌

쌍상투ᄒᆞ고당의입고방즁의남향ᄒᆞ고녀빈이드러

소되셩복얼쥬부〃ᄎᆡᄒᆞ고시자〃ᄯᅩ투거던쥬부〃

ᄂᆞ즈듸리되쥬부넌동계로오르고빈언셔계로올ᄂᆞ

각각동셔위예샹향ᄒᆞ야스고시자〃계ᄒᆞ고쵸찰자

리렬폐거던계찰이〃방에ᄂᆞ스고시자〃빗셜자ᄃᆡ

왼편의되리거던빈이손으로계ᄒᆞ리헌인[illegible]ᄒᆞ야ᄌᆞ
리에ᄂᆞ와남향궤좌ᄒᆞ고시쟈도남향궤좌ᄒᆞ야머리
텬셜빗기여찹ᄒᆞ야샹투련쟈거던빈이뜰에ᄂᆞ리고
쥬부도ᄯᅡ로ᄂᆞ려서서빈이셰슈련ᄯᅩᄒᆞ거던쥬부ᄀᆞ
빈의게청ᄒᆞ야올ᄂᆞᄀᆞᄌᆞ리에손후세시ᄌᆞᄀᆞ화관과
계ᄃᆞ문쇼반을되려거던빈이관계련보ᄃᆞᄀᆞ지고천
천이겸어서계ᄒᆞ리삽혜ᄂᆞᄀᆞ모조향ᄒᆞ고츅ᄉᆞ렬일
계왈길월령일시가원복기이유쟈슌이셩덕슈고슈
긔이개경복이라ᄒᆞᄂᆞ니그ᄯᅳᆺ제ᄒᆞ엿시되길ᄒᆞᆫ달조
흔날에비로소머리옷셜더의너의어린ᄯᅳᆺ졀버리

四十五

고너의덕을슌ᄒ게실우면소릐살고큰복을밧으리
로ᄒ엿더라ᄒ혹셜알근ᄒ에빈이졔좌ᄒ야판계렬더
의고이러ᄒ섯던되로ᄀ거던계ᄒ니가이러ᄒ방의
드러ᄀ서빈조를입고시자ᄀ빗설거더되려ᄀ고
饌계비 여者자니出츌ᄂ갈房방방南남남녁向향향훌立립셜乃내어예醮
쥰효 려侍시모산者자니酌작부을酒쥬술立립셜饌계빈 여者자니左자왼賓
변빈 기以아써手슈손導인도훌도饌계비 여者자니卽즉ᄂ갈席셕주 리饌여빈
계 者자니立립셜席셕주 리右우올 슨南남남 녁向향향 훌賓빈빈 각受을밧
슈 酒쥬슐諧예ᄂ갈席셕주 리北북북 녁向향향 훌祝쥬츅曰월왈 늘旨이맛
지슬 酒쥬술旣그시 메清청말 글嘉달ᄋ가름薦쳔ᄂ 물令달ᄋ뎡름芳올꼿방ᄃ拜

비절 受슈밧을 祭졔졔ᄉ 之어조ᄉ지 以ᄡ이 定뎡뎡홀 爾이너 祥샹샹서 承을이
숑 天텬하ᄂᆞᆯ 을 之어조ᄉ지 休휴아름 壽슈슈홀 考고슈홀 不블아닐 忘망이즐
賓계빈 者쟈놈 南남남녁 向향향홀 四ᄉ넉 拜배절 受슈밧을 酒쥬술 賓빈손
빈 復복회복 位위자리 東동동녁 向향향홀 答답디답 拜배절 侍시모실 者쟈놈
쟈니 以ᄡ이 脯포포 醢해젓 盤반소반 置티둘 席셕자리 前젼압 賓계빈 者쟈놈
跪궤안즐 祭졔졔ᄉ 酒쥬술 於어조ᄉ 地디ᄯᅡ 啐쵀맛볼 酒쥬술 興흥닐어 四
ᄉ넉 拜배절 賓빈빈 答답디답 拜배절 侍시모실 者쟈놈 徹쳘거들
계ᄒᆞ니 ᄆᆞ 방에 ᄂᆞ와 남향ᄒᆞ고 스거던 존례ᄒᆞ되 시쟈
ᄆᆞ수열부어 ᄆᆞ지고 계ᄒᆞ니 원편의 스고 빈이 손으로
계ᄒᆞ니 ᄅᆞᆯ인도ᄒᆞ야 ᄌᆞ리 운ᄌᆞᆨ에서 서남향ᄒᆞ거던 四十六

빈이술열브ᄃᆞᄀᆞ지고조리에ᄂᆞᄀᆞ북향ᄒᆞ고츅ᄉᆞ를
알거왈지쥬긔쳥가쳔령방비슈제지이뎡이샹승뎐
지휴슈묘불망이ᄅᆞᄒᆞᄂᆞ니그ᄃᆞᆺ제ᄒᆞ엿ᄉᆞ되맛잇던
술이이믜말ᄁᆞᄉᆞ름ᄃᆞ슌안쥬ᄀᆞ향긔ᄂᆞ니절ᄒᆞ고ᄇᆞ
ᄃᆞ서제쥬ᄒᆞ고너의샹서렬뎡ᄒᆞ야츈을이주시던경
ᄉᆞ렴브ᄃᆞ오리살도록잇지안년ᄃᆞᄒᆞ엿더라쵸츅열
알곤후에계ᄒᆞ니ᄀᆞ남향ᄉᆞ비ᄒᆞ고술열밧거던빈이
섯던되로ᄀᆞ서동향답ᄉᆞ비ᄒᆞ고사자ᄀᆞ포히담은쇼
반을ᄀᆞ저ᄃᆞᄀᆞ조리압헤노커던계ᄒᆞ니ᄀᆞ궤좌ᄒᆞ야
ᄯᆞ외제쥬ᄒᆞ고술열맛보고이러ᄂᆞ서ᄉᆞ비ᄒᆞ거던빈

이답ᄉᆞ빈ᄒᆞ고시쟈ᄀᆞ잔과포ᄎᆞ렴거더듸려ᄀᆞ고

乃내이예 字ᄌᆞ명ᄍᆞ 賓빈빈각 降강ᄂᆞ릴 階계ᄃᆞᆯ 東동동녁 向향향할 主쥬인쥬

婦부부신 降강ᄂᆞ릴 階계ᄃᆞᆯ 西셔셔녁 向향향홀 拜계빈여 者쟈니 降ᄂᆞ릴

강 自ᄌᆞ조ᄎᆞᆯ 西셔셔녁 階계ᄃᆞᆯ 少쇼적을 東동동녁 南남남녁 向향향홀 賓

빈빈각 祝츅츅 曰월일ᄋᆞᆯ 禮례례절 儀의례절 旣긔이메 備비ᄀᆞ촐 令령ᄉᆞ령

月월ᄃᆞᆯ 吉길길홀 日일날 昭쇼발글 告고고홀 爾이너 字ᄌᆞ명ᄍᆞ 爰원어조 字

ᄌᆞ명ᄍᆞ 孔공심홀 嘉가ᄋᆞᄅᆞᆷ다올 女녀녀ᄌᆞ 士ᄉᆞ션빈 攸유밧 宜의맛당 宜의맛당

之ᄌᆞ어조ᄉᆞ 于우어조 嘏가복 永영긴 保보보젼 受슈밧을 之ᄌᆞ어조 字ᄌᆞ명ᄍᆞ

曰월일ᄋᆞᆯ 伯ᄇᆡᆨ맏 某모아모 甫보클 拜계빈여 者쟈니 四ᄉᆞ넉 拜비절 賓빈빈각

不블안 答답ᄃᆡ답 拜비절 休휴쉬일 于우어조 他타달을 所소바

四十七

조렬짓되빈은뜰에ᄂᆞ려동향ᄒᆞ고쥬부넌뜰에ᄂᆞ려
셔향ᄒᆞ고계ᄒᆞ니넌셔계로ᄂᆞ려빈ᄂᆞᆫ동편의남향ᄒᆞ
고스거던빈이동향ᄒᆞᆫ치ᄒᆞᆨ소렬일거왈례의괴비령
월길실죠고이조원조공가녀소유의의지우가영보
슈지ᄉᆞ무보라ᄒᆞᄂᆞ니그뜻제ᄒᆞ엿ᄉᆞ되례졀이이믜
ᄆᆞ추고조흔달길ᄒᆞᆫ날에네조렬받ᄁᆡ고ᄒᆞ니조ᄆᆞ심
히ᄉᆞ름ᄃᆞ와녀소의계맛당ᄒᆞ니복에맛당ᄒᆞ게ᄒᆞ야
길게보젼ᄒᆞ야보드ᄅᆞ고조렬지여쥬기렬ᄉᆞ무보ᄅᆞ
ᄒᆞᆫᄃᆞᄒᆞ엿더라조츅열일근후에계ᄒᆞ니ᄆᆞ소빈ᄒᆞ거
던빈시답빈ᄒᆞ지안코ᄃᆞ른처소에ᄆᆞ서쉬고

主人以拜者見于祠堂

男東女西序立降神

參神主人斟酒再拜

跪告辭曰某之第

幾女非宗子之女則云

某親某之第幾女令

今日拜畢敢見與復位

者拜者進立於兩階間

四拜復位辭神拜者拜

父母及諸親

四十八

쥬인이계ᄒᆞ니뎐ᄃᆞ리고ᄉᆞ당에뵈옵되녀셔남동으로셔랍ᄒᆞ야강신참신ᄒᆞ고쥬인이술붓고져비ᄒᆞ고궤좌ᄒᆞ야고왈ᄉᆞ무의뎨긔녀(종손에딸이ᄉᆞ니면ᄉᆞ 무친ᄉᆞ무에뎨긔녀ᄅᆞ)ᄅᆞᄒᆞ금일계필감현이ᄅᆞᄒᆞ고이러나섯던되로ᄀᆞ거던계ᄒᆞ니ᄀᆞᄂᆞᄀᆞ량계간의서서ᄉᆞ비ᄒᆞ고섯던되로ᄀᆞ서ᄉᆞ신ᄒᆞ고계ᄒᆞ니ᄀᆞ부모와제친의계절ᄒᆞ고

乃(내 이에)以(이 써)酒(쥬 술)饌(찬 음식)禮(례 뎌접)賓(빈 빈)酬(슈 ᄀᆞᆸ풀)之(지 어조ᄉᆞ)以(이 써)幣(폐 폐ᄇᆡᆨ)布(포 베)帛(ᄇᆡᆨ 명쥬)而(ᄉᆞ 어조ᄉᆞ)謝(샤 샤례)之(지 어조ᄉᆞ)

쥬찬으로빈열디졉ᄒᆞ고필육으로폐ᄇᆡᆨ열ᄒᆞ야ᄉᆞ례ᄒᆞᄂᆞ니라

계례하논도식

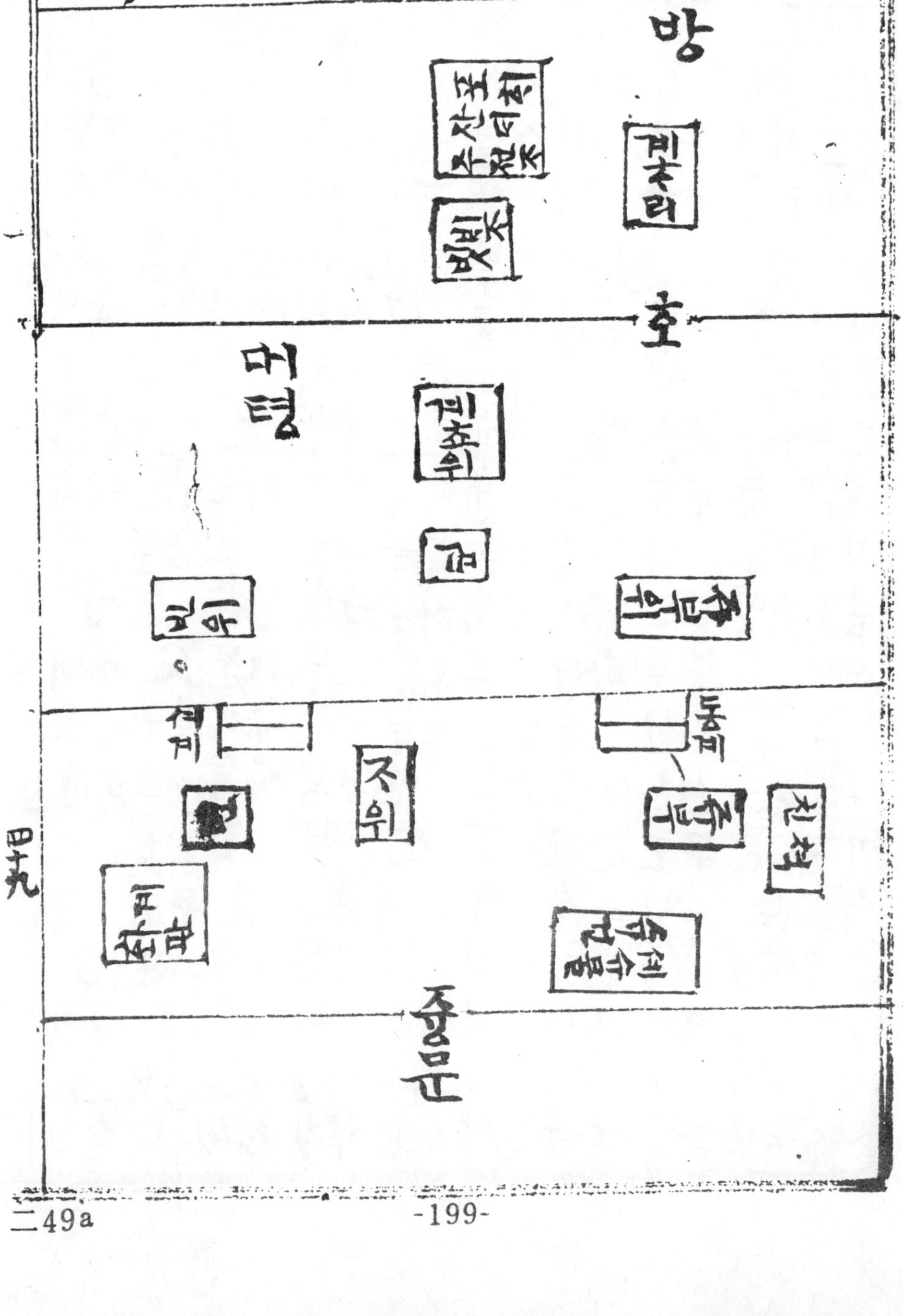

男남남ᄌᆞ子ᄌᆞ古ᄌᆞ冠관관笄見철뵈실于ᄉᆞ에우조祠ᄉᆞᄉᆞ당堂당집遂출신

슈見현뵈실于ᄉᆞ어우조尊존노풀長쟝얼운父부부친母무모친堂당메뎡

中듕ᄀᆞ온南남남녁面면얼굴坐좌안즐諸저뭇叔숙숙부父부숙부兄형형

在지잇슬東동동녁序서쳠아諸저뭇叔숙숙부父부숙부南남남녁向향향

향諸저뭇兄형형西서서녁向향향諸저뭇婦부부인女녀녀ᄌᆞ在지잇슬

西서서녁序서쳠아諸저뭇叔숙숙부母무숙모姑고고모南남남녁向향향

향諸저뭇姊ᄌᆞ녀嫂소형수東동동녁向향향冠관관笄者자ᄂᆞᆫ北녁북

북向향향ᄒᆞᆯ拜비졀父부부친母무모친父부부친母무모친爲위위ᄒᆞᆯ之

ᄉᆞ어지조起날이러同동ᄀᆞ등居거거ᄒᆞᆯ有유잇슬尊존노풀長쟝얼운則즉곳

父부부친母무모친以이써冠관관者자ᄂᆞᆫ詣예나갈其기그室실집拜비졀

之어조사지尊노플존長얼운장爲위홀위之어조사지起니러날기還도라올환就
나할츄東동녁동西서녁서序차례셔每ᄆᆡ양ᄆᆡ列항렬렬再두저拜절비應
응맛당答대답답拜절배者재내答대답답
남ᄌᆞᄆᆞ관례ᄒᆞ고ᄒᆞ고ᄉᆞ당후에열운달ᄭᅢ뵈ᄋᆞᆸ되부모
ᄂᆞᆫ대텽ᄆᆞ운ᄃᆡ에남향ᄒᆞ야안ᄭᅩ제슉부ᄂᆞᆫ동편의서
남향ᄒᆞ고제형은동편의셔셔향ᄒᆞ고제슉모와고모
ᄂᆞᆫ셔편의서남향ᄒᆞ고녀형파형수ᄃᆞᆯ언셔편의서동
향ᄒᆞ거던관ᄌᆞᄆᆞ북향ᄒᆞ야부모ᄭᅴ절ᄒᆞ면부모ᄆᆞ이
ᄅᆡ나서밧고집에부모보두놉흔벼운이잇거던부모
ᄆᆞ관ᄌᆞ를ᄃᆞ리고열운계신ᄃᆡ렬ᄆᆞ서절ᄒᆞ거던그열

五十

슌도이러ᄒᆞ녀니라관쟈ᄀᆞ도ᄅᆞ와서동셔편을향ᄒᆞ
고홍렬ᄆᆞ도지비ᄒᆞ거던ᄃᆞ이러ᄒᆞ서밧고답비ᄒᆞ리
년답비ᄒᆞᄂᆞ니라

女小學 卷之三

에 하나이 면

하나니라

女녀ᄌᆞ녀 小죡을쇼 學비울학 卷책권권 之어조ᄉᆞ지 三석삼

녀쇼햑삼권

女녀ᄌᆞ녀 禮례졀례 第ᄎᆞ례뎨 五다ᄉᆞᆺ오 中가온대듕

녀례말ᄒᆞᆫ다섯지즁편

婚혼인혼 禮례졀례

혼례

內안내 則법측 曰이ᄅᆞᆯ왈 二두이 十열십 而어조ᄉᆞ이 嫁시집갈가 有잇슬유 故대고고

二두이 十열십 三석삼 年ᄒᆡ년 而어조ᄉᆞ이 嫁시집갈가

내측에 ᄀᆞᆯ오ᄃᆡ 녀ᄌᆞᄀᆞ 이십셰예 츌가ᄒᆞᄂᆞ니 부모상고ᄅᆞᆯ

당ᄒᆞ면 이십삼셰예 츌가ᄒᆞᄂᆞ니라

예ㅣ 어던ᄒᆞ고 로ᄒᆞ고 ᄒᆞ고ᄒᆞ야 년니라

禮례졀례 記긔록긔 曰일늘왈 男남ᄌᆞ남 女녀ᄌᆞ녀 非안일비 有잇슬유 行힝홀힝

媒즁미미 不안찰불 相서루샹 知알지 名일음명 故연고고 日날일 月달월

以써이 告고홀고 君인군군 齊지계홀지 戒경계계 以써이 告고홀고 鬼귀신귀

神귀신신 爲ᄒᆞ위 酒술쥬 食음식식 以써이 召불을쇼 鄕시끌향 黨향당당

僚동관료 友벗우 以써이 厚두터울후 其그기 別분별별 也어조ᄉᆞ야

례긔예 왈 남녀ᄀᆞ 즁미ᄀᆞ 잇지안커던 서로 일음열 알니

지수니ᄒᆞ고 혼일노 인군께 고ᄒᆞ고 지계ᄒᆞ야 조샹께

고ᄒᆞ고 음식열 ᄎᆞ리여 향당친구럴 청ᄒᆞ기년 남녀분

별을 두텁게 ᄒᆞ는 뜻시르

이니 ᄒᆞ되

取장ᄀᆡ들츄 妻ᄋᆞ시쳐 不안찰불 娶안향들츄 同ᄀᆞ틀동 姓셩씨셩 買살미 妾쳡쳡

니라　 년요　 라면　 로라도　 니라

不불못홀 知지알 其기그 姓셩셩 則즉고 卜복졈 之어조ᄉ

동셩에취처ᄒ지안너니쳡열ᄉ되셩열살지못ᄒ면

결열처서결단ᄒᄂ니라

昏혼혼 禮례례 萬만만 世셰셰 之어조ᄉ 始비로솔시 也어조ᄉ 禮

혼인례결실만셰지ᄉ지블시ᄉ야

之어조ᄉ 本근본본 也어조ᄉ 一일훈 與여더블 之어조ᄉ 齊가지런제

례례 조지 근본 어조ᄉ 훈 어조 지 어조 간조

身신몸 不불안 改ᄀ고칠 故고연고 夫부외 死ᄉ죽을 不블안 할

終죵무ᄎ 身

嫁가시집갈

불

혼례년만셰예시초요례결에근본이라훈번비파이

되면죵신토록곤ᄎ지안년연고로외정이죽어도ᄃ

시시집ᄀ지안너니라

二

에년ᄒᆞ요
년
라
년
라

親친친ᄒᆞᆯ 迎영친영 男남남ᄌᆞ 先션먼여 於어어조 女녀녀ᄌᆞ 剛강강ᄒᆞᆯ 柔

유유ᄒᆞᆯ 之지어조ᄉᆞ 義의의리 也야어조ᄉᆞ 共공ᄒᆞᆫ가지 牢뢰소 而이어조ᄉᆞ 食식먹을

合합합ᄒᆞᆯ 巹근박잔 而이어조ᄉᆞ 酳윤술양치 所소바 以이써 同동ᄒᆞᆫ가지 尊존노플

卑비ᄂᆞ즐 而이어조ᄉᆞ 親친친ᄒᆞᆯ 之지어조ᄉᆞ 也야어조ᄉᆞ

친영에남ᄌᆞ가녀ᄌᆞ의게먼저가넌거선강유에의리

요뇌상열갓치ᄒᆞ야먹고박잔을합ᄒᆞ야모시넌거ᄉᆞㄴ

존비럴갓게ᄒᆞ야친ᄒᆞ넌듯시라

昏혼혼 姻인혼인 之지어조ᄉᆞ 禮례례절 所소바 以이써 明명발길 男남남ᄌᆞ

女녀녀ᄌᆞ 之지어조ᄉᆞ 別별분별 也야어조ᄉᆞ

혼인ᄒᆞ논례논남녀의분별얼발킈넌것시라

嫁싀집가女녀ᄯᆞᆯ之어조ᄉᆞ家가집三삼석日일날不불안할息식쉴燭촉불에

ᄎᆡᆨ思ᄉᆞ싱각相샹서루離리떠날也야어조取취장가들婦부며ᄂᆞ리之어조ᄉᆞ親어버이언요

家가집三삼석日일날不불안할擧거들樂악풍류思ᄉᆞ싱각嗣ᄉᆞ이을에언

친也야어조ᄉᆞ라

ᄯᆞᆯ여시집보넌집의서ᄉᆞ흘열촉불ᄭᅳ지안넌ᄯᅳᆺ선

서로리별함을싱각ᄒᆞ미요신부ᄃᆞ려온집의서ᄉᆞ흘

열풍류ᄒᆞ지안넌ᄯᅳᆺ선조샹을이은거슬싱각ᄒᆞ미라

儀의례졀禮례례曰왈일늘昏혼혼인有유잇슬六륙여섯禮례례졀納에ᄒᆞ니

납드릴采ᄎᆡᄀᆞ릴禮례례問문물을名명일흠納납드릴吉길길ᄒᆞᆯ納납드릴徵일을요의옳요

징請청청ᄒᆞᆯ期긔긔약親친친ᄒᆞᆯ迎영친영이요이니라

도 니라
ᄒᆞ며 ᄒᆞ며
ᄒᆞ며
ᄒᆞ니 ᄒᆞ며
에

의례예왈혼인에륙례ㅣ잇ᄯᅳ니납채년마리여결뎡ᄒᆞ년게요문명언남녀의일음문년게요납길언졈ᄒᆞ야길ᄒᆞᆫ게요납징언폐박보니년게요쳥긔년퇵일이요친영언셩혼이라

家가집語어말삼曰월일女녀녀有유잇ᄉᆞᆯ五오다ᄉᆞᆺ不불안ᄒᆞᆯ取장가들ᄎᆔ 逆역역家가집子ᄌᆞ녀不불안ᄒᆞᆯ取장가들ᄎᆔ 亂란란家가집子ᄌᆞ녀不불안ᄒᆞᆯ取장가들ᄎᆔ 世세세有유잇ᄉᆞᆯ刑형형人인ᄉᆞ람不불안ᄒᆞᆯ取장가들ᄎᆔ 世세세有유잇ᄉᆞᆯ惡악악ᄒᆞᆯ疾질병不불안ᄒᆞᆯ取장가들ᄎᆔ 喪상일父부부長장맛子ᄌᆞ녀不불안ᄒᆞᆯ取장가들ᄎᆔ

가어에왈역적에집이여ᄂᆞ란가여ᄂᆞ뎌뎌로형벌ᄒᆞᆫ

이요이라이
이너새
ᄒᆞ리니
나라
ㅣ
ㅣ
이

사람이잇거나더디로악질이인넌집ᄯᆞᆯ연장기들지

안코부친실은맛ᄯᆞᆯ도장미들지안너니이거시오불

취라

션벽 山 산산 眞 진셩 先 션면 여 生 싱난 日 월일 늘 父 부부 친 雖 슈비 록 棗

을셔 而 어 母 모조 친 賢 어쳔 질 則 즉곳 其 그 敎 가르ᄎᆞᆯ 女 녀ᄯᆞᆯ 必 반ᄃᆞ

西 죽상관

有 유잇 습 法 법법 又 우또 非 비안 실 所 소ᄇᆡ 拘 구구 世 셰ᄉᆞ 야

셔산진션싱이왈부친은죽어쓸지라도모친이어질

면ᄃᆞᆯ얼법으로교훈ᄒᆞ리니구이ᄒᆞᆯ개시ᄉᆞ니라

王 왕셩 吉 길길 ᄒᆞᆯ 曰 월일 늘 夫 부외 겸 婦 부ᄉᆞ 서 人 인ᄉᆞ 람 倫 인륜 륜 大 대큰

별이 夭 요ᄉᆞ 壽 슈슈 ᄒᆞᆯ 之 어지조 萌 명ᄊᆞᆨ 世 셰인 간 俗 속풍 속 嫁 집시

綱 강

ㅣᄒᆞ야 ᄒᆞ나로 ㅣ 나라 이년 요 일라

갈 娶장가들 츄 太너무 티 蚤일쪽 조 未못 미 출 知알 지 爲될 위 人남 인 父부 부친

가 母모친 무 之어조ᄉᆞ 지 道도리 도 而어조ᄉᆞ 이 有잇슬 유 子ᄌᆞ식 ᄌᆞ 是이 시 以ᄡᅥ 이

教그ᄅᆞ칠 교 化될 화 화 不못 불 明ᄇᆞᆰ을 명 而어조ᄉᆞ 이 民ᄇᆡᆨ셩 민 多만을 다 矣

요ᄉᆞ홀 요

왕갈이 왈 부부넌 인륜에 큰 벼리요 슈ᄒᆞ고 요ᄉᆞᄒᆞ넌

근본이라 셰속이 가취렬 너머 일쯕ᄒᆞ야 부모노릇ᄒᆞ

넌 도리렬 모를쩌긔 ᄌᆞ식 열두넌 고로 ᄀᆞ리ᄎᆞ넌 법이

박지 못ᄒᆞ고 ᄉᆞ람이 무니 요ᄉᆞᄒᆞᄂᆞ니라

匡광셩 광 衡저울 형 曰ᄀᆞᆯ 왈 妃비필 비 匹쪽 필 之어조ᄉᆞ 지 際제음 제 生난 ᄉᆡᆼ 民

ᄉᆞ람 민 之어조ᄉᆞ 지 始비로ᄉᆞᆯ 시 萬일만 만 福복 복 之어조ᄉᆞ 지 原근원 원 婚혼인 혼

三4b

ㅣ에여 ᄒᆞ나니난 요라 ㅣ 너니에난 예 이요와

姻 혼인 인 之 어조ᄉᆞ 지 禮 례결 례 正 발을 정 然 글열 연 後 뒤 후 品 픔슈 픔 物 만물 물

遂 일울 슈 而 어조ᄉᆞ 이 天 호을 텬 命 목숨 명 全 온젼 젼 比 이 ᄎᆞ 綱 벼리 강 紀 벼리 긔

之 어조ᄉᆞ 지 首 머리 슈 王 인군 왕 教 ᄀᆞ리츌 교 之 어조ᄉᆞ 지 端 츰 단 也 어조ᄉᆞ 야

팡형이 왈 비팔언ᄉᆞ람ᄂᆞ년 시쵸요 일만복에 근본이

라 혼례ᄆᆞ발은후에 인물이 번셩ᄒᆞ고 텬명이 온젼ᄒᆞ

ᄂᆞ니 이논 벼리여 머리요 고화의 첫머리라

文 글 문 中 가운디 중 子 남ᄌᆞ ᄌᆞ 曰 일늘 월 婚 혼인 혼 娶 장ᄀᆞ들 츄 而 어조ᄉᆞ 이 論 의론

론 財 ᄌᆡ물 ᄌᆡ 夷 오랑캐 이 虜 놈 로 之 어조ᄉᆞ 지 道 도리 도 也 어조ᄉᆞ 야 古 네 고 者 적 쟈

男 남ᄌᆞ 남 女 녀ᄌᆞ 녀 之 어조ᄉᆞ 지 族 일가 족 各 각각 각 擇 ᄀᆞ릴 틱 德 덕 덕 焉 어조

ᄉᆞ 언 不 안할 불 以 써 이 聘 납폐 빙 財 ᄌᆡ물 ᄌᆡ 之 어조ᄉᆞ 지 多 만을 다 少 적을 쇼 資

五

으로 니라

조 조리 裴장힝 장 之어조 享울두터 薄박약 불 爲위ᄒᆞ 禮례례 졀

문즁조왕통이왈혼인예지물열의론ᄒᆞ년거는오랑

개예법이니녯적의는남녀ᄀᆞ에각각덕만ᄀᆞ리고남

가의납폐다쇼와녀가의혼슈후박으로례졀열삼지

안더니라

安편안 定뎡뎡 홀 胡호셩 先먼션 여 生난ᄉᆡᆼ 曰일왈 늘 嫁시집갈 女ᄯᆞᆯ녀 必

반 두 勝ᄂᆞ승 승 吾너오 家집가 勝ᄂᆞ승 승 吾너오 家집가 女ᄯᆞᆯ녀 之

어 필반 須기릴 슈ᄃᆞ 성 人인 若약ᄀᆞ 必필반 들 두 오너 欽공금 경 娶장들 츄기 婦부ᄋᆞ 너 必필반 두

수 조지 事 不못불 홀 若약ᄀᆞ 吾오너 家집가 不못불 출 若약ᄀᆞ 들 吾오너 家

須슈ᄃᆞ 릴기 시 必필반 두 執집잡 을 婦부ᄋᆞ 너 道도도 리 ᄂᆞ

집가 婦부ᄋᆞ

이 언

니 라야

을 ᄒᆞ나니라

넌

니

타야 ᄒᆞᄂᆞ니라

-214-

三5b

이이 ᄒᆞ고 ᄒᆞᄂᆞ니ᄒᆞ고 라ᄒᆞ니 러요

안녕호션싱이왈ᄯᆞᆯ은네집보다ᄂᆞᆫ흔ᄒᆞᆫ되로보낼거시나그리ᄒᆞ여야시가셩기기럴공경ᄒᆞᄂᆞ니라며느리넌네집만못ᄒᆞᆫ듸서뎔여올거시니그리ᄒᆞ여야부도ᄅᆞᆯ극진이ᄒᆞᄂᆞ니라

伊이이 川쳔ᄂᆡ 先션먼여 生싱난 曰왈일 世셰인간 人인ᄉᆞ람 多다만 謹근상 於어어조 擇ᄐᆡᆨᄀᆞ랄 壻셔ᄉᆞ위 而이어조 忽홀경 홀 於어어조 擇ᄐᆡᆨᄀᆞ랄 婦부며느리 其기그 實실실상 壻셔ᄉᆞ위 易이쉬울 見견볼 婦부며느리 難난어려울 知지알 所소바 係계ᄆᆡᆯ 甚심심할 重중즁홀 豈긔엇지 可가가홀 忽홀경홀 哉ᄌᆡ어조ᄉᆞ

이쳔션싱이왈세샹ᄉᆞ람뎔이ᄉᆞ위ᄆᆞ리기넌상ᄆᆞ고

六

이 에 요여 이 면 이 나 며 면 ᄉᆞ

며느리가리기넌경홀니ᄒᆞᄂᆞ실상은ᄉᆞ위넌알기ᄀᆞ
쉽고며느리넌알기ᄀᆞ서려운지라ᄁᆞ계ᄀᆞ심히중ᄒᆞ
니엇지경홀니ᄒᆞ리요

司ᄉᆞ맛馬마맏溫온디公공공曰왈일凡범대議의의론昏혼
姻 當당맛先션먼察살찰其 壻서ᄉᆞ위與여더婦부며느리之지어性셩셩行ᄒᆡᆼᄒᆡᆼ及급미家가집法법법何하엇지如여ᄀᆞᆺᄒᆞᆯ
勿물말苟구진慕모상其기富부부貴귀귀
富부부盛셩셩 苟구진 賢현어질 冷금이 不불안 時시ᄯᆡ 肖쇼ᄀᆞᆯ
壻서ᄉᆞ위 安안엇지 知지알 其기 異이달 時 不 雖슈비록 富부부 貴귀귀
異이달 不불안 知지알 苟구진 賢현어질 今금이 不불안 貴귀귀
貧빈간 鴻? 雖슈비록 貧빈간 賤쳔쳔 富부부

三6b

쳔쳔흘 苟구ᄎᆞ 慕모심 一ᄒᆞᆫ일 時ᄣᅢ시 之어조ᄉᆞ지 富부부흘 貴귀귀흘 而어조ᄉᆞ이 娶장기들츄 之어조ᄉᆞ지 彼져피 挾낄협 其그기 富부부흘 貴귀귀흘 鮮적을션 不안불흘 輕가벼울경 其그기 夫부외경 而어조ᄉᆞ이 傲거만홀오 其그기 舅시부구 姑시고모 異다ᄅᆞᆯ이 日날일 爲될위 患걱정환 庸ᄊᆡ용 有잇슬유 極극극홀 乎어조ᄉᆞ호

이리오 ᄒᆞ야 탈 니이 아

ᄉᆞ마온공이왈의혼홀제ᄉᆞ위와며느리예셩힝과가

법열삽피고부귀만취ᄒᆞ지말게시니ᄉᆞ위ᄀᆞ어질면

지금언빈쳔ᄒᆞ나실후에부귀ᄒᆞ지안실쩌엇지알며

ᄉᆞ위ᄀᆞ불초ᄒᆞ면지금연부귀ᄒᆞ나실후에비쳔ᄒᆞ지

七 안일쩌엇지알니요며느리로말홀제ᄅᆞ도일시에부

예러니 호야 이니라 예 예산 이런니ㅣ

귀렬흠셜ᄒᆞ야장긔드러ᄯᆞᄆᆞ만일부귀렬협셰ᄒᆞ야
외정열ᄆᆞ벼이녀기고구고렬거만이ᄒᆞ면일후에걱
정되기ᄀᆞ한량이잇쓰랴
家가집禮례례文문曰왈일늘古고녜有유잇슬六륙여섯禮례례졀今금이졔
從종조출簡간략출간便편편출止지그칠用용써納납드릴采ᄎᆡᄀᆞ릴納납드릴
납幣폐폐백親친친출迎영친영
가례예왈녯적의녀륙례ᄀᆞ잇더니지금언간편ᄒᆞᆫ걸
조ᄎᆞ다만납치납폐친영삼례만쓰너니라
四ᄉᆞ넉禮례례졀便편편출覽람볼曰왈일늘古고녜者자적昏혼혼인必필반드
필親친친출迎영친영今금이제世셰인간行힝힝출之지어조者자니絶

ᄒᆞ니에

ㅣ오

년더라

예 이

질결녀少쇼젹을於어조婚혼혼인姻인혼인之지어조初초처음不불안찰以이써

시써禮례례졀相상서루從죵조촐則즉곳其기그正경발을始시비로솔之지어조

道도도리果과파연何하엇지如여ᄀᆞ틀也야어조好호조와古고녜君군

子ᄌᆞ군ᄌᆞ自ᄌᆞ스스로當당맛당如여ᄀᆞ틀儀의례졀

ᄉᆞ례편람에왈녯적의년혼인에긔혜친영ᄒᆞ더니지금

은칭ᄒᆞ니ᄆᆞ극히드무니혼인ᄒᆞ년처음에례결로

죵ᄉᆞᄒᆞ지ᄉᆞ니ᄒᆞ면시초랄바르게ᄒᆞᄂᆞᆫ도리ᄀᆞᄉᆞ니

니녜를조와ᄒᆞᄂᆞᆫ군ᄌᆞ년맛당이례졀디로ᄒᆞ라다

納납드릴采채ᄀᆞ릴女녀ᄯᆞᆯ氏시셩씨主쥬쥬인人인ᄉᆞ람奉봉밧들書서편지

以이써告고고ᄒᆞᆯ于우어조祠ᄉᆞᄉᆞ당堂당집曰왈일ᄋᆞᆯ某모아모之지조에

丨ᄒᆞ야 지ᄉᆞ
第뎨ᄎᆞ례 幾긔몃 女녀ᄯᆞᆯ 年년ᄂᆡ 漸졈졈졈 長쟝ᄌᆞ랄 成셩일울 已이이메
ᄒᆞ야랴ᄒᆞ고 許허허락 嫁가시집 某모아무 官관벼슬 某모아무 郡군고을 姓셩셩씨 名일음
명 之어조ᄉᆞ 子ᄌᆞ아ᄃᆞᆯ 今금이제 日일날 納납드릴 采치ᄀᆞ릴 壻셔신랑 家
ᄒᆞᄂᆞ니라 가집 亦역ᄯᆞ 具구ᄀᆞᆺ 書셔편지 告고고ᄒᆞᆯ 祠ᄉᆞᄉᆞ 堂당집
납치ᄒᆞᆫ날에규양집쥬인이신랑집편지를밧드러
ᄉᆞ당에고ᄒᆞ여왈ᄋᆞ무에몃지ᄯᆞᆯ이ᄂᆡ히졈졈쟝셩ᄒᆞ
야이메ᄋᆞ무에ᄋᆞ덜의게뎡혼ᄒᆞ야금일에납치ᄒᆞᆺᄃᆞ
ᄒᆞ고신랑집의도면저그연유로고ᄉᆞ당ᄒᆞᄂᆞ니라
난 ᄒᆞᄂᆞ니라 호되 納납드릴 幣폐폐백 同동ᄀᆞᄐᆞᆯ 但단다만 不불아닐 告고고ᄒᆞᆯ 廟묘ᄉᆞ당
납폐넌납치와ᄀᆞ치ᄒᆞ되고ᄉᆞ당만ᄋᆞ니ᄒᆞᄂᆞ니라

ᄒᆞ고 어던 이 ᄒᆞ고 출ᄉᆞ 과와와ᄒᆞ고 ᄒᆞ야 이어던 ᄂᆞᆫ션 ᄒᆞ고 ᄒᆞ고 이어던 이ᄒᆞ야커던 ᄒᆞ고 ᄒᆞ고 ᄒᆞ야

親친친ᄒᆞᆯ 迎영친영 遠원멀 則즉곳 設셜베풀 館관ᄉᆞ쳐 壻셔신랑 至지니를

女녀ᄯᆞᆯ 家가집 女녀ᄯᆞᆯ 家가집 主쥬쥬인 人인ᄉᆞ람 告고고ᄒᆞᆯ 于ᄉᆞ어우조 祠당ᄉᆞ

ᄉᆞ 堂당집 遂슈인ᄒᆞᆯ 醮쵸쵸례 其기그 女녀ᄯᆞᆯ 而ᄉᆞ어이조 命명명 之ᄉᆞ어지조 女

녀ᄯᆞᆯ 華화빗날 冠관화관 唐르당 당ᄂᆞ 衣의옷 袡염염의 衣의옷 帶ᄃᆡᄃᆡ 姆모유모

相상도을 之ᄉᆞ어지조 立립셜 於ᄉᆞ어어조 室실방 外외빗겻 南남남녁 向향향ᄒᆞᆯ

父부부친 坐좌안즐 東동동녁 序셔쳠아 西셔셔녁 向향향ᄒᆞᆯ 母무모친 坐

좌안즐 西셔셔녁 序셔쳠아 東동동녁 向향향ᄒᆞᆯ 設셜베풀 女녀ᄯᆞᆯ 席셕조리

於ᄉᆞ어어조 母무모친 之ᄉᆞ어지조 東동동녁 北븍븍녁 南남남녁 向향향ᄒᆞᆯ 女

녀녀조 僕복죵 斟침부을 酒쥬술 諸예ᄂᆞ갈 女녀ᄯᆞᆯ 前젼압 女녀ᄯᆞᆯ 四ᄉᆞ넉 拜비졀

受슈밧을 盞잔잔 跪즐꿀 궤산 祭졔졔ᄉᆞ 酒쥬술 啐쵀맛볼 酒쥬술 興날이흥러 以

九

ᄒᆞ고 어던 | ᄒᆞ야 어던 | ᄒᆞ야 | ᄒᆞ라 | ᄒᆞ야ᄒᆞ고 | ᄒᆞ야 | ᄒᆞ라 | ᄒᆞ야ᄒᆞ고

이세 盞잔잔 授슈쥴 女녀녀 ᄌ 僕복종 又우또 四ᄉ넉 拜비절 姆모유 모 導도인 도도

女녀ᄯᆞᆯ 出츌나 갈 母무모 친 左자왼 父부부 친 命명명 之ᄉ어 지조 曰월일 늘 敬

공경 之ᄉ어 지조 戒계경 계 之ᄉ어 지조 命명명 母무모 夙숙일 夜야밤 無무말 違위어 길 舅

부 姑고시 爲위위 之ᄉ어 지조 命명명 之ᄉ어 지조 送송보 至지이 西서서 녀

구시 上샹위 ᄀ듣 曰월일 늘 勉면심 之ᄉ어 지조 整졍 冠관화 鞶반 帨ᄇᆡ 면 쪽일 조

階 之ᄉ어 지조 違위어 爾이너 閨규규 之ᄉ어 之ᄉ어 지조 禮례례 결 風

命명명 夜야밤 無무말 모 姑고고 送송보 門문 지조 敬경 중윤 中 門문중

命 爲위위 母무제 姑고고 之ᄉ어 지조 宮 ᄂᆞᆯ 于 삼 衫 적 申신거 듬

諸 母 之 婦 문 내 中 ᄃᆡ 父 聽명 申 爾이너 父

부부 친 內 母 爲 之 命 명명 曰 월일 謹 근샹 갈 聽 텽드 를 爾 이너 父

三9b

ᄒᆞ야ᄒᆞ라 부

부친 母무모 친 之ᄉᆞ어조지 言언말 심 夙슉일쯕 夜야밤 無무말 愆건어길

친영출제멸거던ᄉᆞ처렬뎡ᄒᆞ고셩례ᄒᆞᄂᆞ니황혼에

신랑이녀가의이르거던녀가쥬인이고ᄉᆞ당후에ᄯᅩᆯ

을쵸례ᄒᆞ야명출세ᄯᅩᆯ이화판ᄊᆞ고당의와염의십고

ᄯᅴᄯᅴ고유모ᄀᆞ신도ᄒᆞ야방박피스거던부친연대텽

동편의셔향ᄒᆞ야안끄모친은셔편의동향ᄒᆞ야안끄

ᄯᅩᆯ에조리렬모친동북에ᄀᆞᄅᆞ남향ᄒᆞ거던하님이술

엳부어ᄆᆞ지고ᄯᅩᆯ압희ᄀᆞ거던ᄯᅩᆯ이ᄉᆞ비ᄒᆞ고잔을밧

고궤좌ᄒᆞ야ᄯᅡ외제쥬ᄒᆞ후에맛보고이러ᄂᆞ셔잔엳

하님엳주고ᄯᅩᄉᆞ비후에유모ᄀᆞ신도ᄒᆞ야모친왼편

으로ᄂᆞᄀᆞ거던부친이명ᄒᆞ야왈경지계지숙야무위
구고지명이라ᄒᆞᄂᆞ니그ᄯᅳᆺ제ᄒᆞ여쓰되공경ᄒᆞ고경
계ᄒᆞ야이르ᄂᆞ느즈ᄂᆞ구고의명얼어긔지말ᄂᆞᄒᆞ엿
더라모친언셔계샹의ᄭᅡ지보니여화판을반드시ᄒᆞ
며웟옷슬염으여주고명ᄒᆞ야왈면지경지숙야무위
이규문지례라ᄒᆞᄂᆞ니그ᄯᅳᆺ제ᄒᆞ엿쓰되심쓰고공경
ᄒᆞ야이르ᄂᆞ느즈ᄂᆞ네의규문의례절얼어긔지말ᄂᆞ
ᄒᆞ엿더라제모와고모와형수뎔연즁문안의ᄭᅡ지보
니여치마와적삼얼염으여주고부모의명얼거듭명
ᄒᆞ야왈근텽이부모지언숙야무건이라ᄒᆞᄂᆞ니그ᄯᅳᆺ

이ᄒᆞ야 ᄒᆞ야ᄂᆡ어던 ᄒᆞ고이어던 ᄒᆞ야ᄒᆞ고 이어던ᄒᆞ나니 어던 라ᄒᆞ고 ᄒᆞ고

제ᄒᆞ엿ᄊᆞ되상ᄆᆞ서네의부모의말삼열드러서이르
ᄂᆞ느즈ᄂᆞ어긔지말ᄂᆞᄒᆞ엿더라
主쥬인쥬人ᄉᆞ람인出ᄂᆞ갈츌大큰대門뒤문문外밧겻외迎마즐영壻ᄉᆞ위
셔至이를지廳외당텽事닐ᄉᆞ奠되랄뎐鴈오리안姆유모모奉밧들봉女
딸녀有잇슬유帕슈건파蒙더풀몽頭머리두出ᄂᆞ갈츌中ᄀᆞ운디즁門즁문문
壻신랑셔揖읍읍之어조ᄉᆞ지降ᄂᆞ릴강自조츌ᄌᆞ西셔녁셔階ᄃᆞᆯ기壻신랑셔
遂인ᄒᆞᆯ슈出ᄂᆞ갈츌女딸녀從조츨죵之어조ᄉᆞ지壻신랑셔擧들거轎ᄀᆞ마교
簾발문렴以써이俟기ᄃᆞ릴ᄉᆞ姆유모모辭ᄉᆞ양ᄉᆞ曰일늘왈未못ᄒᆞᆯ미敎ᄀᆞ리
츨교不못ᄒᆞᆯ불足족ᄒᆞᆯ족與더블여爲ᄒᆞ위禮례졀례也어조ᄉᆞ야女딸녀乃이예
내登올늘등車ᄀᆞᄆᆞ거下ᄂᆞ릴하簾발문렴以써이燭쵹블쵹前압젼導인도

ㅣ ᄒᆞ야

ᄒᆞ고 이ᄒᆞ고 도

女녀녀 僕죵복 奉봉밧들 贄지폐ᄇᆡᆨ 先션먼져 行힝ᄒᆡᆼ갈

쥬인이대문밧긔나가ᄉᆞ위를모ᄌᆞ대텽에이르러전

안ᄒᆞ거던유모가신부를밧ᄯᆞᆯ되몽두리씨우고죵문

에나ᄉᆞ거던신랑이읍ᄒᆞ야셔계로나리계ᄒᆞ고신랑

이나가거던신부가ᄯᅡ라가너니신랑이가모밟얼것

고기ᄃᆞ리거던유모가ᄉᆞ양ᄒᆞ여왈가리ᄎᆞ지못ᄒᆞ여

족히더부러례졀얼ᄒᆞ지못ᄒᆞᄃᆞᄒᆞ고신부가가모를

타고발얼시리고족불이압희셔인도ᄒᆞ고ᄒᆞ남이폐

ᄇᆡᆨ얼가지고서가고

壻셔신랑 先션먼져 至지이를 家가집 大대큰 門문대문 外외밧것 俟ᄉᆞ기ᄃᆞ릴

호ᄒᆞ고 ᄒᆞ고
ᄒᆞ고 、
어연 ᄒᆞ야
이어던 에
하니라 ―

婦신부下하ᄂᆞ린車거ᄃᆞ며揖읍之어조導인도以이써入들어입
及급어ᄅᆞᆯ寢침실門문중문揖읍읍入들어입升올ᄂᆞᆯ승自ᄌᆞ조츨西셔녁셔
階셔계ᄯᅳᆯ婦신부부從조츨종之어조適갈ᄉᆞ지젹其그기室방실室방실中가운
卺근이이메設베셜풀壺병호盞박잔근卓대착盤반쇼반반
신랑이먼저그집대문박끠에르러신부ᄀᆞᄆᆞᄆᆞ에ᄂᆞ
리기럴ᄀᆞᄃᆞ려읍ᄒᆞ야인도ᄒᆞ야드러ᄀᆞ고즁문박끠
이르러또읍ᄒᆞ고드러ᄀᆞ셔셔계로오르거던신부ᄀᆞ
ᄯᆞ로올ᄂᆞ방에드러ᄀᆞ거던방속에ᄭᅩ비제구와동뫼
제구열젼ᄒᆞ야진셜ᄒᆞ고기ᄃᆞ리더라
壻셔신랑婦신부부交교ᄉᆞ拜절배婦신부부女녀ᄌᆞ僕복종布펄포壻

호되 이

十二

ᄒᆞ고 이 / ᄒᆞ야 / ᄒᆞ고 이어던 / 이 ᄒᆞ고 / 이어던 이 / ᄒᆞ나니 ᄒᆞ고 / ᄒᆞ고 / ᄒᆞ야 어던 / ᄒᆞ고 어던 / ᄒᆞ나니라

(신랑 셔) 席(자리 셕) 於(어조ᄉᆞ 어) 東(동녁 동) 壻(신랑 셔) 女(녀ᄌᆞ 녀) 僕(종 복) 布(펼 포) 婦(신부 부) 席(자리 셕) 於(어조ᄉᆞ 어) 西(셔녁 셔) 皆(ᄃᆞ 긔) 於(어조ᄉᆞ 어) 室(방 실) 中(가온ᄃᆡ 즁) 卓(더반 착) 南(남녁 남) 壻(신랑 셔) 盥(셰슈ᄒᆞᆯ 관) 于(어조ᄉᆞ 우) 南(남녁 남) 婦(신부 부) 女(녀ᄌᆞ 녀) 僕(종 복) 沃(씨슬 옥) 之(어조ᄉᆞ 지) 進(ᄂᆞ슬 진) 帨(슈건 셰) 婦(신부 부) 盥(셰슈ᄒᆞᆯ 관) 于(어조ᄉᆞ 우) 北(북녁 북) 壻(신랑 셔) 女(녀ᄌᆞ 녀) 僕(종 복) 沃(씨슬 옥) 之(어조ᄉᆞ 지) 進(ᄂᆞ슬 진) 帨(슈건 셰) 壻(신랑 셔) 揖(읍 읍) 婦(신부 부) 舉(들 거) 蒙(더플 몽) 頭(머리 두) 就(ᄂᆞ갈 츄) 席(자리 셕) 婦(신부 부) 先(먼져 션) 二(두 이) 拜(졀 ᄇᆡ) 壻(신랑 셔) 答(ᄃᆡ답 답) 一(ᄒᆞᆫ 일) 拜(졀 ᄇᆡ) 婦(신부 부) 又(또 우) 二(두 이) 拜(졀 ᄇᆡ) 壻(신랑 셔) 又(또 우) 答(ᄃᆡ답 답) 一(ᄒᆞᆫ 일) 拜(졀 ᄇᆡ)

방에셔 ᄭᅩ비ᄒᆞ되 신부집ᄒᆞ님이 신랑에 ᄌᆞ리를 동편의 펴고 신랑집 하님이 신부에 ᄌᆞ리를 셔편의 펴며 신

호ᄃᆡᄒᆞ야
ᄒᆞ야 ᄒᆞ야
ᄒᆞ고 이어던
ᄒᆞ야 호ᄃᆡᄒᆞ야

랑이남에셰셰슈ᄒᆞ거던신부집하남이씩기고슈건
열ᄂᆞ수고신부ᄀᆞ복에서셰슈ᄒᆞ거던신랑집하남이
씩기고슈건열ᄂᆞ수너ᄂᆡ셰슈후에신랑이신부렬읍
ᄒᆞ야ᄌᆞ리로ᄂᆞᄀᆞ서서몽두렬것고신부ᄀᆞ먼저지비
ᄒᆞ거던신랑이답실비ᄒᆞ고신부ᄀᆞ또지비ᄒᆞ거던신
랑이또답일비ᄒᆞᄂᆞ니이거시협비라

就츄ᄂᆞ갈 坐좌ᄌᆞ리 飮음ᄆᆞ실 食식먹을 壻셔살랑 揖읍읍 婦부신부 就ᄂᆞ갈
츄 椅의교 의 壻셔신랑 東동동 녁 婦부신부 西셔셔 녁 各각각 각 有유잇슬
卓착ᄃᆡ 반 設셜베풀 饌찬음식 女녀녀 ᄌᆞ 僕복종 斟짐부을 酒쥬술 壻셔신랑
揖읍읍 婦부신부 祭졔졔ᄉᆞ 酒쥬술 各각각 각 傾경기울 少쇼적을 許허어조

十三

ᄒᆞ고 ᄒᆞ야ᄅᆞᆯ
ᄒᆞ고 위 이
너던
ᄒᆞ야 ᄒᆞ고 ᄒᆞ고
이 ᄒᆞ야
어던
ᄒᆞ야 ᄒᆞ고 ᄒᆞ고
ᄒᆞ고
ᄒᆞ고 이 ᄒᆞ야
이 ᄒᆞ며

擧거들 飮음마실 擧거들 殽효안 各각각 以이써 少쇼젹을 許허어 置치조
둘 豆제두 斟짐부 間간서이 空공빌 處쳐곳 食식먹을 畢필두홀 女녀녀ᄌᆞ 僕복죵
又우또 斟짐부을 酒쥬술 壻셔신랑 自ᄌᆞ리스 飮음마실 而ᅀᅵ어 揖읍읍 女녀ᄌᆞ 婦부신
신부 使ᄉᆞ식힐 飮음마실 不불안할 祭졔졔ᄉᆞ 無무업슬 殽효안 쥬 婦부신부
僕복죵 又우또 取츄ᄀᆞ졸 巹근박잔 分분논을 置치둘 壻셔신랑 婦부신부
더 前전압 斟짐부을 酒쥬술 壻셔신랑 自ᄌᆞ리스 飮음마실 而ᅀᅵ어 揖읍읍 婦부신
신부 使ᄉᆞ식힐 飮음마실 不불안할 祭졔졔ᄉᆞ 無무업슬 殽효안 쥬 壻셔신랑
出츌ᄂᆞ갈 就츄ᄂᆞ갈 他타달을 室실집 姻모유 與여더블 婦부신부 留
머므 室실방 中듕가온ᄃᆡ 女녀ᄌᆞ 僕복죵 徹철거들 饌찬음식 壻셔신랑 女
녀녀ᄌᆞ 僕복죵 餕쥰ᄃᆡ 婦부신부 之ᄉᆞ지어조 餘여남을 婦부신부 女녀녀ᄌᆞ

시
에

僕종복 餕디공쥰 婿신랑셔 之어조ᄉᆞ지 餘남을여

동뫼음식열먹으되신랑이신부렬읍ᄒᆞ야교의로ᄂᆞ
ᄆᆞ서남동녀셔로안조각각음식탁조렬압희노코하
남이술열붓거던신랑이신부렬읍ᄒᆞ야제쥬ᄒᆞ되각
각조고ᄆᆞ치ᄯᅡ의부은후에ᄆᆞ시고안쥬렬집어각각
조고ᄆᆞ치그릇시이공쳐에노코안쥬렬먹은후에하
남이ᄯᅩ술열부거던신랑이ᄆᆞ스며서신부렬읍ᄒᆞ야
ᄆᆞ시게ᄒᆞ교제쥬ᄒᆞ지ᄉᆞ니ᄒᆞ여안쥬먹지ᄉᆞ니ᄒᆞ교
하남이박잔열ᄀᆞ조ᄃᆞᄆᆞ신랑신부압희각각노코술
열붓거던신랑이ᄆᆞ스면서신부렬읍ᄒᆞ야ᄆᆞ시게ᄒᆞ

十四

ᄒ디 어요
라 야ᄒ고
이 이셔던
ᄒ야 어던나
ᄒ고 어던이

고제쥬ᄒ지ᄋ니ᄒ여안쥬먹지안코각각이러나신
랑언ᄃ르되로ᄂᄀ고신부와유모년방에잇고하남
이쳘상ᄒ야셔랑집ᄒ남이신부에디공열먹스며신
부집하남이신랑의디공열먹은후에

設 베풀 설 褥 요 욕 衾 이불 금 枕 벼ᄀ 침 具 제구 구 于 어조ᄉ 우 奧 ᄋ람목 오 北 북녁 북
趾 발치 지 壻 신랑 셔 席 자리 셕 在 잇슬 재 東 동녁 동 婦 신부 부 席 자리 셕
在 이슬 재 西 셔녁 셔 壻 신랑 셔 女 녀ᄌ 녀 僕 죵 복 布 펠 포 婦 신부 부 席 자리 셕
婦 신부 부 女 녀ᄌ 녀 僕 죵 복 布 펠 포 壻 신랑 셔 席 자리 셕 壻 신랑 셔 復 ᄃ시 부
入 들어갈 입 室 방 실 壻 신랑 셔 脫 버슬 탈 服 웃옷 복 婦 신부 부 女 녀ᄌ 녀 僕 죵 복
受 밧을 슈 之 어조ᄉ 지 婦 신부 부 脫 버슬 탈 服 웃옷 복 壻 신랑 셔 女 녀ᄌ 녀 僕

ᄒᆞ고 이셔ᄂᆞᆫ 시

ᄒᆞᄂᆞ니라

죵 바ᄃᆞᆯ 어조 촉불 날 녀ᄌᆞ 죵 모실

복 受슈 之ᄉᆞ지 燭쵹 出츌 女녀 僕복 侍시 于

어조 창 밧 것

ᄉᆞ우 户호 外외

요와이불ᄭᅡ벼기등쇽침구렬방ᄋᆞ람묵의ᄎᆞ려놋회

신랑의ᄌᆞ리넌동편이요신부에ᄌᆞ리ᄂᆞᆫ셔편이라신

랑집하님이신부에ᄌᆞ리렬폐ᄒᆞ고신부집하님이신랑

의ᄌᆞ리렬폐되남으로머리두게ᄒᆞ야ᄃᆞ젼후에신랑

시두시방에드러와서신랑이윗옷설벗거던신부집

하님이밧고신부ᄀᆞ윗옷설벗거던신랑집하님이밧고

쵹불ᄂᆞᆫᄀᆞ거던하님이문박ᄭᅴ모시되부르거던들날

만치잇ᄂᆞ니라

十五

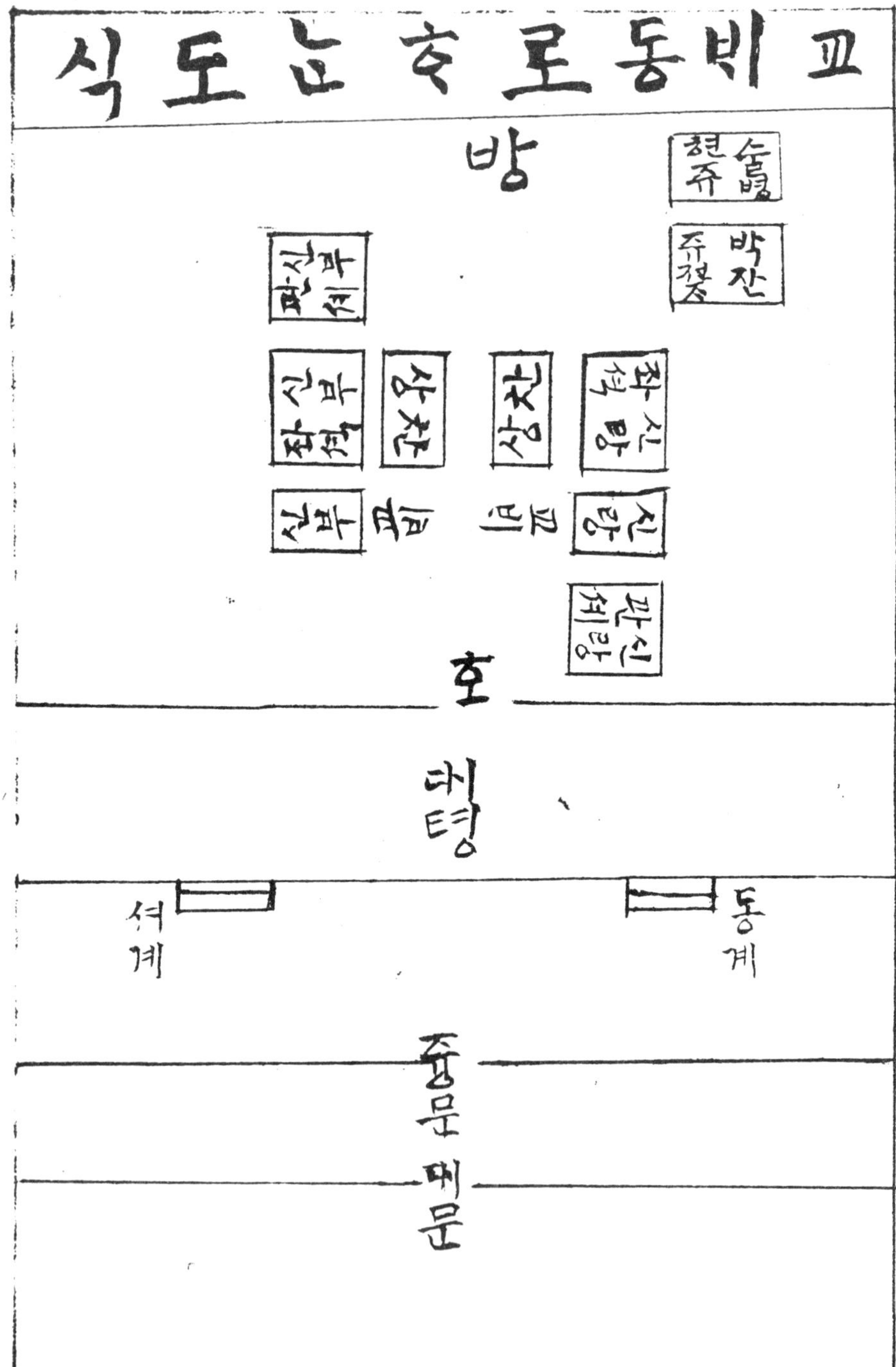
방
호
대텽
서계
동계
중문
대문

예ᄒᆞ야 ᄒᆞ고 ᄒᆞᆫ디 ㅣ ᄒᆞ야 ᄒᆞ야 ᄒᆞ고 ㅣ ᄒᆞ고 。 어던 이ᄒᆞ고 하나버 ᄒᆞ야 ᄒᆞ고 ᄒᆞ고 ᄒᆞ야

明 명발 글 日 일날 夙 슉일 작 興 날이 흥러 婦 부신 부 華 화빗 날 冠 관화 관 宵 의쇼

쇼 衣 의옷 帶 디띄 見 현뵈 일 于 ᄉᆞ어 우조 舅 구시 부 姑 고시 모 舅 구시 부 姑 모사

교 坐 좌안 즐 於 ᄉᆞ어 어조 堂 당대 텽 上 상위 舅 구시 부 東 동동 녁 姑 고시 모 西

셔셔 녁 相 샹서 로 向 향향 ᄒᆞᆯ 各 각각 각 置 치둘 卓 착쇼 반 於 ᄉᆞ어 어조 前 젼압 家

가집 人 인ᄉᆞ 람 男 남남 ᄌᆞ 女 녀녀 ᄌᆞ 少 쇼절 믈 於 ᄉᆞ어 어조 舅 구시 부 姑 고시 모

者 ᄌᆞ니 各 각각 각 立 립셜 於 ᄉᆞ어 어조 兩 량두 序 셔쳥 아 姆 모유 모 引 ᄒᆞᆯ인 인도 婦

부신 부 女 녀녀 ᄌᆞ 僕 복죵 以 이써 盤 반쇼 반 盛 셩ᄃᆞ 믈 贄 지폐 빅 笲 롯폐 번빅 그

從 죵조 츌 之 ᄉᆞ어 지조 婦 부신 부 進 지ᄂᆞ 갈 立 립셜 於 ᄉᆞ어 어조 阼 조동 계 階 ᄀᆞ돌

下 하ᄉᆞ 리 北 북북 녁 面 면얼 굴 拜 비절 舅 구시 부 受 슈밧 을 棗 조대 추 栗 알밤

률 笲 롯폐 번빅 그 升 승올 ᄂᆞᆯ 自 ᄌᆞ조 츌 西 셔셔 녁 階 기돌 東 동동 녁 向 향향 ᄒᆞᆯ

十六

이어던 ᄒᆞ고 / 이어ᄂᆞᆯ ᄒᆞ고 / ᄒᆞ야 ᄒᆞ고 / ᄒᆞ고 ᄒᆞ야 / 이어던 ᄒᆞ고 / ᄒᆞᄂᆞ니라

奠디랄뎐 于어조ᄉᆞ우 卓쇼반착 上위샹 舅시부구 撫만즐부 之어조ᄉᆞ지 女녀ᄌᆞ
녀 僕죵복 以ᄡᅥ이 入들어갈입 婦신부부 降ᄂᆞ랄강 又또우 拜절ᄇᆡ 詣ᄂᆞ갈예 西
셔녁셔 階ᄃᆞᆯ계 下ᄂᆞ리하 北북녁북 面얼굴면 拜절ᄇᆡ 姑시모고 受밧을슈 殿
뎐조 脩포슈 笲폐빅번 升올늘승 西셔녁셔 向향ᄒᆞᆯ향 奠디랄뎐 于어조ᄉᆞ우
卓쇼반착 上위샹 姑시모고 舉들거 以ᄡᅥ이 授줄슈 女녀ᄌᆞ녀 僕죵복 婦신부부
降ᄂᆞ랄강 又또우 拜절ᄇᆡ。
명일에일쯕이러ᄂᆞ서신부ᄆᆞ화판ᄡᅳ고쇼의입고ᄃᆡ
ᄃᆡ고구고개뵈이되구고ᄆᆞ대텽의셔구동고셔로므조
안조각각쇼반을삽히노코재친남녀의구고보ᄂᆞ절
문이넌각각동셔예셔렵ᄒᆞ고유모ᄆᆞ신부랄인도ᄒᆞ거

ᄒᆞ여 ᄒᆞ고ㅣ

던하님이쇼반에졔빅그릇설ᄂᆞ믈들고ᄯᅡ르오ᄂᆞ니
신부ᄆᆞ동계하의서서북향ᄒᆞ야시부게절ᄒᆞ고조률
그릇설ᄇᆞᄃᆞᄆᆞ지고셔계로올ᄂᆞ동향ᄒᆞ야쇼반우의
드리거던시부ᄆᆞ만존후에하님이ᄆᆞ저드려ᄆᆞ거던
신부ᄆᆞᄂᆞ려와서ᄯᅩ절ᄒᆞ고셔계하의옹계서서북향
ᄒᆞ야시모게절ᄒᆞ고포그릇설ᄇᆞᄃᆞᄆᆞ지고올ᄂᆞᄆᆞ서
셔향ᄒᆞ야쇼반의드리거던시모ᄆᆞ드려하님열준후
에신부ᄆᆞᄂᆞ려와서ᄯᅩ절ᄒᆞᄂᆞ니라

舅구 시부 姑고 시모 禮례 례 훌 之ᄉᆞ 어조 지 設셜 베풀 婦부 신부 席셕 자리 於ᄉᆞ 어조
ᄉᆞ 어조 姑고 시모 之ᄉᆞ 어조 지 東동 동녁 北북 북녁 姆모 유모 리 흘 인도 婦부 신

十七

三17a

ᄒᆞ고 이 ᄒᆞ야 시어던 ᄒᆞ고 ᄒᆞ야 ᄒᆞ니 ᄒᆞᆯ ᄒᆞ야 ᄒᆞ고 ᄒᆞ고 ᄒᆞᄂᆞ니라

부 趨추ᄂᆞ각 席셕ᄌᆞ리 南남남녁 向향향ᄒᆞᆯ 女녀녀ᄌᆞ 僕복죵 斟침부을 酒

쥬술 詣예ᄂᆞ갈 婦부신부 前젼압 婦부신부 四ᄉᆞ녁 手비절 受슈받을 盞잔잔 跪

궤꿀안즐 祭제제ᄉᆞ 酒쥬술 啐쵀맛볼 酒쥬술 興흥닐이러 以이새 盞잔잔 授슈줄 女

녀녀ᄌᆞ 僕복죵 又우또 四ᄉᆞ녁 手비절 降강ᄂᆞ릴 自ᄌᆞ조츨 西셔셔녁 階계ᄃᆞᆯ

구고ᄆᆞ신부렬례ᄒᆞ되신부의ᄌᆞ리련시모안즌동북

에폐고유모ᄆᆞ신부렬인도ᄒᆞ야ᄌᆞ리예ᄂᆞᄆᆞ남향ᄒᆞ

고하님이술엘부어ᄆᆞ지고신부압희ᄂᆞᄆᆞ거던신부

ᄆᆞᄉᆞ빈ᄒᆞ고잔열바ᄃᆞᄆᆞ지고꿰좌ᄒᆞ야ᄯᅡ의제쥬ᄒᆞ

고술열맛보고이러ᄂᆞ서잔열하님열주고ᄯᅩᄉᆞ빈ᄒᆞ

고녀계로ᄂᆞ려ᄆᆞᄂᆞ니라

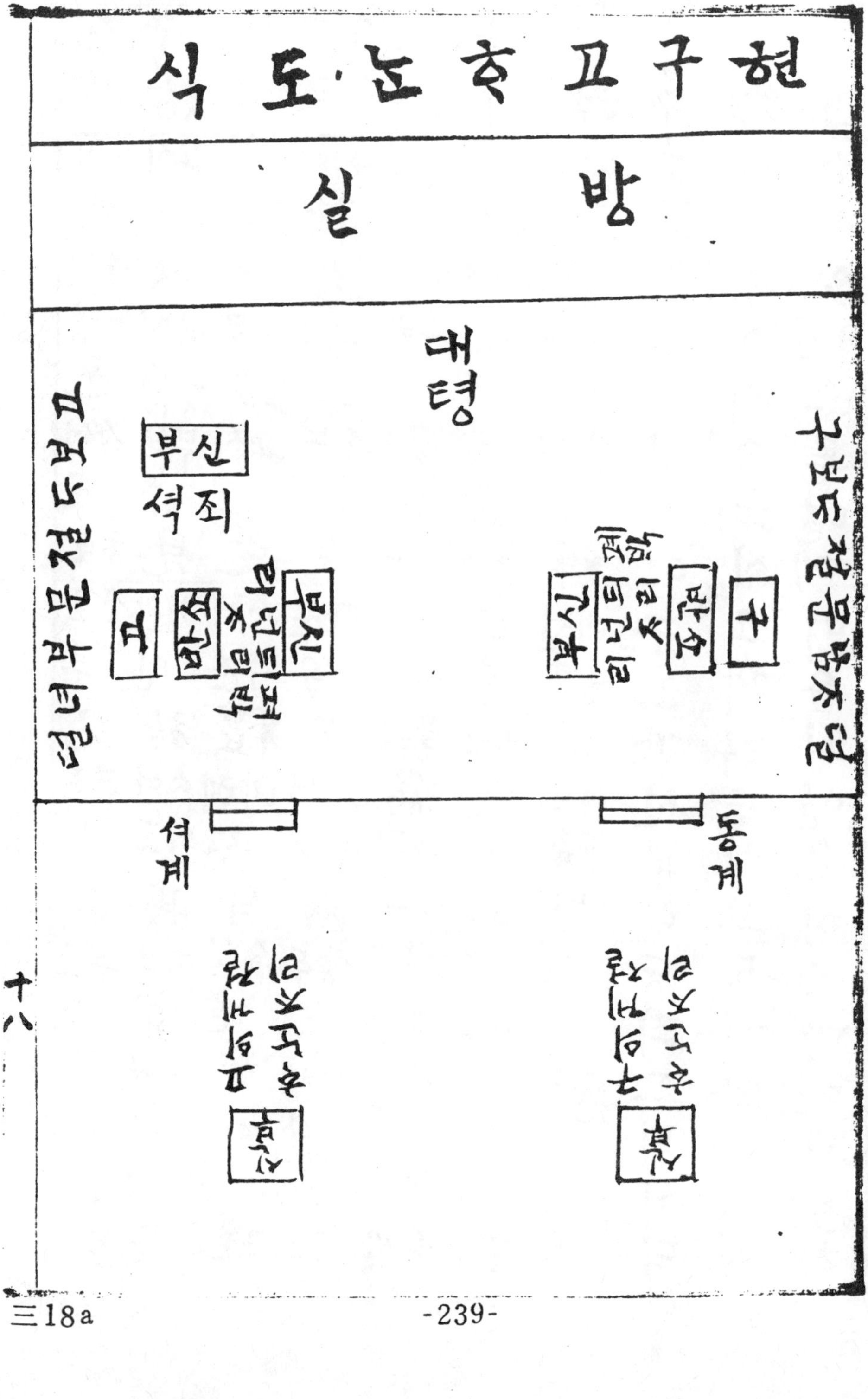
현구고ᄒᆞ논도식
방실
대텽
신부
동계
셔계

어던 · ㅣ ᄒᆞ야 ᄒᆞ고 · ᄒᆞ고 호디 이라도 ᄒᆞ야 ᄒᆞ고 넌 ᄒᆞ고 ᄒᆞᄂᆞ니라

有유잇슬 夫부외졍 之ᄉᆞ어조 祖조조부 父부조부 母무조모 則즉곳 舅부시
구 姑고시모 以이써 婦부신부 見현뵈일 於ᄉᆞ어조 其기그 室실집 如여ᄀᆞ틀
見현뵈일 舅구시부 姑고시모 之ᄉᆞ어지조 禮례례졀 有유잇슬 贄지폐박 還
도ᄅᆞ올환 拜비졀 諸져뭇 尊존노플 長쟝얼운 于ᄉᆞ어우조 兩량두 序셔쳠아 尊플노
죵 長쟝얼운 雖슈비록 多다만을 共지ᄒᆞᆫ공ᄀᆞ 爲위될 一일ᄒᆞᆫ 列렬항렬 受을밧
슈 拜비졀 以이써 從죵조츙 簡간략 易이쉬울 小쇼즉을 郎낭도량련 小을즉
쇼 姑ᄉᆡ수고기 皆기다 相샹서루 拜비졀 婦부신부 降강ᄂᆞ릴 出츌나갈

구고의부모ᄀᆞ잇거던구고가신부렬ᄃᆞ리고계신디
렬ᄀᆞ서구고뵈옵ᄃᆡ시ᄒᆞ고폐박도잇고도ᄅᆞ와서대텽
동셔에잇넌스른뎔ᄁᆡ뵈옵되얼운이암만만으도ᄒᆞᆫ

ᄒᆞᄂᆞ니 에 이며 ᄒᆞ고이 ᄒᆞ고 어던ㅣ ᄒᆞ야어서던ㅣ ᄒᆞ고 ᄒᆞ야ᄒᆞ야

항렬씩절엳ᄇᆞᄃᆞ간편ᄒᆞ게ᄒᆞ고쇼랑과쇼끄ᄆᆞ잇거

던서루절ᄒᆞ고신부ᄆᆞᄂᆞ려ᄂᆞᄆᆞ니니라

若만약 一일 家큰ᄒᆞᆫ 婦며느리부 則곳즉 饋공궤ᄒᆞᆯ궤 于어조ᄉᆞ우 舅시부구 姑시모고

是이시 日날일 食먹을식 時때시 婦신부부 家집가 具ᄀᆞ출구 湯국탕 飯밥반 果

실과과 蔬ᄂᆞ물소 魚어쇽어 肉육쇽육 等무리등 盛셩ᄒᆞᆯ셩 饌음식찬 及더블

곱 酒술쥬 壺병호 婦신부부 女녀ᄌᆞ녀 僕죵복 設베플셜 二두이 卓대반착 于

어조ᄉᆞ우 堂디텽당 上위샹 盥셰슈ᄒᆞᆯ관 帨셰슈건 于어조ᄉᆞ우 阼동계조 階ᄯᅳᆯ기 下

ᄋᆞ리하 舅시부구 姑시모고 就ᄂᆞ갈츄 東동녁동 西셔녁셔 坐안즐좌 相서루

샹 向향ᄒᆞᆯ향 姆유모모 引인도ᄒᆞᆯ인 婦신부부 盥셰슈ᄒᆞᆯ관 升올승 自조출ᄌᆞ

十九 西셔녁셔 階ᄯᅳᆯ기 洗씨슬셰 盞잔잔 斟부을짐 酒술쥬 置물치 舅시부구 卓대반

ᄒ고 ᄒ고
ᄒ야 ᄒ고
이어던 ᄒ고
ㅣ
어던 ㅣ
ᄒ고
ᄒ고이라ᄒ
ᄒ고이ᄒ야
ᄒ고 ᄒ고
이 ᄒ고
이 ᄒ니라

착 上샹위 降강ᄂ 릴 俟기ᄃ릴ᄉ 舅구시 부 飮음무 살 畢필ᄃ 홀 拜비절 復시ᄃ
부 升승올 늘 洗세씨 슬 盞잔잔 斟짐부 을 酒쥬술 遂슈인 홀 獻헌ᄃ 릴 姑 모시
고 姑고시 모 飮음ᄆ 살 畢필ᄃ 홀 又우또 降강ᄂ 릴 拜비절 女녀녀 ᄌ 僕복종
以이써 盤반소 반 盛셩ᄃ 물 湯당국 盛셩ᄃ 물 飯반밥 至지이 를 婦부신 부 執
잡 을 饌찬음 식 升승올 늘 薦천듸 릴 于우조 舅구시 부 姑고시 모 之 을조어
지ᄉ 前전압 侍시모 살 立립설 姑고시 모 後후뒤 俟기ᄃ릴ᄉ 卒졸ᄃ 食식먹 을
徹철거 을들 饌찬음 飯반밥 女녀녀 ᄌ 僕복종 徹철거 들 饌찬반 찬 分분논 을 置치둘 別
달 을 室실집 婦부신 부 就쥬ᄂ갈 餕쥰더 공 姑고시 모 之ᄉ어 지조 餘여남 을 餘여남 을
변 婦부신 부 女녀녀 ᄌ 僕복종 餕쥰더 공 舅구시 부 之ᄉ어 지조 餘여남 을 壻셔신 랑
셔 女녀녀 ᄌ 僕복종 又우또 餕쥰더 공 婦부신 부 之ᄉ어 지조 餘여남 을 庶셔뭇

난니라

婦며느리부不안ᄒᆞᆯ불饋공궤ᄒᆞᆯ궤

만일춍부거던구고의계졔려렬ᄒᆞᄂᆞ니그날ᄉᆞ참ᄯᅢ예신부졈의서반깅과과치와어육둥셩찬이여술,병열ᄆᆞ추고신부집하님이대반둘열대텽의진셜ᄒᆞ고셰슈그릇설동계하의진셜ᄒᆞ거던구고ᄆᆞ동셔의샹향ᄒᆞ야안ᄶᅥᆫ던유모ᄆᆞ신부를인도ᄒᆞ야셰수ᄒᆞ고셔계로올ᄂᆞ잔열씻고술엳부어시부의대반우에노코ᄂᆞ려ᄆᆞ서ᄃᆞ므시기렬기ᄃᆞ려절ᄒᆞ고ᄃᆞ세올ᄂᆞ잔을씻고술열부어시모의계듸리고ᄯᅩᄂᆞ려ᄆᆞ절ᄒᆞᆫ후에하님이반깅쇼반을갓ᄃᆞ주거던신부ᄆᆞ부ᄃᆞᄆᆞ지고

二十

ᄒᆞ야 ㅣ 어던 ᄒᆞᄂᆞ니에 ᄃᆡ

올ᄂᆞᄆᆞ 서구고 끠각(각)되리고 시모뒤에 시립(립)ᄒᆞ엿ᄃᆞᄀᆞ
ᄃᆞ먹기ᄅᆞᆯ 기ᄃᆞ려 신부ᄀᆞ 밥열 물니고 하님이 반찬
을 물니여ᄃᆞ 른듸ᄃᆞ 노코 신부ᄀᆞ 시모의 더공열 먹고
신 부집 하님이 시부에 ᄃᆡ공열 먹고 신랑집 하님이 ᄯᅩ
신 부에 ᄃᆡ공(열)먹ᄂᆞ니라 지ᄎᆞ여 느리는 계례ᄀᆞ 웁너니
라

舅구시부 姑고시모 設설베풀 饌찬음식 饗향먹일 婦부신부 如여ᄀᆞ틀 禮례
례례 婦부신부 之어조ᄉᆞ지 儀의례 禮례례 畢필ᄃᆞᄒᆞᆯ 舅구시부 姑고시모
先션먼저 降강ᄂᆞ릴 自ᄌᆞ 西셔셔녁 階계ᄃᆞᆯ 婦부신부 降강ᄂᆞ릴 自
츌 阼조동 [illegible] 상 于어조 수유 婦부신부

나라ᄒᆞᄂᆞ(난) 라

엔노 이어니 을로 ᄒᆞᄂᆞ 에이로 을

人인ᄉᆞ람 氏시씨 庶셔뭇 婦며ᄂᆞ리부 不불안할 饗향먹일

구고ᄀᆞ셩찬으로신부렬향례ᄒᆞ되현구고ᄒᆞᆫ후에례

부ᄒᆞᄂᆞᆫ모양으로ᄒᆞᄂᆞ니향례렬ᄃᆞᄒᆞᆫ후에구고ᄀᆞ먼

저셔계로ᄂᆞ리거던신부ᄀᆞ동계로ᄂᆞ린후에신부에셩

찬열신부집의보니ᄂᆞ니라지ᄎᆞ며느리넌향례ᄀᆞ엽

ᄂᆞ니라

古고녜 者쟈적 三삼석 月월달 而ᄉᆞ이조 廟모ᄉᆞ당 見현뵈일 今금이제 以이써

太태너 遠원멀 改개고칠 用용써 三삼석 日일날 見현뵈일 舅구시부 姑고모시

교 之ᄉᆞ어조 次ᄎᆞ지 ᄎᆞ 日일날 主쥬쥬 人인ᄉᆞ람 以이써 婦부신부 見일뵈

현 于ᄉᆞ어조 祠ᄉᆞ당 ᄉᆞ 堂당당 如여ᄀᆞ틀 餘계빈여 而ᄉᆞ이조 見현뵈일 之

二十一

ᄒᆞ고 예

ㅣ

이라ᄒᆞᄂᆞ니라

어조儀의례절其기그告고고辭ᄉᆞ축ᄉᆞ云운일ᄂᆞᆯ某무ᄋᆞ무之ᄉᆞ어지조
子ᄌᆞᄋᆞᄃᆞᆯ某무ᄋᆞ무非비안일宗종종가子ᄌᆞᄋᆞᄃᆞᆯ之ᄉᆞ어지조子ᄌᆞᄋᆞᄃᆞᆯ則
즉곳云운일ᄂᆞᆯ某무ᄋᆞ무之ᄉᆞ어지조某무ᄋᆞ무親친친쇽某무ᄋᆞ무之ᄉᆞ어지조
子ᄌᆞᄋᆞᄃᆞᆯ某무ᄋᆞ무之ᄉᆞ어지조婦부ᄋᆞ너某무ᄋᆞ무氏시셩씨敢감감히見
현뵈일

녜예년삼월후에ᄉᆞ당에뵈옵더니근리ᄂᆞᆫ녀머믈ᄃᆞ
ᄒᆞ야삼일노ᄆᆞᆫ련ᄒᆞ니현구고ᄒᆞ던잇흔날에쥬인이
신부렬ᄃᆞ리고ᄉᆞ당에뵈옵기렬계례후에뵈옵더시
축고축ᄉᆞ에ᄒᆞ기을ᄋᆞ무에ᄋᆞᄃᆞᆯᄋᆞ무의ᄋᆞ너ᄋᆞ무씨
감현이르ᄒᆞᄂᆞ니라

二十一

ᄒᆞ야 ᄒᆞ고 ᄒᆞ고 ㅣ ᄒᆞ야 ㅣ 이라ᄒᆞ거던 ᄒᆞ고 ᄒᆞ고 ᄒᆞ야 ᄒᆞ고 ㅣ

若약만 舅구싀부 姑고시모 旣긔이메 沒몰죽을 則즉곧 奠뎐드릴 菜ᄎᆡᄂᆞ물 婦
쳐부 出츄날 主쥬신주 於ᅀᅥ어조 正졍발을 寢침침실 祝츅축관 盥관세슈
부신 盥관세슈 于ᅀᅥ우조 門문문 外외밧것 婦부신부 執집잡을 笄그폐롯빅
번 菜ᄎᆡᄂᆞ물 菫근ᄂᆞ문쓴 無무업슬 則즉곳 代대디신 以이써 芹근ᄂᆞ리며 祝판축
축 率솔거ᄂᆞ릴 婦부신부 以이써 入들어갈 祝츅축문 曰왈일ᄋᆞ늘 某무ᄉᆞ무 氏
시셩씨 來리올 婦부신부 敢감히 奠뎐드릴 嘉가아름달 菜ᄎᆡᄂᆞ물 于ᅀᅥ우조
皇황클 舅구싀 某무ᄉᆞ무 官관벼슬 府부마을 君군부군 婦부신부 以이써
菜ᄎᆡᄂᆞ물 授슈줄 執집잡을 事ᄉᆞ일 者쟈니 四ᄉᆞ넉 拜빈절 扱삽당길 地디ᄯᅡ 還
도리 受슈밧을 菜ᄎᆡᄂᆞ물 奠뎐드릴 于ᅀᅥ우조 考고고 位위신위 前젼압
四ᄉᆞ넉 拜빈절 婦부신부 降강ᄂᆞ릴 堂당집 取츄ᄀᆞ즐 笄폐롯빅 그 菜ᄎᆡᄂᆞ문

二十二

이어던ㅣ 라ᄒᆞ니라 ㅣ 라ᄒᆞ니라ㅣ ᄒᆞ고ᄒᆞ고 ᄒᆞ야 ᄒᆞ고거던 ㅣᄒᆞᄂᆞ니라

入들어갈십 祝축축문 曰월이늘 某무수무 氏시셩씨 來리올 婦부신부 敢히감

출 告고고출 于소어우조 皇황클 姑고시모 某무수무 封봉봉출 某무수무 氏

감 시셩씨 舅구시부 在지잇슬 則즉곳 云운일늘 某무수무 氏시셩씨 來리올 婦

부신부 敢출감치 奠년뎌릴 嘉달수가름 菜치ㄴ물 于소어우조 皇황클 姑고시모

某무수무 封봉봉출 某무수무 氏시셩씨 婦부신부 以이써 菜치ㄴ물 授슈줄

執잡을 事 再재 四사넉 拜비절 還환도리 受슈밧을 菜치ㄴ물 奠뎐드릴

뎐 于소어우조 妣비비 位위위신 前젼압 四사넉 拜비절 婦부신부 出츌나갈.

祝축축판 徹철거들 菜치ㄴ물

만실구고마면여죽어꺼던폐박듸리년일례로ㄴ물

열듸리되졍침에츌[illegible]ᄒᆞ야齋판파신부ㄱ문외에셔

셰수ᄒᆞ고신부ᄆᆞ고위예디릴ᄂᆞ물그릇설ᄆᆞ지되쓴
ᄂᆞ물이ᄂᆞ미ᄂᆞ리라축판이신부렬ᄃᆞ리고드러ᄀᆞ셔
독촉ᄒᆞ여왈모씨의계셔온신부ᄀᆞ감히ᄋᆞ롬ᄃᆞ온ᄂᆞ
물엳황ᄌᆞ모판부군ᄭᅦ디린ᄃᆞᄒᆞ거던신부ᄆᆞᄂᆞ믈그
릇설집ᄉᆞ렬주고ᄉᆞ빈ᄒᆞ되머리ᄆᆞᄃᆞ의닷게ᄒᆞᄂᆞ니
부인비례즁의머리ᄆᆞᄃᆞ의닷키던신부뎐치뎨예만
엇ᄂᆞ니라ᄉᆞ빈후에ㅣᄂᆞ물그릇설도로ᄇᆞᄃᆞ고위젼에
디리고또ᄉᆞ빈ᄒᆞ고ᄂᆞ려ᄀᆞ셔비위에디릴ᄂᆞ문그릇
설가지고드러오거던또독촉ᄒᆞ야왈모씨의게서온
二十三 신부ᄆᆞ감히황고모봉모씨ᄭᅴ고ᄒᆞᆫᄃᆞᄒᆞ고만일시부

ᄒᆞ고 ㅣ니라ᄒᆞᆯ시 어ᄃᆞᆯㅣ ᄒᆞ되ᄒᆞ고 에

ᄀᆞ싱존ᄒᆞ여ᄭᅥ던ᄎᆞᆨ예ᄒᆞ기럴모씨의게서온신부ᄀᆞ
감히ᄉᆞ름ᄃᆞ온ᄂᆞ물엳황고모봉모씨ᄭᅴ드린ᄃᆞᄒᆞ나
니라독ᄎᆞᆨ후에신부ᄀᆞᄂᆞ물그릇설집ᄉᆞ렬주고ᄉᆞ비
ᄒᆞ에ᄂᆞ물그릇섣도로ᄇᆡᄃᆞ비위젼에듸리고ᄯᅩᄉᆞ비
ᄒᆞ고ᄂᆞᄀᆞ거던ᄎᆞᆨ관이ᄂᆞ물엳쳘상ᄒᆞᄂᆞ니라

明 발글명 日 날일 婿 ᄉᆞ위셔 往 갈왕 見 뵈일현 婦 ᄌᆞ부 之 어조ᄉᆞ지 父 부친부
母 모친무 有 잇슬유 幣 폐폐 布 베포 帛 명박 紙 조희지 束 묵글속 拜 비절
婦 ᄌᆞ부 父 부친부 婦 ᄌᆞ부 父 부친부 跪 꿀즐궤 而 어조ᄉᆞ이 扶 부들부 之
어조ᄉᆞ지 入 들입 見 뵈일현 婦 ᄌᆞ부 母 모친무 婦 ᄌᆞ부 母 모친무 闔 ᄃᆞᆮ을
합 門 문문 東 동녁동 扉 문짝비 立 설립 于 어조ᄉᆞ우 門 문문 內 안ᄂᆡ 西 셔녁셔 面

이어던ㅣᄒ고
면이
이어던ㅣᄒ고

얼굴 壻ᄉ위 東동녁 面면얼굴 拜비절 于어조 門문문 外외밧것 以ᄊ

면이새 幣폐폐백 奉봉밧들 婦부ᄋ너、母모무친 女녀녀ᄌ 僕복종 受슈밧을 以

이써 入갈들어 婦부ᄋ너 母무모친 答답ᄃ답 拜비절

婦ᄉ 見ᄒ던 잇흔날에 ᄉ위ᄀ 판육이ᄂ 조희 등속으

로 폐박 열ᄀ 춤고 처가의ᄀ서 장인 장모ᄅ 뵈옵되 장

인ᄁ 절ᄒ거던 장인이 졔좌ᄒ야 부ᄃᄂ니ᄅ 드러ᄀ 장

모ᄅ 뵈올쎄 장모ᄀ 동편 문짝 열닷고 문안에서 셔향ᄒ、

야스거던 ᄉ위ᄀ 문박거서 동향ᄒ야 절ᄒ고 폐박 열

드리면 ᄒ넘이 ᄇᄃ 드린 후에 장모ᄀ 답비ᄒ고

婦ᄉ셔 父부부친 리인도 壻ᄉ위 見현뵈일 祠ᄉ사당 堂당집 次ᄎ저

ㅣᄒ야ᄒ고 婦부

二十四

主ᄃᆡ.
을ᄒᆞ고을
ᄒᆞ나니리
ㅣ
ㅣ에
이니

未見불견婦부ᄉᆞ니黨당족당諸저뭇親친친족婦부부인女녀녀ᄌᆞ相서루
샹見견볼如여ᄀᆞ틀上샹위儀의례義의례절禮례례壻셔ᄉᆞ위饌찬음식如ᄀᆞ틀
여俗속시俗속儀의모양
장인이ᄉᆞ위렬인도ᄒᆞ야ᄉᆞ당에뵈온후에쳐가제친
열보되부녀도서로보기렬례절대로ᄒᆞ고쳐가의서
셩찬열ᄎᆞ리여ᄉᆞ위대졉ᄒᆞ기렬시속법대로ᄒᆞᄂᆞ니
라
朱쥬셩子ᄌᆞ군曰왈일親친친見출迎영친영之지ᄉᆞ多셔역壻셔ᄉᆞ위
셔不불안ᄒᆞ當당맛當당見견볼婦부ᄉᆞ母모친及급더불諸저뭇親친족
친及급더불設설베풀酒쥬술饌찬음식以이써婦부ᄉᆞ未미안見뵈일

ㅣ니라

에ㅣᄒᆞ고

어던ㅣ

ᄒᆞ야ᄒᆞ니

라ㅣ니라

이니ᄒᆞ니

현

舅구시부 姑고시모 也어조ᄉᆞ야

쥬ᄌᆞ왈 친영ᄒᆞᄂᆞᆫ 젼역의 장모와 제친열싱면ᄒᆞ지안

일개시요쥬찬을ᄎᆞ려디졉ᄒᆞ지안너니신부ㄱ현구

고ᄒᆞ기젼이라ᄒᆞ야그러허니라

沙사모 溪계시내 先션먼여 生ᄉᆡᆼ난 曰왈일늘 世셰인간 俗속풍속 皆 혼

姻인혼인 壻셔스위 父부부친 率솔거닐 子ᄌᆞ 往왕갈 婦부ᄉᆞ니 家

가집 成셩일울 禮례례졀 新신시로 婦부신부 因인인ᄒᆞᆯ 舅구시부 之어조ᄉᆞ지

禮례 來올ᄅᆡ 執잡집 贄지례 而어조ᄉᆞ이 見뵈현 有잇슬유 違어길위 禮례문

意뜻의 大큰대 侯기ᄃᆞ릴 後뒤후 日날일 行힝힝 之어조ᄉᆞ지 可가가 也어조ᄉᆞ야

然글연 本근본본 旣이미긔 失일실 一ᄒᆞᆫ일 切온절 皆다ᄀᆡ 非

二十五

ㅣ니라

례 驀 넌 ᄒᆞ야 ᄒᆞ고 호ᄃᆡ

비글을 也ᄋᆞ어조야.

사계김션싱이왈세쇽이혼인에ᄉᆞ뎔엳ᄃᆞ리고신부

집의ᄀᆞ서셩례ᄒᆞ거던신부ᄀᆞ거긔서폐빅셜ᄀᆞ지고

시부렬되오니례법에들니넌날이라그러ᄂᆞ대말결

이밭서틀려쓰니일졀ᄃᆞ그르니라

喪상상 ᄉᆞ 禮례례졀

상례

禮례례젼 記긔록 曰왈일늘 三삼석 日일날 而ᄉᆞ어조 殯빈빈ᄉᆞ 凡범ᄃᆡ범

附부ᄯᅡ룰 於ᄉᆞ어조 身신몸 者쟝것 必필반ᄃᆞ 誠셩졍셩 必필반ᄃᆞ 信신밋블

勿몰말 之ᄉᆞ어조 有유잇슬 悔회후회 三삼석 月월달 而ᄉᆞ어조 葬장장ᄉᆞ 凡

년
ᄒᆞ야 하라
넌 니라
ᄒᆞ고
ᄒᆞ고 이어던 ᄒᆞ고

凡범대범 附부브틀 於어어조ᄉᆞ 棺관늘 者자것 必필반드 誠셩졍셩 必필반드 信신밋블 勿물말 之지어조ᄉᆞ 有유잇슬 悔회후회

례긔예 ᄀᆞᆯ 삼일에 빈소ᄒᆞ되 몸의 ᄯᆞ룬 거ᄉᆞᆫ 긔혀 졍셩으로 ᄒᆞ고 긔혀 밋게 ᄒᆞ야 후회ᄀᆞ 업게 ᄒᆞ고 삼월에 안장ᄒᆞ되 늘에 ᄯᆞ룬 거ᄉᆞᆫ 긔혀 졍셩으로 ᄒᆞ고 긔혀 밋게 ᄒᆞ야 후회ᄀᆞ 업게 ᄒᆞ라

喪상상ᄉᆞ 事ᄉᆞ일 稱칭칭 家가집 之지어조ᄉᆞ 有유잇슬 無무업슬

상ᄉᆞ 제구ᄂᆞᆫ 집에 빈부와 샹칭ᄒᆞ게 ᄒᆞᄂᆞ니라

臨림림ᄒᆞᆯ 喪상상ᄉᆞ 不불안 笑쇼우숨 望망ᄇᆞ랄 柩구늘 不불안 歌가노리

隣린가이웃 有유잇슬 喪상상ᄉᆞ 舂용방아 不불안 相샹도을 里리동리

二十六

이어던 니라

有유잇슬 殯빈빈소 不불산찰 巷항골목 歌가노릐

남의초상연람ᄒᆞ야웃지안코힝상열보ᄅᆞ보ᄃᆡ노릐

ᄒᆞ지안코이웃세초상이잇거던방ᄋᆞ찟너니ᄆᆞ소리

ᄒᆞ지안코동네예빈소ᄆᆞ잇거던골목의셔노릐ᄒᆞ지

안너니라

ᄒᆞ야

高고셩 子ᄌᆞ남ᄌᆞ 皐고언덕 之ᄉᆞ지조 執집잡을 親친어버 喪상상ᄉᆞ 泣읍울

ᄒᆞ고 ᄒᆞ니

血혈피 三삼석 年년ᄒᆡ 未미안찰 嘗상일쯕 見현뵈실 齒치압니 君군군ᄌᆞ 子ᄌᆞ

ㅣᄒᆞ니라

군ᄌᆞ 以이ᄡᅥ 爲위ᄒᆞᆯ 難난어려울

고ᄌᆞ고ᄆᆞ친상을당ᄒᆞ야삼년열소리업시울고ᄒᆞᆫ번ᄃᆞ

도니ᄆᆞ뵈이게웃지ᄋᆞ니ᄒᆞ니군ᄌᆞᄆᆞ어렵ᄃᆞᄒᆞ니라

에
에로
닌
라
어이라
에난

論론의론 語말삼어 曰일늘왈 子ᄌᆞ식ᄌᆞ 生난ᄉᆡᆼ 三석삼 年ᄒᆡ년 然을연 後뒤후

免면면ᄒᆞᆯ 於어조ᄉᆞ어 父부친부 母모친무 之어조ᄉᆞ지 懷품회 三석삼 年ᄒᆡ년

之어조ᄉᆞ지 喪몽상상 天ᄒᆞᆫ텬 下ᄋᆞ래하 之어조ᄉᆞ지 通통ᄒᆞᆯ통 喪몽상상 也어조ᄉᆞ야

로어에 왈ᄌᆞ식이 난제 삼년만의 부모에 품얼 면ᄒᆞᆫ

고로 삼년몽상은 텬하의 귀쳔이 통ᄒᆞᆫ 법이라

喪장ᄉᆞ상 與더블여 其그기 易다ᄉᆞ릴이 也어조ᄉᆞ야 寧ᄎᆞ라리녕 戚슬플쳑

상ᄉᆞ에 례절이 습숙ᄒᆞ너니 보ᄃᆞ스러ᄒᆞᆫ 거시 나흐

니라

食먹을식 於어조ᄉᆞ어 有잇슬유 喪상ᄉᆞ상 者놈자 之어조ᄉᆞ지 側겻측 未안할미 二十七

니라 에넌 요ㅣ 니라 에넌 ᄒᆞ니라

嘗일쪽샹 飽ᄇᆡ부를포 也어조ᄉᆞ야

초상잇넌겻희서넌ᄇᆡ부르게먹지안너니라

孟ᄆᆡᆼ셩ᄆᆡᆼ 子존ᄌᆞ 曰일ᄋᆞᆯ왈 養봉양ᄒᆞᆯ양 生산ᄉᆡᆼ 者것쟈 不못ᄒᆞᆯ불 足족ᄒᆞᆯ족 以

이ᄡᅥ 當당당ᄒᆞᆯ 大큰대 事일ᄉᆞ 惟오직유 送보낼송 死죽을ᄉᆞ 可가ᄒᆞᆯ가 以이ᄡᅥ

當당당ᄒᆞᆯ 大큰대 事일ᄉᆞ

ᄆᆡᆼᄌᆞ에왈산이럴봉양ᄒᆞ넌거슨족히큰닐이라ᄒᆞᆯ개

시ᄋᆞ니요죽은이럴보니넌거시그즁큰닐이라

家집가 語말ᄉᆞᆷ어 曰일ᄋᆞᆯ왈 婦부인부 人사ᄅᆞᆷ인 不안할불 百일빅빅 里ᄆᆞ을

리 而어조ᄉᆞ이 奔ᄃᆞ랑날분 喪상ᄉᆞ상ᄉᆞ·

가어에왈부인언빅리에분상ᄒᆞ지안너니라

이 년이요 니라 에이 잇ᄭᅥ오한디 면ㅣ면요

櫟무참력泉쳔시삼先션먼여生싱난曰월일늘不불산찰百빅일빅里ᄉ리

리奔분ᄃ날喪상상ᄉ以ᄊ이셔親친친戚쳑외친言언말삼非비안일謂

위일늘父부부친母무모친喪상상ᄉ也ᄉ어야조

륵쳔송션싱이왈빅리예분상안년단말연친쳑상ᄉ

면일은말이요부모상열일은말이ᄉ니라

說설말삼苑원후쉬曰월일늘子ᄌ남조貢공밧칠問문물을死ᄉ죽을有

유잇슬知지알將장또無무업슬知지알孔공성子ᄌ군ᄌ曰월일늘吾오너欲

잘혹욕고言언말삼死ᄉ죽을人인ᄉ람有유잇슬知지알恐울두공려孝효효도

子ᄌᄌ식妨방취롤生싱산以이써送송보낼死ᄉ죽欲잘혹욕고言언말심

死ᄉ죽을人인ᄉ람無무업슬知지알恐울두공려不불안할孝효효도子식ᄌ

二十八

이 월ᄒᆞ시더라

이이 이

ᄒᆞ고 ᄒᆞ면

ᄒᆞ야

조孫손 조 棄기버릴 親친어버이 不불안찰 葬장장ᄉᆞ 也어조ᄉᆞ야

결션에왈조공이뭇ᄌᆞ오ᄃᆡ죽은ᄉᆞ람이ᄋᆞ년거시인

눈잇ᄀᆞ업순잇ᄀᆞᄒᆞᆫᄃᆡ공조왈녀ᄀᆞ죽은ᄉᆞ람더러ᄋᆞ

는거시잇ᄂᆞᆫᄒᆞ고저ᄒᆞᆫ즉효조ᄀᆞ산ᄉᆞ람열치롭게ᄒᆞ

야죽은너를보낼ᄭᆞ두려ᄒᆞ고ᄋᆞ는거시업ᄂᆞᆫᄒᆞ고저

ᄒᆞᆫ즉불효조손이시톄를버리고장ᄉᆞᄒᆞ지안일ᄭᆞ두

려ᄒᆞᆫᄂᆞᆫᄒᆞ시니라

司ᄉᆞ맛들 馬마말 溫온더 명 公공후 曰왈이 늘 世세인 간 俗속풍속 信믿을

신 浮부뜰 屠도부 誑광속일 誘유꾀일 有유잇슬 喪상상ᄉᆞ 事ᄉᆞ닐 必반ᄃᆞ시

괄 供공공궤 佛불부처 云운일늘 爲위위ᄒᆞᆯ 死ᄉᆞ죽을 者자ᄂᆞᆫ 滅멸멸ᄒᆞᆯ 罪

ᄒᆞ야ᄒᆞ고
면이라ᄒᆞ니
이라
년
에
이ᄒᆞ고에
ᄒᆞ야ᄒᆞ고
년에ᄒᆞ야

죄資자不불福복使ᄉᆞ식힐生ᄉᆡᆼ날天텬ᄒᆞᄂᆞᆯ을堂당집不불안ᄒᆞᆯ爲위ᄒᆞᆯ者
나入들어갈입地ᄯᅡ디獄옥옥지此이ᄎᆞ不안불ᄒᆞᆯ足족ᄒᆞᆯ족信신밋을
ᄉᆞ마온공이왈녜속이불가의속이넌말얻밋고상ᄉᆞ
ᄆᆞ잇ᄊᆞ면긔혀불공ᄒᆞ여이르되죽으니럴위ᄒᆞ야죄
럴업서고복열도와텬당에환싱ᄒᆞ고불공열ᄋᆞ니ᄒᆞ
면디옥에드러간ᄃᆞᄒᆞ니밋을말이ᄋᆞ니라
鄙드러울비野들야之어조ᄉᆞ지人ᄉᆞ람인初처음초喪상ᄉᆞ상未아닐미斂렴ᄒᆞᆯ렴
親친친ᄒᆞᆯ賓빈각빈齋ᄆᆞᄌᆞᆯ제酒술쥬往갈왕齋위로츌로及이를급葬장ᄉᆞ장
亦또역備ᄀᆞᆺ촐비酒술쥬饌음식찬相서로상與더블여醉취ᄒᆞᆯ취飽비부를포
甚심ᄒᆞᆯ심者쟈니初처음초喪상ᄉᆞ상作지을작樂풍류악以ᄡᅥ이娛즐거울오尸

二十九

ᄒᆞ고 에 을로
ᄒᆞ고 ᄒᆞ나
이아
에 도
이여던

시뎨 及급이를 葬장장ᄉᆞ 以이써 樂악풍류 導도인도 輀이상여 車거수리

亦역또 有유잇슬 乘승탈 喪상상ᄉᆞ 嫁가시집 娶취장가들 者쟈니 習습익힐 俗

속풍속 乃내이에 至지이를 此ᄎᆞ이 乎호어조ᄉᆞ

무무ᄒᆞᆫᄉᆞ람덜어ᄎᆞᄀᆞᆼ렴습젼의일가와찬구ᄀᆞ술엳

ᄀᆞ지고ᄀᆞ서위로ᄒᆞ고장ᄉᆞ에도쥬찬얼ᄎᆞ리여서로

취至ᄒᆞ고상ᄒᆞᆫ듸년초상에풍류렬ᄒᆞ야시뎨렬갈겁

게ᄒᆞ고장ᄉᆞ에도풍류로상여렬인도ᄒᆞ고심지어승

상가취ᄒᆞ도ᄒᆞ니못된풍속인덜이지경의이르ᄂᆞ니

四ᄉᆞ넉 禮례례도 便편편ᄒᆞᆯ 覽람볼 曰왈일을 附부붓틀 於어어조ᄉᆞ 身신몸 者쟈것

猶유오히려 必필반드시 誠셩정셩 信신밋블 況황ᄒᆞ물며 於어어조ᄉᆞ 身신몸 體

아에파 련이요 이니리 ・

어어던이라가 호티 ㅣ

추고추샤

몸 톄 乎 호어조 正 정바를 髮 발을 尸 시시톄 之 ᄉᆞ어조 時 시ᄯᅢ 頭 두머리 面 면얼굴 肢

지ᄉᆞ지 體 톄몸 必 필반ᄃᆞ시 合 합식칠 正 정바를 髮 발을 直 직고들 須 슈모롬기ᄯᅳ 以 이ᄡᅥ 時

시ᄯᅢ 入 갈들어 審 심살필 可 가옳 也 ᄉᆞ어조야

ᄉᆞ례편람에 왈 몸에ᄯᅡ른 제구도 오히려 셩신으로 ᄒᆞ

거던 ᄒᆞ물며 몸이ᄉᆞ 경ᄒᆞᆯ니ᄒᆞ랴 슈시ᄒᆞᆯ제 두면ᄭᅡ지

톄렬 반드ᄒᆞ게ᄒᆞ고 시시로 드려ᄀᆞ 살피라

旣 긔이메 絶 졀ᄭᅳᆫ고 男 남사나ᄉᆡ 女 녀계집 女 녀조 哭 곡울 踊 용뛸 乃 내이예 復 복초혼

지ᄉᆞ 內 내안 喪 상상ᄉᆞ 則 즉곳 女 녀계집 御 어모실 以 이ᄡᅥ 死 ᄉᆞ죽을 者 쟈사ᄅᆞᆷ 之 지어조

지ᄉᆞ 上 상위 服 복옷 褖 단단의 衣 의옷 或 혹혹 大 대큰 衣 의옷 嘗 상일 쯕 經 경지날

衣 의옷을 者 쟈것 升 승올늘 屋 옥집 脊 척등마루 三 삼세번 呼 호부를 從 종조ᄎᆞᆯ

이라ᄒᆞ고 위ᄒᆞ야 ᄒᆞᄂᆞ니난 녀에라

生산싱時시ᄯᆡ之어조ᄉᆞ지號칭호호曰일ᄋᆞᆯ왈某무ᄋᆞ무人인ᄉᆞ람復회복ᄒᆞᆯ복싱

畢필ᄃᆞᆯ卷거들권衣옷의降ᄂᆞ릴강覆덥플부尸시시톄復복초혼衣의옷

不안불할以이써斂렴렴홀

순명ᄒᆞ거던남녀ᄆᆞ곡용ᄒᆞᄃᆞᄆᆞ지곡ᄒᆞ고초혼ᄒᆞ되

녀상에던망인에윗옷단의ᄂᆞ혹다의의즁에입어보던

거슬녀복이ᄆᆞ지고집달말의올ᄂᆞ서서싱시예블으

던칭호렬조ᄎᆞ세번블너왈ᄉᆞ무복이라ᄒᆞ고옷션ᄆᆞ

지고ᄂᆞ려와서시톄렬덥ᄂᆞ니초혼ᄒᆞᆫ옷션렴에드러

ᄆᆞ지안너니라

立립셜喪상상ᄉᆞ主쥬쥬인主쥬쥬인婦부부인初초츰喪상상ᄉᆞ則즉곳亼

호되

가 ᄒᆞ나니
요
예넌 가
ᄒᆞ나니예넌
ㅣ 다
ᄒᆞ되

망죽을者자니之어조ᄉᆞ지妻쳐ᄋᆞ니爲될위主쥬쥬인婦부부인時시며未안할
며傳젼젼ᄒᆞ家가집於어조ᄉᆞ家가집ᄒᆞ婦며느리故연고也어조ᄉᆞ야虞우졔우
우祔부부졔以ᄡᅥ이後뒤후喪상상ᄉᆞ主쥬쥬인之어조ᄉᆞ지妻쳐ᄋᆞ니爲될위
主쥬쥬인婦부부인祭졔ᄉᆞ졔祀졔ᄉᆞᄉᆞ必반ᄃᆞ시필夫부부婦부부親
친히친之어조ᄉᆞ지故연고也어조ᄉᆞ야
상쥬와쥬부렬뎡ᄒᆞ되초상에넌망인의ᄋᆞ내가쥬부
노릇ᄒᆞ나ᄋᆞ죽졸부의게젼가ᄒᆞ지안인연고요우
졔이후에넌상쥬에ᄋᆞ내가쥬부노릇ᄒᆞ나니졔ᄉᆞ는부
부ᄀᆞ갓치지내넌연고라
乃이에내易박굴역服옷복不안할불食먹을식을妻쳐ᄋᆞ내子ᄌᆞ식자婦며느리

三十一

ᄒᆞ고 언　ᄒᆞ고　ᄒᆞ고 ᄒᆞᄂᆞ니　ᄒᆞ고ᄒᆞᆫ이라 넌　넌 ᄒᆞ고 넌　ᄒᆞ고 넌　ᄒᆞ니　ᄒᆞ더이 서던도　니티

부리 妾쳡쳡 去거버릴 上샹위 衣의옷 披피플 髮발터럭 服복닙을 白ᄇᆡᆨ흴 大대큰

衣의옷 白ᄇᆡᆨ흴 長쟝긴 裙군치마 無무업슬 則즉곳 代대디신 以이써 白ᄇᆡᆨ흴 衣

의옷 白ᄇᆡᆨ흴 裳샹치마 徒도빈 跣션발버슬 出츌나갈 後후뒤 子ᄌᆞ식 出츌나갈

嫁가시집 女녀ᄯᆞᆯ 皆개다 不불아닐 披피플 髮발터럭 徒도빈 跣션발버슬 諸졔뭇

子ᄌᆞ식 三삼셕 日일날 不불안ᄒᆞᆯ 食식먹을 朞기긔년 大대큰 功공공 三번세

삼 不불앙ᄒᆞᆯ 食식먹을 小쇼쟉을 功공공 總싀ᄃᆡ 再지두 不불안ᄒᆞᆯ 食을먹

식 親친친 戚쳑외쳑 親친 隣린이웃 里리동리 爲위ᄒᆞ 糜미미음 粥쥭쥭 以이써

食ᄉᆞ먹일 尊존노플 長쟝얼운 強강권ᄒᆞᆯ 之지조ᄉᆞ어 少쇼젹을 食식먹을 可

가가 ᄒᆞᆯᄉᆞ 世ᄉᆞ어 야조 야.

옷셜변ᄒᆞ고먹지ᄋᆞ니ᄒᆞ되안상졔눈ᄇᆡ대의ᄇᆡᆨ장군

ㅣ을로 ᄒᆞ고이 이어던이 ᄒᆞᄂᆞ니라

이ᄂᆞ밖의박상이ᄂᆞ입고머리플고발벗ᄂᆞ니출계ᄒᆞᆫ
ᄉᆞ대과출가ᄒᆞᆫ딸연머리플지ᄉᆞ니ᄒᆞ며발벗지ᄉᆞ니
ᄒᆞᄂᆞ니라상졔대연ᄉᆞ흘열먹지ᄉᆞ니ᄒᆞ고긔년과대
공복인연세ᄭᅵ렬먹지안코쇼공과싀마복인연두ᄭᅵ
렬먹지안너니친쳑과린디ᄀᆞ미음과쥭얻ᄒᆞ야먹이
되연윤이강권ᄒᆞ거던조고무치여넌것도ᄀᆞᄒᆞᄂᆞ니라
女녀ᄌᆞ喪상ᄉᆞ則즉곳女녀ᄌᆞ御어모실以이ᄡᅥ湯물더운탕沐ᄀᆞ믈목
髮발터럭浴목욕體톄모女녀ᄌᆞ御어모실四ᄉᆞ넉人인ᄉᆞ람分분논은
左재왼右우올은而ᄉᆞ이어襲습의主쥬쥬인人빈ᄉᆞ람飯반밥含ᄒᆞᆷ반함
녀상에넌녀복이머리털과몸열씩기고녀복닛시좌

三十二

에ㅣ타가
에야 ᄒᆞ나니
과연 ᄒᆞ고
넌호더ᄒᆞ
로 ᄒᆞ고
언
ᄒᆞ고 넌
ᄒᆞ니 넌
몰ᄒᆞ고

우렬난와습의렬입괴거뎐쥬인이반함ᄒᆞᄂᆞ니라
未미안襲할습의男남ᄌᆞ女녀녀ᄌᆞ哭곡울踊용뛸無무업슬數수수襲
습습의後후뒤始시비로소爲위ᄒᆞᆯ位위ᄌᆞ리而어조ᄉᆞ이哭곡울主쥬쥬인人사ᄅᆞᆷ
혼衆중뭇男남ᄉᆞ덜坐좌안즐尸시시톄牀장상상東동동녁主쥬쥬인婦
인衆중뭇婦부부인坐좌안즐西서서녁皆기ᄃᆞ藉자깔藁고거적餘울古
부부以이써衆중뭇服복옷입次ᄎᆞ차례坐좌안즐各각각西서서녁坐좌안즐其기그後후뒤尊존노플
여行항항렬各각각坐좌안즐北북북녁壁벽벽下하아래東동동녁西서녁
셔異이달을姓셩셩씨男남남ᄌᆞ女녀녀ᄌᆞ各각각坐좌안즐南남남녁
幃위휘장外외밧것東동동녁西서서녁是시이後후뒤凡범대범哭곡울位
우ᄌᆞ리皆기ᄃᆞ如여ᄀᆞᄐᆞᆯ此ᄎᆞ이若약만일內내안喪상상ᄉᆞ則즉곳同동ᄀᆞᄐᆞᆯ

년ᄒᆞ고
년니라

姓셩씨丈장질夫부남ᄌᆞ坐좌안즐幃위휘장外외밧東동동녁異을달

이姓셩셩씨丈장질夫부남ᄌᆞ坐좌안즐幃위휘장外외밧西셔셔녁

습의젼의년남녀ᄆᆞ곡용열무수이ᄒᆞᄃᆞᄆᆞ습의후에

야비로소ᄌᆞ리랄뎡ᄒᆞ야우ᄂᆞ니쥬인과즁ᄌᆞᄂᆞᆫ시상

동편의안ᄭᅩ쥬부와즁부ᄂᆞᆫ셔편의안즈되ᄃᆞ개적얼

ᄭᅡᆯ고그ᄂᆞ무니ᄂᆞᆫ복남녀ᄎᆞ례로각각그뒤예안ᄭᅩ존

쟝연대텽북벽하동셔에안ᄭᅩ이셩뎔연남디휘쟝박

긔동셔에안너니어후에ᄂᆞᆫ우년ᄌᆞ미랄ᄃᆞ이볍으로

ᄒᆞ고만일녀상에년동셩쟝부년휘쟝박겻동편의안

ᄭᅩ이셩쟝부년휘쟝박겻셔편의안너니라

三十三

식도리자년우후의습

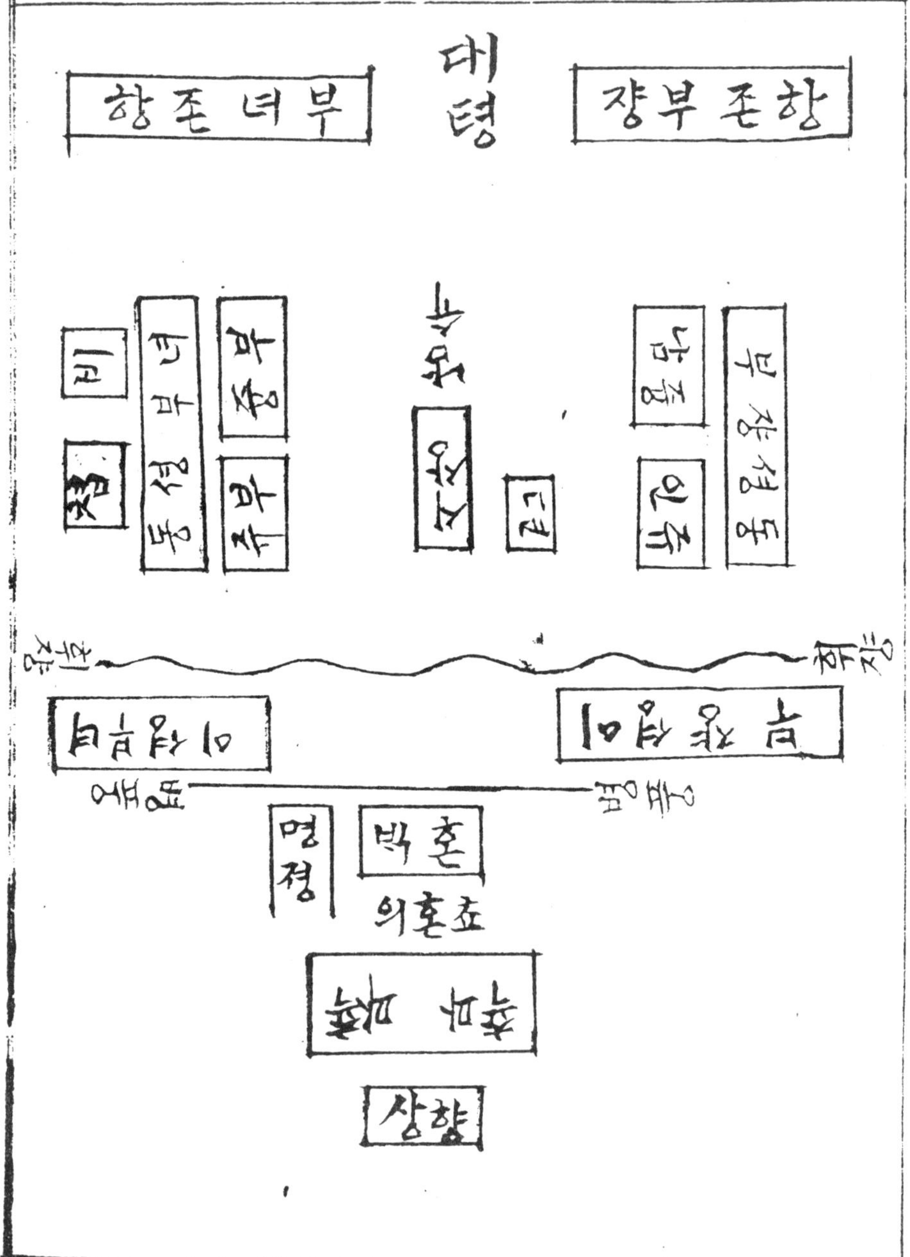

이ㅣ
ᄒᆞ고에
ᄒᆞ되
에ᄒᆞ고
와와에난
ᄒᆞ고
에ᄒᆞ고
에ᄒᆞ고
에ᄒᆞ고
에난니타

將쟝쟝찻小쟉을쇼斂렴홀렴遷옴갈쳔尸시톄시男남ᄌ남女녀ᄌ녀共
ᄒᆞᆫᄀ지공扶붓들부助도을조之어조ᄉᆞ지旣이믜긔斂렴홀렴主쥬인쥬人ᄉᆞ람
인主쥬인쥬婦부신부哭울곡踊뛸용憑지딜빙尸시톄시凡대범범子ᄌ식
ᄌ於어조ᄉᆞ어父부인부母모친부身몸신俯구프릴부而어조ᄉᆞ이憑지딜빙父
부친부於어조ᄉᆞ어子ᄌ식ᄌ夫부외경於어조ᄉᆞ어妻쳐ᄋᆞ너於어조
ᄉᆞ어昆형곤弟ᄋᆞ우뎨執잡을집持ᄀ즐지其그기衣옷의婦며느리부於어조ᄉᆞ어
舅싀부구姑싀모고捧밧들봉持ᄀ즐지其그기衣옷의舅싀부구姑싀모고
於어조ᄉᆞ어婦며느리부撫만즐부尸시톄시之어조ᄉᆞ지心ᄆᆞ음심胸ᄀᆞ슴흉妻
쳐ᄋᆞ너於어조ᄉᆞ어夫외경부微즉을미拘거릴구리당길인其그기衣옷의嫂
형수소叔잡시슉ᄉᆞ不불ᄋᆞᆫ찰相서루샹撫만즐부尸시톄시

三十四

에ᄂᆞᆫ 호ᄃᆡ 년 ᄒᆞ고 ᄒᆞ고 호ᄃᆡ 반 ᄒᆞ고 난 에

쇼렴ᄒᆞ라고시톄렴옹갈젹의남녀ᄆᆞᄆᆞ치붓ᄃᆞᆯ고쇼
렴ᄒᆞ후에시톄렴만즈며곡용ᄒᆞ되부모ᄒᆞᆫ티녀몸스로
기티고조식과ᄉᆞ셔와형뎨에ᄂᆞᆫ옷선붓잡고구고의
년옷셜밧ᄃᆞᆯ고며느리계ᄂᆞᆫ시톄ᄆᆞ삼얀만즈고외경
에ᄂᆞᆫ옷셜결거당긔고수숙ᄭᅴ의년시톄렴만즈지안
녀니라

小쇼죽 斂렴렴 後후뒤 主쥬쥬 人인ᄉᆞ람 以이써 下하수 代ᄃᆡᄃᆡ 신력
哭곡욱 을 不불안 絶졀ᄭᅳᆫᄎᆞᆯ 聲셩소리 男남남 조 女녀녀 조 括괄묶 끌 髮발터럭
밟 斬참베 실 衰최최 복 以이써 麻마삼 齊옷곳 衰최최 복 以이써 布포베 婦
부부 인 人인ᄉᆞ람 以이써 簪좀빈 여 安안편 안ᄌᆞ 髽좌상 투 斬참베 일 衰최최 복

이요에넌

니라

無무업슨首슈머리ᄯᅥ죡簪줌빈여齊ᄌ옷곳衰최최복有유잇슨首머리

슈木목나무簪줌빈여

쇼렴후에상쥬이하ᄀ번거루우려소리렴큰ᄎ지안

코남녀ᄀ머리털열목되참최에눈삼으로묵고지최

에넌베로묵고부인언빈여렴지르되참최에넌머리

읍넌더빈여지최에눈머리잇넌ᄂ목빈여라

大대큰斂렴렴홀入들어갈입棺관늘관男남남ᄌ女녀녀ᄌ憑빙지털哭곡울盡

에ㅡ

진ᄃ할衰최의슨풀婦부부인人인사람退퇴물너갈入들어갈입乃내이에名을불

에넌이어던

ᄒ야니이라

죠匠쟝대목加가덜일蓋개덥개

대렴ᄒ고입관홀제남녀ᄀ기더고스러운더로운후

三十五

에ᄒᆞ고 쇼 니라 에 ᄒᆞ고에 ᄒᆞ나니 니라

에부녀년잠깐피ᄒᆞ거던대목열불너서텬개련덥ᄂᆞ
니라
殯빈빈소殮렴렴홀之어조ᄉᆞ時ᄯᅢ시當맛당당徹거둘철哭울곡臨림림홀ᄯᆞ
視볼시務심무쓸令식령할安편안산固구고들不못불홀可가가홀但만ᄯᆞ
단哭울곡而어조ᄉᆞ已그칠이
쇼디렴ᄒᆞ고빈소홀적의우룸열것고조셰이보ᄉᆞ편
ᄒᆞ고완고ᄒᆞ게홀개시요울기만ᄒᆞ지못ᄒᆞᄂᆞ니라
設베풀설靈신령령座자리좌陳베풀진平평평홀生산싱日날일用써용之
物물건물朝조ᄉᆞ조夕저녁셕設베풀설寢잘침具제구구內안너
어조ᄉᆞ지則곳즉女녀녀御모실어設베풀설之어조ᄉᆞ지
상상ᄉᆞ

에ᄒᆞ고 ᄒᆞ고에 ᄒᆞ야면 ᄒᆞ고은 ᄒᆞ야 니라

졔연의평ᄉᆡᆼ안용지믈연베펴노코죠셕에차구럴졔

고것ᄂᆞ니듸상에년녀복이폐고것ᄂᆞ니라

大대斂렴렴출後뒤후止그칠지代대신대哭울곡始비로소시朝아ᄎᆞᆷ죠夕

전셕역哭울곡中가온대듕門문듕문外밧외爲ᄒᆞᆯ위丈질장夫남ᄌᆞ부盧려막

려次집ᄎᆞ非안비일時ᄯᅢ시見뵐현실于어조ᄉᆞ우母모친무不안불ᄒᆞᆯ入들어

갈섭中가온대듕門듕문문婦부부인人사람인盧려려막于어조ᄉᆞ우中가온대듕

門듕문문內안내不불哭울곡得어들득至이를지男남남ᄌᆞ子남ᄌᆞ조喪거상

상출次집ᄎᆞ

대렴ᄒᆞᆫ후에번거루우년울움열그치고죠셕곡열시작

ᄒᆞ고남ᄌᆞ년중문밖끼려막열덩ᄒᆞ야모친이엽쓰면

三十六

ᄒᆞ고 ᄒᆞ고 ᄒᆞ고 ᄒᆞ되 년 에이

훙문열드러마지안코부인연즁문안의려막엳뎡ᄒᆞ
야남ᄌᆞ려막에ᄃᆞᆯ마지못ᄒᆞᄂᆞ니라
成셩일을服복입日일날五오ᄃᆞᆺᄉᆞ服복입을人인ᄉᆞ람各각각服복입을
복其기그服복옷婦부부인人인ᄉᆞ람素소흴冠관상관竹죡ᄃᆡ木목나무簪
즘빈여制제복제服복옷首슈머리經딜슈질斬참베일衰최최복麻마삼纓
영갓끈齊ᄌᆞ옷ᄀᆞᆺ衰최최복以이써下하수리布포베纓영갓끈小소쟉을功
공공以이써下하수리無무업슬纓영갓끈腰요허리經딜요질絞교교ᄃᆡ帶
덕덕斬참베일衰최최복麻마삼齊ᄌᆞ옷ᄀᆞᆺ衰최최복以이써下하수리布포베
杖이지장핑斬참베일衰최최복竹죡ᄃᆡ齊ᄌᆞ옷ᄀᆞᆺ衰최최복桐동오동男ᄌᆞ남
古位위ᄌᆞ리於어조ᄉᆞ極ᄀᆞ늘東동동녁西셔셔녁向향향ᄒᆞᆯ女녀녀ᄌᆞ位

ᄒᆞ야 ᄒᆞ고 이 ᄒᆞ야ᄒᆞ고 ᄒᆞ야 ᄒᆞ고 년 ᄒᆞᄂᆞ니라

위ᄌᆞ리 於ᄉᆞ어조 柩구늘 西셔셔녁 東동동녁 向향향ᄒᆞᆯ 以이써 服복입 爲

ᄒᆞ우 序셔ᄎᆞ례 因인인ᄒᆞᆯ 朝죠ᄉᆞ참 哭곡울 相샹서루 弔됴됴샹 諸져뭇 子ᄌᆞ뎨ᄉᆞ

ᄌᆞ 孫손손ᄌᆞ 就취ᄂᆞ갈 祖조조부 父부조부 及급더블 諸져뭇 父부부친 前

젼압 跪궤ᄭᅮᆯ 哭곡울 盡진ᄃᆞ 哀ᄋᆡ슬풀 又우또 就취ᄂᆞ갈 祖조조모 母

무 及급더블 諸져뭇 母모친 前젼압 亦역또 如여ᄀᆞᄐᆞᆯ 之지ᄉᆞ어조 女녀녀ᄌᆞ

子ᄌᆞ녀ᄌᆞ 如여ᄀᆞᄐᆞᆯ 男남남ᄌᆞ 子ᄌᆞ남ᄌᆞ 之지ᄉᆞ어조 儀의례졀

셩복일에오복지친이각각그복열입으되부인연희

판쓰고티ᄂᆞᆫ무로비여렬ᄒᆞ고졔복입고슈질쓰고

쇼질과교디ᄯᅴ고지팡이집ᄂᆞ니참최에ᄂᆞᆫ삼스로슈

질끈열ᄒᆞ고지최디공연베끈이요쇼공식마ᄂᆞᆫ끈이

三十七

ᄒ니와 ㅣ ᄒ샤 ᄒ니 ㅣ

엽고참최에는삼으로고티렬ᄒ고지최이하는베로
ᄒ고참최에는티로지평이렬ᄒ고지최에는소동으
로ᄒᄂ니라남녀ᄀ빈소동셔의상향ᄒ야ᄌ리렬뎡
ᄒ되복으로ᄎ례렬ᄒ고죠곡열인ᄒ야서루됴샹ᄒ
되제ᄌ제손이조부와제부젼의궤곡진이ᄒ고또조
모와졔모견의렬ᄀ서졔곡진이ᄒ고녀ᄌ는남ᄌᄒ
년모양ᄀ치ᄒᄂ니라

服복을봅必반득相샹서루報보가풀女녀너ᄌ出츌나갈嫁가시집갈男
남남[illegible]後[illegible]爲위위홀其그私ᄉᄉ수親친친속皆기ᄃ降강ᄂ
강一일혼等등등쑤私ᄉ수수親친친속之ᄉ어지조爲위위홀之ᄉ어지조也

ᄒᆞ니ㅣ
와
와
난 ᄒᆞ고
ㅣ 嫡 도
니이라

어조亦역또然연글열惟유오직出츌ᄂᆞᆯ갈嫁가시집女녀ᄌᆞ爲위ᄒᆞᆯ
ᄉᆞ야祖조조부曾증거듭高고노플祖조조부父부조부母무조모及급더블兄형형
형형弟뎨ᄋᆞ우之ᄉᆞ어조지爲위될父부부친後후뒤者쟈나及급더블兄형형弟
뎨ᄋᆞ우姪질족하之ᄉᆞ어지조妻쳐ᄋᆞ너皆기ᄃᆞ從종좃츨本본근본服을복복입
本본근生생난父부부친母무모친爲위위ᄒᆞᆯ出츌ᄂᆞᆯ갈後후뒤子ᄌᆞᄋᆞ뎔
亦역또從종조本본근본服을복복입
복연서루감년걸노십ᄂᆞ니츌가ᄒᆞᆫ녀ᄌᆞ와츌계ᄒᆞᆫ남
ᄌᆞᄆᆞᄃᆞ일등식강복ᄒᆞ되옥직츌가녀ᄌᆞᄆᆞ조부증조
고조와형졔즁의부모봉ᄉᆞ흘ᄉᆞ람과형뎨에ᄋᆞ니와
족하의ᄋᆞ니럴위ᄒᆞ야ᄂᆞᆫ본복티로입어쥬고싱가부

三十八

이와ㅣ
년ᄒᆞ고
난ᄒᆞ고
년라도孝
니이라

모ᄃᆞ출계ᄒᆞᆫᄌᆞ딜열위ᄒᆞ야도본복되로입ᄂᆞ니라
兩량두男남남ᄌᆞ各각각각出츌ᄂᆞ갈後후뒤兩량두女녀녀ᄌᆞ各각각각出
츌ᄂᆞ갈嫁갈시가집不불안찰再ᄌᆡ두降강ᄂᆞ랄惟유오직男남남ᄌᆞ出츌ᄂᆞ갈
後후뒤女녀녀ᄌᆞ出츌ᄂᆞ갈嫁갈시가집者쟈니再ᄌᆡ두降강ᄂᆞ리外외빗것黨
당족당服복복을복이雖슈비록出츌ᄂᆞ갈嫁갈시가집不불안찰降강ᄂᆞ랄夫경외
부本본근본生ᄉᆡᆼ날外외빗것黨당족당無무업슬服을복복입
각각츌계ᄒᆞᆫ남ᄌᆞ길이와각각츌가ᄒᆞᆫ녀ᄌᆞ길이년복
열지강ᄒᆞ지안코츌계남츌가녀길이년지강ᄒᆞ고외
가복언츌가ᄒᆞ야도강복ᄒᆞ지안코외졍의싱가외가
ᄂᆞᆫ복이업너니라

ᄒᆞ야ᄂᆞᆫ
ᄒᆞ고 ㅣ
에ᄂᆞᆫ ᄒᆞ고
ㅣᄒᆞ야
에도 ᄂᆞ니라
이어던
이어니와
이면

妻쳐ᄉᆞ ᄂᆞᆫ 爲위위 ᄒᆞᆯ 夫부외 졍 黨당족당 從종조 ᄎᆞᆯ 夫부외 경 服복을 복입 降
강ᄂᆞ 일 一일출 等등등 ᄊᆞ 出출ᄂᆞ 갈 後후뒤 者쟈니 之ᄉᆞ어 지조 妻쳐ᄉᆞ 녀 於ᄋᆞ어 조
어ᄉᆞ 夫부외 졍 本본근 본 生ᄉᆡᆼ난 親친친 욕 降강ᄂᆞ 릴 二이두 等등둥 ᄊᆞ 出갈ᄂᆞ
출ᄋᆞ 後후뒤 者쟈니 之ᄉᆞ어 지조 女녀ᄯᆞᆯ 出출ᄂᆞ 갈 嫁갈시집 가 爲위위 출 父부부 친
本본근 본 生ᄉᆡᆼ난 降강ᄂᆞ 릴 二이두 等등둥 ᄊᆞ
아니마와 졍의 지친을 위ᄒᆞ야 논 외졍 보ᄂᆞ 일등 열강
복ᄒᆞ고 외졍의 ᄉᆡᆼ가 지친에 녀 이 등 열 강 복ᄒᆞ고 츌가
녀ᄀᆞ 부친에 ᄉᆡᆼ가 려 위ᄒᆞ여도 이 등 열 강 복ᄒᆞᄂᆞ니라
夫부외 졍 承승이 을 重듕듕 출 則즉곳 從종조 ᄎᆞᆯ 夫부외 졍 承승이 을 重듕 출
듕 若약만 일 次ᄎᆞ지 ᄎᆞ 孫손손 ᄌᆞ 承승이 을 重듕듕 출 則즉곳 長쟝맛 孫손ᄌᆞ

三十九

넌 이니라
넌 ᄒᆞ나니
모 이이오
로 ㅣ이오
로 ▮ 이니
ᄒᆞ고 니이라

손婦며리부ᄂᆞ不안ᄒᆞᆯ부承승이을重즁즁홀
외졍이승즁ᄒᆞ거던ᄉᆞ너ᄆᆞᄃᆞ로승즁ᄒᆞᄂᆞᆫ고로지ᄎᆞ
손ᄌᆞᄆᆞ승즁ᄒᆞ면장손부ᄆᆞ승즁ᄒᆞ지안너니라
三석삼殤요ᄉᆞ홀샹服닙복을복以ᄡᅥ이次ᄎᆞ례차降ᄂᆞ릴강一ᄒᆞᆫ일等등등ᄡᅮ十
열습九구ᄉᆞ至이지를十열습六여ᄉᆞ륙爲될위上위샹殤요ᄉᆞ홀샹十열습五
오ᄃᆞᄉᆞ至이지를十열습二두이爲될위中가운데즁殤요ᄉᆞ홀샹十열습一ᄒᆞᆫ일至
지일를八여덜팔歲나세爲될위下아래하殤요ᄉᆞ홀샹丈질장夫사남부冠쓸
관婦부부人인ᄉᆞ랑笄비녀계則곳즉不안일불爲될위殤요ᄉᆞ홀샹
삼샹복션ᄎᆞ례로일등ᄡᅵᆨ강복ᄒᆞᄂᆞ니십구셰로십륙
셰ᄭᆞ지ᄂᆞᆫ샹샹이요십오셰로십이셰ᄭᆞ지년즁샹이

어난 ㅣ ㅣ요과 ㅣᄒᆞ니라 언 니야

요십일세로팔세ᄭᆞ지년하샹이니남ᄌᆞᄆᆞ관례ᄒᆞ고
녀ᄌᆞᄆᆞ계례ᄒᆞ엿ᄊᆞ면샹이ᄉᆞ니니라
改기곤葬장장ᄉᆞ男남남ᄌᆞ女녀녀ᄌᆞ應응응당服복입을복三석삼年ᄒᆡ년
者나자皆다ᄀᆡ服복입을복緦시시마孫손손ᄌᆞ曾거듭증玄거물현爲될위後뒤후
者나자及더블급妻쳐ᄉᆞ서同ᄀᆞ틀동
면례에넌남녀삼년상입을이ᄆᆞᄃᆞ싀마를입고봉ᄉᆞ
ᄒᆞ넌손ᄌᆞ증손현손ᄭᆞ그ᄉᆞ서ᄆᆞᄃᆞ싀마련입너니라
五다ᄉᆞ오服복입을복斬베일참衰최최복齊ᄌᆞ실ᄌᆡ衰최최복大큰대功공공
小죡을쇼功공공緦시시마
오복은참최지최ᄃᆡ공구월쇼공오월싀마삼월이라

무

출가견본종오복도식

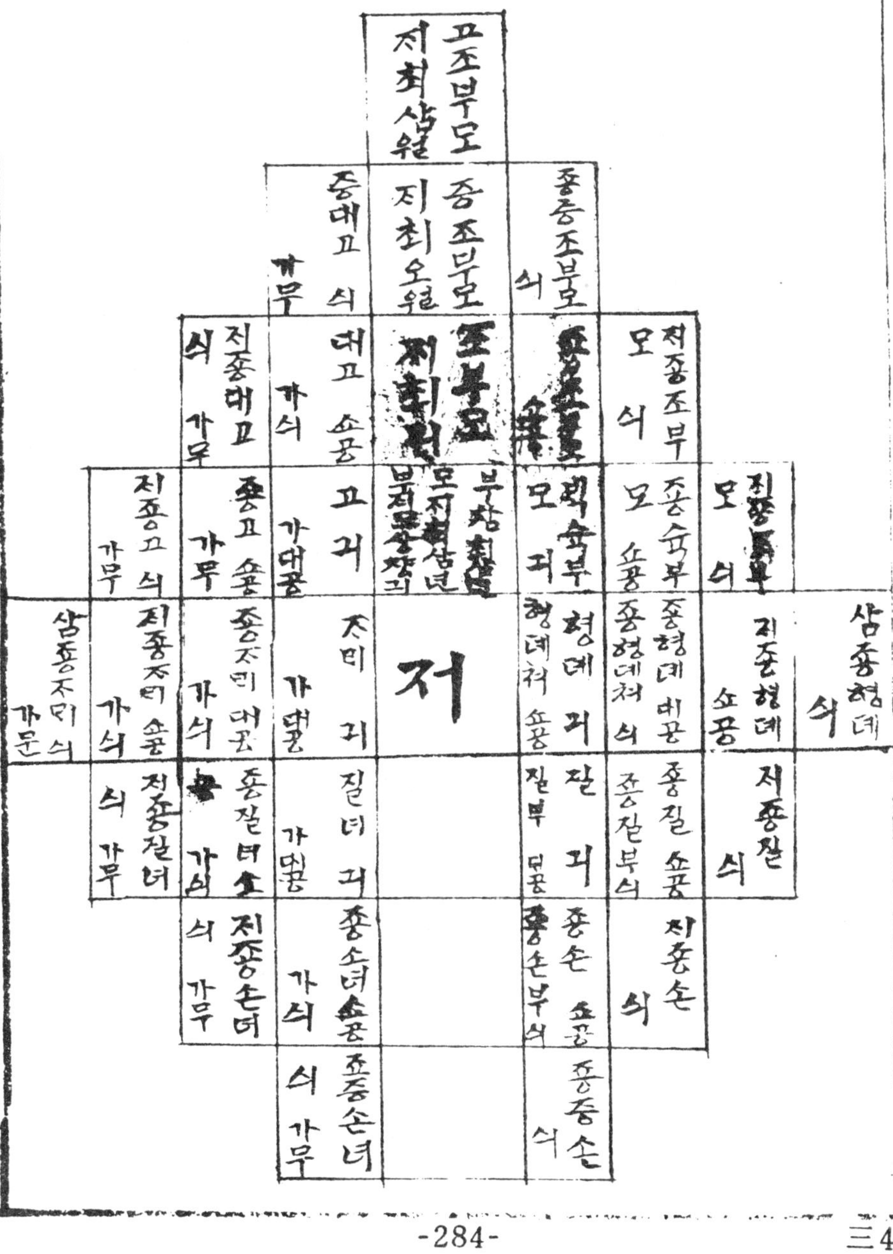
고조부모 지최삼월
증조부모 지최오월
증대고 식 가무
종증조부모 식
조부모 제최부장
대고 소공 가식
종조부모 소공 모식
지종대고 식 가무
지종조부 모식
부모 참최삼년
고 기 가대공
숙부 모 기
종고 소공 가무
종숙부 모 소공
지종고 식 가무
지종숙부 모식
저
형데 기
형데처 소공
조미 기 가대공
종조미 대공 가식
종형데 대공
종형데처 식
지종조미 소공 가식
지종형데 소공
삼종조미 식 가문
삼종형데 식
질 기
질부 대공
질녀 기 가대공
종질 소공
종질부 식
종질녀 소공 가식
지종질
지종질녀 식 가무
종손 소공
종손부 식
종소녀 소공 가식
지종손 식
지종손녀 식 가무
종증손 식
종증손녀 식 가무

시집오복도식

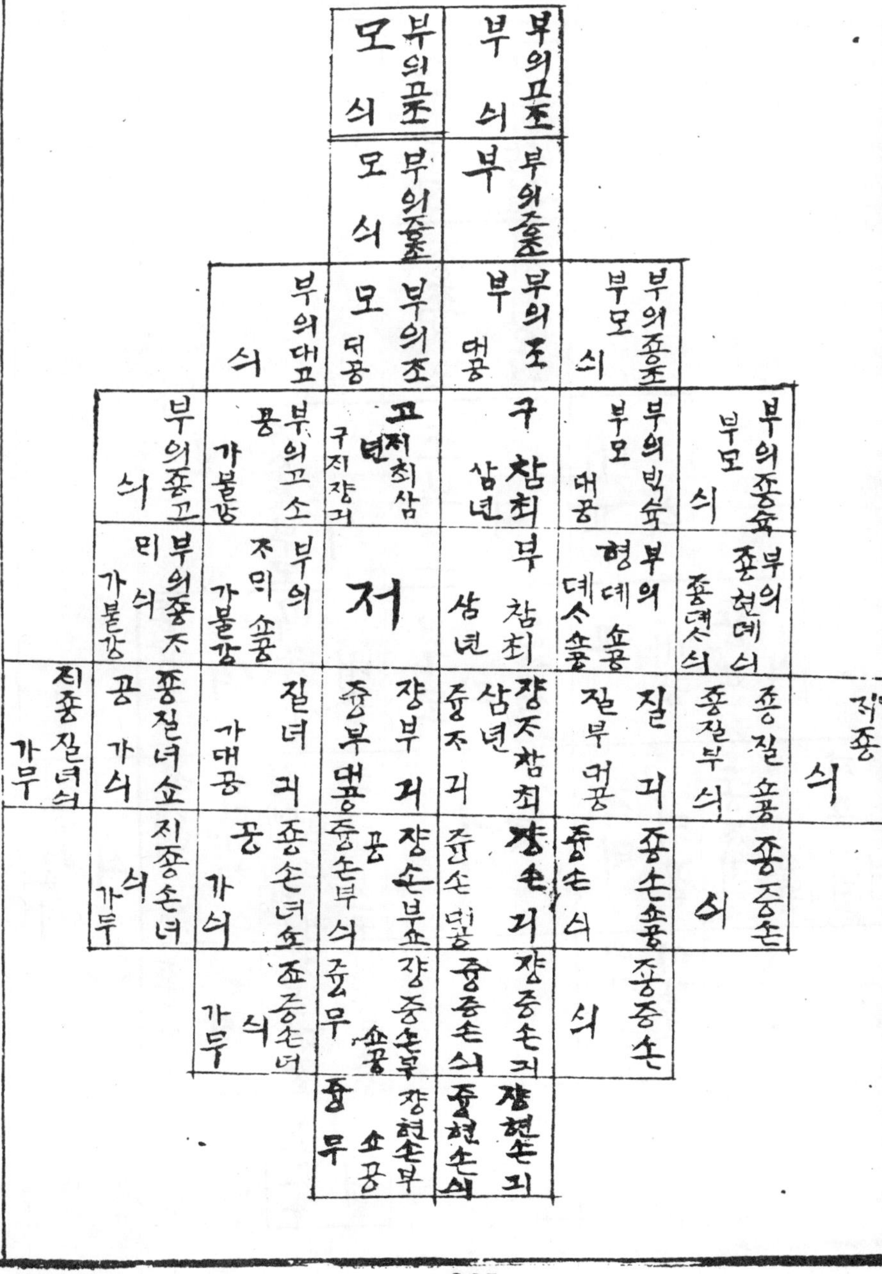

부의고조 부 식
부의고조 모 식
부의증조 부
부의증조 모 식
부의조 부 대공
부의조 모 대공
부의대고 식
부의증조 부모 식
부의백숙 부모 대공
부의종증숙 부모 식
구 참최 삼년
고 저 최삼 구지장긔
부의고소 공 가불강
부의종고 식
저
부 참최 삼년
부의 형데 소공
부의 종현데 종데수식
부의 조미 소공 가불강
부의종조 미식 가불강
장조 참최 삼년
장부 긔
종부 대공
질 긔
질부 대공
종질 소공
종질부 식
질녀 긔 가대공
종질녀 소공 가식
재종질녀 식 가무
장손 긔
장손부 소공
중손 대공
중손부 식
종손 소공
종손 식
종손녀 소공 가식
재종손녀 식 가무
장증손긔
장증손부 소공
중증손 식
중증손부
종증손
증손녀 식 가무
장현손긔
장현손부 소공
중현손 식
중현 무
직종 식

츌가후본종강복도식

			고조부모 지최삼월			
			증조부모 지최오월			
		대고 싀	조부모 긔	죵조부모 싀		
	죵고 싀	고 대공	부모 긔 심상삼년	뵉슉부모 대공	죵슉부모 싀	
지죵조민 싀	죵조민 쇼공	조민 대공	저	형뎨 대공 봉ᄉ 긔 형뎨처 쇼공	죵형뎨 쇼공 죵형뎨처 싀	지죵형뎨 싀
		이질 쇼공 이질부 싀		질 대공 질부 쇼공	죵질 싀	
				죵손 싀		

출가녀의부친본생가지강복도식

조부모 소공

빅숙부모식

고식

저

종형데식

종조미식

출가녀의본종출계친지강복도식

박숙부모 소공

형데 소공

형데처식

죵형데식

질 소공

질부식

외친복도식

외조부모 소공

이모 소공

너구 소공

너구쳐식

너형데조미식

저

외형데조미식

이형데조미식

싱질 소공

싱질부식

녀셔식

싱질녀 소공

외손식

외손부식

四十二

三42a

이ᄯᅢ

ᄒᆞ고 ᄒᆞ고 ᄒᆞ고

ᄒᆞ고 ᄒᆞ디

ᄒᆞ고

이어던 ᄒᆞᆷ ᄒᆞ여어던

ᄒᆞ고

始비로솔시 聞드를문 父부친부 母모친무 喪상ᄉᆞ상 以써이 哭울곡 答답ᄃᆞ답

使ᄉᆞ자시 者니자 問물을문 故연고고 又ᄯᅩ우 哭울곡 盡ᄃᆞᄒᆞᆯ진 哀슬플ᄋᆡ 去

버란거 華빗날화 服옷복 遂인ᄒᆞᆯ슈 奔ᄃᆞᄅᆞᆯ분 喪상ᄉᆞ상 望ᄇᆞ랄망 其그기 鄕

시골향 哭울곡 入들어입 門문문 詣예ᄂᆞᆯ예 柩늘구 前압젼 再두ᄌᆡ 拜절ᄇᆡ 哭울곡

變변ᄒᆞᆯ변 服옷복 披헤틸피 髮터럭발 徒빈도 跣발버슬션 不산불 飡 食먹을식 後

시집싱가강복도식

- 부의조부모 소공
- 부의빅슉부모 소공
- 구고 심상삼년 대공
- 부의고 싀 가불강
- 부의형뎨 싀 뎨ᄉᆞ 싀
- 저
- 부의ᄌᆞ미 싀 가불강
- 질 소공
- 질부 싀
- 질녀 소공 가싀

시집외가복도식

- 부의외조부모 싀
- 부의구 싀
- 부의이모 싀
- 부의싱질 싀

ᄒᆞᄂᆞ니
ᄒᆞ고 이라가
에 ᄒᆞ고
ᄒᆞᄂᆞ니라

두 후四ᄉᆞ녁日일날成셩일울服복을복입若약만일未미못홀得득으들行ᄒᆡᆼ길
힝則즉곳設셜베풀位위허위哭곡울踊용뛸無무업슬數수수以이써聞문들를드
문訃부부고後후뒤第뎨ᄎᆞ례四ᄉᆞ녁日일날成셩일울服복을복입若약만일
旣긔이믜葬장장ᄉᆞ而ᄉᆞ이어조行ᄒᆡᆼ길則즉곳先션먼여至지이를墓묘덤무
모哭곡울拜배절
부모문부렴ᄒᆞ거던우룸으로통부하인열티답ᄒᆞ고
연고렴무른후에ᄯᅩ곡진이ᄒᆞ고화복열버리고분상
ᄒᆞ되그시끌열ᄇᆞᄅᆞ보거던울고집에이르거던늘압
희서울며지비ᄒᆞ고변복ᄒᆞ고피받ᄒᆞ고받벗고먹지
안코후ᄉᆞ일에셩복ᄒᆞᄂᆞ니만일분상ᄒᆞ지못ᄒᆞ거던

四十三

ᄒᆞ며 ᄒᆞ야 ᄒᆞᆫ시 ᄒᆞ나니라 ᄒᆞ나니者고 언

셜허위ᄒᆞ고곡용열무수이ᄒᆞᄂᆞᄆᆞ문부후뎨ᄉᆞ산에
셩복ᄒᆞ고만일장후에분상ᄒᆞ거던먼저묘소에ᄀᆞ서
곡비ᄒᆞᄂᆞ니라

夫부외 妻쳐어정 合합합 葬장장ᄉᆞ 男남남ᄌᆞ 右우올은 女녀녀ᄌᆞ 左자왼
合합합 葬장장ᄉᆞ 以이써 元원읫듬 配비비위 繼계이을 室실ᄉᆞᆯ 別별달
니외합장은남우녀좌로ᄒᆞᄂᆞ니원비로합장ᄒᆞ고계
실언ᄃᆞ로장ᄉᆞᄒᆞᄂᆞ니라

啓계열 殯빈빈소 朝됴죠회 祖조조상 主쥬쥬신 人인ᄉᆞ람 以이써 下하ᄅᆡᄋᆞ
男남남ᄌᆞ 右우올은 女녀녀ᄌᆞ 左자왼 服복을복일 次ᄎᆞ차례 哭곡울 從조

호야 호고

죵還도라就나갈位위자리坐안즐哭곡울乃내이에代대代哭

렬 ᄒᄂ니라

곡울如여ᄀ틀未미안할斂렴렴홀以이써至지이를發발ᄒ며날引인상여

계빈ᄒ야ᄉ당에하직ᄒ제쥬인이하ᄆ남우녀좌로

복ᄎ례ᄃ로울며ᄯᄅ갓ᄯᄆ도로ᄯᄅ와셔각각ᄌ

리에ᄂᄆ안ᄌ서발인젼ᄭ지번거루우러소리ᄭ치

ᄉ니ᄒ기렬초상ᄯ와ᄀ치ᄒᄂ니라

출시이ᄒ고

將장장就나갈輦여상여婦부부人인ᄉ람退물너갈避피피ᄒ名

불을役역ᄉ夫부남ᄌ遷쳔옮길柩구늘主쥬쥬人인ᄉ람從조ᄎ좇

어던 연

丞降강ᄂ릴婦부부人인ᄉ람哭곡울於어조ᄉ帷유휘장中듕운ᄃ乃예이

호고넌 ᄒ야

째遣견보낼奠뎐뎌릴婦부부人인ᄉ람不불안할在지잇舍將장찻

에넌라가

四十四

에 이 ᄒᆞ고
ᄒᆞ야 ᄒᆞ고
ᄒᆞ나니
ᄒᆞ야 ᄒᆞ고
넌 시라가
어던 ᄒᆞ고 ᄒᆞᆯ제어
ᄒᆞ고 에이
ᄒᆞ야
ᄒᆞ나니라

發발며 날리 줄상 인여 婦부부 인 人인사 람 蓋개덥 플 頭두머 리 出츌나 갈 帷
유휘 장 降강나 릴 階계ᄃᆞᆯ 立립셜 哭곡울 拜배졀 辭ᄉᆞ하직 不불안 할 從종조 츨
柩구늘 欲욕ᄒᆞᆯ 臨림림 ᄒᆞᆯ 壙광광 즁 則즉곳 追츄ᄶᅩ츨 後후뒤 卽즉곳 到도이를
도 設셜베풀 幄악차 일 於어조ᄉᆞ 壙광광 즁 西셔셔 녁 東동동 녁 向향향 ᄒᆞᆯ
立립셜 丈쟝길 夫부남 ᄌᆞ 壙광광 즁 東동동 녁 西셔셔 녁 向향향 ᄒᆞᆯ 己이이 메
下하만 哭곡울 盡진ᄃᆞ ᄒᆞᆯ 哀애슬 플 非비안 일 主쥬쥬 인 人인사 람 不불안 할
불 拜배졀 反도 ᄅᆞᆯ 哭곡울 婦부부 인 人인사 람 先션먼 여 入입들 어 哭곡울
於어조ᄉᆞ 堂당대 텽。

상여에ᄂᆞ갈쩍의부녀ᄂᆞ피ᄒᆞ고역군열불녀늘얼옹
기거던쥬인언ᄯᅥᄅᆞᄂᆞ려ᄂᆞ고부녀넌휘장속의서울

어견뎐에참여ᄒᆞ지안코상여ᄀᆞ떠날쩍의부녀ᄀᆞ개
두쓰고회쟝에ᄂᆞ셔ᄃᆞᆯ에ᄂᆞ려서서울여절ᄒᆞ야하직
ᄒᆞ고상여렬ᄯᅡ로ᄀᆞ지안너니만일하판열보랴거던
ᄎᆔᄒᆞ야부로와서팡즁셔편의서동향ᄒᆞ고남ᄌᆞ넌
동편의서셔향ᄒᆞ엿ᄯᅡᄀᆞ하판ᄒᆞ거던곡진이ᄒᆞ고쥬
인외예넌절ᄒᆞ지안코반곡ᄒᆞᆯ쩨부녀ᄀᆞ면저드러ᄀᆞ
대텽의서우ᄂᆞ니라

(ᄒᆞᆯ쩨에) 虞우졔우 卒졸곡졸 祥소ᄃᆡ샹 禫담졔담 入들어갈입 哭울곡 丈질장 夫남ᄌᆞ부

(ᄒᆞ고넌 ᄒᆞ야넌) 處쳐ᄒᆞᆯ쳐 東동녁동 婦부인부 人ᄉᆞ람인 處쳐ᄒᆞᆯ쳐 西셔녁셔 皆다ᄀᆡ 北북녁북

(ᄒᆞ야 호디ᄂᆞᆫ) 面얼굴면 以써이 服입을복 爲ᄒᆞᆯ우 序ᄎᆞ례셔 尊노플존 長얼운쟝 坐안즐

四十五

이라 ㅣᄒᆞ되
ᄒᆞ고 ㅣ
ᄒᆞ야
이어던 ㅣ
ᄒᆞ야
어던 ᄒᆞ고
ᄒᆞ고
이어던 ᄒᆞ고
ᄒᆞ야 어던
ᄒᆞ고 ㅣᄒᆞ야

좌哭울곡主쥬인쥬婦부인부亞버금아獻드릴헌主쥬인쥬婦부신부及
더블급內안ᄂᆡ執잡을집事닐ᄉᆞ降ᄂᆞ일강盥셰슈ᄒᆞᆯ관主쥬인쥬婦부인부詣
ᄂᆞ갈예注주전ᄌᆞ卓소반착前압젼執잡을집注주전ᄌᆞ주北북녁븍向향ᄒᆞᆯ향
立셜립內안ᄂᆡ執잡을집事닐ᄉᆞ取ᄀᆞ즐츄靈신령령座ᄌᆞ리좌前압젼盞잔잔
盤잔되반東동녁동向향ᄒᆞᆯ향立셜립於어조ᄉᆞ어主쥬안쥬婦부신부之어조
ᄉᆞ지左왼자主쥬인쥬婦부인부斟부을짐酒술쥬反도리킬반注주전ᄌᆞ주於어조
ᄉᆞ어卓소반착上위샹詣ᄂᆞ갈예靈신령령座ᄌᆞ리좌前압젼北북녁븍向향ᄒᆞᆯ
향立셜립內안ᄂᆡ執잡을집事닐ᄉᆞ奉밧들봉盞잔잔隨ᄯᆞ룰슈之어조ᄉᆞ지東
동녁동向향ᄒᆞᆯ향立셜립於어조ᄉᆞ어主쥬일쥬婦부인부之어조ᄉᆞ지左왼자主
쥬인쥬婦부인부跪꿀안즐궤內안ᄂᆡ執잡을집事닐ᄉᆞ亦또역跪꿀안즐궤進ᄂᆞ진

이어던 ᄒᆞ야
ᄒᆞ고 ᄒᆞ고
이어던ㅣᄒᆞ야
어던 라
ㅣ ᄒᆞ야
ᄒᆞ고이라 예난ᄒᆞ고예난
예만이요예난
ᄒᆞ니라

진 盞잔잔 盤반잔 디 主쥬쥬 인 婦부부 인 受슈밧 을 盞잔잔 三삼세 번 祭졔제
계 於어조 茅모뛰 上샹위 以이써 盞잔잔 授슈줄 內내안 執집잡 을 事ᄉᆞ널 俛
구일 면풀 伏복업 드 興흥닐 이러 內내안 執집잡 을 事ᄉᆞ널 受슈밧 을 盞잔잔 奠뎐드릴 되
뎐 於어어 조 故고 이 젼 處쳐곳 主쥬쥬 인 婦부부 인 哭곡울 四ᄉᆞ넉 手 비젼 內
서안 執집잡 을 事ᄉᆞ널 以이써 他타달 을 器그릇 徹철물 닐 酒쥬술 置치둘 盞
잔잔 故고이 젼 處쳐곳 祔부부 졔 不불안 ᄒᆞᆯ 哭곡울 禫담담 졔 三삼세 번 獻헌드릴 되
헌 不불안 ᄒᆞᆯ 哭곡울 吉길길 ᄒᆞᆯ 祭졔제 ᄉᆞ 如여ᄀᆞ 틀 時시ᄯᅢ 祭졔제 ᄉᆞ
삼우졸곡쇼대샹담졔예입곡츌졔남동녀셔로복ᄎᆞ
례로스되존항언안조서우ᄂᆞ니라쥬부ᄆᆞ아헌ᄒᆞ되
쥬부와니집ᄉᆞᄆᆞᄂᆞ려ᄆᆞ셰슈ᄒᆞ고쥬부ᄆᆞ주전조탁

四十六

ᄌᆞ압희ᄂᆞᄆᆞ주젼ᄌᆞ렬ᄆᆞ지고북향ᄒᆞ야스거던시집
ᄉᆞᄆᆞ잔얼시여ᄆᆞ지고동향ᄒᆞ야쥬부왼편의스거던
쥬부ᄆᆞ술얼븟고주젼ᄌᆞ렬탁ᄌᆞ우의노코신위젼에
ᄂᆞᄆᆞ북향ᄒᆞ야스거던시집ᄉᆞᄆᆞ잔얼밧ᄃᆞᆯ고ᄃᆞᆺᄆᆞ
동향ᄒᆞ야쥬부왼편의스거던쥬부와시집ᄉᆞᄆᆞᄃᆞ졔좌
ᄒᆞ야잔얼주거던쥬부ᄆᆞ잔얼브ᄃᆞ모사우의세번졔
쥬ᄒᆞ고잔얼셔집ᄉᆞ렬주고면복ᄒᆞᄃᆞᄆᆞ이러ᄂᆞ거던
셔집ᄉᆞᄆᆞ잔얼ᄃᆡ인후에쥬부ᄆᆞ곡ᄉᆞ빈ᄒᆞ거던시집
ᄉᆞᄆᆞᄃᆞ른그릇세퇴쥬ᄒᆞ고잔얼노왓던ᄃᆡ노코ᄃᆞ물
너ᄆᆞ너니라부졔에넌곡이업고담졔에넌삼현에만

에호ᄃᆡ ᄂᆞᆫᄒᆞ고 ᄂᆞᆫᄒᆞᄂᆞ니라 에ㅣㅣ ㅣᄒᆞ고 ㅣᄒᆞᄂᆞ니라

곡이업고길졔는시졔ᄆᆞ트니라

卒졸 哭곡 主쥬 人인 主쥬 婦부 進진 飮음 食식

찬 主쥬 人인 奉봉 魚어 肉육 羹갱 主쥬 婦부

부인 奉봉 餅병 麪면 飯반

졸곡부텀쥬인쥬부ᄆᆞ졔찬설디되쥬인연어와육

과갱열디리고쥬부ᄂᆞᆫ병과면과반설디리ᄂᆞ니라

祔부 제 若약 喪상 主쥬 非비 宗종 子ᄌᆞ 則

즉 喪상 主쥬 爲위 亞아 獻헌 喪상 主쥬 婦

부인 終종 獻헌

부제예상쥬ᄆᆞ종손이ᄉᆞ니거던상쥬ᄆᆞ아헌ᄒᆞ고상

四十七

쥬부마좡헌ᄒᆞᄂᆞ니라

예난 內내안喪상상ᄉᆞ祔부부졔於ᄉᆞ어조亡망죽을者자니之ᄉᆞ어지조祖조조부

ᄒᆞ나니 姑고시모祖조조부姑고시모二이두人인ᄉᆞ람則즉곳祔부부졔於ᄉᆞ어조

ᄒᆞ고 舅구시부所소ᄇᆞ生ᄉᆡᆼ난祖조조부姑고시모在지잇슬則즉곳祔부부졔於

ᄒᆞ나니라 ᄉᆞ어조高고노풀祖조조부姑고시모

녀상에넌망인의시조모ᄒᆞᆫ듸부졔ᄒᆞᄂᆞ니조모ᄀᆞ둘

시건던시부소ᄉᆡᆼ모의부졔ᄒᆞ고조모ᄀᆞᄉᆡᆼ존ᄒᆞ야겨

던한듸ᄯᅴ워서고조모의게부졔ᄒᆞᄂᆞ니라

어ᄒᆞ고에 虞우우졔卒졸곡哭沐목ᄆᆞ물浴욕목욕不불안할櫛즐빗祔부부졔沐ᄆᆞ물

ᄒᆞ나니라 목浴욕목욕櫛즐빗

에ᄒᆞ고
에ㅣᄒᆞ고
에本ᄉᆞ니라
에ᄒᆞ야
ㅣᄒᆞ고
ᄒᆞ고 년
ᄒᆞ고 ᄒᆞ나니 에 년

우졔부듬목욕ᄒᆞ고부졔부듬머리빗ᄂᆞ니라

初초ᄎᆞᆷ虞우우祭졔後후ᄃᆡ罷파파ᄒᆞᆯ朝죠ᄉᆞ참夕셕젼역奠뎐ᄃᆡ란朔삭초ᄒᆞ

望망보름未미안除졔졔ᄒᆞᆯ服복입ᄂᆞᆫ者쟈니會회모든哭곡울小쇼죡을

祥샹쇼샹後후뒤罷파파ᄒᆞᆯ朝죠ᄉᆞ참夕셕젼역哭곡울

초우후에죠셕뎐얻파ᄒᆞ고삭망에복벗지ᄉᆞ니ᄒᆞ니

덜시모ᄃᆞ셔울고쇼샹후에죠셕곡얻파ᄒᆞᄂᆞ니라

小쇼대祥샹禫담담祭졔前젼압期긔긔一일ᄒᆞᆫ日일날主쥬쥬人인사ᄅᆞᆷ以

下하ᄋᆞ래沐목목ᄀᆞ믈浴욕목욕ᄒᆞᆯ베플丈쟝질夫부ᄉᆞᆯ次ᄎᆞ집於ᄋᆞ어조

東동동녁序셔쳠아婦부부인人신ᄉᆞ람次ᄎᆞ집於어조西셔셔녁序

아陳진베플服복矣小쇼죡을祥샹쇼샹男남남조子ᄌᆞ남조去거버릴

셔쳠어조이새ᄎᆞ祥

四八

ᄒ여 首슈머리 經뎔슈질 而ᄉ어조 腰요허리 經뎔요질 以이ᄊ 葛갈츩 婦부인

난 人인사람 去거버릴 腰요허리 經뎔요질 而ᄉ어조 首슈머리 經뎔슈질 以이ᄊ

ᄒ여언 홀고 이ᄊ 葛갈츩 衣의최 의 裳상최 "상 皆기ᄃ 鍛을두드 去거버릴 負부즐 版판쪽 각

ᄒ여 난ᄒ고 辟 출물 역ᄂ 領령깃 衰최최 縗교고 ᄃ 帶ᄃ대 以이ᄊ 布포베 易역박굴 麻마삼 大

예난 나ᄒ고 큰ᄃ 祥상대 "상 布포베 深심기풀 衣의옷 或혹혹 白박흴 大대큰 衣의옷 禫담"제

에난 예 ᄒ나니홀고 華화빗 날 冠관 "관 玉옥옥 色색빛 大대큰 衣의옷 皆기ᄃ 入갈들 입어 哭곡울 出

ᄒ난니라 출ᄂ 갈 次ᄎ집 易역박굴 服복옷.

쇼대상 파담제예 견기 아닌 ᄒ야 쥬인이하ᄀ 목욕ᄒ
고 남ᄌ의 탈복홀 곳 셜동편의 ᄎ려노코 부녀의 탈복
홀 곳 셜셔편의 ᄎ려 놋ᄂ니 쇼상에 남ᄌ 년슈를 벗

이에

하나니라

년에

리고요잘열ᄎᆞ으로ᄒᆞ여부녀년요잘버리고슈잘열

ᄎᆞ으로ᄒᆞ여졔복연ᄃᆞ드머짓고부판파벽령파최

련버리며고텨ᄂᆞᆫ베로삼을ᄃᆡ신ᄒᆞ고ᄃᆡ샹에년포삼

의ᄂᆞ혹박ᄂᆡ의련입고담졔에년화팡에옥석대의련

입ᄂᆞ니ᄃᆞ입곡ᄒᆞ고ᄂᆞ와탈복ᄒᆞᄂᆞ니라

歸부부人인ᄉᆞ람父부친母모친喪상ᄉᆞ旣긔이메練련ᄃᆞ듬而

ᄉᆞ어이조歸귀도ᄅᆞ

출가녀ᄂᆞᆫ부모상에분상ᄒᆞ엿ᄃᆞ가소상후에도ᄅᆞ가

ᄂᆞ니라

今금시졔俗속풍속小소쇼ᄒᆞ은大대큰祥샹쇼샹대샹及급미믈忌긔리졔日일날

四十九

이ᄒᆞ야

支지지 子ᄌᆞ손 孫손ᄌᆞ 別별달을 具구ᄀᆞ출 饌찬음식 謂의닐을 之

이라ᄒᆞ야에 於어조ᄉᆞ 加가더을 供공궤ᄒᆞᆯ 侑유권ᄒᆞᆯ 食식먹을 後후뒤 雜잡섯길 陳진베풀

ᄒᆞ니 이라 卓탁ᄎᆡᆨ상 前젼압 甚심심ᄒᆞᆯ 爲위될 黷독번독ᄒᆞᆯ 褻셜만ᄒᆞᆯ 如여만일 欲욕ᄒᆞ고자

이어던 ㅣ 伸신펼 情졍졍 以이써 物물물건 助조도을 饌찬음식 需슈음식 合합합ᄒᆞᆯ 於

니라 於어조ᄉᆞ 古고녜 禮례례법

셰쇽이쇼대상파긔졔에지ᄌᆞ손이ᄯᅩ로졔찬열작만ᄒᆞ야가공이란ᄒᆞ야유식후에졔쌍압희잡란ᄒᆞ게베퍼노니심히셜만ᄒᆞᆫ지라만일졍열폐라거던물건으로졔찬열도읍넌닐이올흐니라

예ᄒᆞᆯ시 大큰대 祥대상상 後뒤후 奉밧들봉 主신쥬쥬 入들어갈입 祠ᄉᆞ당ᄉᆞ 堂집당 主

ㅣ이라가 ᄒᆞ고 ᄒᆞᄂᆞ니 에난 ᄒᆞᄂᆞ니라 넌 에 와 ᄒᆞᄂᆞ니라

쥬인人인ᄉᆞ람以ᄡᅥ下하아래哭곡울從죵조ᄎᆞ至지이를祠ᄉᆞ堂ᄉᆞ당
당집前젼압止지그칠哭곡울皆ᄀᆡ다拜ᄇᆡ절而ᄉᆞ이조退퇴물너갈禫담ᄃᆞᆷ뎨後
ᄒᆞ뒤送송보낼主쥬신쥬不불안할哭곡울

ᄃᆡ상후에신쥬를모셔ᄉᆞ당의드러갈쩨쥬인이하ᄆᆞ
울며ᄯᆞ로ᄆᆞᄃᆞᄆᆞᄉᆞ당압희이르러믈얼그치고절ᄒᆞᆫ
후에물너ᄆᆞᄂᆞ니담ᄉᆞ후에신쥬뫼실쩍의넌곡이업
ᄂᆞ니라

喪상상服복옷必필반ᄃᆞ시於어ᄉᆞ어除제저츌日일날毁훼철以ᄡᅥ이ᄡᅥ散산흣흘
산諸제어조者쟈ᄂᆞᆫ貧빈간난者쟈ᄂᆞᆫ或혹혹守슈직힐墓모무덤者쟈ᄂᆞ

상복얻벗넌날에ᄃᆞ드더서간난ᄒᆞᆫ니와혹묘직이ᄂᆞᄒᆞ

五十

에 ᄒᆞ고
에 ᄒᆞ고에
ᄒᆞ고에ᄒᆞ고
에 ᄒᆞ고에
ᄒᆞ나니라

터주ᄂᆞ니라
成셩실울 服을복복입 日실 生始솔비시로 食식먹을 粥쥭죽 卒졸ᄃᆞ 哭곡울 後
후뒤 疏소 줄글 食소밥 小쇼죠을 祥샹쇼샹 後후뒤 食식먹을 菜ᄎᆡᄂᆞ물 果파실
파 大대큰 祥샹대샹 後후뒤 食식먹을 醯혜초국 醬쟝초국 禫담담제 後후뒤
飮음마실 酒쥬술 食식먹을 肉육고기 吉길길출 祭졔제ᄉᆞ 後후뒤 復복회복
寢침잘

셩복일에비로소쥭얼먹고졸곡후에씰치ᄉᆞ넌밥얼
먹고쇼샹후에ᄂᆞ물파실파렬먹고대샹후에초쟝얼
먹고담후에쥬육얼먹고길제후에시침얼회복ᄒᆞᄂᆞ
니라

삼우졸곡소대상담제진설도식

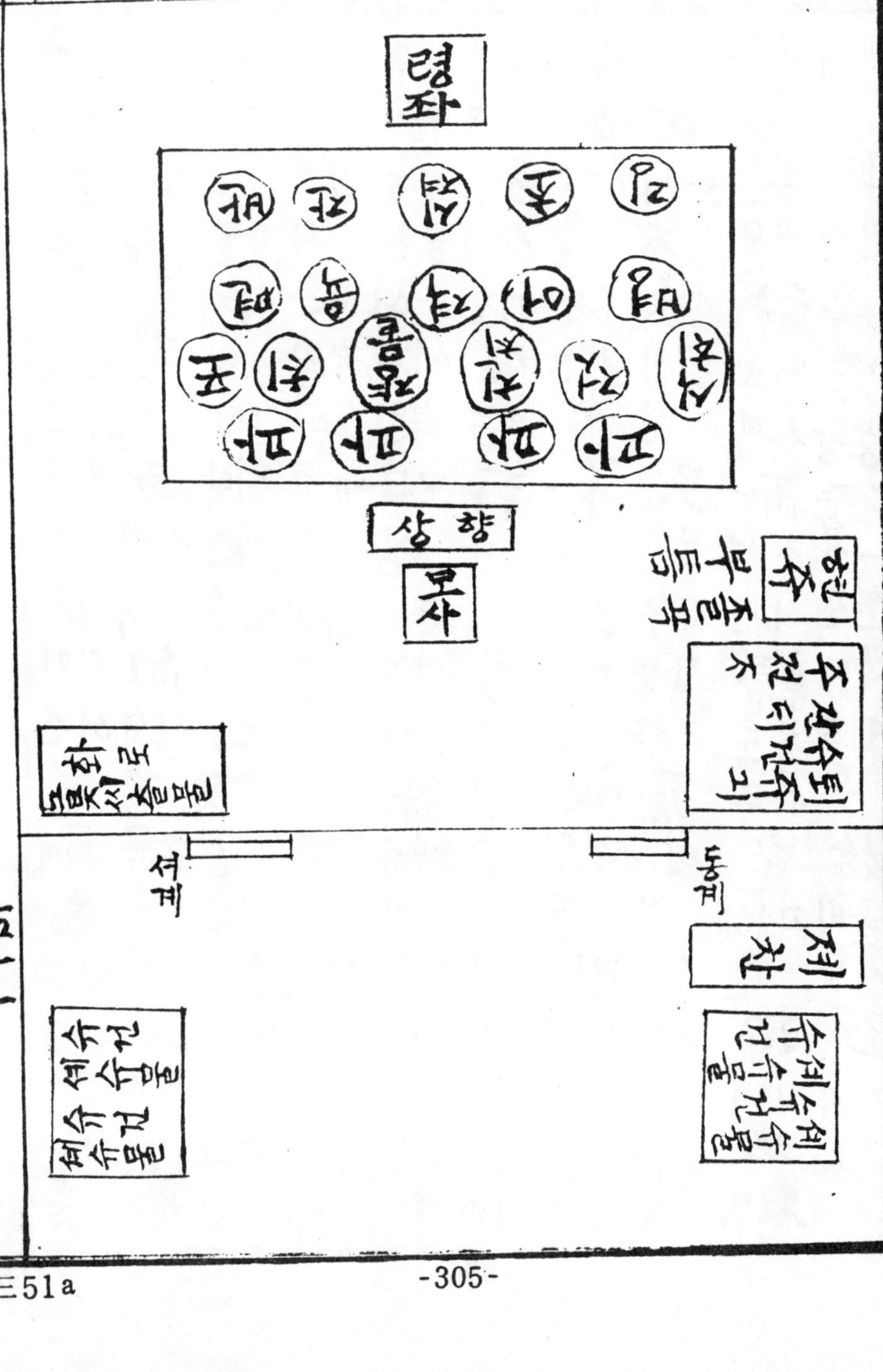

五十一

에 호 셔 / 년 ᄒ고 년 / ᄒ고 ᄒ고 / ᄒ고 에 / ᄒ야 / ᄒ고 / ᄒ야 ㅣ / ᄒ고 ᄒ고 / 에 / ㅣᄒ고 에 / 년 다가 에 / ㅣᄒ야 / 하나니라

改 기곤 출 葬 장장 ᄉ 爲 위ᄒ 位 위조 리 於 ᄉ어 어조 舊 구녜 墓 모무 덤 男 남남 조
子 조남 조 墓 모무 덤 東 동동 녁 西 셔셔 녁 向 향향 흘 婦 부부 인 人 인ᄉ 람 墓
모무 덤 西 셔셔 녁 幄 악차 일 內 너안 東 동동 녁 向 향향 흘 服 을복 복임 總 시싀 마
就 츄ᄂ 갈 位 위ᄌ 리 哭 곡울 告 고고 흘 辭 ᄉ촉 ᄉ 後 후뒤 啓 계열 을 墓 모무 덤
遷 쳔옹 길 柩 구늘 於 ᄉ어 어조 墓 모무 덤 西 셔셔 녁 幕 막차 일 下 하ᄋ 리 設 풀베
셜 帷 유휘 쟝 於 ᄉ어 어조 柩 구늘 南 남남 녁 男 남남 조 女 녀녀 조 爲 위ᄒ 位 리ᄌ
위 哭 곡울 如 여ᄀ 틀 初 초츰 喪 상상 ᄉ 改 기끈 출 斂 렴렴 흘 改 기끈 습 棺 관늘
男 남남 조 女 녀녀 조 憑 빙지 딜 哭 곡울 將 쟝쟝 찻 發 ᄠᆞᆯ뎌 날 리 줄상 인여 婦 인부
부 人 인ᄉ 람 哭 곡울 辭 흘ᄒ ᄉ직 而 ᄉ어 이조 歸 올도 귀루 窆 폄하 관 時 시떠 男 不남
남 女 녀녀 조 臨 림림 흘 壙 광광 중 一 일ᄒ 如 여ᄀ 틀 始 솔비 서로 葬 장장 ᄉ

예ᄂᆞᆫ 효 ᄒᆞᄂᆞ니라

면례에남ᄌᆞ넌구묘동편의셔셔향ᄒᆞ고부녀넌셔편
차알안외서동향ᄒᆞ고식마복열입고ᄌᆞ리예ᄂᆞ굴을
고고ᄉᆞ후에계묘ᄒᆞ야ᄂᆞᆯ열셔편차알으리예옹기고
ᄂᆞᆯ남편의서남녀ᄀᆞ不리렬녕ᄒᆞ고울게렬초상시와
ᄀᆞ치ᄒᆞ고기렴기관후에남녀ᄀᆞ관에기ᄃᆡ여울고발
인ᄒᆞ랴출제부녀넌울고하직ᄒᆞ고도르ᄀᆞᄯᅡ가하관
시예와서보기렬처음장ᄉᆞᄯᅢ와ᄀᆞ차ᄒᆞᄂᆞ니라
改ᄀᆞ꼰츨 葬장ᄉᆞ장 三석삼 月달월 不안불핼 食먹을식 肉고기육 別달을별
處거쳐출처
면례에넌석달열고기먹지안코ᄯᅡ로거쳐ᄒᆞᄂᆞ니라

五十二

女小學

卷之四

女녀녀ᄌ 小쇼죡을 學학ᄇᆡ올 卷권칙권 之지어조ᄉ 四ᄉ넉

녀쇼학ᄉ권

女녀녀ᄌ 禮례례졀 第뎨ᄎ례 五오다ᄉ

녀례맏ᄒᆞᄃᆞ셧지하편

祭졔졔ᄉ 禮례례졀

졔례

內안ᄂᆡ 則법즉 曰일왈ᄋ늘 女녀녀ᄌ 子ᄌ녀ᄌ 十열십 年년ᄒᆡ 觀볼관 於어조어 에ㅣ이어던

祭졔졔ᄉ 祀ᄉ졔ᄉ 納납드릴 酒쥬술 漿쟝조국 葅져김치 醢헤젓 禮례례졀 에 를

相샹도을 助조도을 奠뎐드릴 니이라

녀즉에왈녀ᄌ마십셰마되거던제ᄉ에보살펴서술

에 넌 나라
이면 이의 ᄒ너 요에 면의

파졔후김치와졔션례도도ᄉ셔되리ᄂ니라

禮례례 記긔긔록 曰왈ᄀ로ᄃ 祭졔졔ᄉ 必필반ᄃ시 夫부지아비 婦부며ᄂ리 親친친ᄒ

之지어조ᄉ 所소바 以이써 備비ᄀ촐 內ᄂ안 外외밧 之지어조ᄉ 官관벼슬

也야어조ᄉ

례긔에왈제ᄉ를긔혜부부ᄆ천히지ᄂ넌법연ᄂ외

졔판열구비ᄒ넌듯시라

霜상서리 露로이슬 旣긔이믜 降강ᄂ릴 君군군ᄌ 子ᄌ 履리밟을 之지어조ᄉ 必필반ᄃ시 有유이슬 悽처슬플 愴창슬플 之지어조ᄉ 心심ᄆᄋ 非비아닐

其기그 寒한찰 之지어조ᄉ 謂위일ᄀ를 也야어조ᄉ 春춘봄 雨우비 露로이슬 旣긔이믜

濡유저즐 君군군 子ᄌ 履리밟을 之지어조ᄉ 必필반ᄃ시 有유이슬

ᄒᆞ야 니아라

怵두려울출 惕두려울텩 之어조ᄉᆞ지 心마암심 如ᄀᆞᄐᆞᆯ여 將장ᄎᆞᆺ장 見볼견 之어조ᄉᆞ지

ᄀᆞ을에서리ᄀᆞᄂᆞ리면군ᄌᆞᄀᆞ밟부미처창ᄒᆞᆫ맘이잇너너치위서그런거시ᄉᆞ너요보에비며이실이저즈면군ᄌᆞ가밟부미출텩ᄒᆞᆫ맘이잇서서조샹열볼ᄃᆞᆺᄒᆞ니라

ᄒᆞ고ᄒᆞᄂᆞ니 에와 와와 와ᄒᆞ야 에야니라

二

致지극ᄒᆞᆯ치 齊저계지 於어조ᄉᆞ어 內안내 散흐틀산 齊저계지 於어조ᄉᆞ어 外밧겻외 齊저계지 之어조ᄉᆞ지 日날일 思ᄉᆡᆼ각ᄉᆞ 其그기 居거ᄒᆞᆯ거 處거쳐쳐 思ᄉᆡᆼ각ᄉᆞ 其그기 笑우음쇼 語말ᄉᆞᆷ어 思ᄉᆡᆼ각ᄉᆞ 其그기 志ᄯᅳᆺ지 意ᄯᅳᆺ의 思ᄉᆡᆼ각ᄉᆞ 其그기 所바소 樂조와ᄒᆞᆯ요 思ᄉᆡᆼ각ᄉᆞ 其그기 所바소 嗜즐길시 齊저계지 三석삼 日날일 乃이에내 見볼견 所바소 爲ᄒᆞᆯ위 齊저계지 者놈자

에ᄒᆞ야 ᄒᆞ고 ᄒᆞ야 ᄒᆞ고 이면ᄒᆞ야 니이라

박긔서 산지ᄒᆞ고 맘의서 치지ᄒᆞᄂᆞ니 지계ᄒᆞᆯᄶᅢ 조상에 거쳐ᄒᆞ던 것과 웃고 말ᄒᆞ던 것과 조와ᄒᆞ던 것과 즐식에 질기던 것슬 생각ᄒᆞ야 지계ᄒᆞᆫ 제ᄉᆞᄒᆞᆯ에야 위ᄒᆞ야 지계ᄒᆞ던 니ᄅᆞᆯ 보던 덧ᄒᆞ니라

祭제ᄉᆞ제 之어조ᄉᆞ지 日날일 入들입 室방실 僾방불ᄒᆞᆯ애 然글연 必반ᄃᆞ시필 有잇슬유 見볼견 乎어조ᄉᆞ호 其그기 位자리위 出날출 戶창호 肅엄숙숙 然글연 必반ᄃᆞ시필 有잇슬유 聞드를문 乎어조ᄉᆞ호 其그기 容모양용 聲소리셩 연 出날출 戶창호 而어조ᄉᆞ이 聽드를텽 愾탄식ᄒᆞᆯ개 然글연 必반ᄃᆞ시필 有잇슬유 聞드를문 乎어조ᄉᆞ호 其그기 歎탄식탄 息숨쉴식 之어조ᄉᆞ지 聲소리셩

제ᄉᆞ지닐ᄶᅥᆨ의 방의 드러 ᄀᆞ면 이연ᄒᆞ야 신위예 안즌

넌 ᄒᆞ고
이면 ᄒᆞ고
넌 ᄒᆞ고ㅣ
이라도
ᄒᆞ고 이라도
ᄒᆞ고 ᄒᆞ고
니라

결보넌덧ᄒᆞ고문에나올제넌슉연ᄒᆞ야동작ᄒᆞ넌소
리렬듯넌덧ᄒᆞ고막히서드르면기연ᄒᆞ야탄식ᄒᆞ넌
소리렬듯넌덧ᄒᆞ니라
有잇슬유田밧뎐祿록록者니쟈先먼져션爲ᄒᆞ위祭졔ᄉᆞ졔服옷복祭졔ᄉᆞ
졔器그릇긔未안ᄒᆞᆯ미成일울셩不안ᄒᆞᆯ불造지을조燕ᄉᆞᄉᆞ연器그릇긔祭
졔ᄉᆞ졔器그릇긔不안ᄒᆞᆯ불假빌가君군ᄌᆞ군子군ᄌᆞᄌᆞ雖비록슈貧간난빈
不안ᄒᆞᆯ불鬻팔육祭졔ᄉᆞ졔器그릇긔雖비록슈寒찰찬不안ᄒᆞᆯ불衣입을의
祭졔ᄉᆞ졔服옷복祭졔ᄉᆞ졔服옷복敝헐폐則곳즉焚불ᄉᆞ를불之어조ᄉᆞ지祭졔ᄉᆞ
졔器그릇긔敝헐폐則곳즉埋무들미之어조ᄉᆞ지
밧파록이잇넌집언먼저졔복열작만ᄒᆞ고졔긔렬작

三

며 |
며 |
믈 |
이로다 |
에 을

만치못ᄒᆞ여써면산ᄉᆞ람먹넌그릇설작만ᄒᆞ지안코
제괴넌남의게빌도안코빌니도안코군ᄌᆞ간난ᄒᆞ
여도제괴럴팔지안코치워도제복열입지안코제복
이떠러즈면불에ᄉᆞ르고제괴ᄀᆞ깨여즈면ᄃᆞᆨ외문너
니라

召쇼 南남녁 曰왈 言 于어조ᄉᆞ우 以써이 采蘋빈 南남녁
澗시내간 之어조ᄉᆞ지 濱물갓빈 于어조ᄉᆞ우 以이써 采ᄏᆡᆯ채 藻조취 于어조ᄉᆞ우
彼리저피 行ᄒᆡᆼ 潦물로 于어조ᄉᆞ우 以이써 盛셩 之어조ᄉᆞ지 維어조ᄉᆞ유 筐
광우리광 及더불급 筥광우리거 于어조ᄉᆞ우 以이써 湘상 之어조ᄉᆞ지 維어조ᄉᆞ유
錡외솟 及더불급 釜부마 于어조ᄉᆞ우 以이써 奠뎐 之어조ᄉᆞ지 宗종

로ᄃ소
로ᄃ

ᄒ야、
에면을
ᄒ시니
ᄒ라마
ᄒ사ᄃ
이샷ᄯ

室실집牖항유下하ᄋ래、誰슈누구其기그尸시쥬장之지어조有유잇슬齊
지공경季계절물女녀녀、
쇼남에왈남간의서빈치렬뜻고류슈에서조치렬뜻
어광우리예ᄃ모ᄃᄀᄀ모의뒷처서ᄉ당에드릴젹
의뉘ᄅ서ᄆ트떠노조심ᄒ년절문부인이라ᄒ니대
부집부녀도졔ᄉᄒ라구년ᄂ물엳뜻니라

詩시시 經경 曰일왈 吉길길 蠲조촐견 爲위ᄒ위 饎쥬식치 是이시 用써용 孝
효 도 享향제ᄉ향、禴하제약 祠ᄉ춘제ᄉ 烝동제증 嘗츄제샹、君군조샹 曰일왈
왈 卜복점복 爾너이 萬일만만 壽슈슈 無업슬무 疆、
시젼에왈길ᄒ날에쥬식졍결이ᄒ야ᄉ시졔ᄉ렬밧

뜨면조샹이네게오리ᄉᆞ년복얼주시리라

論語에 曰 祭如在러시니 吾不與祭면 如不祭라ᄒᆞ시니라

론어에왈제ᄉᆞ에조샹이안즈신ᄃᆡ시여기ᄂᆞ니ᄂᆡ가제ᄉᆞ에참여ᄒᆞ지ᄉᆞ니ᄒᆞ면제ᄉᆞ지너지ᄉᆞ난것갓ᄃᆞᄒᆞ니공ᄌᆞ님의날ᄊᆞ말삼이라

中庸에 曰 事死如事生ᄒᆞ면 孝之至也라

즁용에왈죽은조샹셤기기ᄅᆞᆯ산조샹셤기ᄃᆞ시ᄒᆞ면지극ᄒᆞᆫ효도라

에

를 라ᄒᆞ며

난니이라

左傳曰 非所祭而祭之 자셩 젼칙 왈실 늘 비안 일 소ᄇᆞ 제졔ᄉᆞ ᄉᆞ어이조 제졔ᄉᆞ ᄉᆞ지

ᄉᆞ어 진 謂 위일 늘 之 ᄉᆞ어 지조 淫 홀음 음란 祠 ᄉᆞ제ᄉᆞ 淫 홀음 음란 祠 ᄉᆞ제ᄉᆞ 無 슬업

무 福 복복、

자젼에 왈 제ᄉᆞᄒᆞ지 ᄉᆞ니ᄒᆞᆯ듸 제ᄉᆞᄒᆞ넌거설 음란ᄒᆞ

제ᄉᆞ르 이르ᄂᆞ니 음ᄉᆞᄂᆞ 복 엳니리지 안너니라

년 라도

伊川先生曰 冠昏喪 이이 슈 쳔내 물 션먼 여 싱난 월일 늘 관관 쓸 혼혼 인 상ᄉᆞ

상 祭 제제ᄉᆞ、 禮 례례 절 之 ᄉᆞ어 지조 大 대큰 者 쟈것 豺 이승 재량 獺 이슈 달달 皆 개다

이연 아니 知 지알 報 보갑풀 本 본근본、 今 금이제 人 인ᄉᆞ람 多 다만을 享 울두 후터 於 어조어

녀 어ᄉᆞ 奉 봉밧들 養 양봉 양ᄒᆞᆯ 而 ᄉᆞ어이조 薄 박샬 블 於 ᄉᆞ어 어조 先 션먼 祖 조조、상

ᄎᆞ니 라 甚 심심 홀 不 불안일 可 가올을 也 ᄉᆞ어 야조 凡 범대범 事 ᄉᆞ셩길 死 ᄉᆞ죽을 之

五

를 나라

에

선맛년에

ㅣᄒᆞ고

ᄒᆞ넘

어조ᄉᆞ지 禮례례、결 當맛당당 厚두터울후 於어조ᄉᆞ어 奉받들봉 生산생 者자ㅣ、

이쳔션ᄉᆡᆼ이왈 관혼상졔는 례예큰거시라 산김셩에

승량이와물김셩에슈달이도보본홀쥴알건마는

지금ᄉᆞ람뎐연산ᄉᆞ람봉양언ᄒᆞᄒᆞ게ᄒᆞ나조상졔ᄉᆞ

는박ᄒᆞ게ᄒᆞ니심히불가ᄒᆞ지라대뎌죽으니셩기넌

례렴당연이산이셩기넌것보도ᄒᆞ후ᄒᆞ게홀께시니라

四 禮례례 便편편 홀 覽볼람 曰왈왈 늘 祭제졔 ᄉᆞ 莫업슬막 重즁즁 홀

於어조ᄉᆞ어 時시떠 祭제졔、ᄉᆞ 而어조ᄉᆞ이 近갓가울근 世인간셰、 行힝힝 홀 之어조ᄉᆞ지

於어조ᄉᆞ어 者자ㅣ 甚심심 홀 尠적을션、 亦또역 有잇슬유、 欲ᄒᆞ고자홀욕 行힝힝 홀 之어조ᄉᆞ지

之어조ᄉᆞ지 而어조ᄉᆞ이 患근심환 其그기 貧간난빈 者자ㅣ 因인할인 俗시속속 節마듸졀

도나와

절而(서조)薦(쳔드릴)之(서조)亦(또역)不(아닐불)妨(방해방)ᄒᆞᆯ

ᄉᆞ례편람에왈 ᄉᆞ시제것치 즁ᄒᆞᆫ 제ᄉᆞᄆᆞ 업건마ᄂᆞᆫ 근

래예 년지 서너니ᄆᆞ 심히 족고 혹시 지니고져 ᄒᆞ되 간

난ᄒᆞ야 지내지 못ᄒᆞ너니 도뢰쓰니 명졀에 신ᄒᆞ야 지

내ᄂᆞᆫ 것도 무방ᄒᆞ니라

時(시ᄯᅢ)祭(제ᄉᆞ제)用(ᄡᅥ용)四(넉ᄉᆞ)時(시ᄯᅢ)仲(버금즁)月(월달)前(젼젼)期(긔약긔)三

日(일날)齋(지지)戒(계경계)主(쥬쥬인)婦(부부인)帥(거느릴솔)衆(뭇즁)婦(부인부)

致(지극치)齋(지지)于(어조우)內(안니)沐(ᄆᆞ믈목)浴(목욕욕)更(경고칠)衣

前(젼젼)一(일ᄒᆞᆫ)日(일날)背(비등)子(ᄌᆞ비ᄌᆞ)或(혹혹)長(장긴)衣(의옷)率(거ᄂᆞ릴솔)衆

婦(부인부)女(녀ᄌᆞ녀)滌(씨슬텩)祭(제ᄉᆞ제)器(그릇긔)具(ᄀᆞ촐구)祭(제ᄉᆞ제)饌

ᄒᆞ니 / ᄒᆞ야 ᄒᆞ고 / ᄒᆞ야 ᄒᆞ고 / ᄒᆞ고 ᄒᆞ야 ᄒᆞ고 / ᄒᆞ고 ᄒᆞ며

六

호고에ㅣ 호되ㅣ호고 년 호고 호되연 호고연 호고 호고 와 년 호고 년호고 와난 호난니

찬음、싀 厥 궐그 明 명밝、글 主 쥬쥬 인 人 인ᄉᆞ 람 以 ᄉᆞ써 下 하ᄋᆞ、러 盛 셩셩 홀 服

복옷 主 쥬쥬 인 婦 부부、인 華 화빗 날 冠 관화 관 宵 쇼쇼 의 衣 의[illegible] 帶 ᄃᆡ띄 女 져녀

너 在 ᄌᆡ잇 슬 室 실집 者 쟈ᄂᆞ 唐 ᄅᆞ당 당ᄂᆞ 衣 의옷 皆 기ᄃᆞ 纚 훌셰 관슈 帨 셰슈、건 諧

예ᄂᆞ 갈 祠 ᄉᆞᄉᆞ 당 堂 당집 前 젼압 序 셔ᄎᆞ 례 立 립설 主 쥬쥬 인 人 인ᄉᆞ、람 阼 階동

조 階 긔뜰 下 하ᄋᆞ 러 北 북북 녁 面 면열、굴 主 쥬쥬 인 婦 부부、인 西 셔셔 녁 階

긔뜰 下 하ᄋᆞ 러 北 북북 녁 面 면열、굴 有 유잇 슬 姑 고시 모 則 즉곳 特 특특 별 位

위ᄌᆞ 리 於 ᄋᆞ어 ᄉᆞ조 主 쥬쥬 인 婦 부부 인 之 ᄉᆞ어 지조 前 젼압 諸 져뭇 母 무제 모 姑

고고、모 姒 셔윗 ᄉᆞ동 姊 ᄌᆞ녀、형 特 특특 별 位 위ᄌᆞ 리 於 ᄉᆞ어 셔조 左 자왼 少 쇼젹 을

前 젼압 娣 셔ᄋᆞ 뎨동 妹 미ᄆᆡ、뎨 在 ᄌᆡ잇 슬 左 자왼 少 쇼젹 을 退 갇물 퇴너 子 ᄌᆞᄋᆞ 덜

孫 손손 ᄌᆞ 婦 부부 인 女 녀녀、ᄌᆞ 內 너안 執 집잡 을 事 ᄉᆞ닐 在 ᄌᆡ잇 슬 後 후뒤 立

예 호더니 ᄒᆞ고 넌ᄒᆞ야 이 ᄒᆞ고 어던 ㅣ ᄒᆞ야

립定뎡뎡奉봉밧들櫝쥬독、主쥬쥬人인사람前젼압導인도主도

쥬인婦부부、인從조죵奩後후뒤主쥬쥬人인사람啓계열을櫝쥬독

쥬봉밧들諸져뭇考고고위神신귀신主쥬신쥬出츄날就ᄂᆞ갈位위ᄌᆞ리、

奉쥬신쥬婦부부、인升승올늘奉봉밧들諸져뭇妣비비위神신귀신主쥬신

主出츄널就츄ᄂᆞ갈位위신、위

쥬

시졔ᄂᆞᆫᄉᆞ시즁월로지ᄂᆡᄂᆞ니삼일젼긔ᄒᆞ야쥬부ᄀᆞ
부녀뎔열거ᄂᆞ리고지계ᄒᆞ고목욕ᄒᆞ고옷셜ᄀᆞ리입
고일일젼긔ᄒᆞ야비ᄌᆞᄂᆞ혹쟝의렬입고부녀뎔열거
ᄂᆞ리고졔긔도ᄊᆡ츠며졔찬도작만ᄒᆞ고졔ᄉᆞ날질명
에쥬부ᄀᆞ화판ᄊᆞ고쇼의입고ᄃᆡ되고츌가아니ᄒᆞᆫ녀 七

조ᄂᆞᆫ당의압고소당젼의드러가셔립ᄒᆞ되쥬인연동
계하의북면ᄒᆞ고쥬부년셔계하의북면ᄒᆞ고시모가
잇쓰면ᄯᅩ로쥬부압희스고슉모와고모와맛동셔와
손위누의년쥬부외편의조곰압흐로스고수리동셔
와손수리누의ᄂᆞᆫ쥬부외편의조곰물너스고조손부
녀와비잡스ᄂᆞᆫ그뒤예스나니스기렬뎡ᄒᆞᆫ후에쥬독
을모시되쥬인연압희서인도ᄒᆞ고쥬부년뒤예ᄯᅡ르
와서쥬인이계독ᄒᆞ고고위신쥬렬ᄂᆡ여모시거던쥬
부가올나가서비위신쥬렬ᄂᆡ여모시고나리와서
序셔 太례 立립설 如여마틀 祠ᄉᆞ스당 堂당집 之지어조 儀의례절、參참참셔

흘ᄒᆞ야

고ᄒ더니ᄒ
ㅣᄒ뒤이
파과
이ᄒ그ᄒ며
이어며ㅣᄒ고
이얻ㅣᄒ고시
이어던ㅣ니이
시ᄒ고

神신귀、신 婦부부 人인 人ᄉ람 四넉ᄉ 拜빈절 主쥬쥬 人인 人신ᄉ람 主쥬쥬 신

婦부부、인 升숭올 ᄂᆞᆫ 進진ᄂᆞ 술 饌찬졔、잔 執집잡 을 事ᄉᆞ닐 三삼석 人인ᄉ람

各각각 각 以ᄡᅥ ᄉ 이 魚어셔 속 肉육육、속 盤반쇼、반 餅병떡 麪면면 盤반쇼、반 飯

반반 羹국 갱 盤반쇼、반 從좋초 츨 升승올、ᄂᆞᆯ 主쥬쥬 인 人인ᄉ、람 奠뎐되 릴 肉

육속、 육 속 主쥬쥬 인 婦부부、인 奠뎐되 릴 麪면면 主쥬쥬 신 人인ᄉ、람 奠뎐되 릴

魚어어、속 主쥬쥬 인 婦부부、인 奠뎐되 릴 餅병떡 主쥬쥬 인 人인ᄉ、람 奠뎐되 릴

뎐 羹국 갱、主쥬쥬 인 婦부부、인 奠뎐되 릴 飯반밥 以ᄡᅥ 시 次츠ᄎ 례 設설베 플

諸져뭇 位위신、위 降강ᄂᆞ 릴 復복회 복 位위조、리

付 립ᄒᆞ기 릴 ᄉ 당의 서 ᄒ던 모양으로 서서 참신ᄒ되

부인 녀ᄉ비ᄒ고 쥬인 쥬부 ᄀ 올ᄂᆞᄀ 제찬 열 되리되 八

ㅣ호ᄂᆞ
어던이
ᄒᆞ고 어던ㅣ
ᄒᆞ고
이어뎐ㅣ어뎐

잡ᄉᆞ세ᄉᆞ람이각각어육반과병면반과반깅반열들
고ᄯᅩᄅᆞ올ᄂᆞ서쥬인이육열듸리거던쥬부ᄆᆞ면열듸
리고쥬인이어렬듸리거던쥬부ᄆᆞ병열듸리고쥬인
이깅열듸리거던쥬부ᄆᆞ반열듸리니ᄂᆡ려위렬ᄂᆞ
진셜후에ᄂᆞ려와섯던ᄌᆞ리에스고
主쥬쥬인婦부부、인亞아버금獻헌듸릴升승올늘詣예ᄂᆞ갈高고노플祖
조조부位위신위前젼압內내안執집잡을事ᄉᆞ일一일ᄒᆞᆫ人인ᄉᆞ람執집잡을
酒쥬술注쟈주주젼立립셜手ᄉᆞ셔우조其기그右우올은主쥬쥬인婦부부、인奉
봉밧뚤考고고위位위신위、盞잔잔盤반잔、디位위신위前젼압東동동녁向
향향출立립셜內내안執집잡을事ᄉᆞ닐西셔셔녁向향향출斟침부을酒쥬술

ㅣ
ᄒᆞ고 ᄒᆞ야
ᄒᆞ고ㅣ
의
ㅣ이어던
이 ᄒᆞ고
어던 ᄒᆞ고
ㅣ시 ㅣ
ᄒᆞ야 로ᄒᆞ고
ᄒᆞ고 ᄒᆞ고
ᄒᆞ고

主쥬쥬인婦부부ᆞ인奉봉밧ᄃᆞᆯ之ᄉᆞ어지조奠뎐뎨렬于ᄉᆞ어우조故고이젼處
쳐곳次ᄎᆞ지ᄎᆞ奉봉밧ᄃᆞᆯ妣비비위位위신위盞잔잔盤반잔ᆞ디亦역ᄯᆞ如들ᄀ
여之ᄉᆞ어지조內서안執집잡을事ᄉᆞ닐反길도반릭注주쥬쥬젼故고이젼處쳐곳
主쥬쥬인婦부부ᆞ인北북북녁向향향홀立립설內서안執집잡을事ᄉᆞ닐二
이두人인수ᆞ람奉봉밧ᄃᆞᆯ考고고위妣비비위盞잔잔盤반잔ᆞ디立립설于조어
우ᄉᆞ主쥬쥬인婦부부ᆞ인左자왼右우올ᆞ은主쥬쥬인婦부부ᆞ인跪ᄭᅮᆯ계안內
서안執집잡을事ᄉᆞ닐亦역ᄯᆞ跪ᄭᅮᆯ계안主쥬쥬인婦부부ᆞ인受슈밧을考위고
고位위신위盞잔잔盤반잔ᆞ디左자왼手슈손執집잡을盤반잔ᆞ디右우올은
手슈손取츄ᄀ출盞잔잔三삼세번祭제제ᄉᆞ茅모뎌上상위以이써盞잔진授
쥬줄內서안執집잡을事ᄉᆞ닐反길도반릭之ᄉᆞ어지조故고이젼處쳐곳受슈밧을

九

ᄒᆞ야 ᄒᆞ고

이어던

이 예

ㅣ ᄒᆞ고ᄒᆞ야

ᄒᆞ고 ㅣ 이

어던 ㅣ

로 ᄒᆞᆯ

ᄒᆞ고

라 ᄒᆞ

妣비비 位위 신위 盞잔 잔 盤반 잔、더 亦역 또 如여 ᄀᆞᆮ틀 之지 ᄉᆞ어조 俛면 구푸릴

伏복 업ᄃᆡ릴 興흥 니러날 少쇼 져글 退퇴 믈너갈 立립 셜 婦부 부인 女녀 녀ᄌᆞ 之조 어 婦부 인

長댱 슈어른 一일 ᄒᆞᆫ 人인 사ᄅᆞᆷ、奠뎐 드릴 炙젹 젹 楪뎝 뎝시、主쥬 쥬인

四ᄉᆞ 넉 拜배 절 詣예 나갈 諸져 모ᄃᆞᆯ 位위 신위、獻헌 드릴 如여 ᄀᆞ틀 初초 처ᄋᆞᆷ 畢

ᄃᆞᆯ、降강 ᄂᆞ릴 復복 회복 位위 자리、內ᄂᆡ 안 執집 잡을 事ᄉᆞ 닐 以이 ᄡᅥ 他타 ᄃᆞ를

다 器기 그릇、徹텰 물닐 酒쥬 술 及급 더블 炙젹 젹 置치 둘 盞잔 잔 故고 이전 處

쳐곳 降강 ᄂᆞ릴 復복 회복 位위 자리、

쥬부ㅣ 아헌ᄒᆞ되고조위젼의올ᄂᆞ스거던시집ᄉᆞ아

인이쥬젼조렴ㅣ 지고쥬부우편의스거던쥬부ㅣ 고

위잔열시여들고동향ᄒᆞ야스거던시집ᄉᆞㅣ 여향ᄒᆞ

야숩열붓거던쥬부ᄆᆞ노와뎐조리에잔열노코비위
잔열ᄂᆡ여ᄯᅩ그력킈ᄒᆞ고ᄂᆡ집ᄉᆞᄆᆞ주젼조뎔노와뎐
뒤노은후에쥬부가북향ᄒᆞ고스거던ᄂᆡ집ᄉᆞ이인이
고비위잔열ᄂᆡ여들고쥬부좌우에스거던쥬부와ᄂᆡ
집ᄉᆞᄆᆞᄃᆞ졔좌후에쥬부ᄆᆞ고위잔열브ᄃᆞ왼손으로
잔뒤련들고오른손으로잔열들고세번모사에졔쥬
ᄒᆞ고잔뎔ᄂᆡ집ᄉᆞ뎔주어뒤리게ᄒᆞ고비위잔열브ᄃᆞ
ᄯᅩ그력킈ᄒᆞ고면복ᄒᆞᄃᆞᄆᆞ이러ᄂᆞ조곰뭇너스거던
부녀즁열운인이젹열뒤민후에쥬부ᄆᆞᄉᆞ빈ᄒᆞ고
여러위에ᄃᆞ뒤린후에ᄂᆞ려ᄆᆞ섯던조리에스거던ᄂᆡ

에이 ᄒᆞ고 이연ㅣ ᄒᆞ고 ᄒᆞ고 ᄒᆞ야 ᄒᆞ고 이 ᄒᆞ고 ㅣ 흠향ᄒᆞ고 ᄒᆞᆫ ᄒᆞ고

잡ᄉᆞᄆᆞᄃᆞ른고듯스로쳘쥬ᄒᆞ고쳘젹후에잔열노와

ᄯᅥᆫ듸노코ᄂᆞ려ᄆᆞ섯던ᄌᆞ리에섯ᄃᆞᄆᆞ

侑유권 食식먹을 主쥬쥬 人인ᄉᆞ람 升승올늘 斟짐부을 諸저못 位위신

위 酒쥬술 皆개다 滿만ᄀᆞ득ᄒᆞ고 立립셜 於어조 香향향 案안상 東동동녁 南남녁

남 主쥬쥬 인 婦부부인 升승올늘 揷잡꼬즐 匙시간ᄌᆞ 飯반밥 中듕가온 西셔

셔녁 柄병ᄌᆞ루 正졍발을 筯져져 於어조 楪뎝대뎝 上샹위 立립셜 於어조

서ᄉᆞ 香향향 案안상 西셔셔녁 南남남녁 西셔녁 拜배절 降강ᄂᆞ림 復복회복 位위

위ᄌᆞ리 闔합닷들 門문문 主쥬쥬인 人인ᄉᆞ람 以이써 下하ᄋᆞ리 皆개다 升승올늘

승 階계ᄃᆞᆯ 主쥬쥬 人인ᄉᆞ람 門문문 東동동녁 西셔셔녁 向향향ᄒᆞ고 衆즁뭇

丈쟝질 夫부남ᄌᆞ 在재잇슬 其기그 後후뒤 主쥬쥬인 婦부부인 門문문 西셔녁

ᄒᆞ거든 년
ᄒᆞ고
면 마가 ᄒᆞ거든
ㅣ ᄒᆞ고
ᄒᆞ고
라가 호ᄃᆡ
면 ᄒᆞ고
호ᄃᆡ ㅣ
ᄒᆞ야 ᄒᆞ야
덜 ᄒᆞ고
ㅣ ᄒᆞ야

서 東동녁동 向향ᄒᆞᆯ향、衆뭇즁 婦부인부 女녀ᄌᆞ녀、在잇슬ᄌᆡ 其그긔 後뒤후
尊노플존 長얼운장、少적을쇼 休쉬을휴 他달을타 所바소、啓열계 門문문、
主쥬인쥬 人ᄉᆞ람인 主쥬인쥬 婦부인부、升올늘승 徹거들철 羹국갱 奉밧들봉
봉 熟익을슉 水물슈 分논을분 奠드릴뎐 于어조ᄉᆞ우 諸뭇졔 位위위 考위고
고 妣비비 前압젼、主쥬인쥬 婦부인부 先먼여션 降ᄂᆞ릴강 復회복복 位위
주 辭하직ᄉᆞ 神귀신신、婦부인부 人ᄉᆞ람인、四넉ᄉᆞ 拜절배 納드릴납 主
신 主쥬인쥬 人ᄉᆞ람인、主쥬인쥬 婦부인부、升올늘승 各각각각 奉밧들봉
봉 主쥬 櫝독 納드릴납 櫝독쥬독 以써이 笥상ᄌᆞᄉᆞ 斂거둘렴 櫝독쥬독、奉
밧 歸갈귀 祠ᄉᆞ당ᄉᆞ 堂집당、如ᄀᆞᄐᆞᆯ여 來올ᄅᆡ 儀모양의、主쥬인쥬 婦
부、還도라올환 監볼감、徹거들철 酒술쥬 在잇슬ᄌᆡ 器그릇긔 中가온대즁 者

十

ᄒᆞ야ᄒᆞ고 ᄒᆞ야 ᄒᆞ고ᄒᆞ고

것자、皆ᄃᆞᄆᆞ入들입于어조ᄉᆞ우甁병병緘봉감封봉봉之어조ᄉᆞ지果실과

파蔬ᄂᆞ물소肉고기육食음식식、並ᄋᆞ올병傳전ᄒᆞᆯ전于어조ᄉᆞ우燕연ᄉᆞᄉᆞ

器그릇긔、滌씻을텩祭제ᄉᆞ제器그릇긔而어조ᄉᆞ이藏감촐장之어조ᄉᆞ지、

유식ᄒᆞᆯ제쥬인이올ᄂᆞ가여러위잔엳ᄀᆞ득히ᄎᆞ우고향상동남에스거던쥬부ᄀᆞ올ᄂᆞ밥에간ᄌᆞᆯ곱고져범열대뎝우의반드시놋되ᄃᆞ셔편으로ᄌᆞ루ᄀᆞᄀᆞ게ᄒᆞ고향상셔남의서셔ᄉᆞ비ᄒᆞ고ᄂᆞ려ᄀᆞ섯던듸손후에합문ᄒᆞ고쥬인에하ᄀᆞᄃᆞ뜰에올ᄂᆞ쥬인은문동편의셔향ᄒᆞ게던여러남ᄌᆞ넌그뒤에잇고쥬부넌문셔편의동향ᄒᆞ거던여려부녀넌그뒤에잇고열운파로

이라 ᄒᆞᄃᆡ
ᄒᆞ고 ᄒᆞᄂᆞ니
이 어던

인연ᄃᆞ몬ᄃᆡᄀᆞ셔쉬ᄃᆞᄀᆞ계문ᄒᆞ거던쥬인쥬부ᄀᆞ올
ᄂᆞ강알ᄂᆡ고여러위예ᄉᆞᆨ뇽알각각ᄃᆡ리고쥬부ᄀᆞ면
저ᄂᆞ려ᄀᆞ섯던ᄌᆞ리예섯ᄃᆞᄀᆞᄉᆞ신ᄒᆞ되부ᄃᆡ넌ᄉᆞ비
ᄒᆞ고쥬인쥬부ᄀᆞ각각고비위신쥬렬독에뫼시여상
ᄌᆞ에독알뫼시여ᄉᆞ당에봉안ᄒᆞ기렬모서ᄋᆞ던모양
ᄀᆞ치ᄒᆞ고쥬부ᄀᆞ도릇와그릇세인넌술알병에너서
봉ᄒᆞ고졔찬알ᄃᆞ른그릇세옹기고졔긔렬닥ᄀᆞᄂᆞᆫ코
餕준준、례男남남ᄌᆞ女녀녀ᄌᆞ異ᄉᆡ달을處쳐곳男남남ᄌᆞ于ᄉᆞ어조堂당대
당、女녀녀ᄌᆞ于ᄉᆞ어조室실방女녀녀ᄌᆞ尊존노플一일ᄒᆞᆫ人인ᄉᆞ람先션먼여
션就츄ᄂᆞ갈當당당홀中듕가운ᄃᆡ南남남녁面면얼굴坐좌안즐、衆즁뭇婦

十二

ㅣ ᄒᆞ고 / ᄒᆞ야 ᄒᆞ고 / ᄒᆞ고ㅣ 이어던 / 연 ᄒᆞ고 / 언 어던 / 디 ᄒᆞ고ᄒᆞᆯ / ᄒᆞ고 / 타ᄒᆞ니라 / ᄒᆞ야 어던

부부、신 序셔차례 立립설 尊존노플 者쟈니 前젼압 北븍븍녁 向향향ᄒᆞᆯ 世셰대
셔 爲위될 一일ᄒᆞᆫ 行항항렬、以이써 東동동녁 爲위ᄒᆞ 上샹위 皆ᄀᆡ다 再ᄌᆡ두 拜
빈절 次ᄎᆞ지ᄎᆞ 尊존노플 一일ᄒᆞᆫ 人인사람、少쇼적 은 進진나갈 立립설 執을잡
집 事ᄉᆞ일 一일ᄒᆞᆫ 人인사람、執집잡 을 注주주젼 立립설 其기그 右우올은、一
ᄒᆞᆫ 人인사람、執집잡 盞잔잔 盤반잔대 立립설 其기그 左자왼 次ᄎᆞ지ᄎᆞ 尊
노플、受슈밧을 注주주젼 늘 ... 酒쥬술 友도반락 注주주젼 受슈밧을
존 盞잔잔 祝츅축원 曰왈 祀ᄉᆞ제 事ᄉᆞ일 旣긔이 成셩일 ... 祖조조부
考고、嘉가아름 享향흠향、伏복업 願원원 某무 親친친 備
비고 ... 위 五오 福복복 保보보 族족일 家가집
슈 줄 執집잡 을 盞잔잔 者쟈니 置치둘 尊존노플 者쟈니 前젼압 尊존노플 者쟈니 授

이ㅣᄒᆞ야 도여던ㅣ ᄒᆞ고 ᄒᆞ고 ᄒᆞᄂᆞ니 ᄒᆞ야 ᄒᆞ야 이이 이어던ㅣ ᄒᆞ고 ᄒᆞ고ㅣ로 ᄒᆞ고 호ᄃᆡ 연

擧거들 酒쥬술 畢필ᄆᆞᆺ 次ᄎᆞ지 尊존노ᄑᆞᆯ 退퇴믈너 復복회 位위자리

與여더블 衆즁뭇 婦부인 皆개다 再재두 拜배절 尊존노ᄑᆞᆯ 者쟈니 命명명 取

斟짐ᄌᆞ 注쥬주 盞잔잔 置치둘 于우어조 前젼압 自ᄌᆞ스스 斟짐부을 之지어조

祝지ᄉᆞ 祝주츅 曰왈일ᄋᆞᆯ 祀ᄉᆞ제 事ᄉᆞ닐 旣긔이 成셩일울 五오다ᄉᆞ 福

福복복 之지어조 慶경경ᄉᆞ 與여더블 汝여너 曹조무리 共공ᄒᆞᆫ가지 之지어조 命

命명명 執집잡을 事ᄉᆞ닐 以이써 次ᄎᆞᄎᆞ례 就츄ᄂᆞ갈 立립설 位위자리 斟짐부을

酒쥬술 各각각 置치둘 其기그 前젼압 次ᄎᆞ지 尊존노ᄑᆞᆯ 進진나갈 受을밧

飲음마실 退퇴믈너 立립설 衆즁뭇 婦부인 進진나갈 揖읍읍 退퇴믈너

立립설 飲음마실 次ᄎᆞ지 尊존노ᄑᆞᆯ 與여더블 衆즁뭇 婦부인 皆개다 再

再재두 拜배절 乃내이에 就츄나갈 位위자리 尊존노ᄑᆞᆯ 行ᄒᆡᆼᄒᆡᆼ 自ᄌᆞ스스 爲

十三

호고호ᄂᆞᆫ 호시매 호나니ㅣ 니라ㅣ 홀시ㅣ 에호고 호고 로호야 호고뇬 호고 호야

위ᄒᆞᆫ 一일ᄒᆞᆫ 列렬랄 렬 南남녁 面면ᄒᆞᆯ 굴 自ᄌᆞ브 室실방 中듕가온 東동녁동
동 西서녁 分분논 을 坐좌안 즐 若약만 실 止지그칠 一일ᄒᆞᆫ 人인사람 則즉
죽곳 當당당 홀 中듕가온 而이조 坐좌안 즐 其기그 餘여남은 을 東동녁 西서녁
셔셔 녁 以이ᄡᅥ 次ᄎᆞ례 相샹서 루 對ᄃᆡᄃᆡ 홀 薦쳔드릴 肉육고기 食식음 식
薦쳔드릴 麪면면 食식음 식 遂슈인 홀 薦쳔드릴 米미쌀 食식음 식 然연글 열
後후뒤 ᄒᆞᆫ 汎범떠 行ᄒᆡᆼᄒᆡᆼ 홀 酒쥬술 間간ᄉᆞ이 以이ᄡᅥ 祭제제 ᄉᆞ 饌찬음 식 將쟝ᄎᆞᆺ
장 罷파파 홀 主쥬쥬 인 人인사람 主쥬쥬 인 婦부부 인 各각각 각 頒반눈홀 胙조
조제 물 于우어 內내안 外외밧 僕복종 編편두 루 及급미츨 微미 을 賤쳔
쳔쳔 홀 其기그 日일날 皆개다 盡진다 홀 受슈밧 을 者쟈니 皆개다 再ᄌᆡ두 拜배절
乃내이예 微미젓 을 席셕자리 乃내이예 祭제제ᄉᆞ 土토흙 神신귀신 以이ᄡᅥ

ᄒᆞᄂᆞ니라

일ᄒᆞᆫ 分분ᄂᆞᆫ 을 之지 어 지조 饌찬 음식

ᄉᆞ시졔에ᄂᆞᆫ쥰례ᄒᆞ시너니쥰례ᄂᆞᆫ졔ᄉᆞ후음식먹넌
례라남ᄌᆞ넌대텽의서ᄒᆞ고부녀넌방의서ᄒᆞᄂᆞ니부
녀즁항렬노푼니ᄒᆞᄂᆞᄆᆞ남향ᄒᆞ고안거던여러부녀
ᄆᆞ녀존압희서북향ᄒᆞ고스되ᄒᆞᆫ줄에ᄒᆞᆫ항렬식서서
동으로샹열삼고ᄂᆞ지비후에지ᄎᆞ로놉푸니ᄒᆞᄂᆞ가
조곰ᄂᆞᄆᆞ스거던집ᄉᆞᄒᆞᄂᆞ넌주전ᄌᆞ렬ᄆᆞ지고오른
편의스고ᄒᆞᄂᆞ넌잔열ᄆᆞ지고왼편의스거던ᄎᆞ존이
주전ᄌᆞ렬 보ᄂᆞ술열붓고주전ᄌᆞ렬주고잔열부ᄂᆞᄆᆞ
지고츅슈ᄒᆞ야왈ᄉᆞᄉᆞ 긔힝조고가향복원무친비응

十四

오복보죡의가라ᄒᆞ나니그뜻세ᄒᆞ여쓰되졔ᄉᆞ뎐지
시여조상이ᄉᆞ롬ᄃᆞ시흠향ᄒᆞ세씨니원컨ᄃᆡᄉᆞ무친
은오복열ᄆᆞ초ᄇᆞᄃᆞ일가렬보견ᄒᆞ고집열화ᄒᆞ게ᄒᆞ
라ᄒᆞ엿더라츅수후에잔열집ᄉᆞ를주어녀존삽희노
커던ᄃᆡ존이ᄆᆞ신후에ᄎᆞ존이물너ᄀᆞ셧더ᄃᆡ서서여
려부녀뎔노ᄃᆞ지비ᄒᆞ거던녀존이주전ᄌᆞ와잔열ᄆᆞ
지오리여삽희노코술열븟고답츅ᄒᆞ야왈ᄉᆞᄉᆞ긔향
오복지경여여조공지ᄅᆞᄒᆞ나니그뜻세ᄒᆞ여쓰되졔
ᄉᆞ렴지니니오복의경ᄉᆞ라너의뎔노ᄆᆞ치ᄒᆞ리ᄅᆞᄒᆞ
엿더라답츅후에집ᄉᆞ를명ᄒᆞ야ᄎᆞ례로셧던조라예

각각술을부어잔을샹희노은후에ᄌᆞ존이ᄂᆞ서ᄇᆞᄃᆞ
ᄯᅩ시고물너스거던ᄯᅢ여러부녀ᄆᆞᄂᆞ서습ᄒᆞ고물너서
서ᄆᆞ시고ᄎᆞ존이하ᄆᆞ알시예지비ᄒᆞ고ᄌᆞ리예안즈
되노픈항렬먼방ᄒᆞᆫᄆᆞ운ᄃᆡ서부틈동셔로ᄂᆞ남향
ᄒᆞ야안고노픈항렬이ᄒᆞᄂᆞ뿐이거던ᄒᆞᆫᄆᆞ온ᄃᆡ의인
ᄒᆞ야안고그ᄂᆞ무니던동셔로샹향ᄒᆞ야안ᄌᆞ음식열
먹은후에파좌ᄒᆞ랴할ᄶᅢ제쥬인쥬부ᄆᆞ각각시외노복
파ᄃᆞ름하인의게제물열노ᄂᆞ쥬되그날에ᄃᆞ업시너
니밧너니ᄆᆞᄃᆞ지비ᄒᆞᄂᆞ니라쥰례렬ᄃᆞᄒᆞᆫ두에토신
졔렬지니되졔물열등분엽시ᄒᆞᄂᆞ니라

十五

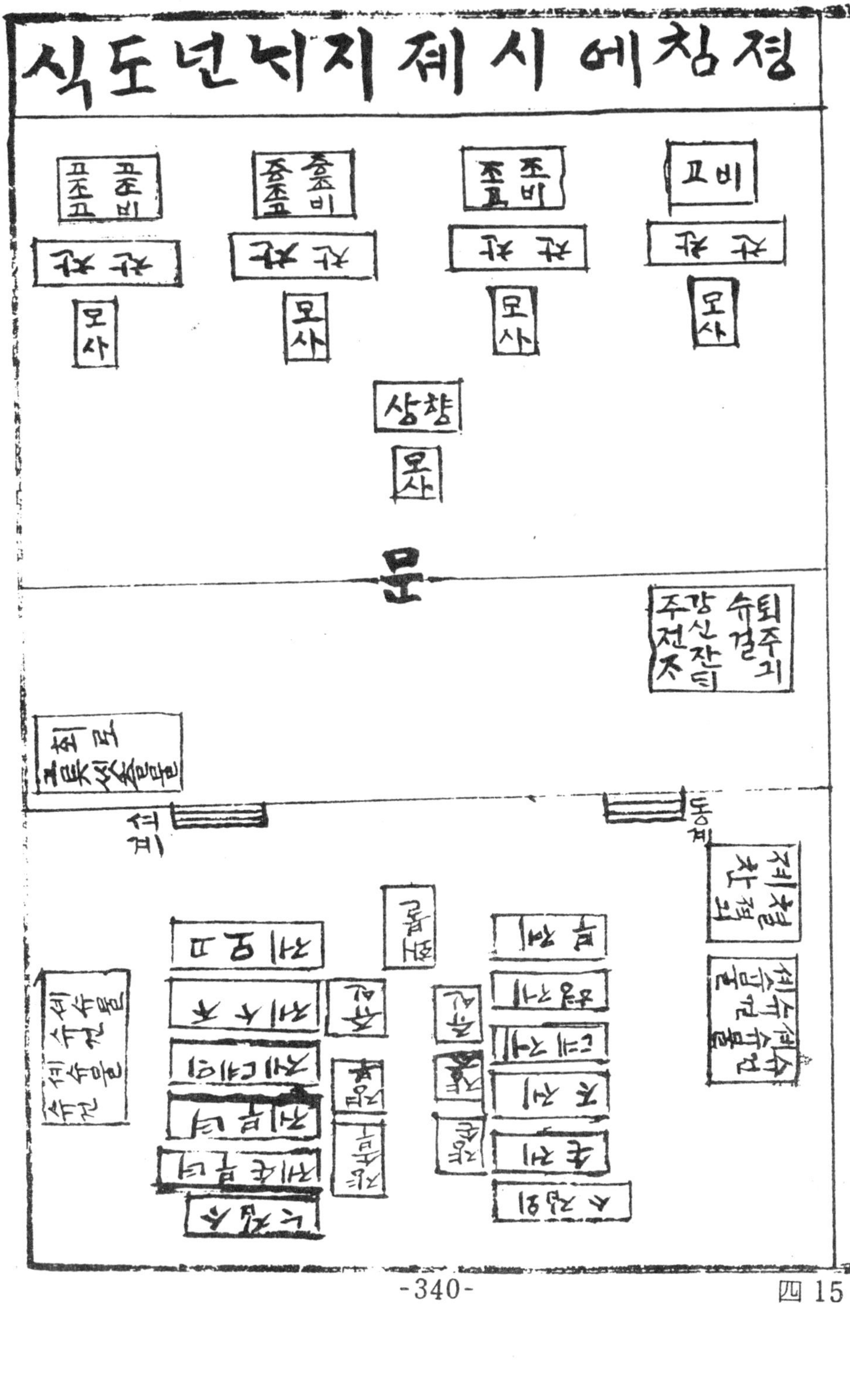

정침에 시제지내는 도식
문
상향
모사
동계
서계

季계ᄆᆞᆺ지 秋츄ᄀᆞ을 祭졔졔ᄉᆞ 禰녜부묘 並를ᄋᆞ오 如여ᄀᆞ틀 時시ᄯᅢ 祭졔ᄉᆞ
졔 之지어조ᄉᆞ 儀의례졀
구월에부모끠만예졔ᄅᆞᆯ지니되ᄉᆞ시졔지니ᄂᆞᆫ법과
ᄀᆞᄐᆞ니라
忌긔긔 日일날 如여ᄀᆞ틀 時시ᄯᅢ 祭졔졔ᄉᆞ 但단다만 設셜베풀 一일ᄒᆞᆫ 位
위신 위 不불안 受슈받을 胙조음복 不불안 餕쥰쥰 례 變변변ᄒᆞᆯ 服복옷
父부부친 母모모친 忌긔긔졔 則즉곳 婦부부인 人인ᄉᆞ람 淡담담ᄒᆞᆯ 黃황누를
황 帔피비조 白ᄇᆡᆨᄒᆡᆫ 大대큰 衣의옷 祖조조부 以이ᄡᅥ 上샹위 則즉곳 玄현거믈
帔피비조 玉옥옥 色ᄉᆡᆨ빗 裳샹치마 白ᄇᆡᆨᄒᆡᆫ 帶ᄃᆡ띄 考고고 위 妣비비위 則즉곳
主쥬쥬 신 人인ᄉᆞ람 以이ᄡᅥ 下하ᄋᆞ래 哭곡울 盡진다ᄒᆞᆯ 哀ᄋᆡ슬풀 逮를ᄃᆞ톄ᄃᆞ

十六

ᄒᆞ니라에

ᄒᆞ고 ᄒᆞ니넌

나라

事ᄉᆞ셤길 祖조조 부 考고고 위 妣비비 위 同동ᄀᆞ톨 是시ᄋᆡ 日일날 不불안 할

飮음마실 酒쥬술 食식먹을 肉육고기 聽텽드를 樂악풍류 素소흴 服복옷 以

이ᄡᅥ 居거거·홀 忌긔긔 日일날 終죵ᄆᆞᆺ칠 身신몸 之지어조 喪상거상 也야어조

ᄉᆞ야

긔졔ᄂᆞᆫᄉᆞ시졔와ᄀᆞ트되ᄃᆞ만ᄒᆞᆫ위만지너고슈조례

와쥼례엽넌거시ᄃᆞ르니라힝ᄉᆞ젼의변복ᄒᆞ되친긔

예넌부인뎔이담황피와빅대의와빅딕요조부이샹

졔ᄉᆞ에넌현피와옥식치ᄆᆞ와빅딕라친긔에넌쥬인

이하ᄀᆞ스러운딕로곡ᄒᆞ고조부이샹이큰도승안ᄒᆞ

야셩겨쓰면곡이잇너니라입지파지일에쥬육열먹

지안코소복ᄒᆞ고풍류ᄃᆞᆯ듯지안너니기일엔호실전
십년몽상이라
호티 正정졍 至지동지 朔초ᄒᆞ루삭 望보롬망 則즉곳 參참예참 男남ᄌᆞ남 女녀ᄌᆞ녀
에이ᄒᆞ고 序ᄎᆞ례셔 立셜립 主쥬인쥬 人사ᄅᆞᆷ인 啓열계 櫝독쥬독 出날츌 諸모든져
어던ᄒᆞ고 考고 위 神귀신신 主쥬인쥬 主쥬인쥬 婦부인부 盥관셰 洗씨슬셰 升
ᄒᆞ고열 올승 出날츌 諸모든져 妣비위 神귀신신 主쥬신쥬 斂거렴 櫝독쥬독 如
나라에는 마ᄃᆞᆯ 啓열계 櫝독쥬독 儀모양의 望보롬망 日날일 不안불 出날츌 主
ᄒᆞ고니이라 신쥬 酹부을뢰 酒술쥬 只다만지 啓열계 櫝독쥬독 焚ᄉᆞᆯ분 香향향 正
넌ᄒᆞ고 정졍 至동지지 別달별 設배풀셜 饌음식찬 品품품 斟브을짐 酒술쥬
에ᄒᆞ고 諺[illegible] 主쥬인쥬 婦부인부 升올승 正졍 箸져[illegible] 主쥬인쥬 人사ᄅᆞᆷ인

十七

ㅣ
ᄒᆞᄂᆞ니라

인 主쥬쥬 인 婦부부 인 分분논 을 立립셜 東동동녁 西셔셔녁 北북북녁 向
향향 홀 拜ᄇᆡ졀

졍조와동지와삭망에ᄎᆞ례렬지니되남녀셔립ᄒᆞ후에
쥬인이고위신쥬렬긔독ᄒᆞ고니여모시거던쥬부ᄆᆞ
셰슈ᄒᆞ고올ᄂᆞᄆᆞ서비위신쥬렬니여모시고합독출
제도리독ᄒᆞ며시ᄒᆞᄂᆞ니라망앙에넌술열쓰지안코
신쥬렬니여모시지쌴코ᄯᆞ만긔독ᄒᆞ고분향ᄒᆞᄂᆞ니
라졍조동지에넌ᄯᆞ른찬슈렬더ᄎᆞ리고술열되린후
에쥬부ᄆᆞ올ᄂᆞᄆᆞ서져범열부르게ᄒᆞ고쥬인쥬부ᄆᆞ
동서에노ᄂᆞ서서북향비례ᄒᆞᄂᆞ니라

이ᄂᆞᆫ호 ᄒᆞ되ᄒᆞ고 ᄒᆞ야 ᄒᆞ나니와ᄒᆞ고 ㅣ 이어든 에ᄒᆞ고 으로ᄒᆞ고 ᄒᆞ니 에난니와

俗시쇽節명실졀獻드릴헌時ᄯᅢ시食음식식間ᄉᆞ이간以ᄡᅥ이蔬ᄂᆞ믈소果과실과如ᄀᆞᄐᆞᆯ여朔초ᄒᆞᄅᆞ삭日날일儀례의결有잇슬유新서롤신物물건물則곳즉於어조ᄉᆞ어朔초ᄒᆞᄅᆞ삭望보롬망俗시쇽節명실졀並아오를병

設베플설薦쳔신쳔雖비록슈望보롬망日날일亦ᄯᅩ역酹부을뢰酒술쥬若만일약不못홀불可가홀가作지을작飯밥반者것쟈若ᄀᆞᄐᆞᆯ약魚물고기어果과실과菽콩슉小져글쇼麥밀ᄆᆡᆨ等무리등於어조ᄉᆞ어晨새벽신謁뵈실알時ᄯᅢ시啓열계櫝듀독독單홋단獻드릴헌梵불ᄉᆞ범香향향再두저拜절ᄇᆡ隨ᄯᆞ를슈得어들득卽곳즉薦쳔신쳔凡대범범新서롤신物물건물未안할미薦쳔신쳔不못홀불可가홀가先먼져선食먹을식

명졀의 년시식을 쓰고 혹간 파ᄎᆡ도 쓰되 삭일 모양으

十八

ᄒᆞ나니어던 ᄒᆞ고 이 어ᄒᆞ야

로ᄒᆞ고서로먹던물건이잇거던삭망과명졀인ᄒᆞ
야쳔신ᄒᆞ나니망일에도술얼쓰고만일어속과과속
과콩과일등속밥지어쓰지못ᄒᆞᆯ거슨신알ᄒᆞᆯ데에긔
독ᄒᆞ고단헌으로분향지비ᄒᆞ고쳔신ᄒᆞ되읏넌더로
ᄇᆞ루쳔신ᄒᆞᄂᆞ니쳔신ᄒᆞ기젼의넌먼여먹지못ᄒᆞᄂᆞ
니라

有유잇슬事ᄉᆞ닐則즉곳告고ᄒᆞᆯ고生ᄉᆡᆼ난適뎍뎍실長쟝맛子ᄌᆞ수덜滿ᄀᆞ득
만ᄒᆞᆯ三삼석月월달而이조어ᄉᆞ見현뵈일如여ᄀᆞ틀朔ᄉᆞᆨ초ᄒᆞ루日일날儀의례졀
主쥬쥬인人인사람告고ᄒᆞᆯ고云운이를某모수무之지어조ᄉᆞ婦부수지某
무수氏시씨以이써某모수무月월달某모수무日일날生ᄉᆡᆼ난子ᄌᆞ수덜

라ᄒᆞ고일ᄒᆞᄂᆞᆫ이 이ᄃᆞ ㅣᄒᆞ고

ㅣᄒᆞ고 ᄒᆞ야

ᄒᆞ고 ᄒᆞᄂᆞ니라

名명ᄋᆞᆫ 음 某모ᄋᆞ무 敢감ᄒᆞᆷ 감히 見현ᄒᆞᆸ 뵈ᄋᆞᆸ고 告고ᄒᆞ고 畢필ᄒᆞ거든 主쥬 신人인쥬

인ᄉᆞ람、立립ᄒᆞᆫ 香향 卓상탁 東동녁 南남녁 西셔녁 向향ᄒᆞᆫ、主쥬인

쥬婦부인 抱포산을 子ᄌᆞ、 進진ᄒᆞ야 立립ᄒᆞᆫ 兩량두 階계ᄃᆞᆯ 間간ᄉᆞ이에

以이서 子ᄌᆞᄅᆞᆯ 授슈줄 乳유졋 母무어미 四ᄉᆞ넉 拜비졀 乃내이예 降강ᄂᆞ린

녈이잇쓰면ᄉᆞ당에고ᄒᆞᄂᆞ니종손이ᄂᆞ거던셕ᄃᆞᆫ만

의ᄉᆞ당의뵈옵기를산모양으로ᄒᆞ고쥬인이고ᄒᆞ

되ᄉᆞ무의ᄉᆞ녀ᄉᆞ무씨ᄀᆞ모월모일에상념ᄒᆞ야알음

열ᄉᆞ우라젓고감히뵈옵ᄂᆞᆫ다ᄒᆞᄂᆞ니고ᄒᆞᆫ후에쥬인

에향상동남편의서녀향ᄒᆞ야스거던쥬부ᄀᆞᄉᆞ희렬

十九 안끄량계간의ᄂᆞ가서서ᄉᆞ희렬유모를주고ᄉᆞ비ᄒᆞ

이어던

ᄒᆞ야

에 니라

에

고ᄂᆞ려ᄆᆞᄂᆞ니라

或혹혹有유잇슬水슈물火화불盜도도賊적도적先션먼여救구완ᄒᆞᆯ구祠

ᄉᆞ당堂당집遷쳔옮길神신귀신主쥬신쥬遺유끼칠書셔글祭제제ᄉᆞ器

ᄉᆞ그릇然연그럴後후뒤及급이를家가집財재지물

긔 슈화와도적이잇거던먼저ᄉᆞ당열구완ᄒᆞ야신쥬와

젼리ᄒᆞᆫ조샹에글과제긔렬옹긴後에집안지물열

옹기너니라

事ᄉᆞ셤길生ᄉᆡᆼ산儀의례졀

산ᄉᆞ람셤기ᄂᆞᆫ례

司ᄉᆞ맛틀馬마말溫온더영公공공후居거거ᄒᆞᆯ家가집雜잡셕길儀의례졀

이
호며 호고
년, 호고 년
호야 호야
호야
호야
이 년 호고
년
호야 호고
호고 호야 년
이어던 호고
연 호야

曰왈을 正졍졍 至지동지 朔삭초호 望망보름 賀하하례 家가집 長운얼
쟝 男남남 조 女녀녀 조 聚츄모들 於어조 堂당집 上샹위 丈쟝질 夫부남 조
處쳐쳐 홀 家가집 長쟝얼 운 之지조 左자왼 婦부부 人인사 람 處쳐처 홀
右우올 은 皆기도 北븍븍 녁 向향향 홀 共지호 공마 爲위될 一일호 列렬항 렬 以
이써 長쟝얼 운 幼유얼 일 爲위호 序셔차 례 共지호 공마 拜비절 家가집 長장얼 윤
畢필도 홀 長장맛 兄형형 立립셜 門문문 左자왼 長장맛 姊즈녀 형 立립셜 門문문
右우올 은 皆 各각각 南남남 녁 向향향 홀 兄형형 姊즈녀 弟데우 妹 列렬항 렬 共지호 공마 受
以이써 次
ᄎᆞ 례 拜비절 各각각 就츄ㄴ 兄형형 諸 姊즈녀 형데우 列렬 항렬 共
슈 卑비ᄂᆞ 즘 幼유어 린 拜비절 訖흘도 홀 先션먼 여 退물러 퇴 子ᄌᆞ식
姪질조 하 立립셜 門문문 東동동 녁 西셔셔 녁 如여ᄀᆞ 틀 兄형형 弟데우 儀

二十

예

로 ᄒᆞᄂᆞ니라

의모양受슈밧을拜비절

ᄉᆞ마온공거가집의에왈졍죠와동지와삭망에집얼

운끠하례ᄒᆞ되얼운연방의서남향ᄒᆞ야안ᄭᅩ여러남

녀넌머뎡의서남좌녀우로ᄂᆞᆫ북향ᄒᆞ야스되항렬

ᄆᆞ도쟝유로ᄎᆞ례ᄒᆞ야ᄆᆞ치얼운ᄀᆡ절ᄒᆞ고쟝형과큰

누의ᄆᆞ방문좌우에서남향ᄒᆞ야스거던여러뎨미덜

이ᄎᆞ례로절ᄒᆞ고각각형과누의손지ᄎᆞ례서서ᄆᆞ치

ᄌᆞᆫᄉᆞ리절얼ᄇᆞᄃᆞ그항렬이ᄃᆞᄒᆞ거던먼저물너ᄆᆞᄭᅩ

ᄉᆞ리항렬이ᄯᅩ그모양으로절얼밧ᄂᆞ니라

節졀명실序셔ᄎᆞ례及급더블家가집宴연잔치上상올닐壽슈슈쥴於조어

호되 ᄒ야ᄒ고 이이어던 인ᄒ고어 언던ㅣᄒ야 ᄒ곤 넌 얻이 ᄒ고이어던 ᄒ며 어던ㅣᄒ야 로어던이

ᄉ家가집長쟝얼、운序셔ᄎ례立립설如여ᄀ틀朔ᄉ루삭望망보름儀양모
어의先션먼여再지두拜비졀子ᄌᄉ덛弟뎨ᄋ우之ᄉ어조長쟝맛一일ᄒ人
인ᄉ、람進진ᄂ갈立립설家가집長쟝얼운前젼압幼유어릴者쟈ᄂ一일ᄒ人
인ᄉ、람執잡잡을盞잔잔立립설其기그左자왼一일ᄒ人인ᄉ람執잡잡을注
주주젼立립설其기그右우올、은長쟝맛者쟈ᄂ跪즐끌제안斟참부을酒쥬술祝
ᄌ원日월일늘伏랍업복되願원원혼某무ᄋ무親친친속備비ᄀ흘膺을밧운
축주五오ᄃᄉ福복복保보보젼族족일가宜의당家가집家가집長장얼운
응飮음모실畢필ᄃ、훌授슈줄幼유어릴者쟈ᄂ盞잔잔拜를ᄋ병오注조주주젼反
도리故고이젼處쳐곳長쟝맛者쟈ᄂ、俛면구부伏랍업복되興날어흥退너물
퇴갈與여더블卑비ᄂ즐幼유어、린皆기ᄃ再저두拜비절家가집長장얼운命

二十二

어던 에이
이어던 ᄒᆞ야
에 ᄒᆞᄉᆞ에
니라

명 坐좌안즐 皆개다 再재두 拜배절 而ᄉᆞ어 이조 坐좌안즐 家가집 長댱얼운 命
명 遍변두루 酢작술ᄀᆞ풀 皆개다 起긔닐이 니러 序셔ᄎᆞ례 立립셜 俱구함 끠 再재두
拜배절 就츄ᄂᆞ갈 坐좌조리 飮음마실 訖흘다할 皆개다 退퇴물너
명졀과잔치에얼운끠헌슈ᄒᆞ며리ᄅᆞᆸ홈ᄒᆞ기ᄅᆞᆯ졍조와
ᄀᆞ치ᄒᆞ야ᄃᆞ지비ᄒᆞ고조뎨즁ᄎᆞ쟝이얼운삽희ᄂᆞᄀᆞ
ᄉᆞ거던집ᄉᆞ알인언잔열ᄀᆞ지고왼편의스고알인언
주젼ᄌᆞ럴ᄀᆞ지고소른편의스거던ᄎᆞ쟝이께좌ᄒᆞ야
술열븟고축원ᄒᆞ여왈권(源)뎌ᄉᆞ무친연소복열ᄀᆞ초ᄇᆞ
ᄃᆞ일가렬보젼ᄒᆞ고집열화ᄒᆞ게ᄒᆞ라ᄒᆞ거던열운이
술열무시고집ᄉᆞ렬잔열주거던주전ᄌᆞ갸지노왓던

예 에

홀ᄃᆞ

ᄒᆞ야 넌홀

션ᄒᆞ고도

ᄒᆞ야ᄒᆞ야

ᄒᆞ고

되갓ᄂᆞ노은후에ᄎᆞ장이면복ᄒᆞᄂᆞᄀᆞ이때ᄂᆞ붇녀ᄀᆞ
서손ᄉᆞ리달노ᄃᆞ지비ᄒᆞ거던열운이명ᄒᆞ야안즈타
ᄒᆞ거던ᄃᆞ지비ᄒᆞ고안ᄌᆞᆫ후에열운이명ᄒᆞ야ᄃᆞ술열
주ᄅᆞᆯᄒᆞ거던ᄃᆞ이러ᄂᆞ셔셔립ᄒᆞ야ᄃᆞ지비후에각각
조러예안조ᄃᆞ무신후에물너ᄀᆞᄂᆞ니라

鹿록ᄉᆞ심門문문先션먼녀生싱난家가집儀의례걸曰월실눌生싱난日일날
男남남조女녀녀조行힝힝홀晨신셔벽省성살관禮례례졀男남남조左
자왼女녀녀조右우올은序셔ᄎᆞ례立립셜丈장질夫부남자再지두拜비졀婦
부부人인ᄉᆞ람四ᄉᆞ넉拜비졀婢비녀종僕복죵亦역또分분논을左자왼右
우올은序셔ᄎᆞ례立립셜庭뎡뭇당下하ᄉᆞ리再지두拜비졀仍잉인홀進진ᄂᆞ

二十二

ᄒᆞ고 ᄒᆞ되
ᄒᆞ고
이
이어던 . 언
ᄒᆞ고 어ᄒᆞ고
어던 ᄒᆞ야
이어던 ㅣᄒᆞ고
어던 ㅣᄒᆞ고
던
어던
여 ᄒᆞ고

진羞슈음식上상올날壽슈슈촐男남남女녀녀序셔ᄎᆞ례立립설諸
저뭇子ᄌᆞ식中듕가온最최ᄀᆞ장長장맛者쟈니一일ᄒᆞᆫ人인사람進진나갈立립설盞
尊존노풀長장얼운前젼압幼유어릴者쟈니執집잡을注주젼立립설其기그
잔잔立립설其기그左좌왼一일ᄒᆞᆫ人인사람執집잡을注주젼立립설者쟈니受
右우올은長장맛者쟈이二이두幼유어릴皆ᄀᆞ도跪ᄭᅮᆯ어안長장맛者쟈니幼유어린
밧을盞잔잔執집잡을注주젼者쟈니斟짐부을酒쥬술二이두幼유어
起긔닐어날長장맛者쟈니舉거들手슈손奉봉받들盞잔잔祝츅츅日왈ᄀᆞᆯ오ᄃᆡ
伏복엎드릴顧원원ᄒᆞᆯ尊존노풀親친어버이對ᄃᆡᄃᆡᄒᆞᆯ玆ᄌᆞ이初초ᄎᆞ음度도지날
備비ᄀᆞᄎᆞᆯ膺응밧을五오다ᄉᆞᆺ福복복保보보젼族족일가宜의맛당家가집
尊존노풀長장얼운受슈밧을盞잔잔飮음마실訖글ᄆᆞᄎᆞᆯ以이써盞잔잔授

四 22 b

에ㅣ 어던 이 ᄒᆞ고던 ᄒᆞ고ᄒᆞ더 ᄒᆞ고어ㅣ ᄒᆞ고 어던ㅣ어던 ㅣᄒᆞ야시던 ㅣᄒᆞ야 의어던ᄒᆞ고 ㅣ ᄒᆞ고ᄒᆞ고 ᄒᆞ고

슈줄幼유어린者쟈ㅣ盞잔잔反ᄀᆞᆯ도반리故고이젼處쳐곳長쟝맛者쟈ㅣ俯부구
부랄伏ᄅᆞᆫ업복듸興날이흥러復복회복位위ᄌᆞ리婦리며부ᄂᆞ女녀ᄯᆞᆯ中ᄃᆡᄀᆞ듕운最
최ᄀᆞ장長쟝맛一일ᄒᆞᆫ人인사람奉봉맛ᄃᆞᆯ盞잔잔二이두幼유어린女녀녀ᄌᆞ
執집잡을盞잔잔注ᄌᆞ주주전如여가ᄐᆞᆯ上샹위儀의모양但단ᄃᆞ만無무업슬
祝ᄌᆞ축ㆍ絶畢필ᄃᆞᄒᆞᆫ諸져뭇丈쟝질夫부ᄇᆞᄌᆞ再ᄌᆡ두拜ᄇᆡ절婦부부인女ᄌᆞ녀
녀四ᄉᆞ넉拜ᄇᆡ절尊존노풀長쟝얼운命명명皆ᄀᆡ다坐좌안즐侍시모실者
쟈ᄂᆡ斟라침부을酒쥬술于ᄉᆞ어우조盞잔잔進진ᄂᆞ갈尊존노풀長쟝얼운尊플노
존長쟝얼운命명명諸져뭇子ᄌᆞᄋᆞ던中ᄃᆡᄀᆞ듕운長쟝맛者쟈ᄂᆡ至지이를前
젼압親친친히以이ᄡᅥ酒쥬술授슈줄之ᄉᆞ어지조長쟝맛者쟈ᄂᆡ受슈밧을酒쥬술
置치둘席셕주리端단끗一일ᄒᆞᆫ拜ᄇᆡ절取츄마즐酒쥬술跪즐꿀궤안飮음므실

二十三

ᄒᆞ고셔던
ㅣ어던ㅣ
ᄒᆞ야 ᄒᆞ되
이 어던이
ᄒᆞ야인ᄒᆞ던
ㅣ.
ᄒᆞ고셔
ᄒᆞ야ㅣ니라

以이써 盞잔잔 授슈쥴 侍시모실 者쟈ᄂᆡ 興흥날이러 復복회복 位위ᄌᆞ리 侍실모
시 者쟈ᄂᆡ 又우또 斟침부을 酒쥬술 尊존노풀 長쟝얼운 授슈쥴 婦부며ᄂᆞ리 女
녀ᄯᆞᆯ 中듕가온 長쟝맛 者쟈ᄂᆡ 如여ᄀᆞᆺ틀 上샹위 儀의모양 亦역또 一일ᄒᆞᆫ 拜ᄇᆡ절
畢필ᄆᆞ출 興흥날이러 復복회복 位위ᄌᆞ리 尊존노풀 長쟝얼운 命명명 侍실모
시 者쟈ᄂᆡ 以이써 次ᄎᆞ차례 酢작술불 卑비ᄂᆞ즐 幼유어릴 皆ᄀᆡ다 出츌나갈
位위ᄌᆞ리 拜ᄇᆡ절 跪궤ᄭᅮᆯ안즐 飮음마실 畢필ᄆᆞ출 興흥날이러 復복회복 位위ᄌᆞ리
위 男남남ᄌᆞ 女녀녀ᄌᆞ 俱구함ᄭᅴ 再ᄌᆡ두 拜ᄇᆡ절 四ᄉᆞ넉 拜ᄇᆡ절 退퇴물너갈
록문삼션싱가의에싱일에남녀ᄆᆞ일쪽이러ᄂᆞ셔
문안ᄒᆞ되남좌녀우로셔렵ᄒᆞ야남ᄌᆞ년지비ᄒᆞ고부
인연ᄉᆞ비ᄒᆞ고비복도죄우렬노ᄂᆞ련하의셔렵ᄒᆞ야

저비한후에음식열ᄂᆞ슈고헌슈ᄒᆞ되남녀ᄀᆞ셔립ᄒᆞ
에큰ᄉᆞ덜이열운압희ᄂᆞᄀᆞ스거던집ᄉᆞ알인언잔열
ᄀᆞ지고왼편의스고일인언주전ᄌᆞ럴ᄀᆞ지고오른편
의스거던ᄃᆞ제좌ᄒᆞ야장ᄌᆞᄀᆞ잔열밧거던주전ᄌᆞᄀᆞ
즈ᄂᆞᄀᆞ술열붓고집ᄉᆞᄀᆞ이러ᄂᆞ거던장ᄌᆞᄀᆞ잔을들
고축슈ᄒᆞ여왈원컨디존친은이날초도럴당ᄒᆞ야오
복열ᄀᆞ초부ᄃᆞ일가럼보젼ᄒᆞ고집열화ᄒᆞ게ᄒᆞ타ᄒᆞ
거던열운이잔열부ᄃᆞ며셔고잔열집ᄉᆞ럴주어노왓
던듸갓ᄃᆞ노은후에장ᄌᆞᄀᆞ부복ᄒᆞᄃᆞᄀᆞ이러ᄂᆞ서셧
던듸로ᄀᆞ셔스거던장ᄌᆞ부ᄂᆞ장녀ᄀᆞ또ᄒᆞᆫ그모양으

二十四

로잘열되리되ᄃᆞ만흑ᄉᆞ만엽고부녀ᄆᆞ집ᄉᆞ노릇ᄒᆞ
넌거시ᄃᆞ르니라섯던되로ᄆᆞ서ᄂᆞᆫ후에남ᄌᆞ넌지비
ᄒᆞ고부인연ᄉᆞ비ᄒᆞ거던열운이명ᄒᆞ야ᄃᆞ안ᄌᆞ근ᄒᆞ
거던녀복이술열부어열운개ᄂᆞ수거던열운이장ᄌᆞ
렬압희로오ᄅᆞᆫᄒᆞ야찬히술열주거던장ᄌᆞᄀᆞ술열녀
ᄃᆞ조리꿋희노코ᄒᆞᆫ번결ᄒᆞ고술열ᄆᆞ지고제좌ᄒᆞ야
무신후에잔열녀복열주고이러ᄂᆞ셔섯던되로ᄆᆞ서
스거던녀복이ᄯᅩ술열부어서열운이장ᄌᆞ부ᄂᆞ장녀
렬주거던ᄯᅩ한ᄒᆞᆫ번절ᄒᆞ고ᄆᆞ시고섯던되로ᄆᆞ서스
거던열운이여복열명ᄒᆞ야남녀열(덜)ᄎᆞ례로술열주거

뎐ᄂᆞ서호번졀ᄒᆞ고졔좌ᄒᆞ야모시고섯던ᄃᆡ슐후에
남ᄌᆞ뎐지비ᄒᆞ고부인뎐ᄉᆞ비ᄒᆞ고몰너ᄀᆞᄂᆞ니다

女녀ᄌᆞ功공공第뎨ᄎᆞ례六륙여셧

녀공말ᄒᆞ여섯지편

織직ᄶᆞᆯ絍임잉ᄉᆞ

ᄆᆞᆯ삼

內안ᄂᆡ則법즉曰왈일늘女녀ᄌᆞ子ᄌᆞ녀十열ᄉᆞᆸ年년ᄂᆞ執잡집을麻마삼
枲시삼治ᄃᆞᄉᆞ릴치絲실ᄉᆞ繭고치견織ᄶᆞᆯ직絍잉ᄉᆞ임組ᄶᆞᆯ조紃ᄭᅳᆫ슌學ᄇᆡ홀
女녀ᄌᆞ事일ᄉᆞ以ᄡᅥ이供공급ᄒᆞᆯ공衣옷의服옷복

애ㅣ잇어던 ᄒᆞ고 ᄒᆞ야 ᄒᆞᄂᆞ니라

니즉에왈녀ᄌᆞᄀᆞ십셰ᄀᆞ되거던삼과고치렬잣고ᄶᆞ

二十五

에 에 ㅣᄒᆞ고 ᄒᆞ야ᄒᆞ고 ᄒᆞ야니라 에 ㅣ ᄒᆞ야 ㅣ ᄒᆞ야ᄒᆞ고

서녀ᄌᆞ의 날엳 비와 서의 복엳 공곱ᄒᆞᄂᆞ니라

禮례례 졀 記긔긔록 曰왈이ᄅᆞᆫ 莫모저믈 春츈봄 之지ᄉᆞ 어조 月월달 后후황후

妃비왕비 躬궁몸 桑상ᄲᅩᆼ나무 禁금금홀 婦부부인 女녀계집 ㆍ 毋무말 觀관ᄭᅮᆷ일

省성덜 날 婦부부인 事ᄉᆞ일 以이ᄡᅥ 勸권권홀 蠶잠누에 事ᄉᆞ일

례긔에 왈 삼월에 년후비ㅁ 조누에 렬ᄎᆞ고 ᄃᆞ르부

녀ᄃᆞᆯ 열금ᄒᆞ야 꾸미지 말게ᄒᆞ고 부녀의 날열더러서

젼실이 누에날만 젼ᄒᆞᄂᆞ니라

古고녜 者쟈적 天텬하ᄂᆞᆯ 子ᄌᆞ아ᄃᆞᆯ 諸져모ᄃᆞᆯ 侯후져후 有유잇슬 公공나라 桑상

蠶잠누에 室실집 使ᄉᆞ시길 三삼셕 宮궁궁 世세세대 婦부부인 入입드러

蠶잠누에 奉봉밧들 繭견고치 于어어조 君군인군 遂수인ᄒᆞᆯ 獻헌드릴

이어ᄃᆞᆫ이
ᄒᆞ야ᄒᆞ야
ᄒᆞᆫ샹
나이다
어ㅣ

子어조ᄉᆞ 夫부외 경人ᄉᆞ인ᄅᆞᆷ、夫부외경人ᄉᆞ인ᄅᆞᆷ 副부슈식 褘휘취 衣의의 受슈밧을 之어조ᄉᆞ지 繅소실쓸 三삼세번 盆분동의 手손슈 遂슈일훌 布포펼 于어조ᄉᆞ우 三삼석 宮궁궁 世세세ㅣ 婦부부、인 繅소실쓸 以이써 爲위ᄒᆞᆯ 君군인군 之어조ᄉᆞ지 祭제제ᄉᆞ 服복옷복、

녯적의 텬ᄌᆞ와 졔후ᄀᆞ ᄂᆞᄅᆞ ᄲᅩᆼᄂᆞ무와 누에 ᄎᆞᆯ 집이 잇서서 삼궁 셰부ᄅᆞᆯ 식혀 누에ᄅᆞᆯ 처서 인군ᄭᅴ ᄭᅩ치ᄅᆞᆯ 갑ᄎᆞᆫ 후에 부인ᄭᅴ 드리거던 부인이 례복열 ᄆᆞᄎᆞ고 ᄆᆞᆫ ᄯᅩ 서실당에 손열 너서 세번 써 넌 후에 삼궁 셰부ᄅᆞᆯ ᄂᆞ주어 ᄶᅩ서 인군에 졔복열 만드ᄂᆞ니라

周쥬ᄂᆞᄅᆞ쥬 南남남녁、曰왈일ᄅᆞᆯ 葛갈츩 之어조ᄉᆞ지 覃담벗을 兮어조ᄉᆞ혜 施이옴길

二十六

ᄒᆞ야 이어늘 施시 于어조ᄉᆞ우 中가온대즁 谷산골곡、維어조ᄉᆞ유 葉닙엽 莫막막 莫막막、服입을

ᄒᆞ야 ᄒᆞ니 是이시 刈베일예 是이시 濩삶을확、爲ᄒᆞᆯ위 絺갈포치 爲ᄒᆞᆯ위 綌갈포격、服입을

이로ᄂᆞ 복 之어조ᄉᆞ지 無업슬무 斁실일역、

쥬남에 왈 산곡에 측이 번셩ᄒᆞ게 벗거던 베여ᄂᆞ마 삶

마서 갈포를 ᄂᆞ서 이부되 손조ᄂᆞᆫ 공력얼 싱각ᄒᆞ야

ᄯᅢ뭇고 ᄯᅥ러저도 입기 실슴을 여ᄒᆞ지 안넌ᄂᆞᆫ ᄒᆞ니 문왕

후비태ᄉᆞ도 갈포길삼얼 ᄒᆞ엿ᄂᆞ니라

에 이이어늘 國나라국 語말ᄉᆞᆷ어、曰ᄀᆞᆯ왈 敬공경경 姜강셩 績길삼젹、文글월문 伯맛ᄇᆡᆨ 曰

로 잇가 ᄀᆞᆯ월 以써이 歠마실 之어조ᄉᆞ지 家집가 主쥬인쥬、猶오히려유 績길삼젹 乎

이로 乎어조ᄉᆞ호 敬공경경 姜강셩 歎탄식탄 曰ᄀᆞᆯ왈 使ᄒᆞ여곰ᄉᆞ 童아ᄒᆡ동 子아ᄃᆞᆯᄌᆞ、

ᄒᆞ니ᄂᆞ녀 에 은 라 로ㅣ、 ᄒᆞ고 이 ᄒᆞ고ㅣᄒᆞ고 ㅣ 히고 ㅣ ᄒᆞ고ㅣ ᄒᆞᄂᆞ니라

備비ᄀᆞ출官관、魯로ᄂᆞ라其기그亡망망홀乎호어조ᄉᆞ男남남ᄌᆞ女녀ᄌᆞ녀

效효드릴績적공愆건허믈則즉곳有유잇슬辟벽죄、古고녜之지어조制제졔

법也야어조是시이以이써王왕인군后후황후、親친친히織직ᄧᆞᆯ玄현거믈紞

담、公공공侯후제후夫부외人인、加가더以이써紘

횡綖연、卿경之지어조內내안子ᄌᆞ、爲위ᄒᆞ大대큰帶대ᄯᅴ命

명婦부、成성일울祭제服복옷列렬士ᄉᆞ선비之지妻

쳐、加가더以이써朝조회服복옷庶셔뭇士ᄉᆞ선비以이써下하、

皆ᄀᆞ衣의닙其기그夫부외、

국어에왈공보문비이그모친경강의길삼ᄒᆞᄂᆞᆫ거설

보고왈우리집의서도길삼ᄒᆞᄂᆞᆫ잇ᄀᆞᆫ디경강이탄

二十七

예ᄒ니 ᄒ고열 이라ᄒ날리

식왈너그튼칠모르난슈희ᄋ벼슬설ᄒ니로ᄂᄐᄆ
망ᄒ게또ᄃ남녀ᄀ각각ᄒ는날이잇쓰니어그면죄
ᄀ되넌고로녯적의텬ᄌ황후넌친히인군입을제복
에현담을짜고공후에부인연면류관에횡연열더만
들고공경의시ᄌ넌대ᄃ개지만들고대부에명부넌
제복염된통만들고ᄂ즌판원의ᄉ시넌제복조복염
ᄃ만들고선비에ᄉ니넌외령수밤열ᄃᄒᄂ니라
莊장엄 子ᄌ 曰왈 民민 有유잇슬 常상 性성품 織직
而어 衣의입을 耕경 而어 食식먹을 是시 謂위 同
德덕

장ᄌᆞ에왈 빅셩이 ᄯᅥᆺᄯᅥᆺᄒᆞᆫ 셩픔이 이셰 ᄊᆞ니ᄌᆞ 서 십고 맛

ᄀᆞᄅᆞ서 먹년 거셜 동덕이ᄅᆞ 일으ᄂᆞ니라 이라도

賈가셩誼의올을 曰월왈늘 一일ᄒᆞᆫ 婦부부ㅣ인 不불안ᄒᆞᆯ 織직ᄶᆞᆯ 有유잇슬 受

슈밧을 其기그 寒한찰 者쟈니 니라

가의왈ᄒᆞᆫ 부인만 길삼 안ᄋᆞ니ᄒᆞ여도 치위렬 밧년니

ᄆᆞ잇ᄂᆞ니라

女녀녀ᄌᆞ 誡계경、계 曰월왈늘 婦부부인 功공공ᄒᆞ 不불안 必필반일 득 工공교 에선

공교ᄒᆞᆯ 巧공교ᄒᆞᆯ 過과지날 人인남 世세어ᄉᆞ 專전조ᄒᆞᆯ 心심맘 紡방길삼 績삼길 라

젹 不불안ᄒᆞᆯ 好호조ᄒᆞ 戲희희롱 笑소우숨、 潔결조출ᄒᆞᆯ 齊제조출 지 酒슐술 食 ᄒᆞ야ᄒᆞ며

식음、식 以이ᄡᅥ 供공공제ᄒᆞ 祖조조상 宗종조상、 以이ᄡᅥ 奉봉밧들 賓빈빈 客각객 ᄒᆞ야ᄒᆞ며

二十八

이니일리

각번 각각 是시시 謂위위 婦부부 신 功공공、

녀계에왈녀공언그티야공교ᄒᆞ거시남보ᄃᆞ지난단

말이ᄉᆞ니라젼일ᄒᆞᆫ맘으로길삼ᄒᆞ야희롱ᄒᆞ고웃기

를조와ᄒᆞ지ᄉᆞ니ᄒᆞ며음식열졍결이ᄒᆞ야제ᄉᆞ를밧

들며빈각열디졉ᄒᆞ넌거시녀공이라

司ᄉᆞ맛틀 馬마맏 溫온디 명 公공공 후 曰왈일 늘 女녀녀 ᄌᆞ 子ᄌᆞ녀녀、ᄌᆞ 六여섯

륙 歲세ᄂᆞ 可가가 홀 習습익 힐 女녀녀 ᄌᆞ 功공공 之ᄉᆞ어지조 小쇼ᄌᆞᆨ을 者쟈것 들

어던ᄒᆞ며 어던ᄒᆞ고 ㅣ

十열 습 歲셰ᄂᆞ 敎교ᄀᆞᄅᆞ츨 女녀녀 功공공 之ᄉᆞ어지조 大대큰 者쟈것 如여ᄀᆞ 들

蠶잠누에 桑상뽕ᄂᆞ무 織직ᄧᆞᆯ 績젹삼 裁재말 지 縫봉ᄒᆞᆯ 飮음음 食식식 식

열ᄒᆞ야

之ᄉᆞ어지조 類류류 敎교ᄀᆞᄅᆞ츨 之ᄉᆞ어지조 早조일 즉 習습익 힐、兼겸겸 ᄒᆞᆯ 使ᄒᆞᆯ식

ᄒᆞ야 요 언 니이다 에

ᄉᆞ知알지衣옷의食밥식을所바소來올ᄅᆡ之어조ᄉᆞ지艱어려울간難어려울난ᄒᆞ여

不못불ᄒᆞᆯ敢감히감爲ᄒᆞᆯ위奢사치사靡사치미若만일약纂누ᄇᆞᆯ찬繡놓을슈

슈華빗날화、工공교공巧공교교之어조ᄉᆞ지物물건물、不아니불必반ᄃᆞ시필習익힐습、

ᄉᆞ마온공이왈너조가륙세ㅅ되거던녀공즁의즌근

난얼익히고십세ㅅ되거던녀공의큰난얼ᄆᆞ리츠ᄂᆞ

니방젹침션음식등ᄉᆞ렴ᄃᆞᄃᆞ일쯕ᄆᆞ리처서의식소

즁ᄒᆞᆫ리ㅅ어려운즁얼수ᄅᆞ감히ᄉᆞ치려ᄒᆞ지못ᄒᆞ게ᄒᆞᆯ

거시요뉘비고슈논널공교ᄒᆞᆫ널언그티야익히지운

이ᄒᆞᆯ거시니라

前젼젼編엮을편綱벼리강目눈목、日날일月월、黃누루황帝황뎨뎨正바를졍量

二十九

녀라 ᄒᆞ야 으로 예 ᄒᆞ니라

妃후비 비 嫘뢰셩 祖조 상 西셔녁 셔 陵릉 릉 소 氏셩시 씨 之어조ᄉᆞ 지 女ᄯᆞᆯ 녀

始비로솔 시 教ᄀᆞ르칠 교 民ᄇᆡᆨ셩 민 育길을 육 蠶누에 잠 天하ᄂᆞᆯ 텬 下아래 하 無업슬

무 凍얼 동 瘃틀 족 之어조ᄉᆞ 지 患근심 환 後뒤 후 世인간 셰 祠제ᄉᆞ ᄉᆞ 以ᄡᅥ 이

爲위ᄒᆞᆯ 위 先먼져 션 蠶누에 잠

졀편강목에왈 황뎨헌원씨의졍비뢰조ᄂᆞᆫ 셔릉씨의

ᄯᆞᆯ이라 처음으로누에치기ᄅᆞᆯ ᄀᆞ르쳐서 텬하ᄉᆞ람이어

러트년 격졍이업ᄉᆞᆫ고로 후셰예누에치ᄂᆞᆫ집의셔셔

릉씨ᄅᆞᆯ제ᄉᆞ지너야션잠얼ᄉᆞᆷ맛너니라

漢한나라 한 書글 셔 曰ᄀᆞᆯ 왈 冬겨울 동 婦부 부 人사람 인 同ᄒᆞᆫ가지 동 巷골목 항

相서로 상 從조ᄎᆞᆯ 종 夜밤 야 績길ᄊᆞᆷ 젹 女녀ᄌᆞ 녀 工공부 공 一ᄒᆞᆫ 일 月ᄃᆞᆯ 월

에 어 ᄒᆞ야 ᄒᆞ면 이

이요 ᄒᆞ면 나셔야 에 이 ᄒᆞ고 을로, ᄒᆞ고 을로 ᄒᆞ야 ᄒᆞ고라가

得으들득 四넉ᄉᆞ 十열십 五다ᄉᆞᆺ오 日날일 一ᄒᆞᆫ일 月달월 又또우 得으들득 夜

밤야 半반반 餠ᄯᅥᆨ병 十열십 五오 日날일

ᄒᆞᆫ셔에 왈부안덜이 겨울에 이웃끼리 샹종ᄒᆞ야 밤에

삼ᄉᆞᆷᄒᆞ면 ᄒᆞᆫ달이 달반 ᄆᆞ참이니라

三석삼 國나라국 史ᄉᆞ긔ᄉᆞ 曰ᄀᆞᆯ왈 新새신 羅그물라 儒션비유 理다ᄉᆞ릴리

王인군왕 分논흘분 六여섯륙 部부락부 爲ᄒᆞᆯ위 二두이 使ᄒᆞ여곰ᄉᆞ 王인군왕

女ᄯᆞᆯ녀 二두이 人ᄉᆞ람인 各각각각 率거ᄂᆞ릴솔 部부락부 内안내 女녀ᄌᆞ녀

子ᄌᆞ녀ᄌᆞ 分논흘분 朋벗붕 自스ᄉᆞ로ᄌᆞ 秋ᄀᆞ을츄 七닐곱칠 月달월 望보름망 每미양ᄆᆡ

日날일 早일즉조 集모들집 大큰대 部부락부 之어조ᄉᆞ지 庭뜰뎡 績길삼젹

麻삼마 乙ᄉᆡ을 夜밤야 而말이을이 罷파할파 至니를지 八여덟팔 月달월 望

ᄒᆞ야 ᄒᆞ야 의ᄒᆞ야 ᄒᆞ고 ᄒᆞ니 이라ᄒᆞ니라

망보롬 日일날 考고샹고 其기그 功공공 之ᄉᆞ어조 多다만을 必쇼젹을 負부즌
者쟈놈 置치둘 酒쥬술 食식음식 以이써 謝샤샤례 勝승이긜 者쟈놈 歌가노리
舞무춤출 百백일백 戲희희롱 皆기다 作작지을 謂위닐늘 之ᄉᆞ어조 嘉가아름ᄉᆞ
가달 俳이화 빅랑

조션삼국소에왈신라유리왕이서울안의륙부녀ᄌᆞ
를두편으로노ᄂᆞ고왕녀이인으로편장ᄒᆞ시고칠월
망일브틈편장의집의각각모도삼길삼열ᄒᆞ야날마도
야심후에파ᄒᆞ다가팔월망일에이르러갈삼다쇼를
샹고ᄒᆞ야ᄌᆞᆫ편의서음식을작만ᄒᆞ야익인편을먹이
고ᄇᆡᆨ가지풍류와희롱을ᄀᆞ추고노ᄅᆞ허서츄셕날을가

에
에이
이탄심사니
할신ᄒᆞ야 이러니 ᄒᆞ고ᄒᆞ야
ᄒᆞ니라

비졀이라일으니유리왕은박씨의죠샹이라
東동동녁國국나라文문글월獻헌어질備비ᄀᆞ출考고샹고曰왈일ᄋᆞᆯ高고놉흘
고麗려고을末말ᄭᅳᆺ之지갈益익더ᄒᆞᆯ漸졈졈졈奉봉밧들使ᄉᆞ식힐入입들어
갈실元원으뜸以이써事ᄉᆞ일謫젹귀양南남남녁荒황거츨及급이를放방놓을
밧還환도라올得득으들木목나무棉면면화種종씨歸귀도라올種종심을遂수드듸여
홀大대큰蓄츅번셩홀又우또創창비로솔取취ᄀᆞ즐繅소조슬車거수레大대
인行힝힝홀出출ᄂᆞ어方방ᄉᆞ어조世셰인간
대큰유
동국문헌비고에왈고려말년의강셩군문익졈이원
나라에ᄉᆞ신갓ᄃᆞᄀᆞ죄련입어남만으로구양ᄀᆞ서노
여올젹의오식목화씨련붓티롱속의너서거긔ᄉᆞ람

三十

모르게마지고본국에도라와서삼위뎌니흰목화씨
만나서초초펴즌고로목화렬문영이라ᄒᆞ고잣넌연
장엳문리라ᄒᆞ니라

衣옷의服옷복

의복

禮례례 졀 記긔록긔 曰일왈 늘 燕연ᄉᆞ ᄉᆞ 衣옷의 不안불 할 踰넘을유 祭졔ᄉᆞ에을
제服옷복나이라
례긔예왈예ᄉᆞ십년의복열제ᄉᆞ지니년의복보ᄃᆞ낫
계ᄒᆞ지안너니라

父부친부 母모친모 存잇슬존 衣옷의 不안불 찰 純선두를준 素[illegible] 孤외로을고이어던ᄒᆞ고

변ᄒᆞ여넌 니이라

ᄒᆞ야넌 니여라

子ᄌᆞ덜 衣의옷 不블안ᄒᆞᆯ 純슌션두를 采ᄎᆡ지식 童동ᄋᆡ희 子ᄌᆞ동 不안ᄒᆞᆯ
裘구갓옷 不블안ᄒᆞᆯ 帛ᄇᆡᆨ명쥬
부모구경ᄒᆞ에넌옷샬흰것스로션얼두르지아니ᄒᆞ
고부모ᄀᆞ하셰후에넌치식으로션얼두르지ᄋᆞ니ᄒᆞ
며ᄋᆞ희넌너머더윤고로모믈파명쥬거셜입피지안
너니라

作작지을 異이샹ᄒᆞᆯ이 服복옷 以ᄡᅥ써 疑의의심 衆즁뭇 者쟈니 殺살죽일 無안ᄒᆞᆯ
무 赦샤노을
이샹ᄒᆞᆫ의복얼만드러남얼의혹ᄒᆞ게ᄒᆞ논ᄉᆞ람언죽
이고놋치안너니라

三十二

예 ᄒᆞ야 ᄒᆞ라 호리라

에 넌 호며 ᄒᆞ고넌 이러시라

周쥬南남曰왈 言언告고師ᄉᆞ氏씨薄
박澣환我아衣의歸귀寧녕父부母모、

쥬남에 왈 너스승게 고ᄒᆞ야 ᄂᆡ옷설 빨ᄂᆞ니 ᄀᆞ입고도
드ᄅᆞ서 부모끠 문안ᄒᆞᆫ드ᄒᆞ니 문왕후비 ᄯᅢ ᄉᆞ던 뱐옷
설 입고 근친ᄒᆞ엿ᄂᆞ니라

論론語어曰왈 褻설裘구長장、短단右우
袂몌、紅홍紫자不불以이爲위褻설服복、

론어에 왈 함부루 입넌 갓옷선 길게ᄒᆞ고 오른소매넌
널에 편ᄒᆞ기 위ᄒᆞ야 ᄌᆞ르게ᄒᆞ고 홍ᄌᆞ넌 간색이라
쳔ᄒᆞᆫ고로 함부루 입넌의복도 ᄒᆞ지안너니라

孝효 經경 曰왈 非비 先션 王왕 之지 法

법 服복 不불 敢감 服복

효경에왈션왕쪅법복이ᄋᆞ니거던감히입지못ᄒᆞᄂᆞ

니라

左좌 傳젼 曰왈 服복 之지 不불 衷츙 身신 之지

灾지 也야

자젼에왈의복이ᄉᆞ람과샹칭치ᄋᆞ니ᄒᆞ면몸의지

앙이라

四 禮례 傳젼 覽람 曰왈 婦부 人인 尚샹

專젼 一일 故고 古고 者자 服복 必필 聯련 衣

ᄒᆞ고이어니 니으로 이ᄒᆞ야 연 ᄒᆞ이 ᄒᆞ니 ㅣ ᄒᆞ야 이나이나 니라

의옷 裳 상치ㅁ 不 불안 찰 異 이달 을 色 쇠빗 衣 의옷 裙 군치ㅁ 之 ᄉᆞ어지조 分 ᄂᆞᆫ을

분 自 ᄌᆞ조 츨 秦 ᄅᆞ진 진ᄂᆞ 始 솔비시로 皇 황황 제 始 솔비시로 婦 ᄂᆞ 人 인ᄉᆞ 之 조어

之 ᄉᆞ어지조 服 복옷 遂 슈인 ᄒᆞᆯ 雜 잡잡 됫 堯 끄잡 됫 今 금이 제 世 셰인 妖 ᄒᆞᆯ요 者 조어

지ᄉᆞ 短 단잘 을 衣 의옷 長 장긴 裳 상치ㅁ 所 소ᄇᆞ 謂 위알 ᄂᆞᆫ 服 복옷 ᄅᆞ슈 唐 요망 당ᄂᆞ

갓 大 대큰 衣 의옷 長 장긴 裙 군치ㅁ 起 닐어 於 어조 ᄂᆞᆫ 隋 ᄅᆞ슈 王 왕인 ᄅᆞ당 法 당ᄂᆞ

之 ᄉᆞ어지조 世 셰인 不 불못 可 가가 ᄒᆞᆯ 謂 그러 위알 메 先 선면 時 여 시뎌 制 군 제

服 복옷 而 ᄉᆞ어 朱 쥬셜 子 ᄌᆞ군 旣 그이 因 인인 ᄒᆞᆯ 服 복옷 則 즉곳 賢 ᄂᆞ

而 ᄉᆞ어이조 從 좋조 츨 之 ᄉᆞ어지조 以 ᄋᆞ써 爲 위ᄒᆞ 盛 셩셩 ᄒᆞᆯ 서면 則 제법 제

於 ᄉᆞ어이조 今 금이 服 복옷 遠 원멀 矣 ᄉᆞ어의조 然 연글 熱 려오 유희 失 을

尚 ᄒᆞᆯ숭 상상 專 ᄒᆞᆯ젼 젼일 一 ᄒᆞᆯ젼 일일 之 ᄉᆞ어지조 義 의의 리 열 猶 려오 유희 失 을

소례편람에왈부인은젼일호거슬숭샹ᄒᆞᄂᆞᆫ고로녯
적부인의외복연샹의하샹열련ᄒᆞ야짓고이쇡즈게
ᄒᆞ지안터니진시황적브틈샹의차샹열노ᄂᆞ부인에
의복이잡ᄉᆡᆨ란ᄒᆞ야저서금셰잘은적우리와깁침ᄂᆞᆫ
쇼괴춘의복에라며의장군이슈ᄂᆞ른당ᄂᆞ른적브틈
싱겨쓰니셧왕볍복이라찰수넌업쓰ᄂᆞ쥬조계서시
쇽볍열조ᄎᆞ더의장군스로부인의셩복열삼게ᄒᆞ여
쓰니금셰의복보ᄃᆞ훨썩ᄂᆞ스ᄂᆞ오히려젼일호거설
숭샹ᄒᆞᄂᆞᆫ의리언일어너니라

周 쥬ᄂᆞ 쥬ᄅᆞ 尺 ᄌᆞ척

쥬쳑ᄒᆞᆫᄌᆞ

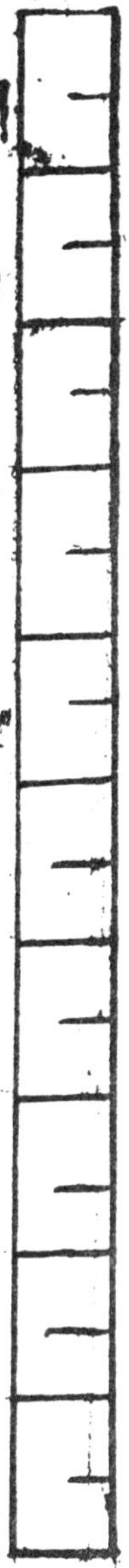

布포베 帛ᄇᆡᆨ명쥬 尺쳑ᄌᆞ 半반반

침쳑반ᄌᆞ

指지손가락 尺쳑ᄌᆞ 以이ᄡᅥ 人인ᄉᆞ람 中듕가온대 指지손가락 中듕가온대 節졀ᄆᆞᄃᆡ로 션

爲위ᄒᆞ 一일ᄒᆞᆫ 寸촌치 或혹혹 屈굴구필 量량지일 或혹혹 伸신펼 量량지일 謂ᄒᆞ고ᄒᆞ며 ᄒᆞ니

위일늘 之ᄌᆞ서 조 同동ᄀᆞᄐᆞᆯ 身신몸 寸촌치 이라ᄒᆞ니라

지쳑이란거ᄉᆞᆫ그옷십을ᄉᆞ람의오르손ᄀᆞ운ᄃᆡᄀᆞ락

ᄀᆞ운ᄃᆡᄆᆞᄃᆡ로ᄒᆞᆫ치렬만드되혹구피어지이기도ᄒᆞ

넌이니
이라ᄒᆞ니
호더ᄒᆞ고
ᄒᆞ고을로
ᄒᆞᄂᆞ니라

고혹뙤여지이기도ᄒᆞᄂᆞ니이거시지쳑이니혹동산
老이ᄅᆞ도ᄒᆞᄂᆞ니라
四녁ᄉᆞ褛옷ᄀᆞ닥규衫삼ᄌᆞ삼童ᄋᆞ희동子동ᄌᆞᄌᆞ常ᄒᆞᆼ샹샹服옷복或혹혹稱
익개를칭鈙이ᄎᆞ를결骻쇼몰과衫삼ᄌᆞ삼用써용藍쪽람紬명쥬쥬爲ᄒᆞ위之어조
ᄉᆞ지對디티홀衿옷ᄌᆞ락금圓둥굴원袂소메미開열ᄀᆡ을旁엽방析ᄯᅩ길셕後
뒤후ᄂᆞᆫ이써錦비단금緣선두를연領깃령及더블급袖소미슈端끗단與더블여
裾옷쟈각거兩두량旁엽방及더블급下ᄋᆞ래하齊옷ᄭᅳᆺᄌᆞ
수규삼언동조의상히입넌윗옷시니혹결파삼이ᄅᆞ
도ᄒᆞᄂᆞ니람식명쥬로만들되압조락이모조달만ᄒᆞ
고소미수리ᄆᆞ둥글고량녑과뒤럳ᄐᆞ노코비단으로

三十五

소ᄆᆡ어귀와깃과압조락맛단듸와엽과뒤예ᄐᆞ논듸
와ᄋᆞ리꿋쳘선두르ᄂᆞ니라

수규삼젼면도식

수규삼후면도식

幅복폭巾건건用용써黑흑거믄繒증명쥬長쟝긴三삼석尺쳑자廣광널을二넌ᄒᆞᄂᆞ니
이두尺쳑자四ᄉᆞ넉寸촌치緣선두를연二이두寸촌치指지손가락尺쳑자이요이
복건언흑증으로ᄒᆞᄂᆞ니지쳑으로쟝이삼쳑이요광이요이
이라지쳑
이라

년

렬 호더 츄五에 츄야 츄야츄ᄃᆡᆸ 런 츄고로 츄야ᄂᆞᆫ

이어쳑ᄉ촌이요선이이촌이라

深깁심 흘 衣옷의 用쓸용 白흴ᄇᆡᆨ 細가ᄂᆞᆯ셰 늘 布베포 全온젼 젼 廣널광 을 布베포

廣널광 을 指손가락지 尺자쳑 二두이 尺자쳑 二두이 寸치촌 後뒤후 凡대범 범 言

말열 삼 布베포 廣널광 을 全온젼 젼 幅폭복 褶자깃 답기ᄂᆞ 二두이 尺자쳑 二두이

寸 촌 [illegible] 이 幅폭복 各각각 각 長긴쟝 四넉ᄉ 尺자쳑 六여슷륙 寸치촌 兩두량

肩엇기견 上위샹 中가온ᄃ듕 屈굽굴 중 中가온ᄃ듕 屈굽굴 팔 處곳쳐 各각각 각

裁말지 늘 入들입 三석삼 寸치촌 至이지 를 衣옷의 下아ᄅᆡ하 剪젼 [illegible] 去

버거 [illegible] 之어조ᄉ지 以써이 備예비 비 綴련텰 [illegible] 領깃령 [illegible] 用쓸용 布베포 長

길쟝 五 ᄉ 尺자쳑 一ᄒᆞᆫ일 寸치촌 自조ᄎᆞᆯᄌ 項목항 後뒤후 至이지 를 剪

젼 處곳쳐 表밧표 것 裏속리 各각각 각 綴철 [illegible] 二두이 寸치촌 衣옷의 初처음초

三十六

裁 지말 ᄂᆞᆯ 時 시ᄯᅥ 通 통통 ᄒᆞ 前 젼압 後 후뒤 四 ᄉᆞ넉 幅 복폭 廣 광널 을 八 팔여 덜
尺 쳑자 八 팔여 덜 寸 촌치 除 져제 ᄒᆞ 背 비등 縫 봉홀 兩 량두 邊 변ᄀᆞᆺ 各 각각 각 一
일ᄒᆞᆫ 寸 촌치 及 급더 블 兩 량두 邊 변ᄀᆞᆺ 摺 랍개 블 剪 젼베 일 各 각각 각 三 삼석 각 寸
촌치 及 급더 블 兩 량두 腋 랑겨 익드 之 ᄉᆞ어 지조 餘 여남 을 前 젼압 後 후뒤 各 각각
三 삼석 寸 촌치 則 즉곳 爲 위될 六 륙여 셜 尺 쳑자 八 팔여 덜 寸 촌치 左 자왼 右 우올ᄒᆞᆫ
ᄒᆞ 各 각각 각 領 령깃 廣 광널 을 二 이두 寸 촌치 則 즉곳 爲 위될 七 칠일 곱 尺 쳑자
二 이두 寸 촌치 以 이써 備 비비 ᄒᆞ 聯 련련 ᄒᆞᆯ 裳 샹치 마 衣 의옷 長 장긴 二 이두 尺
쳑자 三 삼석 寸 촌치 除 져제 ᄒᆞ 縫 봉홀 餘 여남 을 一 일ᄒᆞᆫ 寸 촌치 則 즉곳 爲 위될 二
이두 尺 쳑자 二 이두 寸 촌치 衣 의옷 每 ᄆᆡ미 양 幅 복폭 屬 쵹련 ᄒᆞ 裳 샹치 마 三 삼석
幅 복폭 裳 샹치 마 、用 용ᄡᅥ 布 포베 六 륙여 셧 幅 복폭 其 기그 長 장긴 以 이써 並 오ᄋᆞ

ᄒᆞ야 ᄒᆞ고

ᄒᆞ니 이오

ᄂᆡ니

ㅣ 이오이

ᄒᆞ니 ᄒᆞ고

ᄂᆡ니 이

이라

이ᄒᆞ고

ㅣ 열

ᄒᆞ며 이라ᄒᆞ고

를 衣의옷 長장긴 及급이를 踝과 골 爲위ᄒᆞ 準쥰 적 交교 [illegible] 解ᄒᆞᆯ기 爲

위ᄒᆞ 十습열 二이두 幅복폭 上샹위 頭두머리 狹협좁을 八팔여덜 寸촌치 下ᄒᆞ아래

ᄒᆞ 頭두머리 廣광넓을 一일ᄒᆞᆫ 尺쳑자 四ᄉᆞ넉 寸촌치 每ᄆᆡ매 샹 幅복폭 兩량두

邊변ᄀᆞ 各각각 除졔ᄒᆞᆯ 縫봉ᄒᆞᆯ 餘여남은 一일ᄒᆞᆫ 寸촌치 則즉곳 上샹위 頭

두머리 每ᄆᆡ양 幅복폭 六륙여섯 寸촌치 通통ᄒᆞᆯ 廣광넓을 七칠일곱 尺

쳑자 二이두 寸촌치 下ᄒᆞ아래 齊졔옷긋 每ᄆᆡ양 幅복폭 一일ᄒᆞᆫ 尺쳑자 二이두

寸촌치 通통ᄒᆞᆯ 廣광넓을 十습열 四ᄉᆞ넉 尺쳑자 四ᄉᆞ넉 寸촌치 背비등 後후뒤

衣의옷 裳샹치마 之ᄉᆞ지 縫봉ᄒᆞᆯ 相샹서루 當당ᄒᆞᆯ 直직ᄒᆞ고 下ᄒᆞ아래

此ᄎᆞ이 縫봉ᄒᆞᆯ 兩량두 幅복폭 皆ᄀᆡ다 用용쓸 不불안 裁ᄌᆡ마를 開ᄀᆡ열 處

처곳 俗속세속 稱칭일컬을 直직 緖서실 合합ᄒᆞᆯ 縫봉ᄒᆞᆯ 其기그 兩량두

三十七

연을 호니 이라 호니라 년 호니 호면 나이 호니라 호고 니라 에 호고 에 이시라

腋겨드랑 之조어 縫봉홀 前젼압 後후뒤 幅복폭 皆개다 用용써 裁지말 늘 開
열널 處쳐곳 俗속시 稱칭일 解해플 緖셔혼 合합합 縫봉홀 圓둥굴
리 袂메소 用용써 布포베 二이두 幅복폭 各각각 長장긴 四넉스 尺쳐자 六
원 除졔져 縫봉홀 餘여남 一일한 寸촌치 爲위될 二이두 尺쳐자
여 寸촌치 如여가 衣의옷 之지조 長장긴 圓원둥 殺쇄층 下아래
二이두 寸촌치 一일한 尺쳐자 袂메소 口구입 一일한 尺쳐자 二이두 寸촌치
亠 衺방엽 미 口구입 綴결련 緣연두 處쳐곳 各각각 除졔져 一일한
촌치 袂메소 혹련 衣의옷 處쳐곳 亦역또 除졔져 縫봉홀 餘여남 各각각
寸촌치 屬 則즉곳 袖소수 廣광널 通통통 衣의옷 兩량두 腋겨드랑
一일한 寸촌치 二이두 寸촌치 爲위될 二이두 尺쳐자 二이두 寸촌치 袂메소 之조어
餘여남 을

이라 니라 넌 어 니라 이라 넌 호더 이요효여 을 호고 니라 넌

之 長댱긴 短단잘은 及급미 屈굴구필 及급미를 肘듀팔 不불아닐 以이써

이써 一일호 幅폭폭 爲위호 拘구걸 黑흑거물 緣연선두를 用용써 黑흑거물 繒증명

층명 쥬 領령깃 及급더블 裳상치마 旁방엽 下하아래 際제제음 則즉곳 疊텹겹

縫봉홀 在재잇 衣의옷 布포베 上샹위 袪거소매 口구입 則즉곳 布포베 外외밧 別별다

달별 을 綴철연 홀 緣연두 之지조 廣광널 을 表표빗 것 裏리속 各각각

一일호 寸촌치 半반반 大대큰 帶대띄 用용써 白백흴 繒층명 쥬 廣광널 을 四스너

寸촌치 許허어조 夾협겹 縫봉홀 之지조 爲위호 廣광널 을 二이두 寸촌치

以이써 黑흑거물 繒증명 쥬 飾식꾸밀 其기그 紳신띄 兩량두 旁방엽 及급더블

下하아래 라 表표빗 것 裏리속 各각각 半반반 寸촌치 大대큰 夫부남 則즉

꼿 兩량두 耳이귀 亦역또 緣연선두를 之지조 條도티 조 帶대띄 用용써 以이써

요
ᄒᆞ야 잇요
ᄒᆞᄂᆞ
니라

約약묵 끌 結결미 즐 大대큰 帶디띄 相상서루 結결미 즐 處쳐곳 者쟈것 用용써
五오 ᄉᆞ 色ᄉᆡᆨ빗 絲ᄉᆞ실 織직짤 成셩일 울 廣광널 을 三삼석 分분논 式식혹 用
용써 靑청푸 를 組조실 爲위ᄒᆞ 之ᄌᆞ어조 長쟝긴 可가가 홀 中듕가온 屈굴구필
而ᅀᅵ어조 垂슈드리 其기그 兩량두 末말끗 與여더블 紳신띄 齊졔간조 룽젼
심와 넌 빅세포 젼광 ᄒᆞ예포젼광이르ᄒᆞ거시도두ᄌᆞ 포광 시지 쳑으로 두ᄌᆞ 두치 나이
르두치 두폭얼 각녀ᄌᆞ 엿치로 원신을 ᄒᆞ되 량 여리 우에
즁분ᄒᆞ야 각ᄭᅩ텩근 듸서 브틈두 압ᄌᆞ락 열 각각 세치
씩 뷔여 버리여 깃달 듸렬 예비ᄒᆞᄂᆞ니라 깃선 포장 듸
ᄌᆞ 훈치 렬ᄆᆞ 지 ᄭᅩ목 뒤서 브틈 뷔여 넌 듸 개지 안팍각
각 두치 쌱 드너 니라 원신이 처음 무를 찍의 넌 젼 후네

폭통광이여덜ᄌᆞ여덜치ᄆᆞ되더니둥솔량짝각ᄒᆞᆫ치
와두압쪼락베여닌것각세치와두겨드랑이남넌것
졀후각세치씩열제ᄒᆞ면통광이예ᄌᆞ여덜치ᄆᆞ되고
좌우에깃단것각두치씩보티면일곱ᄌᆞ두치ᄆᆞ되너
니라원신기리두ᄌᆞ세치니예치ᄆᆞ련폭ᄒᆞ넌ᄒᆞᆫ솔한
치련제ᄒᆞ면두ᄌᆞ두치ᄆᆞ되너니라원신믜폭에치ᄆᆞ
세폭씩ᄯᅩ너니라치ᄆᆞ넌포여섯폭열ᄒᆞ되기리련원
신파병ᄒᆞ야파플에닷넌걸노항뎡ᄒᆞ고엿섯폭열ᄯᅩ
미여열두폭열만들되위넌여덜치ᄆᆞ되고수리넌ᄌᆞ
네치ᄆᆞ되너믜폭량짝혼솔각ᄒᆞᆫ치씩제ᄒᆞ면위ᄉᆡ머리

三十九

ᄆᆡ폭에여섯치요통광어알굽ᄌᆞ두치니원신파젹
당ᄒᆞ고ᄉᆞ리끗치ᄆᆡ폭에ᄒᆞᆫᄌᆞ두치나통광이열넉ᄌᆞ
네치니원신파갑절이라등뒤ᄒᆞᆫ셜연샹하ᄀᆞ샹당ᄒᆞᆫ
게ᄒᆞ고량짝ᄒᆞᆫ솔열ᄃᆞ찟지ᄉᆞ니ᄒᆞᆫ되로ᄆᆞ추ᄂᆞ니시
속이어르ᄀᆡ렬젹셔합봉어라ᄒᆞ고겨드랑밋ᄒᆞᆫ솔언
젼후폭열ᄃᆞ찌즌되로ᄆᆞ추ᄂᆞ니시속이이르ᄀᆡ렬ᄒᆞᆫ
셔합봉이ᄅᆞᆨᄒᆞᄂᆞ나라소ᄆᆡ넌포두폭열각녀ᄌᆞ엿치
싹ᄒᆞ니ᄒᆞᆫ솔ᄒᆞᆫ치렬제ᄒᆞ면소ᄆᆡ쟝이두ᄌᆞ두치니원
션파젹당ᄒᆞ니라소ᄆᆡᄉᆞ리편ᄒᆞᆫᄌᆞ넌둥글게ᄒᆞ고ᄒᆞᆫ
ᄌᆞ두치넌소ᄆᆡ[illegible]다소ᄆᆡ어리선두ᄅᆞᆯ되

와원신의련쪽출듸각춘치쌕제ᄒᆞ면소ᄆᆡ팡이원신
겨드랑이ᄒᆞᆫ저지두치개지합ᄒᆞ야두ᄌᆞ두치ᄅᆞᆯ그려
ᄂᆞ소ᄆᆡ팡연도로ᄀᆡᆨ개팔구븨예닷넌게홍뎡이라선
언흑쥬로안팟각치닷분씩포샹에겹듸려두ᄅᆞ고소
미어귀넌포외예ᄯᆞ루ᄂᆞ게두르ᄂᆞ니라머더넌박증
으로저버서치쳑두치ᄆᆞ되게ᄒᆞ고흑즁으로듸리운
두ᄆᆞ닥파수ᄆᆡ머리렬안팟각ᄡᅡᆫ치씩선두르고변슬
이대부면두고개지두르ᄂᆞ니ᄒᆞ마조듸넌대듸뗜듸렬
목넌거시니오식ᄉᆞ로듸ᄌᆞ렬ᄶᆞ서팡어스푼이되게
四十 ᄒᆞ듸흑청조로ᄒᆞ야두가닥이대듸기리와갓트니라

심의견면도식

심의후면도식

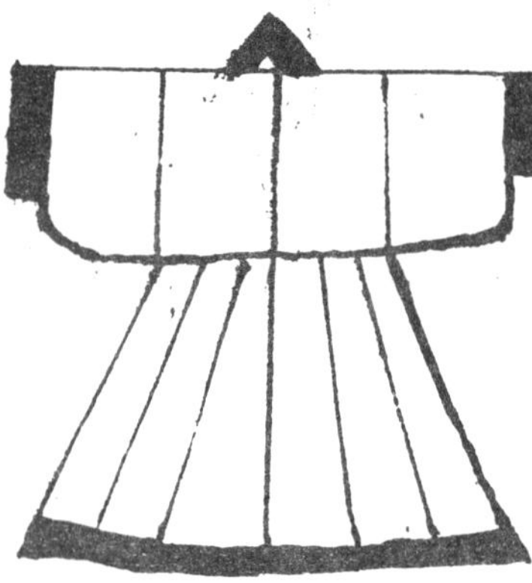

심의섭은후에두조락이서로어긴도식

이ᄂᆞᆫ별제도가아니라심의섭은모양이니이러킈섭을결디죵ᄒᆞ야아리굿과안ᄌᆞᆺ끄롬열마련ᄒᆞ라

년 나의 나이라 ·ᄒᆞ고 너이라 년●의 이나 ᄒᆞ라 ᄒᆞᆫ 호고 ᄒᆞ고 ᄒᆞ고 ᄒᆞ니요 너라

唐당당ㅅ衣옷의衫삼삼子ᄌ삼ᄌ、女녀녀子ᄌ녀ᄌ、常항샹

服옷복用써용以써이承밧승上위샹衣옷의者것쟈、長긴쟝至이를지膝무릅

袖소매슈狹좁협을

당의 년 혹 삼ᄌ라도 ᄒᆞ나니 녀ᄌ의 예ᄉ 입년 옷시니

길기 년 무릅에 닷고 ᄉᆞ매 년 좁게 ᄒᆞ야 웃 ■ 바치년 거

시니 남ᄌ의

背비등子ᄌ비ᄌ、女녀녀在잇ᄉᆞᆯ재室집실者ᄂᆞᆫ쟈、通ᄉᆞᄆᆞᆺ통服옷복卽곳즉

本근본본國나라국、蒙니블몽頭머리두、衣옷의用써용色빗ᄉᆡᆨ紬명쥬쥬、長

긴쟝與더블여裙치마군齊가지런졔、對ᄃᆡᄒᆞᆯᄃᆡ襟옷깃금、開열ᄀᆡ을旁엽방圓

원두을袂ᄉᆞ매몌或혹혹無업ᄉᆞᆯ무을袖ᄉᆞ매슈、或혹혹半반반臂ᄑᆞᆯ비、둑

四十一

비ᄌᆞ넌쳐ᄌᆞ이샹둥ᄒᆞ야입넌옷시니삭쥬로만돌되
끝이넌치마와갓고압조락이맛닷코엽헐트고소ᄆᆡ
ᄅᆞᆯ둥글게ᄒᆞᄂᆞ니혹소ᄆᆡ업기도ᄒᆞ고혹반비로도ᄒᆞ
ᄂᆞ니라

帔 피비ᄌᆞ 中 듕가온ᄃᆡ 國 국나라 命 명명 婦 부부인 服 복옷 加 가더을 於 어어조
衣 의웃옷 上 샹위 者 쟈것 如 여ᄀᆞᄐᆞᆯ 無 무업슬 袖 슈소ᄆᆡ 背 ᄇᆡ등 子 ᄌᆞ비ᄌᆞ 周 쥬두루
色 ᄉᆡᆨ빗 縑 겸명 ᄉᆔ 對 ᄃᆡᄃᆡ홀 衿 금옷깃 無 무업슬 袖 슈소ᄆᆡ 開 ᄀᆡ열 旁 방엽을
長 쟝긴 與 여더불 裙 군치마 齊 졔가조롱 旁 방엽 及 급더불 裔 예옷곳 末 말ᄭᅳᆺ
皆 ᄀᆡ다 緣 연선두를

ᄒᆞ넌대쥬명부더리웃옷위예입넌옷시니쳐도넌비

주ᄆᆞ트니석겸으로만들되소매업고압주락어맛닷
코협헐트고기리넌치무와갓고엽튼듸와ᄉᆞ리곳쳘
선두르너니라

衻염 衣의 衣의옷 一일ᄒᆞᆫ 名일흠 純선두를 衣의옷 嫁시집가 服옷복 玄거믈 (너이라)

衣의옷 素흴소 紗사사 裏속리 用쓸용 黑거믈흑 絹명견 ᄒ 長긴장 可가가 할 (ᄒᆞ야 ᄒᆞ니)

曳끌예 地ᄯᅡ디 爲ᄒᆞᆯ위 十열십 二두이 幅폭복 袂소매메 不아닐불 圓둥굴원 (ᄒᆞ고이라)

長긴장 二두이 尺자척 二두이 寸치촌 袂소매메 口입구 二두이 一일ᄒᆞᆫ 尺자척 二두이 寸치촌 (ᄒᆞ고 / 넌이오넌)

寸치촌 以써이 纁불흔 緣선두를연 衣의옷 下아래하 四넉ᄉᆞ 五다ᄉᆞᆺ오 寸치촌 領깃령 (라 ᄒᆞ고)

領깃령 則곳즉 如ᄀᆞᄐᆞᆯ여 俗속속 所바소 謂닐을위 唐당당 ᄂᆞ 領깃령 帶ᄯᅴ대 用쓸용 (이오넌)

用쓸용 錦비단금 如ᄀᆞᄐᆞᆯ여 深깁흘심 衣의옷 之어조ᄉᆞ지 帶ᄯᅴ대 以써이 紅홍홍 (ᄒᆞ되을로)

四十二

ᄒᆞᄂᆞ니라

緣선두를연 紳ᄯᅴ신 乜ᄆᆞ 之어조ᄉᆞ지 旁엽방 及더블급 下아래하

염의년 혹쥰의ᄅᆞ도ᄒᆞᄂᆞ니시집ᄀᆞ년옷시라혹증으
로것칠ᄒᆞ고박사로안열ᄇᆞ처기리ᄀᆞᄯᅡ의끌널만ᄒᆞ
게ᄒᆞ고졔도년시쇽두루막이ᄀᆞ트니원신네폭외예
ᄯᅩ네폭열맛베여여덜폭열만드러견후겨드랑밋희
각두폭씩달고압조락좌우에각두폭씩달면원신합
ᄒᆞ야열두폭이라소미넏둥글지안코소미쟝연두ᄎᆞ
두치요소미어지년효즈두치ᄅᆞᄋᆞ티끗칠지책으로
ᄉᆞ소치련홍삭으로선두르고깃선시쇽당깃거치ᄒᆞ
고ᄯᅴ년심의ᄯᅴ와ᄀᆞᄐᆞ되홍삭으로선두르ᄂᆞ니라

염의젼면도식

염의후면도식

見현뵈일 舅구시부 姑고시모 及급더불 祭제제ᄉ 祀ᄉ졔ᄉ 賓빈빈 客ᄀ

반각 及급더불 襲습의습 時시떠 稱영의 衣의옷 去거버릴 緣선두 而

어조ᄉ 用용써 之어조ᄉ 名명일홈 曰왈일늘 宵쇼쇼의 衣의옷 初초츰 喪상ᄉ

상 易역박할 服복옷 及급더불 忌긔긔 제 祭제제ᄉ 用용써 素소흴 爲위ᄒ 之

어조 以이써 代대뎌신 布포베 深심깁흘 衣의옷 名명일음 曰왈일늘 緣단의

ᄉ 진ᄒ야ᄒᄂ 예난 ᄒ니요 예난

五十二

다

하나니오

뷔

호효

넌이라

亡 衣외옷、

현子고홀뎌와제ᄉᆞ뎌와손님볼뎌와염습예넌염의

선열업서고쓰ᄂᆞ니일음이쇼의요초상시복할제

와긔제ᄉᆞ뎌예넌흰이로쇼의렬ᄒᆞ야포삼의렬디신

ᄒᆞ니일음이단의라

無무업슬 宵쇼쇼의 衣외옷 則즉곳 代디디신 以이써 大대큰 衣외옷 長장긴 裙

大대큰 衣외옷 一일호 名명실음 大대큰 袖슈소미 或혹혹 稱텰익칭개 圓

군치 衫삼삼、조 用용써 色석빗 紬쥬명쥬 如여ᄀᆞ틀 唐당ᄃᆞ당 衣외옷 而조어

원동 寬렬너 大대큰 長장긴 至지이를 膝슬무릅 但단ᄃᆞ만 袖슈소미 大대큰

이ᄉᆞ 長장긴 二이두 尺척조 二이두 寸촌치 周쥬ᄃᆞ쥬ᄂᆞ 尺척조 圓원동궁 褸예소미 長

넌을
ᄌᆞᆨ삭녀ᄒᆞᄂᆞ
나시 이라도
ᄒᆞᄂᆞ라

긴 裙군치ᄆᆞ 用용써 六륙여섯 幅복폭 交교ᄉᆞ귀 解ᄒᆡ플 爲위ᄒᆞ 十십열 二이두
장폭 幅복폭 聯련련 ᄒᆞ 而ᅀᅵ어 爲조위ᄒᆞ 裙군치ᄆᆞ 長장긴 拖타끌 地ᄯᅡ 卽즉곳
本본근본 國국나라 裳상치ᄆᆞ 用용써 常상ᄒᆞ 服복옷 帷유휘장 裳상치ᄆᆞ
亦역ᄯᅩ 可가가ᄒᆞ

쇼의ᄀᆞ엽쓰면 대의장군으로ᄡᅥ 신ᄒᆞᄂᆞ니 대의 넌혹
대슈ᄅᆞ 도ᄒᆞ고 혹원삼이ᄅᆞ 도ᄒᆞᄂᆞ니 식쥬로당의거
치만드되 품이넘고 장연무룹에 닷코 소미 넌둥글고
소미가리 넌쥬젹으로 두ᄌᆞ두치라 장군 연여섯폭 열
ᄆᆞ쥬ᄯᅩ미 여열두폭 열만드러 기리 넌ᄯᅡ의 끌니게ᄒᆞ
ᄂᆞ니시쇽주룸조분치ᄆᆞ로도 쓰ᄂᆞ니라

ᄒᆞ야 ᄒᆞ야라 ᄒᆞ며 연

俗속 [illegible] 制제 [illegible] 衫삼 [illegible] 後[illegible] 長장

前앞 短단잘을 以이써 彩채 식 帛빅 명쥬 施시베풀 袖슈소미 端단 [illegible] 數

두어 層층층 謂위 ᄂᆞᆯ 之지 조 燕연집이 香향향그 袖슈소미 詭궤괴이

異이 이상 不불 안일 經경떳떳 若약 만일 去거 버릴 燕연집이 香향향그 袖

대의도식

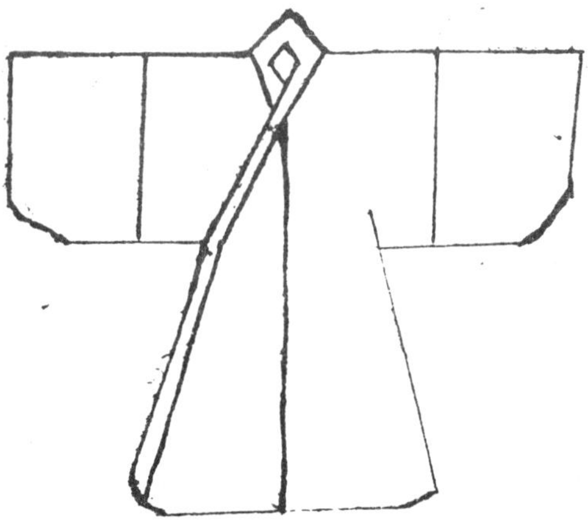

장군도식

袖소 미 使ᄉᆞ 식힐 前젼 압 後후 뒤 無무 업슴 長쟝 긴 短단 졀을 得득 으들 與블 더 ᄒᆞ야 ᄒᆞ고

裙군 치마 齊졔 가조롱 則즉 곳 爲위 될 有유 잇슬 袖슈 소 미 背ᄇᆡ 등 子ᄌᆞ 조 ᄒᆞ라

시 [illegible] 소 [illegible] 고 [illegible] 쳔

조르며 소미 끗두어 층엽 치식으로 ᄒᆞ야 연 한 슈로 이

르니과 이ᄒᆞ야 법이오 나라 만 일 연 향 슈로 ᄒᆞ지 말고

젼후 마마 치기러 치마기라와 마트면 소리 잇ᄂᆞᆫ 비ᄌᆞ

ᄂᆞᆫ 되리라

襃습 습 衣의 옷 婦부 부인 人인 ᄉᆞ람 掩엄 엄 用용 ᄡᅥ 黑흑 거믈 繒증 명쥬 廣 니

광 널글 終죵 마ᄎᆞᆯ 幅폭 巾 복 長쟝 길 五오 다ᄉᆞᆺ 尺쳑 자 周쥬 두루 ᄂᆞ 尺쳑 자 不부 아닌 ᄯᅩ 길 ᄒᆞ고

其기 그 兩량 두 末말 끗 爲위 ᄒᆞ 四ᄉᆞ 넉 脚각 다리 以이 ᄡᅥ 裹과 ᄡᆞᆯ 首슈 머리 ᄒᆞ야 니라

四十五

단라 나라 나라

렴습에부인머리사ᄂᆞᆫ거설엄이ᄅᆞᄒᆞᄂᆞ니측중ᄒᆞᆫ폭
연쥬쳑으로디ᄌᆞ렬마지고량쟉머리렬ᄯᅥ기여네갈
비렬만드너니라

裹광內稱

裹과싼 肚두비 ᄅᆞᆯ 포싼 裹과싼 腹복비 腰요허리 者쟈것 用용써 紬쥬명쥬 廣널을
終종ᄆᆞᆺ 幅복폭 長쟝긴 匝잡두루 身신몸 四ᄉᆞ넉 角각뿔 有유잇슬 繫혜ᄆᆞᆫ
너산 塞상상 ᄉᆞ 則즉곳 下하아리 兩량두 角각뿔 無무업슬 繫혜ᄆᆡᆺ 俗쇽시쇽
를의 稱칭개 腰요허리 帶ᄃᆡᄯᅴ

비와허리사ᄂᆞᆫ거설과두ᄅᆞᆺᄒᆞᄂᆞ니엿쥬ᄎᆞᆫ폭으로허
리예두를만치ᄒᆞ고네모소리예끈열ᄃᆞᄂᆞ니ᄃᆡ상외
ᄂᆞᆫ수리두모에끈이업쓰니시쇽이허리ᄯᅴᄅᆞᄒᆞ더라

片편쪽衣의옷用용ᄡᅥ紬명쥬十열십餘여남은尺쳑자屈굽을굴半반반 난ᄒᆞ고

爲위ᄒᆞ褥요욕厚두터울후著노흘착新새로신綿솜면鋪펼포於어조ᄉᆞ어衾니블금 ᄒᆞ야

爲위ᄒᆞ上위샹取ᄎᆔᄒᆞᆯ츄足족ᄒᆞᆯ족裹ᄡᆞᆯ과首머리슈掩마올엄足발족俗시쇽쇽 ᄒᆞ야ᄒᆞᄂᆞ니름

稱일ᄏᆞᆯ을칭長긴쟝片편쪽편衣의옷又또우以ᄡᅥ이紬명쥬五다ᄉᆞᆺ오六여ᄉᆞᆺ륙 요

尺쳑자爲위ᄒᆞ之어조ᄉᆞ지橫빗길횡鋪펼포長긴쟝片편쪽편衣의옷上위샹 으로

當당당背등배處곳쳐取ᄎᆔᄒᆞᆯ츄足족ᄒᆞᆯ족過지날과脅갈비협而어조ᄉᆞ이 ᄒᆞ야

不안불向향ᄒᆞᆯ향及미ᄎᆞᆯ급腹ᄇᆡ복稱일ᄏᆞᆯ을칭橫빗길횡片편쪽편衣의옷 ᄒᆞ니라

편의ᄂᆞᆫ 명쥬 십여쳑 엳 반으로 ᄭᅥᆨ고 솜 엳 두텁게 두어
요를 만드러 머리와 발 얻 ᄊᆞᆯ만치 ᄒᆞ여 이불 우에 펴ᄂᆞ
니 이거ᄉᆞᆫ 쟝편의 요 또 명쥬 오륙 조로 량ᄶᆞᆨ 갈비에지

四十六

넌 을ᄒᆞ되
이녀이ᄒᆞ면
이이라
에예
ᄒᆞ야
ᄒᆞ야
ᄒᆞ야ᄒᆞ니
라
던이이오
이요

낟만차ᄒᆞ야장표의우에등달듸예박겨펴ᄂᆞ니이거

산횡편의라

男남ᄌᆞ子ᄌᆞ衰최최衣옷의用쓸용布베포二두이幅폭폭各각각

長긴쟝四넉ᄉᆞ尺자쳑[illegible]여흑寸치촌指가ᄅᆞ칠지尺자쳑除덜제縫호ᄂᆞᆯ봉餘남을여

여남을一ᄒᆞᆫ일寸치촌則곳즉長긴쟝二두이尺자쳑二두이寸치촌兩두량肩엇게견

上위샹中가온대듕屈굽을굴處곳쳐四넉ᄉᆞ寸치촌之어조ᄉᆞ지下아래하左

右올흔우幅폭복各각각裁마ᄅᆞᆯ지入들입四넉ᄉᆞ寸치촌分ᄂᆞ놀분을

摺접을답向향ᄒᆞᆯ향外밧외各각각加더ᄒᆞᆯ가兩두량肩엇게견上위샹

以써이爲ᄒᆞ위左왼자右올흔우辟물니벽領깃령卽곳즉適맛ᄎᆞᆯ뎍也어조ᄉᆞ야

袂ᄉᆞ매몌長긴쟝如ᄀᆞᄐᆞᆯ여衣옷의長긴쟝方모방袂ᄉᆞ매몌一ᄒᆞᆫ일尺자쳑袂

년이라 언 시시쇼시라 ᄒᆞ샤셰 ᄒᆞ야ᄒᆞ고 언 라이 이요이시라 ᄒᆞ야던ᄒᆞ야 ᄒᆞ고던 ᄒᆞ야 ᄒᆞ샤ᄒᆞ니 라

메소미 口구입 一일ᄒᆞᆫ 尺척조 二이두 寸촌치 加가더월 領령깃 用용써 布포베 長

장긴 一일ᄒᆞᆫ 尺척조 六륙여섯 寸촌치 闊팔널을 八팔여덜 寸촌치 縱종고들 摺

랍겹끌 而ᄉᆞ어이조 中ᄃᆡᄀᆞ듕운 分분노을 下하ᄋ리 兩량두 端단끗 各각각각 裁

지말늘 去거버릴 方방모 四ᄉᆞ넉 寸촌치 以이써 爲위ᄒᆞ 領령깃 袷겁겹깃 即즉곳

加가더월 於ᄉᆞ어어조 領령깃 裏리속 者자것 用용써 布포베 長장긴 一일ᄒᆞᆫ 尺척조

六륙여섯 寸촌치 廣광널을 一일ᄒᆞᆫ 尺척조 四ᄉᆞ넉 寸촌치 分분논을 作작지을

三삼석 條됴ᄆᆞ닥 二이두 條됴ᄆᆞ닥 疊텹겹 縫봉홀 於ᄉᆞ어어조 領령깃 以이써 加

가더월 於ᄉᆞ어어조 前젼압 闊팔널을 中ᄃᆡᄀᆞ듕운 一일ᄒᆞᆫ 條됴ᄆᆞ닥 橫횡비길 摺

랍겹끌 爲위ᄒᆞ 二이두 重듕거듭 加가더월 於ᄉᆞ어어조 後후뒤 闊팔널을 中운ᄀ

중티 並를ᄋ병보 加가더월 領령깃 乃내이예 三삼석 重듕거듭 也ᄉᆞ어야조 帶되띄

四十七

언이늘
ᄒᆞ야
ᄒᆞ니
시라 선
이라
ᄀᆡ
ᄒᆞ야 ᄒᆞ야
도 ᄒᆞ야
ᄒᆞ야 ᄒᆞ니라
넌이 이오
이 시라

下하우리 尺척자 用용써 布포베 廣광널、을 一일호 尺척자 一일호 寸촌치、上샹위
屬쵹련홀 於어조 衣의옷 以이써 腰요허리 之지조 闊괄널을 狹협조블
爲위ᄒᆞ 度도법、도 除제덜홀 縫봉홀 餘여남을 一일호 寸촌치 則즉곳 高고노플
一일호 尺척자 衽임연미 用용써 布포베 二이두 幅복폭 各각각 長장긴 三삼석
尺척자 五오다ᄉᆞᆺ 寸촌치、每[illegible]미리 샹 幅복폭 上[illegible] 左자왼 旁방엽 下하우리 右
을 은 [illegible] 下하우、[illegible] 裁저말 늗 入갈들 입어 六셜여
륙우 寸촌치 相샹서 [illegible] 望볼보 망라 針사비 길 裁저말 늗 以이써 廣광널을 頭두머리
두 向향향홀 上샹위 疊텹겹 之지어조 如여ᄀᆞ 틀 燕연집 이 尾미꼬리 狀장모양
장 褶습거듭 綴철련홀 於어조 衣의옷 兩량두 旁방엽 腋액겨드랑 下하우리、
衰최최 用용써 布포베 長장긴 六륙여섯 寸촌치 廣광널、을 四ᄉᆞ넉 寸촌치 綴철련

ᄒᆞ니라. 언 ᄒᆞ야 一 ᄒᆞ니라 어ᄂᆞᆫ ᄒᆞ야 ᄒᆞ고 ᄒᆞ고 ᄒᆞ야 ᄒᆞ니라 언 ᄒᆞ야요 언 하 ᄒᆞ고 에 ᄒᆞ면 이라 ᄒᆞ야 에

綴철 於ᄋᆞ어조 衣의옷 外외밧것 衿금옷깃 當당ᄒᆞᆯ 心심 處쳐곳 負부들
版판조각 用용ᄡᅥ 布포베 方방모 一일ᄒᆞᆫ 尺쳑자 八팔여 寸촌치 綴철련ᄒᆞᆯ 於
어조 背ᄇᆡ등 衣의옷 繫계끈 用용ᄡᅥ 小소쟉을 帶ᄃᆡ띄 四ᄉᆞ넉 二이두 綴철련ᄒᆞᆯ
ᄋᆞ어 어조 內ᄂᆡ안 外외밧 衿금옷깃 領령옷깃 二이두 綴철련ᄒᆞᆯ 於ᄋᆞ어 어조 衣
의옷 外외밧 것 右우올ᄒᆞᆫ 腋ᄋᆡᆨ겨드랑 下하아래 衣의옷 內ᄂᆡ안 左좌왼 腋ᄋᆡᆨ겨드랑
外외밧 것 右우올ᄒᆞᆫ 腋ᄋᆡᆨ겨드랑 下하아래 結결ᄆᆡ줄 裳샹치마 用용ᄡᅥ 七칠닐곱
下하아래 使ᄉᆞ시길 相샹서로 掩엄ᄀᆞ리울 結결ᄆᆡ줄 裳샹치마 隨슈ᄃᆞᆯ 宜의맛당
幅폭 前젼앏 三삼석 後후뒤 四ᄉᆞ넉 長댱긴 短단댜ᄅᆞᆯ 每ᄆᆡ양 幅폭 除졔덜
縫봉홀 合합합 前젼앏 後후뒤 不불안 連련련ᄒᆞᆯ 每ᄆᆡ양 寸촌치 作작지을 三
左좌왼 右우올 縫봉홀 餘여나믄 各각각 一일ᄒᆞᆫ 寸촌치 作작지을
幓삼석 幓? 其기그 作작지을 幓? 每ᄆᆡ양 幅폭 上샹위 頭두머리

四十八

ᄒᆞ야 ᄒᆞ고 ᄒᆞ야 ᄒᆞ고 ᄒᆞ야 ᄒᆞ고 ᄒᆞ야 예 ᄒᆞ야 ᄒᆞ고 에 ᄒᆞ야 ᄒᆞ고 ᄒᆞᄂᆞ니라

提 예끌 起 ᄂᆞᆯ이 거러 小 쇼쟉 을 許 수허 어조 摺 갑겹 끌 向 향향 홀 右 우올 ᄒᆞᆫ 又 우ᄯᅩ
提 뎨끌 起 ᄂᆞᆯ이 거러 小 쇼쟉 을 許 ᄉᆞ허 어조 摺 갑겹 끌 向 향향 홀 左 자왼 關 ᄉᆞ샤 線
션실 綴 결련 출 往 들머 므 而 ᄉᆞ어 이조 空 공빈 其 기그 中 디ᄀᆞ 즁운 以 이써 爲 위ᄒᆞ 들 摺
주ᄯᅩ 又 우ᄯᅩ 以 이써 布 포베 廣 광널 을 四 ᄉᆞ넉 五 오ᄃᆞ ᄉᆞ 寸 촌치 縱 죵고 들 摺
칩 롬 綴 출 前 젼압 後 후뒤 七 칠일 곱 幅 복폭 而 ᄉᆞ어 이조 前 젼압 後 후뒤 相
갑겹 끌 處 쳐곳 夾 겹겹 출 縫 봉출 小 쇼쟉 을 許 ᄉᆞ어 허조 約 약디 강 圍
상서 당 當 당당 출 腰 요허 이 又 우ᄯᅩ 交 교ᄉᆞ 잔 掩 엄ᄀᆞ 울 리 小 쇼쟉 허조 許 ᄉᆞ어 허조
위돌 날 於 ᄉᆞ어 어조 有 유잇 슬 小 쇼쟉 을 帶 더디 後 후뒤 帶 더디 短 단잘 을 向
兩 량두 端 단끗 皆 개다 有 유잇 슬 小 쇼쟉 을 帶 더디 後 후뒤 帶 더디 短 단잘 을 向
향향 홀 前 젼압 前 젼압 帶 더디 長 쟝긴 向 향 출 後 후뒤 重 즁거 듭 圍 위돌 날 而
ᄉᆞ서 이조 相 샹서 루 結 결미 즐 於 ᄉᆞ어 어조 前 젼압

남조최복언쉰신이지쳑으로두조세치시예흔솜ᄒᆞ
치제ᄒᆞ면등조두치라억기우의끅끈듸네치ᄂᆞ려ᄆᆞ
서좌우폭열끅네치럼베여량쪽억기우의적겨두니
이거시벽령이니촉뎌이르도ᄒᆞᄂᆞ니라소미갈이녈
원신과갓고소미ᄉᆞ지년조두치요ᄉᆞ리흔조년모즈
게ᄒᆞᄂᆞ니라가령언쟝이조엿치요광이여덜치럼즁
분ᄒᆞ야기리루끅기ᄉᆞ리편량쪽의각각ᄉᆞ방네치ᄆᆞ
되게베여ㅣ여깃설짤고깃속의밧치년거설겹일
ᄒᆞᄂᆞ니쟝이조엿치요광이조네치럼삼분ᄒᆞ야접어
두쪽언깃쉿편녈분듸부치고흔쪽언또두겹으로접

四十九

어깃수리편쇼좁슌듸부치ᄂᆞ니이거시삼가령이라듸
하쳐언팡이조춘치렬원신에부치되장언허리대쇼
뒤료ᄆᆞ렬ᄒᆞᄂᆞ니혼솔혼치제ᄒᆞ면끄ᄆᆞᄒᆞ조라삼언
두폭언각석조ᄂᆞ치쌕언ᄆᆞ지고믜폭에위편외작파
ᄉᆞ라편쇼론짝춘조ᄉᆞ믜예엿치쌕베신후에서루브
료보고박기베여너른머리렬우의로ᄆᆞ게ᄆᆞ조접츠
기렬집이끄리모양스로ᄒᆞ야두겨드랑이수리예뒤
하칙파ᄆᆞ치부치너니라최넌장이엣최쇼팡이네치
렬원신외편[illegible]락당삼쳐에부치ᄂᆞ니라부파언ᄉᆞ방
조여덜치렬등뒤예부치ᄂᆞ니라옷고름언넷설만드

러안팟고롬얼ᄃᆞᄂᆞ니라치ᄆᆞ넌일곱폭열젼삼ᄎᆞᄉᆞ
로ᄒᆞ되기리넌키ᄃᆡ로ᄆᆞ련ᄒᆞ고젼ᄎᆞ폭이맛닷치말ᄉᆞ
게ᄒᆞ고뒤폭에좌우혼솔각ᄒᆞᆫ치럼제ᄒᆞᆫ후에윗편의
주름셋식만들되주름마도오름편으로조곰쩍거부
치고왼편으로조곰쩍거부치여삭노언구어주름얼
만드너니라앞기넌광이ᄉᆞ소치럼ᄭᅥ지고두겹으로
접어젼ᄒᆞᆫ솔폭얼달되젼ᄒᆞᆫ폭셔이조곰뜨되넌ᄒᆞᆫ와
합ᄒᆞ고허리예돌넌후에조고ᄆᆞ치어ᄏᆡ게ᄒᆞ고량끗
헤끈열달되뒤끈언자르고압끈언길게ᄒᆞ야되ᄒᆞᆫ번
뒤로돌너여압희와서ᄌᆞ브미너니라

五十

여 요 연
요 년 요년
라 년
을 ᄒᆞ고
년 이라 을
ᄒᆞ고 년 라
년
ᄒᆞ고 년
이라 년
ᄒᆞ나 을 나라

朞긔긔 년 以이써 上샹위 生싱싱 될 布포베 大대큰 功공공 以이써 下하수 리 熟

숙익 을 布포베 斬참베 일 衰최최 복 極극극 홀 麤추굴 글 總셔식 ᄆᆞ 極극극 홀

細세ᄀᆞ 늘 斬참베 衰최최 복 衣의옷 裳샹치 ᄆᆞ 旁방엽 及급더 블 下하수 리

際제제 음 皆ᄀᆞᄃᆞ 不블안 緝즙홀 邊변ᄀᆞᆺ 齊조ᄉᆞ 곳 衰최최 복 以이써 下하수 리

하 皆ᄀᆞᄃᆞ 緝즙홀 五오ᄃᆞ 숙 服복 衣의옷 縫봉홀 皆ᄀᆞᄃᆞ 向향향 홀 外밧 것

외 裳샹치 ᄆᆞ 縫봉홀 向향향 홀 內안 복 임 斬참베 일 衰최최 복 衽연폭 임 前젼압

掩얼ᄆᆞ 리 後후뒤 齊조ᄉᆞ 곳 衰최최 복 以이써 下하수 리 後후뒤 掩얼ᄆᆞ 리 前

젼압 大대큰 功공공 以이써 下하수 리 無무업 슬 負부즐 版판쫀 각 辟벽물 니 領

령ᄀᆞᆺ 衰최최 分분논 을 摺랍ᄀᆡᆨ 끌 者자것 前젼베 일 去거버 릴 之어조 ᄉᆞ지

그 복이 샹연싱포최복이요 뒤공이하년숙포라 참최

넌국추포로ᄒᆞ고싀ᄆᆞ난ᄎᆔ포라참최년엽과수리
갓섬호지안코지최이차넌호너니라오복의최복을
윗옷혼솔연박긔로ᄆᆡ게ᄒᆞ고치ᄆᆞ혼솔연안으로그
너니라참최예임연압히뒤련덥게부치고지최이하
넌뒤ᄀᆞ삽혈덥게부치너니라뎌공이하년최와부판과
벽령이엽쓰나벽령훌ᄭᅥ설베여시너니라

식도른마령벽

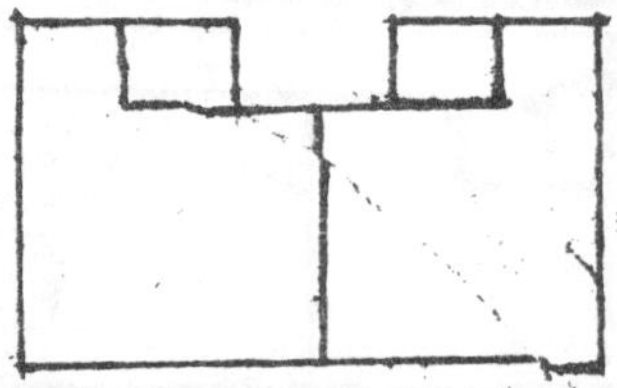

식도른마령가

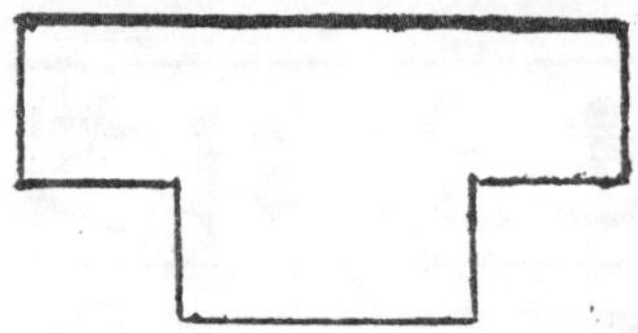

식도른마미연

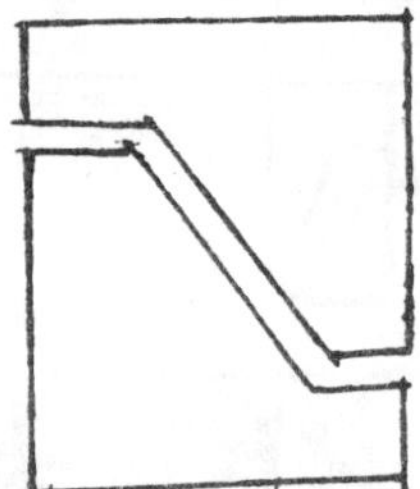

식도촌겹미연

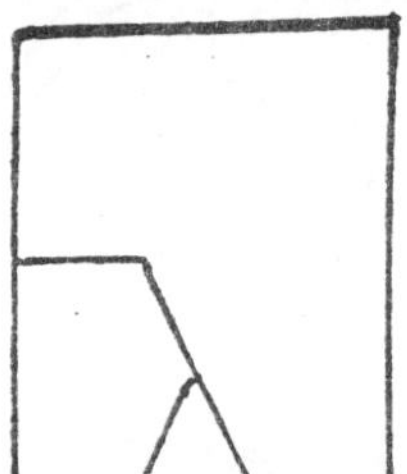

ᄒᆞ고 ᄒᆞ니 며

中衣用以承衰衣者比 (中 듕 가온 · 衣 의 옷 · 用 용 써 · 以 이 써 · 承 승 받칠 · 衰 최 최복 · 衣 의 옷 · 者 자 것 · 比 비 비홀)

衰稍細制同深衣斬 (衰 최 최복 · 稍 쵸 졈졈 · 細 셰 ᄀᆞ늘 · 制 졔 법졔 · 同 동 ᄀᆞᄐᆞᆯ · 深 심 깁흘 · 衣 의 옷 · 斬 참 베일)

최의젼면도식

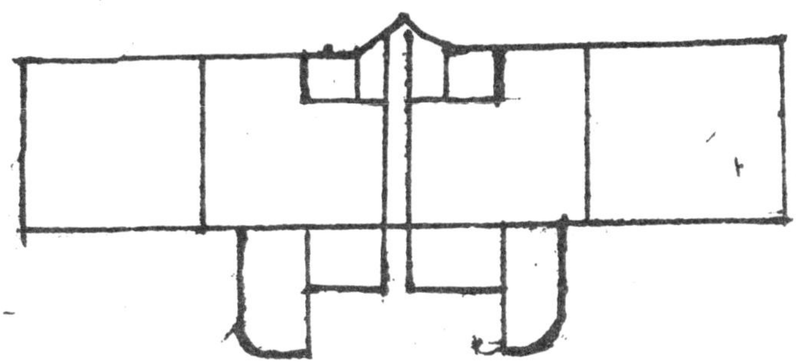

최의후면도식

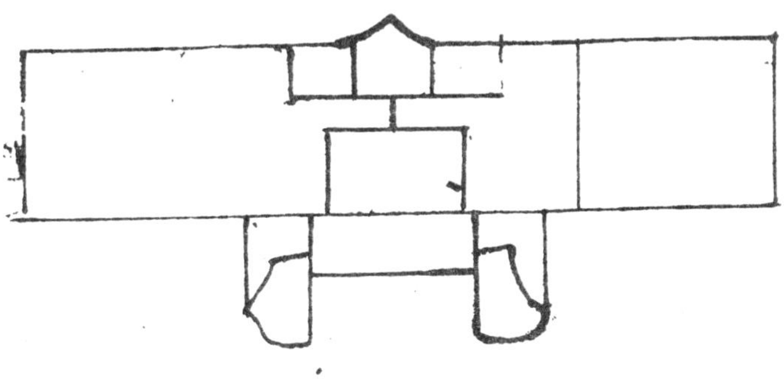

쵸상도식

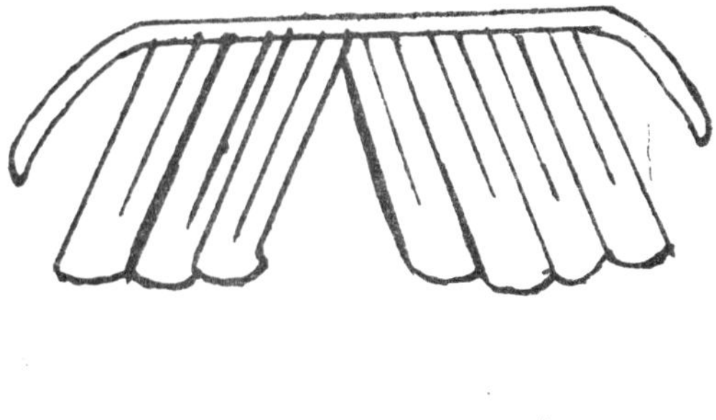

ᄒᆞᄂᆞ니라
ᄒᆞ야 ᄒᆞ되
ᄒᆞ고
에 ᄒᆞᄂᆞ니라
을 온
니라

참衰최최복亦역ᄯᅩ以이써布포베緣연두邊변ᄀᆞᆺ或혹用용써中듕ᄃᆞᆫ
單단호옷衣의옷制졔법制졔如여ᄀᆞᄐᆞᆯ俗쇽시쇽周쥬두루遮챠막을衣의옷衽임깃
메소매端단ᄀᆞᆺ不블안ᄒᆞᆯ圓원두굴、殺쇄ᄌᆞᆯ袂메소매端단ᄀᆞᆺ及급더블衿
락금ᄌᆞ옷齊ᄌᆞ옷ᄀᆞᆺ末말ᄀᆞᆺ皆ᄀᆡᄃᆞ緣연두를之지어조ᄌᆞ지、
즁단연최복베보ᄃᆞ마ᄂᆞᆫ결노ᄒᆞ고禪도년심의와ᄀᆞ
트니참최예도베로선연두르ᄂᆞ니라혹시쇽즁단스
로두루ᄆᆞ기ᄀᆞ치만드되소매ᄆᆞ즈고소매ᄉᆞ귀와
압ᄌᆞ락깃과ᄉᆞ티깃선두르ᄂᆞ니라
婦부부人인인ᄉᆞ람冠관상、관齊ᄌᆞ옷ᄀᆞᆺ衰최최복以이써上샹위用용써素
소、힐

五十二

년 년

ᄒᆞ고 ᄒᆞ고

년 올

ᄒᆞ야 ᄒᆞ야

ᄒᆞ고 ᄒᆞᄂᆞ니라

부인상판을지최이상은소판이라

衰최최복衣의옷辟벽물니領령깃衰최최負부즐版판조각同동ᄀᆞ틀男남ᄌᆞ

남子ᄌᆞ남ᄌᆞ無무업슬帶ᄃᆡ띄下하ᄉᆞ려尺쳑자及급더블衽임연폭임미裳샹ᄆᆞ치

샹用용ᄡᅥ布포베六륙여셜幅복폭交교ᄉᆞᄀᆞᆯ解ᄀᆡ플爲위ᄒᆞ十십열二이두幅복폭

복폭連련닐홀綴텰련홀於어조ᄉᆞ衣의옷如여ᄀᆞ틀深심깁홀衣의옷或혹혹

用용ᄡᅥ大대큰袖슈ᄉᆞ매長댱긴裙군치마

최복연치ᄆᆞ십이폭열원신에달기면심의ᄀᆞ치ᄒᆞ고

여령과최와부판연남ᄌᆞ최복과ᄀᆞᆺ고ᄃᆡ하ᄎᆡᆨ과연미

년엽ᄂᆞ니라혹의샹연련ᄒᆞ지안코대슈장군으로지

여입기도ᄒᆞᄂᆞ니라

蓋개더 풀 頭두머리 以이써 障장막을 身신몸 者쟈것 用용써 稍쵸졈졈 細세그던나

衰최 布포베 三삼석 幅폭 長장긴 與여더블 身신몸 齊졔가즈론 斬참베일 衰최복을호더

최 不불산 찰 緝즙훌 邊변갓 今금샤 재 俗속시 속 羅라훌 라련 兀올훌 올연 卽즉곳 연주나

其기그 遺유끼칠 意의뜻 이니라

개두넌 부인의 몸 열ㄱ리우넌 옷시니 시쇽라올이 개

부인상관도식

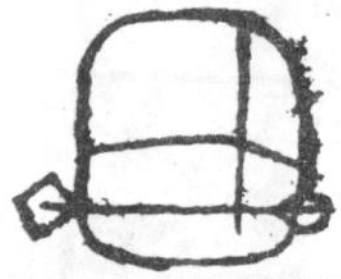

부인최복견면도식

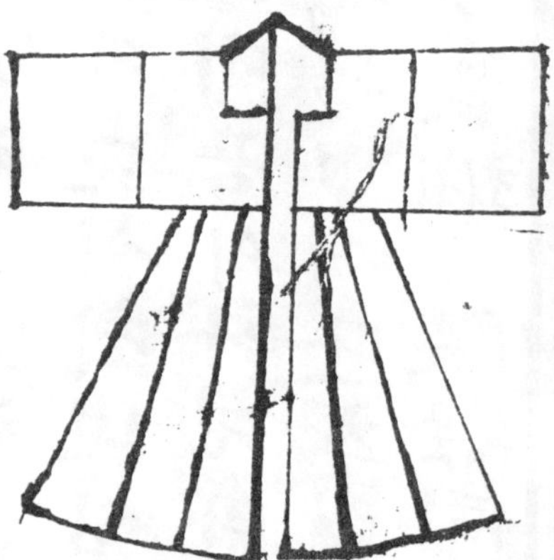

부인최복후면도식

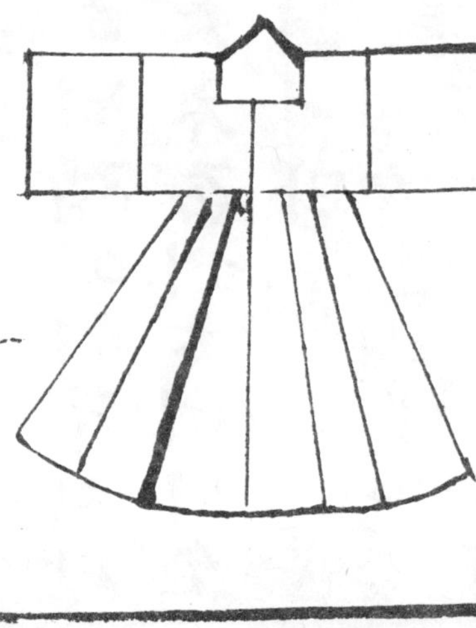

五十二

년 년 호 티 년 로 ᄒᆞ니 낡 굴、 년 ᄒᆞ고

두모양이라최복보ᄃᆞᄀᆞᄂᆞᆫ베세폭열ᄀᆡ리ᄀᆞ몸과ᄀᆞ
치ᄒᆞ되斬최예년갓佳호지안너니라
男남남조女녀녀조布포베絞교교뎌帶ᄃᆡ띄齊ᄌᆞ옷굿衰최최、복生ᄉᆡᆼᄉᆡᆼ된
布포베廣광널을四ᄉᆞ넉寸촌치夾겹겹츨縫봉ᄒᆞᆯ爲위ᄒᆞ二이두寸촌치大대큰
功공공以이ᄡᅥ下하아래熟슉닉을布포베以이ᄡᅥ次ᄎᆞᄎᆞ례狹협조블屈굴구필
右우올은端단끗尺척조許허어조ᄂᆞ爲위ᄒᆞ驅구단추、
남녀의포피디년지최년싱포로ᄒᆞ되졉어서두치광
이되게ᄒᆞ고대공이하년슉포로太太죱게ᄒᆞ너니오
륜편ᄒᆞᆫ조쬐엄열ᄭᅢᆨ꺼단추럴만드너니라
童동ᄋᆞᄒᆡ子ᄌᆞ동조衰최최복服복옷同동ᄀᆞᄐᆞᆯ長쟝얼운、者자니僕복남죵

ᄒᆞ니

ᄒᆞ고이요넌

이라

넌

ᄒᆞ더넌

ᄒᆞ고

ᄒᆞ야셔

ᄒᆞ고이요

넌ᄒᆞ고

에나라넌

에

隷례남죵 服복닙 生싱된 布포베 衣의옷 如여ᄀᆞᄐᆞᆯ 俗쇽시쇽 直직고ᄃᆞᆯ

領령깃 或혹혹 中듕가온 單단홋 薄쳡쳡 婢비녀죵 服복닙 生싱싱된 布포베

背비등 子ᄌᆞ비ᄌᆞ

一、동ᄌᆞ최복은엳운파갓고남죵연싱포로직령이나죵

단거치ᄒᆞ고쳡파녀죵은싱포비ᄌᆞ렴닙너니라

神신귀 主쥬신쥬 韜도쌀 藉자ᄭᆞᆯ 考고위 紫ᄌᆞ주 妣비비 緋비불

빈 韜도쌀 [illegible] 亭ᄒᆞ두터 紙지조희 貼텹붓 褙비ᄎᆞᆫ 裏과속 之조어

以이ᄡᅥ 帛백비 合합합 縫봉ᄒᆞᆯ 居거ᄒᆞᆯ 後후뒤 之ᄌᆞ어조 中듕가온

方방모 四ᄉᆞ넉 寸촌치 長장긴 與여더블 主쥬신쥬 身신몸 齊졔가ᄌᆞᆫ 於어ᄋᆞᆫ

頂뎡뎡슈 中듕가온 著착부ᄎᆞᆫ 團단둥글 櫃궤지두 藉자ᄭᆞᆯ 方방모 闊활너를

五十四

ᄒᆞ고ᄒᆞ고 ᄒᆞᄂᆞ니라

與여블 櫝독 內ᄂᆡ안 同동ᄀᆞ、들 疊텹 布포베 加가더 일 厚후두터ᄒᆞᆯ 裹

과ᄊᆞᆯ 以이써 帛ᄇᆡᆨ명、쥬

신쥬도와자ᄂᆞᆫ고위넌 [illegible]으로ᄒᆞ고비위넌홍ᄉᆡᆨ으

로ᄒᆞ되도ᄂᆞᆫ조희렬비졉ᄒᆞ고명쥬로ᄊᆞ서혼숑이뒤

편ᄒᆞᆯ마온더로마고ᄉᆞ방이네치요기리넌신쥬와ᄀᆞ

치ᄒᆞ고머리ᄀᆞ온더예단츄렬ᄂᆞ너니라자년팡이쥬

독속과ᄀᆞ치ᄒᆞ고베렬여러겹열졉고면쥬로ᄊᆞ너니

라

을라ᅲ

復복초혼 衣의옷 及급더블 遺유끼칠 衣의옷 藏장감출 於어조 廟묘ᄉᆞ、당

ᄒᆞ야

親친친속 盡진다ᄒᆞᆯ 則즉곳 用용써 以이써 裹과ᄊᆞᆯ 主쥬신、쥬 埋미무들 安안편

ᄒᆞᄂᆞ니라

안 於어조ᄉᆞ어 墓무덤모

초혼옷과ᄃᆞ른입던옷셜ᄉᆞ당에젼ᄒᆞ여두엇ᄃᆞ

ᄀᆞᄉᆞ대예디진ᄒᆞ야산소의미안촐젹의신쥬령ᄊᆞ서

뭇ᄂᆞ니니라

飮마실음 食먹을식

음식

에년요 易쥬역역 曰가ᄅᆞᄉᆞᄃᆞᆯ월일 家집가 人사ᄅᆞᆷ인 無업슬무 攸바유 遂일울슈 在잇슬지

ᄒᆞᄂᆞ니라 中가운대중 饋먹일궤

쥬역에왈부인언ᄃᆞ른날언ᄒᆞ년거시업고규문안의

서쥬졔ᄂᆞᄒᆞᄂᆞ니라

五十五

애난오
다ᄒᆞ니라
애요
요요
며널
ᄒᆞ고 ᄒᆞ며
널ᄒᆞ고온
ᄒᆞᄂᆞ니라

詩시시、경 曰월일 女녀녀子ᄌᆞ녀ᄌᆞ、無무업슨 非비글을 無무업슨 儀의올、올을 惟유오직、酒쥬술 食ᄉᆞ밥 是시이 議의의론、

시졀에왈녀ᄌᆞ는그른것도업ᄉᆞ며오른것도업고술과밥이나의론ᄒᆞᄂᆞ니라

禮례례、절 記긔긔록 曰월일은 食ᄉᆞ밥 視시볼 春츈봄 時시대 羹ᄀᆡᆼ국 視시볼 夏하얼음 時시대 醬장장 視시볼 秋츄ᄀᆞ을 時시대 飮음쵸국 視시볼 冬동겨울 時시대 進진ᄂᆞ술 食식음식 之ᄉᆞ어조 禮례례、절 食ᄉᆞ밥 居거거츨 人인ᄉᆞ람 之ᄉᆞ어조 左자왼 羹ᄀᆡᆼ국 居거거츨 人인ᄉᆞ람 之ᄉᆞ어조 右우올흔、膾피회 炙이구 處쳐처츌 外외밧、것 醯혜초국 醬장장 處쳐처츌 內너안、

례긔에왈반언봄ᄀᆞ치ᄃᆞ시고국언열음ᄀᆞ치ᄃᆞ업고

쟝과김치ᄂᆞᆫ ᄆᆞ을ᄆᆞ치서ᄂᆞᆫ ᄒᆞ고 초샹국연 겨울ᄆᆞ치
ᄎᆞ게ᄒᆞ며 밥상ᄎᆞ리ᄂᆞᆫ 법연 밥연 왼편으로 ᄆᆞ고 국연
오른편으로 ᄆᆞ며 회와 산적연 박고로 ᄆᆞ고 초와 간쟝
연 안으로 ᄆᆞ게 ᄒᆞᄂᆞ니라

ᄒᆞ며 ᄀᆡᆨ이어던
食식먹을 無무말 絮쳐장탈 羹갱국 客ᄀᆡᆨ빈ᄀᆡᆨ 絮쳐장탈 羹갱국 主쥬쥬 人인
이ᄒᆞᄂᆞ니라
人인小ᄉᆞ람 辭ᄉᆞ말ᄉᆞᆷ 不불못ᄒᆞᆯ 能능능ᄒᆞᆯ 烹ᄑᆡᆼ살물

남의집의 ᄀᆞ셔 음식먹을 ᄶᆡᆨ의 국에 쟝열타지 마ᄂᆞ니
손이 국에 ᄃᆞ 쟝열타거던 쥬인이 음식ᄒᆞᆯ 쥴 모른ᄃᆞ고
ᄉᆞ례ᄒᆞᄂᆞ니라

여 ᄒᆞ며
論론의론 語어말ᄉᆞᆷ 曰왈일ᄋᆞᆯ 食식밥 不불안ᄒᆞᆯ 厭염실흘 精정ᄊᆞᆯ 膾회회

요

不불안 厭염실일 細셰ᄀᆞᄂᆞᆯ 食ᄉᆞ밥 饐에쉴 魚어어 餒뇌샹홀 肉육육

와을
敗패패홀 色ᄉᆡᆨ빗 惡악악홀 臭츄내음 惡악악홀 不불안일 時시ᄯᅢ 割할베일

ᄒᆞ고
不불안일 正졍바ᄅᆞᆯ 不불안홀 食식먹을

이어던 ᄒᆞᄂᆞ니라

론어에 ᄀᆞᆯ온 밥언 ᄉᆞᆯ엳씨를 쓰룩 조스며 회ᄂᆞᆫ ᄀᆞᄂᆞᆯ쑤룩

조코 밥이 쉬여떤지 어육이 샹ᄒᆞ여떤지 빗치 악ᄒᆞ던

지 ᄂᆡ음이 악ᄒᆞ던지ᄃᆞ 먹지 안코 ᄯᅳᆯ녀믄 것도 먹지 안

코 반드시 베이지 수ᄂᆡᄒᆞ여 써도 먹지 안너니라

에 은
家가집 語어말ᄉᆞᆷ 曰왈일ᄂᆞᆯ 婦부부 人인ᄉᆞ람 敎교ᄀᆞᄅᆞ칠 令령령 不불안홀

이요
出츌날 閨규규 門문문 事ᄉᆞ일 在지잇슬 饋궤먹일 食ᄉᆞ먹일 之조어

나라
間간사이 而ᄉᆞ어조 已이그칠

의 선 食
ᄒᆞ고에 이없는 필
에 의
이 변
와 豆 단
ᄒᆞᄂᆞ라

가어에 왈부인의령언규문에ᄂᆞ마지안코닐이음식
뿐이니라
漢한국陸뉵績젹이母모친作작지을羹강국斷단끈을葱총파必
반듯寸촌치切절베일肉육고기必필반듯方방모正졍바를
한ᄂᆞᆫ륙속의모친언국열지을적의파럼끈퇴한치
씩ᄒᆞ뎡ᄒᆞ고고기럴쓸되긔혜방졍ᄒᆞ더라
四넉禮례례절便편편ᄒᆞᆯ覽람볼曰왈날行힝ᄒᆞᆯ祭졔졔ᄉᆞ苟구진실노
能능능ᄒᆞᆯ盡진두ᄒᆞᆯ愛ᄋᆡᄉᆞ랑敬경공경之지어조ᄉᆞ心심마ᄋᆞᆷ雖슈비록一일ᄒᆞᆫ
簞단그릇食ᄉᆞ밥一일ᄒᆞᆫ豆두그릇羹강국薦쳔드릴之지어조ᄉᆞ亦역또不블안
불妨방ᄒᆡ롤

소례편람에왈제ᄉᆞ에능히ᄉᆞ랑ᄒᆞ고공경ᄒᆞ논ᄆᆞᄋᆞᆷ얼
극진이ᄒᆞ면비록ᄒᆞᆫ그릇밥과ᄒᆞᆫ그릇국으로지ᄂᆡ야
도무방ᄒᆞ니라

祭졔ᄉᆞ졔 饌찬음식 務무심쓸 令령식ᄒᆞᆯ 精졍ᄒᆞᆯ졍 潔조촐ᄒᆞᆯ결 未산미 祭제제ᄉᆞ 之어조ᄉᆞ지 前젼젼 勿말물 令령식ᄒᆞᆯ 人ᄉᆞ람인 先먼져션 食먹을식 及더블급 爲될위 猫괴묘 犬개견 虫버러지충 鼠쥐셔 所바소 汚더러올오 祭졔ᄉᆞ제 肉고기육 臠베일련 割베일할 之어조ᄉᆞ지 餘남을여 及미ᄎᆞᆯ급 皮ᄀᆞ죽피 毛털모 之어조ᄉᆞ지 屬붓칠쇽 勿말물 令령식ᄒᆞᆯ 殘쇠잔잔 穢더러올예 褻설만ᄒᆞᆯ설 慢만홀만

졔찬언ᄃᆞᄃᆞ졍결이ᄒᆞ고졔ᄉᆞ지ᄂᆡ기젼의먼져먹

던ᄒᆞ고
에던ᄒᆞ며
ᄒᆞ며
와
울
ᄒᆞ라

호되 어던인ᄀᆞ
ᄒᆞᄂᆞ니
넌 이르되
니라

지말게ᄒᆞ여피와기와쥐와버러지ᄀᆞ더럽히게말여
고기베인남저지와털과ᄀᆞ죽등속열함부루버리지
말라

實실 果과 六륙여셧 品품품수 難난어려울 備비ᄀᆞᆺ촐 或혹 四ᄉᆞ넉 品품품수
或혹 二이두 品품품수 凡범대범 木목나무 實실열ᄆᆡ 之지어조ᄉᆞ 可가가 홀
食식먹 을 者쟈것 無무업 슬 不불안 할 用용써 但단다만 不불안 할 用용써 桃
복수와도

졔파ᄂᆞᆫ륙픔열쓰되구비ᄒᆞ기ᄀᆞ어렵거던혹ᄉᆞ픔이
ㄴ이픔이ㄴ쓰ㄴ니목실에먹을만ᄒᆞᆫ거선다쓰되다
만복수와ᄂᆞᆫ쓰지안너니라

五十八

넌니라

에ᄒᆞᄂᆞ니

ᄂᆞᆫ요넌

이나 ᄒᆞᄂᆞ라육

열ᄒᆞ고

ᄒᆞᄂᆞ니라

凡범대 범 乾간무를 魚어어 肉육、육 皆다ᄀᆡ 謂위일ᄂᆞᆯ 之어조 지 脯포조

모른어육연ᄃᆞ포로쓰ᄂᆞ니라

炙젹젹 三세삼 번 獻헌드릴 各각각 用써용 一일ᄒᆞᆫ 物물건물 初처음초 獻헌드릴

天 肝간간 一일ᄒᆞᆫ 串ᄭᅩ찬지 亞아버금 終ᄆᆞᄎᆞᆯ종 獻헌드릴 各각각 肉육육

一일ᄒᆞᆫ 串ᄭᅩ찬、지 或혹혹 魚어어 육 雉꿩치

삼젹연삼헌에각각ᄒᆞᄂᆞ씩ᄡᅥᄂᆞ니초헌에넌간이ᄒᆞᆫ

ᄭᅩ지요아종헌연육으로ᄒᆞᆫᄭᅩ지씩ᄒᆞ거ᄂᆞ혹물고기

ᄂᆞ꿩으로도ᄒᆞᄂᆞ니라

湯탕탕 用써용 魚어어 肉육육 則곳즉 羹국갱 用써용 菜ᄂᆞ물채、湯탕탕 不

산찰불 用써용 魚어어 肉육육 則곳즉 羹국갱 用써용 肉육육、

이니

ᄒᆞᄂᆞ어 언

넌 이요

넌 넌

ᄒᆞ터 니ᄒᆞ

탕엳어육으로ᄒᆞ면링언ᄂᆞ물노ᄒᆞ고탕엳어육으로

ᄒᆞ지ᄉᆞ니ᄒᆞ면링엳육으로ᄒᆞᄂᆞ니라

魚어어 肉육육、各각각 一ᄒᆞᆫ실 器그릇、或혹혹 膾회피 或혹혹 乾ᄆᆞ를

간 或혹혹 炒복글 肉육육、家집가 畜집짐성츄 及더블급 山산산 澤늡칙 之

어 族족족 類류 可가가 食먹을식 者것쟈、無업무 不불산할 用쓸용 魚

ᄉᆞ어지조 族족족 類류 可가가 食먹을식 者것쟈、無업무 不

어어·속 水물슈 族족족 類류 之ᄉᆞ어지조 可가가 食먹을식

불산할 用쓸용 但다만단 不불산할 用쓸용 鯉리리、어

어육이각각ᄒᆞᆫ그릇시니혹회로도ᄒᆞ고혹굽기도ᄒᆞ

고혹ᄆᆞ른것도쓰ᄂᆞ니육언집김성과산틱김성에고

기어글만ᄒᆞᆫ거선ᄃᆞ쓰고어넌물고기예머글만ᄒᆞᆫ거

연 이요 년

니어라

연 이요 이요

언 이요 언

이요

선ᄃᆞ쓰되ᄃᆞ만리어ᄂᆞᆫ쓰지안ᄂᆞ니라.
朔삭초 然참참、여 則즉곳 酒쥬술 及급더블 新신새로 果과실과 一일ᄒᆞᆫ 盤반
반졍、正졍졍 초 至지동지、則즉곳 別별달을 設설베풀 湯탕국을 餠병떡 豆
두팟 粥쥭쥭、
삭일초례에ᄂᆞᆫ술이며ᄉᆡ실과ᄒᆞᆫ그릇시요졍조와동
지에ᄂᆞᆫ떡국이며팟쥭이잇ᄂᆞ니라.
俗속시속 節졀명졀 時시ᄯᅢ 食식음식 則즉곳 正졍졍 초 月월달 十십열 五오다
ᄉᆞ 日일날 藥약약 飯반밥 寒한찰 食식먹을 艾애쑥 餠병떡 三삼석 月월달 三삼사
오 日일날 花화꼿 煎젼지즘 餠병떡 五오다ᄉᆞ 月월달 五오다ᄉᆞ 日일날 靑쳥푸를
餠병떡、以이써 端단끗 午오낫 草초풀 爛란녹을 擣도ᄯᅵ 和화탄 作작지을 六

연 이요연
요넌 요
연이요라
선 이요연
이요연
이요이니라

이 六륙 月월달 十열 五오다섯 日일날 水슈물 團단둥굴、七칠일곱 夕셕저녁、
연 霜상서리 花화꽃 中듕가운 秋츄가을、棗조대추 栗률밤 糕고떡、九구아홉
日일날 菊국국화 餠병떡 蔓만무 菁쳥무 糕고떡 戛하별 음 節졀명、일 蒸증찔 餠병
떡 병、冬동겨울 節졀명、일 乾간마를 正졍바를、음 臘랍랍향 日일날 獵렵산양 肉육
고기 每매미 양 節졀명、일 有유잇슬 時시떠 菜채나물、
명졀의 쓰넌 시식언 졍월 망일언 약밥이요 한식언 쑥
떡이요 삼월 삼일언 화젼병이요 단오넌 단오초련란
도추야ᄒᆞ든 쳥병이요 류두넌 밀마루 슈단이요 칠셕
언 상화병이요 츄셕언 조률병이요 구일언 국화젼병
이ᄂᆞ 혹 무슈떡이라 명졀마도 시치마 잇더니라 랍일

六十

애 ᄒᆞ고
ᄒᆞ고 ᄒᆞᄂᆞ니라

연상양ᄒᆞ고기요하졀의넌중편이요동졀의넌간졍
열쓰너니라
薦쳔드릴 新신셔를 因인인ᄒᆞᆯ 朔삭초ᄒᆞᆨ 節졀명、일 或혹혹 隨슈ᄯᅡ를 得득은
節즉곳 薦쳔드릴 五오다ᄉᆞᆺ 穀곡곡식 作작지을 飯반밥
쳔신ᄒᆞᆯ제오곡언밥열지어쓰ᄂᆞ니라

女小學 卷之五

ᄒᆞ야ᄒᆞ고 라 ᄒᆞ야 에시로다 이

女녀녀 子ᄌᆞ 小쇼져글 學학ᄇᆡ울 卷권칙권 之ᄉᆞ어지조 五오다ᄉᆞ

녀쇼학오권

古고녜 事ᄉᆞ일 第뎨ᄎᆞ례 七칠일곱 上샹위

녜적부인칭젹말ᄒᆞᆫ일곱지샹편

孝효효도 女녀ᄯᆞᆯ

효녀

漢한한나라 太태클 倉창창잡 令령판원 淳슌슌박 于우어조 意의ᄯᆞᆺ 有유잇슬 罪죄죄 當당당홀 刑형형벌 無무업슬 男남ᄉᆞ나희 有유잇슬 五오다ᄉᆞ 女녀ᄯᆞᆯ 意의ᄯᆞᆺ 罵매꾸지즐 曰왈일을 生ᄉᆡᆼ난 女녀ᄯᆞᆯ 不불못ᄒᆞᆯ 生ᄉᆡᆼ난 男남ᄉᆞ나희 緩완느즐 완먼 急급급홀 非비업슬 所소바 用용ᄡᅥ 少쇼절물 女녀ᄯᆞᆯ 緹뎨붉은글 縈영얼킬

에이 乃내이 詣예ᄂᆞ갈 闕궐티 궐 上샹올닐 書서글 曰왈일늘 妾쳡쳡 父부부 친

이러나 이라난 爲위될 吏리ᄉᆞ 齊졔 ᄅᆞ제 제ᄂᆞ 中듕ᄀᆞ온 皆기ᄃᆞ 知지알 其기그 廉렴청 렴 平ᄒᆞᆯ평

이요 난 평 今금이 제 坐좌죄 ᄒᆞᆯ좌 法법법 當당당 ᄒᆞᆯ 刑형형 벌 死ᄉᆞ죽 을 者쟈니 不블못 ᄒᆞᆯ

나이 ᄒᆞ야 불 可가가 ᄒᆞᆯ 復부ᄃᆞ 시 生ᄉᆡᆼ산 刑형형 벌 者쟈니 不불못 ᄒᆞᆯ 可가가 ᄒᆞᆯ 復시ᄃᆞ

부 續쇽이 을 願원원 ᄒᆞᆯ 沒몰ᄲᆡ 즐 入입들 어 官관관 가 爲위될 婢비녀 죵 以

라ᄒᆞᆫ디 서써 贖쇽쇽 ᄒᆞᆯ 죄 父부부 친 罪죄죄 文문글 帝뎨황 뎨 哀ᄋᆡ슬 플 憐련불 샹 ᄒᆞᆯ 其기그

ᄒᆞ야 ᄒᆞᄂᆞ라 意의ᄯᅳᆺ 乃내이 예 除졔제 ᄒᆞᆯ 肉육살 刑형형 벌

한ᄂᆞᆯ 태창령 슌우의ᄀᆞ 죄렬어 더 형벌ᄒᆞ기예 당ᄒᆞ

야ᄉᆞ 뎔연엽고ᄃᆞ 섯ᄯᆞᆯ만 잇던지라 의ᄆᆞ 꾸지저 왈 ᄯᆞᆯ

주식만 낫코ᄉᆞ 뎔연 낫치 못ᄒᆞ여 급ᄒᆞᆫ 다 예 쓸 ᄃᆡᄀᆞ업

에ᄒᆞ고 | 넌이라

도ᄃᆞ곳희ᄯᆞᆯ뎨영이이예졀문의ᄂᆞᄆᆞ글열올녀왇쳡
와ᄉᆞ비ᄀᆞ판원이되민제즁ᄉᆞ람이ᄃᆞ렴평ᄒᆞᆫ줄얼앋
더니이제법에좌죄ᄒᆞ야형벌ᄒᆞ기예당ᄒᆞᆫ지ᄅᆞ죽은
너넌ᄃᆞ시살지못ᄒᆞ고형벌ᄒᆞ니넌ᄃᆞ시살엳부치지
못ᄒᆞᄂᆞ니원컨더ᄂᆞᄅᆞ종이되야ᄉᆞ비의죄렬속ᄒᆞ야
지ᄅᆞᄒᆞᆫ디효문황뎨계서그뜻얼불샹이녀겨서삳베
이넌형벌을영이업신너니라

曹셩조娥살음달아會모회듸들稽계상上샹위虞우디명人인소람父부부친
旰후밧글以이써安안편안帝뎨황뎨二이두年년취五오ᄃᆞ月월달五오ᄉᆞᄃᆞ
오日일날泝거스릴소江강강유溺빠질닉즐死ᄉᆞ주즐不불못홀得득으들尸

ᄒᆞ니 이라 / ᄒᆞ야 에 / ᄒᆞ고 / 에ᄂᆞᆫ ᄒᆞ며 이ᄒᆞ어ᄂᆞᆯ ᄒᆞ라 / ㅣ 러니 / 에 이라 / 이 ᄒᆞ고 / 이ᄒᆞ고이 / ᄒᆞ니라

시시 테 娥 달알 아옴 年 년ᄂᆞ 十 열 四 ᄉᆞ너 沿 연ᄯᆞ 롤 江 강강 슈 號 호울 哭 곡울 晝

쥬낫 夜 야밤 不 불안 찰 絶 졀ᄀᆞ 늘슴 聲 셩소 리 十 습열 七 칠일 곱 日 일날 投 투던 질

衣 의옷 於 ᄉᆞ어 어조 水 슈물 祝 주츅 원 曰 왈일 늘 尸 시시 테 所 소바 在 지잇 슬 衣

의옷 當 당맛 당 沈 침ᄌᆞᆷ 길 衣 의옷 至 지이 를 一 일ᄒᆞᆫ 處 쳐곳 而 ᄉᆞ어 이조 沈 침ᄌᆞᆷ 길

娥 달알 아음 遂 슈인 출 隨 슈ᄯᆞ 롤 衣 의옷 投 투던 질 江 강강 슈 而 ᄉᆞ어 올이조 死 음죽

ᄉᆞ 數 수두 어 日 일날 抱 포ᄉᆞ 늘 父 부부 친 尸 시시 테 浮 부ᄯᅥᆯ 出 츌ᄂᆞ 度 도셩

尙 샹슝 샹샹 立 립셜 碑 비비 셕 邯 한지 명 鄲 단디 명 淳 슌슌 박 爲 위ᄒᆞ 文 문글 後

후뒤 人 인ᄉᆞ 람 又 우ᄯᅩ 爲 위위 홀 之 ᄉᆞ어 지조 建 건세 울 廟 묘ᄉᆞ 당

조아ᄂᆞᆫ 회계군 샹우현 ᄉᆞ람이라 부친 ᄒᆞᄋᆞ 효안황뎨

이년 오월 오일에 강 열거스리ᄃᆞ마 ᄇᆡ쳐 죽고 시톄렬

외ㅣ

시러니ㅣ

이라가

ᄒᆞ고 ᄒᆞ야

알으니아에ᄂᆞ이십ᄉᆞ셰ᄅᆞ쥬야로강열ᄯᆞᄅᆞ울기렬

십찰알에소리렬끈치안ᄐᆞᄆᆞ옷셜물에뎐저왈시톄

잇넌듸뎐이옷시ᄆᆞᄅᆞ안즈리ᄅᆞ추더니한곳세이르

러옷시ᄆᆞᄅᆞ안ᄁᆡ널옷셜ᄯᆞᄅᆞ밧저죽더니수알만에

부왼에시톄렬산고ᄯᆞ더ᄅᆞ도샹이효녀비렬세우고

한단슌이글열짓고후세ᄯᆞ도효녀묘렬지스니라

龐방셩 淯육육 슈、母모무친 趙조셩 娥달아알음 之수어지조 父부부친、爲위될 人

인남 所소바 殺살죽일、娥달아알음 潛겸숨을 備비마출 兵병연장 刃날인연장 十

열습 餘여남음 年년히 遇우만날 讎슈원슈 於어조수 都도도읍 亭뎡뎡 刺ᄌᆞ찌를

쳑찌를 殺살죽일 之수어지조 因인인홀 詣예나갈 縣현골 自ᄌᆞ스스리 首슈주현할

三

ᄒᆞᆫ디이ᄒᆞ야 ᄒᆞ고ᄒᆞᆫ디 ㅣ넌 이요ᄋᆡ 나이ᄒᆞ야 이라ᄒᆞ야ᄒᆞᆫ디 ᄒᆞ더라.

請청청ᄒᆞᆯ 就츄ᄂᆞ갈 刑형형ᄇᆞᆯ 縣현골 長쟝원 義의올을 之ᄉᆡ조 解ᄒᆡ플 印인
인인 綬슈인ᄭᅳᆫ 欲ᄌᆞᆯᄒᆞ욕고 與여더블 俱구ᄒᆞᆷᄭᅴ 亡망망 娥아ᄋᆞᆯ 不불안할
肯질ᄌᆞᆯ긍게 日월일늘 怨원원망 塞ᄉᆡᆨ막힐 身신몸 死ᄉᆞ죽을 妾쳡쳡 之ᄉᆞ어지조
明명ᄇᆞᆰ군 分분분수 詰길물을 罪죄죄 理리ᄃᆞᆯ리 獄옥옥ᄉᆞ 君군그디 之ᄉᆞ어지조
지ᄉᆞ 常샹덧ᄯᅥᆺ 理리리치 何하엇지 敢감히 苟구구차 生ᄉᆡᆼ산 以ᄡᅥ 枉왕구
왕 公공ᄂᆞ루 法법법 後후뒤 遇우만날 赦사사놀 得득으ᄅᆞᆯ 免면면ᄒᆞᆯ

방슉의모친조아넌그부친이남의게죽어ᄯᅥ니조아
가십여년연장열기니ᄭᅩ츄종ᄒᆞᄂᆞ마원슈렬큰갈
에서만나죽이ᄭᅩ관뎡의드러가죄렬쳥ᄒᆞᆫ디그골원
이올케녀겨벼슬열버리ᄭᅩ마치도망ᄒᆞ라ᄒᆞᆫ디조아

ᄒᆞ고이더라
셰
ᄒᆞ야러니
ᄒᆞ고
ᄒᆞ야 ᄒᆞ야
이라
ᄒᆞ야라이
셰 ㅣ

와ᄂᆞᆫ 絶 슈렬갑고몸이죽더거션첩에분수요죄렬ᄃᆞ시
리더거ᄂᆞᆫ그뎌예날이니엇지감최구ᄎᆞ이ᄉᆞ루서ᄂᆞ
루법열구피리요ᄒᆞ더니그후에샤렬만ᄂᆞ죄렬면ᄒᆞ
더라

建 다 명 爲ᄒᆞ 叔수숙 先션면여 雄웅수 之ᄉᆞ어지조 父부부친 溺닉빈즐 死
죽경을 不블 得득 求ᄒᆞ 得득은 尸시테 雄웅슈 有유잇슬 男남ᄋᆞ딸 女녀 二
ᄉᆞ 을 를ᄋᆞ봉 數수두어 歲세ᄂᆞ 乃내이에 各각각 作작지을 囊
이두 人인ᄉᆞ람 珠쥬구슬 環환고리 以이써 繫계달 兒ᄋᆞ희 潛ᄌᆞᆷ숨 往
주나 盛성두 물 處처곳 自ᄌᆞ스스 投투던질 後후뒤 六륙여셜 日날
왕불 父부부친 溺닉빈즐 處 自 投 後 六 日
與여더블 父부부친 相상서루 持지잡을 浮부떠 於ᄋᆞ어조 江강강슈 上상위

이 ᄒ야 ᄒ니 ᄒ라

효녀슉션웅연그부친이물에빠저셰텨렬알어년지라웅이ᄌ식남믹ᄀ방장두어살이라쥬어니렬지어구술파ᄭ리렬녀서수희게치우ᄭᄀ만이부친빠쥰디렬ᄀ서빠저죽더니엿시만의부친에시톄렬븟잡ᄭ강우의ᄯ더라

진ᄂ라진ᄂ라 女녀녀 子ᄌᄌ녀ᄌ 木목ᄂ무 蘭란란 代ᄃᆡᄃᆡ신 父부부친 征졍갈 戍ᄅ슈리슈슈ᄌ 十습열 二이두 年년히 而ᄉ어 歸이조올도 不불 受슈밧을 爵녀벼슬 賞상상줄 人인ᄉ람 無무업슬 知지알 其기그 爲위될 女녀녀 子ᄌᄌ녀 ᄌ작 也ᄉ야

진ᄂ라녀ᄌ목란이부친ᄃ신슈ᄌ리렬ᄂ서열두희

연

예ᄒ야

ᄒ나

라ᄒ더라

렬잇쓰되마치칭거더니마녀ᄌ인줄열모로더니공
연일운후에도ᄅ와서상즙파벼슬열밧자ᄋ니ᄒ니
그제야녀ᄌ인줄열알더라
南남남녁朝조됴뎡羊양셩緝즙이을女녀ᄯᆞᆯ佩패찬任임맛길母모무친亾
망죽을晝쥬낫夜야밤號호울哭곡울不블안ᄒᆯ飮음마실食식먹을三삼석日
일날而ᄉ어조ᄉ亾망죽을鄕향시골里리동리號호별호曰왈일ᄂᆞᆯ女녀녀ᄌ
表표표、
남죠쩍양즙의ᄯᆞᆯ패임연모친이죽으며쥬야로울어
음식ᄭᅳᆫ제삼일만의죽으니시골ᄉ람더러녀표ᄅ
별호ᄒ더라

五

ㅣ예ᄒᆞ시
ᄒᆞ야 이ᄒᆞ지
라이 에 에
예 ᄒᆞ며열
ᄒᆞ니
이타ᄒᆞ더라
연이요

永영긘 興흥이 王왕셩 氏시셩 씨 女녀ᄯᆞᆯ 年년나 五오다ᄉᆞ 歲셰나 得득으ᄃᆞᆯ
毒독독ᄒᆞᆯ 病병병ᄒᆞ들 兩량두 目목눈 皆ᄀᆡ다 盲ᄆᆡᆼ눈멀 生ᄉᆡᆼ싱ᄒᆞ믈 至지극 孝효
孝효도 年년나 二이두 十습열 父부부 칠 疾질ᄉᆞ주을 臨림림ᄒᆞᆯ 尸시시 ᄃᆡ흘 一일ᄒᆞᆫ
며 질소, ᄭᅬ며 眼안눈 皆ᄀᆡ다 出츌ᄂᆞ올 血혈피 左지왼 目목눈 卽즉곳 開ᄀᆡ열 날 時
시ᄃᆡ 稱칭ᄋᆞᆯ 개 孝효효 도 感감동 ᄒᆞᆯ감동
영흥ᄯᅡ의왕씨에ᄯᆞᆯ이오세예독ᄒᆞᆫ병ᄒᆞ여더두눈이
머러ᄡᅥ되부모ᄭᅴ년지효ᄅᆞᆯ이십셰예부친이죽으매
싱셩통곡에두눈의서피ᄀᆞᄂᆞ며왼짝눈열ᄯᅳ니그ᄯᅢ
ᄉᆞ람덜이효도의감동이라알르더라
諸저뭇 醫의원를 屠도셩 氏시셩 씨 女녀ᄯᆞᆯ 父부부친 失실일을 明명발글 毋

이어날 ᄒᆞ고
이며나 이
ᄒᆞ고 ᄒᆞ더라
의 ㅣ
시러나
이

母모친痼고질疾질병들女녀ᄯᆞᆯ晝듀낫樵쵸나무夜야밤績젹길삼以이써
供공공제養양봉양父부부친母무모친卒졸죽을負부즐土토흙成셩일울
墳분무덤守슈직힐墓모무덤不불안嫁가싀집갈
져긔ᄯᆞ의도씨에ᄯᆞᆯ언부친언소경이요모친언고질
이잇거널ᄂᆞ제넌ᄂᆞ무ᄒᆞ고밤에넌길삼ᄒᆞ야봉양ᄒᆞ
더니부모ᄀᆞ죽으미흑열저서셩분ᄒᆞ고뫼랄직히고
시집ᄀᆞ지ᄒᆞ니ᄒᆞ더라
北북북녁朝됴됴뎡盧로셩元원읫듬禮례례문妻쳐ᄋᆞ녀李리셩氏시셩씨
事ᄉᆞ셤길姑고시모至지지극孝효효도母무모친卒졸죽을哀ᄋᆡ毁훼問문
聞문물을至지이를擧거들聲셩소리慟통슬어絶졀ᄭᅳᆫ너一일ᄒᆞᆫ宿슉잘乃내이에

ᄒᆞ고 ᄒᆞ니
ᄒᆞ야 ᄒᆞ니
들로이
ᄒᆞ야 ᄒᆞ니
이라ᄒᆞ고
이라ᄒᆞ더라

씨 蘇쇼회 소셩 水물슈 漿쟝 초국 不불 안할 入들어 갈입 口입구 六륙여셜 日일날
姑고시모 慮려려 不불 출 濟제건즐 送보낼송 奔분ᄃᆞᄅᆞᆯ 喪상상 自ᄉᆞ
丞 泛범ᄃᆡ 명 陽볏양 向향향 출 洛락락 陽볏양 八팔여덜 的열출 方
不 太 수 達득달 출 攀반밧 들 櫬츤늘 號호울 踊용뛸 遂슈신 출 卒졸죽을 賜ᄉᆞ출
로비 방수 호 貞정고 들 孝효효 도 女녀녀 조 宗종노 플 改기곤 출 其기그 里리동
리 號호시 曰월이 늘 孝효효 도 德덕덕 里리동 리

북죠쩍로원례의ᄉᆞ서리씨ᄀᆞ시모련지효로셩기더
니친뎡모친통부ᄀᆞ오미ᄒᆞ로밤열ᄀᆞ물쓰고엿시렬
물도먹지ᄉᆞ니ᄒᆞ니시모ᄀᆞ죽을ᄀᆞ렴려ᄒᆞ야분상열
식혀ᄯᅥ니범양의서락양개지ᄀᆞ기예팔십일만워득

언이
을ᄒᆞ야
로ᄒᆞ니이
라예이
호ᄃᆡᄒᆞ고
로ᄒᆞ야
ᄒᆞ고ᄒᆞ교

닷ᄒᆞ야늘열붓뜰고한번울고죽으니고ᄂᆞᄅᆞ인군이
듯고졍효녀죵이ᄅᆞ시호렬쥬고살던동리렬효더리
ᄅᆞ끈츠니라
孝효도효女녀ᄯᆞᆯ王왕셩舜슌우슌父부부친子ᄌᆞ남ᄌᆞ春츈봄與여더블從
죵ᄎᆞᆼ兄형형長쟝긴忻흔깃不불안ᄒᆞᆯ協협화ᄒᆞᆯ長쟝긴忻흔깃불與여더블
죵妻쳐ᄉᆞ同동ᄀᆞᆺ들謀무꾀殺살죽일子ᄌᆞ남ᄌᆞ春츈봄舜슌우슌時시ᄯᆡ
여七칠일곱歲셰ᄂᆞ旣긔이메長쟝조랄親친친戚쳑외친欲욕ᄒᆞ고嫁가집시
가갈之지어拒거막을不불안從죵조ᄎᆞᆯ密밀만與여더블二이두妹
미ᄯᆡ夜야밤持지가질刀도칼踰유넘을垣원담入입들어殺살죽일長쟝긴
忻흔깃불夫부서방妻쳐ᄉᆞ너以이ᄡᅥ告고ᄒᆞ홀父부부친墓모무덤諸제모ᄂᆞ

七

호되 ㅣ

타ᄒᆞ니ᄒᆞ야

ᄒᆞ더라

예縣현골請쳥쳥ᄒᆞᆯ罪죄죄姊ᄌᆞ녀妹미미뎨爭쟁닷톨、爲위될謀모꾀首
슈어, 周쥬리ᄅᆞ쥬ᄂᆞ文문ᄅᆞ帝뎨황뎨聞문드를而ᄉᆞ어이조嘉가알음歎탄탄식
特특특별原원노을其기그罪죄죄
효녀왕슌연그부친不ᄎᆞᆫ이죵형쟝혼으로불화ᄒᆞ야
쟝혼에부쳐ᄆᆞᄆᆞ치ᄌᆞ츈연죽이니그ᄯᅢ예슌이칠셰
ㄹᆞ조란후에친쳑이십집보ᄂᆡ랴ᄒᆞᆫ되슌이듯지안코
ᄆᆞ만이두미뎨렬ᄃᆞ리고칼열ᄆᆞ지고밤에담열너머
ᄆᆞ서쟝혼혜부쳐렬죽이고부친무덤에고ᄒᆞᆫ후에관
뎡의드러ᄆᆞ죄렬쳥ᄒᆞ되ᄌᆞ미ᄆᆞ서로슈두ᄅᆞᄒᆞ니후
쥬문뎨ᄆᆞ듯고칭찬ᄒᆞ야특별이그죄렬노터라

의ㅣ 어ᄂᆡ 어ᄒᆞᄂᆡ ㅣᄒᆞ고ᄒᆞ더 ᄒᆞ고 ᄒᆞ샤 이러나이에 ㅣ ᄒᆞ야ᄒᆞ고 이러니 ㅣᄒᆞ고 요 이라ᄒᆞ음 로다

劉류셩 昶창밝글 女녀ᄯᆞᆯ 爲위될 河하하 南남남녁 長쟝맏 孫손손 氏씨셩

婦시며ᄂᆞ리 昶창밝글 以이ᄡᅥ 事ᄉᆞ일 係계ᄆᆡᆯ 獄옥옥집 女녀ᄯᆞᆯ 自ᄌᆞ스스 持지가

질 飮음마실 食식먹을 詣예나갈 獄옥옥집 餉향먹일 父부부친 見견볼

獄옥옥집 卒졸군ᄉᆞ 跪궤ᄭᅮᆯ안즐 進진나ᄋᆞᆯ 之지어조ᄉᆞ 歔허희 欷희흑 嗚오탄

식 咽열목메 昶창밝글 竟경마ᄎᆞᆷ너 死ᄉᆞ죽을 女녀ᄯᆞᆯ 絶졀ᄭᅳᆫ허질 復부다시

穌소ᄭᆡᆯ 布포베 衣의옷 蔬소ᄂᆞ물 食식먹을 以이ᄡᅥ 終종마칠 隋슈슈나라 文문글

帝뎨황뎨 聞문드를 之지어조ᄉᆞ 歎탄탄식 曰왈일ᄋᆞᆯ 吾오나 聞문드를 衰쇠쇠

門문문 之지어조ᄉᆞ 女녀ᄯᆞᆯ 興흥니러날 門문문 之지어조ᄉᆞ 男남ᄉᆞ나ᄒᆡ 固고진실

不불아닐 虛허빌 也야어조ᄉᆞ

류챵의ᄯᆞᆯ이하남쟝손씨의ᄋᆞ너ᄆᆞ되야ᄯᅥ나챵이죄

마잇셔옥에마치니ᄯᆞᆯ이음식열마지고부친열주되
옥졸얼보고울며꾸러안ᄌᆞ되리더니챵이괼경죽으
미ᄯᆞᆯ이긔졀ᄒᆞ엿다가ᄭᆡᄂᆞ서베옷파ᄂᆞ물노먹고평
싱언지시니슈문뎨마듯고탄식왈시드르니쇠ᄒᆞᆫ
집ᄯᆞᆯ이요흥ᄒᆞᆫ집ᄉᆞ뎔이른ᄒᆞ니헌말이ᄉᆞ니로다

唐당ᄂᆞ라당 衛위셩 孝효효도 女녀ᄯᆞᆯ 字ᄌᆞ명쟈 無무업슬 忌긔ᄭᅳ릴 父부부친
爲위될 鄕향시골 人인ᄉᆞ람 衛위셩 長쟝긴 則즉법 所소바 殺살죽일 無무업슬
忌긔ᄭᅳ릴 甫보게우 六륙여섯 歲셰ᄒᆡ 無무업슬 兄형형 弟뎨아우 母모모친
嫁가시집갈 及급미ᄎᆞᆯ 長쟝자랄 志지ᄯᅳᆺ 報보갑흘 父부부친 讎슈원슈 會회모ᄃᆞᆯ
從죵ᄌᆞᆺ 父부제부 大대큰 延연ᄆᆞ즐 客ᄀᆡᆨ손 長쟝긴 則즉법 在ᄌᆡ잇슬

뎐나ㅣ ᄒᆞ니 ㅣ요ᄆᆡ효 와예서니 에시일

어블ㅣ
ᄒᆞ고ᄒᆞ니
이
ᄒᆞ고ᄒᆞ고
ᄒᆞ니라

坐좌ᄌᆞ리 無무업슬 忌긔ᄭᅥ릴 以이ᄡᅥ 甓벽벽돌 抵뎌던질 殺살죽일 之지어조
지ᄉᆞ 諸예ᄉᆞ갈 吏리ᄉᆞ젼 請쳥쳥ᄒᆞᆯ 罪죄죄 太태큰 宗종조종 免면면ᄒᆞᆯ 其기그
罪죄죄 賜ᄉᆞ줄 田뎐밧 宅ᄐᆡᆨ집 以이ᄡᅥ 禮례례졀 嫁가시집 之지어조
향ᄂᆞᆫ 위효녀의ᄌᆞ는 무리니 그 부친이 동향ᄉᆞ람위
장ᄌᆞ에 손에 죽으니 그ᄯᅢ예 무리ᄆᆞ 륙셰오 모친언기
가ᄆᆞ고 ᄃᆞᄅᆞᆫ 형뎨도 업ᄂᆞᆫ지라 ᄌᆞ란 후에 원슈를 ᄀᆞᆸ푸
랴ᄒᆞ더니 ᄒᆞ루 넌 종슉 집 잔치예 장즉이와 ᄀᆡ뎌 벽돌
얻던 저 죽이고 관뎡의 드러ᄀᆞ 죄를 쳥ᄒᆞ니 태종황뎨
ᄉᆞ셔 죄를 면ᄒᆞ고 밧과 집얼주고 례ᄀᆞ초ᄋᆞ 시집보시
니라

九

의이

ᄒᆞ야 ᄒᆞ고이

식 ᄒᆞ고

에 식ᄒᆞ고

호ᄃᆡ ᄒᆞ고

ㅣ ᄒᆞ니라

夏하ᄒᆞ 侯후제 長쟝긴 雲운구룸 女녀ᄯᆞᆯ 碎쇄부ᄉᆞᆯ 金금쇠 嫁가시집 劉

寂젹고요 生ᄉᆡᆼ날 二이두 女녀ᄯᆞᆯ 長쟝긴 雲운구룸 喪상일을 明명ᄇᆞᆯ글 求

구구ᄒᆞᆯ 與여더블 劉류셩 絶졀ᄭᅳ늘 歸귀도라 侍시모실 父부부친 疾질병들

五오다ᄉᆞᆺ 年년ᄒᆡ 父부부친 亡망죽을 負부즐 土토흙 成셩일울 墳분무덤 廬

墓묘무덤 左자왼 寒한찰 不불아닐 綿면솜 日일날 一일ᄒᆞᆫ 食식먹을 者자적

三삼석 年년ᄒᆡ

하후쟝운의ᄯᆞᆯ쇄금이류젹의계시집ᄀᆞ서ᄯᆞᆯ둘을ᄂᆞ
은후에쟝운이소경이되미쇄금이시집엳ᄒᆞ작ᄒᆞ고
도라ᄀᆞ부친열봉양ᄒᆞ제오녀만의부친이죽으미흙
열저서셩분ᄒᆞ고려묘렴살되치위도솜것입지ᄋᆞ니

셰외연에
시ᄒᆞ고열
이어별

ㅣᄒᆞᆫ
ᄒᆞ고
이러니베
ᄒᆞ고 하ᄂᆞᆯ

ᄒᆞ고ᄒᆞ로ᄒᆞᆫᄭᅵ식먹기를삼년을ᄒᆞ니라

汴변다 명 李리셩 氏사셩씨 女녀ᄯᆞᆯ 年년ᄂᆞᆫ 八팔여덜 歲셰ᄂᆞᆫ 父부부친 亡을죽

망 殯빈빈 소 于어조ᄉᆞ우 堂집당 十열 年년 朝조ᄎᆞ 夕셕젼 [illegible]역 臨림림 ᄒᆞᆯ

母모무 親친 欲ᄒᆞ고쟈욕 嫁시집갈가 之어조ᄉᆞ자 斷끈을단 髮터럭발 丐개빌 終ᄆᆞᄎᆞᆷ침

영 奉봉양봉 養ᄒᆞᆯ양양 及이를급 母모친무 亡죽을망 負질부 土흙토 完ᄒᆞᆯ완전완 塋무덤영

廬집려 墓무덤모

변ᄯᅡ에리씨의ᄯᆞᆯ연팔셰예부친이죽으미집에빈소
ᄒᆞ고십년열조셕상식ᄒᆞ거ᄂᆞᆯ모친이시집보니려ᄒᆞᆫ
ᄃᆡ머리털열끈ᄭᅳ둣지안터니모친이죽으미흙열저
서셩분ᄒᆞ고려셩려모ᄒᆞ니라

의난이니ㅣ
시라가ᄒᆞ야
ᄒᆞ니외이
라ᄒᆞ며
에ᄒᆞ니에
ᄒᆞ고 시러라

의은이니

饒요셩 娥아살음 字ᄌᆞ명ᄌᆞ 瓊경옥 眞진참 父부부친 漁잡고기 于어조우
江강강 遇우만날 風ᄇᆞ람풍 舟쥬ᄇᆡ 覆복업흘 不몯홀불 得득으들 尸시톄시
娥아살음 年ᄒᆡ년 十열십 四넉ᄉᆞ 哭곡울 水믈슈 上샹위 不아닐불 食먹을식
三삼석 日일날 死죽을ᄉᆞ 俄아아 大대큰 雷뢰우뢰 電뎐번개 父부부친 尸
시톄 浮부뎔 出출날

요아의ᄌᆞ는경진이니부친이강에서고기잡ᄂᆞᆫ마ᄇᆡ
저서시톄랄얻으니그ᄯᅢ예경진이십ᄉᆞ셰라강ᄀᆞ의
서울며ᄉᆞ흘얼굴며더니죽조곰잇ᄃᆞ크게뢰뎐ᄒᆞ면서
부친에시톄마ᄃᆡᄂᆞ오더라

李리셩 孝효도효 女녀ᄯᆞᆯ 名명일흠 妙묘묘홀 法법법 聞문드를 父부부친 亡

ᄒᆞ고 호ᄃᆡ ᄒᆞ야
ᄒᆞ고 ᄒᆞ고
ᄒᆞ야 ᄒᆞ고ᄒᆞ고
에 ᄒᆞ니라
이로
다가 ᄒᆞ니

망죽을、欲잘욕ᄒᆞ고 奔ᄃᆞᆮ날분 喪상ᄉᆞ상、有잇슬유 一ᄒᆞᆫ일 子ᄌᆞ식ᄌᆞ、不몯ᄒᆞᆯ블

忍ᄎᆞᆷ을인 去갈거ᄒᆞᆫ 乃이에내 割버힐할 一ᄒᆞᆫ일 乳졋유 留머므를류 以ᄡᅥ이 行ᄃᆞᆫ닐ᄒᆡᆼ

ᄒᆡᆼ 結ᄆᆡ즐결 廬집려 墓무덤묘 左왼자 手손슈 植시믈식 松솔숑 柏ᄌᆞᆺ나모ᄇᆡᆨ 及

이를 금 母모친모 亡죽을망 廬집려 墓무덤묘 終ᄆᆞᄎᆞᆷ죵 身몸신

리 호ᄃᆡ 씨의 얼음 언모법이니 부친의 부고를 듯고 분상ᄒᆞ

랴 ᄒᆞ되 어리 ᄌᆞ식이 잇서 ᄎᆞ마 버리고 가지 못ᄒᆞᆯ 줄을

알고 젓ᄒᆞ나를 베여 ᄌᆞ식 주고 가 서 려묘ᄒᆞ고 손조

송ᄇᆡᆨ을 시무고 모친이 죽으ᄆᆡ 평ᄉᆡᆼ 려묘ᄒᆞ니라

段단성 居거거ᄒᆞᆯ 貞졍ᄒᆞᆫ고들 與더블여 妻안ᄒᆡ쳐 父부부 親친 同ᄒᆞᆫ가지동 賈장ᄉᆞ고

고 江강강 유 湖호슈호、 並다병 爲ᄃᆞ욀위 盜도적도 所바소 殺주길살 妻겨집쳐

十一

ㅣᄒᆞ여 러니 에ㅣ 이어ᄂᆞᆯㅣ ᄒᆞ야 ᄒᆞ야 ᄒᆞ야 ᄒᆞ고 ᄒᆞ고이라이 ᄒᆞ고 ᄒᆞ고 ᄒᆞ야 ᄒᆞ니라

취謝샤셩小쇼죡을娥아달음轉젼굴을側측기우릴焉개람食식먹을謀모꾀
復복가풀讎슈원슈嘗샹일夢몽꿈夫부외경及급더블父부부친告고ᄒᆞ고
고所소바殺살죽일主쥬ᄒᆞᆯ쥬쟝名명일홈을小쇼죡을娥아달음託탁부탁ᄒᆞ가傭
용품팔讎슈원슈家가집日일날以이써謹근삼갈信신밋블見견볼所소바盜
도도적段단셩謝샤셩服복입을用용써故고짓在지잇슬益익더ᄒᆞᆯ知지알伺
所소바夢몽꿈不불안疑의의심出츌날入입들二이두期긔긔년
엿불讎슈원슈醉취취ᄒᆞᆫ臥와눕閑폐닷들戶호창호拔발뽈刀도칼斬참베일
참讎슈원슈頭두머리悉실다疏소쓸貝죽도적人인사람上샹올날之지어조
지ᄉᆞ官관관원皆기다死ᄉᆞ죽을
단거경이그장인파마치강호에장ᄉᆞᄆᆞ다마도적의

ㅣ에
이 으로이랏
ᄒᆞ나 ᄒᆞ더니

계ᄆᆞ치죽으니거졍의아서샤쇼아ᄆᆞ걸식ᄒᆞ여뎡기
여복슈ᄒᆞ랴ᄒᆞ더니ᄒᆞᆫ적언ᄭᅮᆷ에부친과외졍이죽신
놈의거쥬셩명얻ᄆᆞ리치거날쇼아ᄆᆞ그집의ᄆᆞ셔더
부ᄉᆞ리ᄆᆞ되야근잘ᄒᆞ게보이더니잇희만의부친과
외졍의옷과연장얼보고ᄭᅮᆷ이허ᄉᆞᄉᆞ년줄얼알고쥬
인이취ᄒᆞ야잘ᄶᅦ렬타셔멸이렬베이고적당의셩명
얼써서관의뵈치여도죽이니라

宋송나라송 上위상 虞디명우 朱셩쥬 栻알음달아 十열십 歲ᄒᆡ셰 里동리리 人사ᄅᆞᆷ
인 與더블여 其그기 祖조부조 媼조모오 爭ᄃᆞ톨징 持가질지 刀칼도 欲ᄒᆞ고쟈
욕 殺죽일살 媼조모오 一ᄒᆞᆫ일 家집가 驚놀날경 潰무너즐회 栻알음달아 獨홀노

十二

ᄒᆞ야ᄂᆞᆫ ᄒᆞ고 ᄂᆞᆫ ᄒᆞ니 이 ᄒᆞ더라

의ᄂᆞᆫ 라

독號호虎를 呼호소 質질 主쥬리 擁옹ᄀᆞ리 蔽폐울ᄀᆞ리 媼오、조모 得득으든 脫탈버슬 賊

알을 被피ᄒᆞ엽을 數수두어 十십열 刃인날 以이써 死ᄉᆞ죽을 會회모ᄃᆞ 稽

달ᄋᆞᆫ 令령원 爲위 ᄒᆞ여 출 配비항 曹조셩 娥달알음 廟묘ᄉᆞ당

호샹계고

숑나라젹의샹우휴아ᄆᆞ실셰예동리ᄉᆞ람이그조모

와ᄉᆞᆺ유ᄃᆞᄆᆞᆯ칼열ᄆᆞ지고조모를죽이랴ᄒᆞ니왼집이

놀나여ᄃᆞ라나되아니ᄒᆞᆫ주을며ᄆᆞ루막아서조모ᄂᆞᆫ

죽지아니코아ᄂᆞᆫ수십군ᄃᆡ를칼열모주죽으니회계원

이불샹이여겨서조아의ᄉᆞ당에비향ᄒᆞ야졔ᄉᆞ지니

더라

分분 논을 寧녕편、출 彭팽셩 列렬ᄂᆞ 출 女녀、不 農농ᄉᆞ 家가집 女녀딸 父

이라가 여러내ᄒᆞ교 ᄒᆞ니라

연이 리니에 러니 ㅣ ᄒᆞ사

부친入들어山산산伐벌베일薪신나무遇우만날虎호범將장장찻不못불

찰脫탈벗슬女녀딸拔발뽑刀도칼斫작찍을虎호범脫탈벗슬父부부친

而어조ᄉ이還도로올환

분녕ᄯᅡ의펑렬녀난농가녀ᄌ라부친이산에ᄀ서남

우렴베ᄃᆞᄀ범얼만ᄂᆞ죽게도야ᄯᅥ니렴녀ᄀ칼얼ᄲᅢ

여범얼찍고부친얼살녀오니라

羅라비단江강강張장셩氏시셩女녀딸其기그母모무楊양셩寡과거

흥一일혼日일날母모무女녀딸偕해함ᄭᅴ往왕갈於어조ᄉ親친친

과居거거婚혼혼인會회모들家가집奴노남종袁원셩大대큰欲욕ᄒ고

친黨당친당

잘盜도도적庫고곳집金금쇠殺살죽일典뎐맛들庫고곳집者자니於어조

十三

五 13a

ᄒᆞ니 이 ᄒᆞ야 ᄒᆞ야 ᄒᆞᆯ셔 ᄒᆞ샤 에 이러니 ᄒᆞ니 ᄒᆞ야 나라ᄒᆞ고 이러니、에ᄒᆞ니 이 ᄒᆞ야 ᄒᆞ여러니 예 이러니날 ᄒᆞ고 언ᄒᆞ고

ᄉᆞ어 庫 곳집고 提 끌뎨 刑 형벌형 疑 의심의 揚 셩양 有 잇슬유 私 ᄉᆞᄉᆞᄉᆞ 懼 두려
울구 爲 될위 人 남인 知 알지 殺 죽일살 以 ᄡᅥ이 滅 멸ᄒᆞᆯ멸 口 입구 逮 쫏ᄎᆞᆯ톄 治 ᄃᆞ시
란치 毋 모친무 女 ᄯᆞᆯ녀 不 못ᄒᆞᆯ불 勝 견딜승 苦 괴로올고 毒 독ᄒᆞᆯ독 女 ᄯᆞᆯ녀 將 장ᄎᆞᆺ
장 死 죽을ᄉᆞ 謂 닐늘위 毋 모친무 曰 닐늘왈 毋 모친무 以 ᄡᅥ이 清 ᄆᆞᆰ글청 潔
조촐ᄒᆞᆯ결 聞 들을문 受 밧을슈 此 이ᄎᆞ 汙 더러울오 辱 욕욕 女 ᄯᆞᆯ녀 死 죽을ᄉᆞ 當 맛당
당 訟 송ᄉᆞ송 冤 원통ᄒᆞᆯ원 於 어조ᄉᆞ어 天 ᄒᆞᄂᆞᆯ텬 言 말ᄉᆞᆷ언 終 ᄆᆞᆺᄎᆞᆷ죵 而 어조ᄉᆞ이
絶 ᄭᅳ너즐졀 其 그기 縣 골현 連 련ᄒᆞᆯ련 三 석삼 日 날일 地 ᄯᅡ지 大 큰대 震 진동ᄒᆞᆯ진 勘
ᄃᆞ시릴감 官 관원관 疑 의심의 其 그기 獄 옥ᄉᆞ옥 夕 져녁셕 具 ᄀᆞ촐구 衣 옷의 冠
관관 禱 긔도도 天 ᄒᆞᄂᆞᆯ텬 俄 아ᄭᅡ아 夢 ᄭᅮᆷ몽 猿 원셩이원 墜 ᄯᅥ러즐츄 前 압젼 遂 인ᄒᆞᆯ
슈 執 잡을집 袁 셩원 大 큰대 殺 죽일살 之 어조ᄉᆞ지 楊 셩양 乃 이에내 免 면ᄒᆞᆯ면

이라ᄒᆞ니라

改곤出츌所소居거ᄒᆞᆫ 日일 孝효感감坊방이라

라강쟝씨예ᄯᅩᆯ언그모친양씨ᄆᆞ파거ᄒᆞ더니ᄒᆞᆯ우년

모녜ᄆᆞ치일가집혼인에ᄆᆞᄯᅥ니죵놈원대ᄆᆞ꼿집안

의금얼도적ᄒᆞ라구꼿집맛흔니렬꼿집산흐서죽이

니검시관이의심ᄒᆞ기렬양씨ᄆᆞ수ᄉᆞᄆᆞ잇고남이살

ᄀᆞ두려워ᄒᆞ야죽연년ᄆᆞᄒᆞ야모녀렬주ᄇᆞᄃᆞ시리여

미렬악이지못ᄒᆞ야죽을지경이되미ᄯᆞᆯ이모친ᄀᆡ예일너

왈늘모씨ᄆᆞ청결ᄒᆞ기로유명ᄒᆞ더니불칭이일년루

명열십어씨니시ᄆᆞ죽어서샹녜ᄭᅴ송ᄉᆞ츈ᄃᆞᄒᆞ고그

말곳치며죽더니그골에련삼일크게더동ᄒᆞ니검시

十四

의넌ᄒᆞ야
ᄒᆞᆫ더ㅣ이
나ᄒᆞ고
이라ᄒᆞ니에
이어날ㅣ
ᄒᆞ소셔 언
ᄒᆞ니

관이그옥ᄉᆞ람의심ᄒᆞ야밤에의관얼ᄆᆞ츄고ᄒᆞᆫ을개
빌더니홀연야굼에원셩이마압희떠러즈거ᄂᆞᆯ원대
렬조부문효ᄒᆞ니부루향복ᄒᆞ거ᄂᆞᆯ원대렬죽이고양
씨년빅방ᄒᆞ고ᄉᆞ년면얼곤ᄎᆞ효감방이ᄅᆞᆫᄒᆞ니라
燕무거 칠 湖호호 슈 詹쳠셤 氏시셩 씨 女녀ᄯᆞᆯ 賊즉도 적 至지이를 欲잘ᄒᆞ욕고
殺살죽 일 其기그 父부부 친 兄형형 女녀ᄯᆞᆯ 前젼압 拜비젼 曰월일 늘 妾쳡쳡 雖
비록 슈 窶구간 난 陋무루 출 願원원 출 事ᄉᆞ셩 길 將쟝거ᄂᆞ리 軍군군 ᄉᆞ 賣ᄆᆡ출속
속 父부부 친 兄형형 命명목 숨 賊즉도 적 釋셕노 을 父부부 친 兄형형 女녀ᄯᆞᆯ
麾휘둘을 手슈손 曰월일 늘 死ᄉᆞ죽 홀 去거갈 無무말 顧고볼도로 我아나 我아나
得득으들 恃시밋을 將쟝거ᄂᆞ리 軍군군 ᄉᆞ 何하엇지 所소보 憾감한 홀 遂슈인

리요ᄒᆞ고 ᄒᆞ야 ᄒᆞ니라

던 이라

隨슈ᄯᆞ를 賊적도 行ᄒᆡᆼ당길 數수두어 里리리ㆍ 投투뎔질 水슈믈 死

죽을 ᄉᆞㆍ

무호쳠씨에ᄯᆞᆯ언난리렬당ᄒᆞ야도적이그부형열주

기랴ᄒᆞᆫ디ᄯᆞᆯ이적장삼희결ᄒᆞ야왈쳡이비록루추ᄒᆞ

ᄂᆞ원컨대장군열셩기고부형의명열쇽ᄒᆞ야지ᄅᆞᄒᆞ

니도적이부형열노커ᄂᆞᆯᄯᆞᆯ이손열허여왈쳡히ᄀᆞ고

낟열도ᄅᆞ보ᄃᆡ모소서ᄂᆞᆫ장군열의탁ᄒᆞ야쓰니무

어슬한ᄒᆞ리요ᄒᆞ고도적열ᄯᆞᄅᆞ수리렬ᄀᆞ서물에ᄃᆞᆫ

저죽스니라

十五 童동셩 八팔여덜 娜달살음ㆍ 鄭정군더명 人인ᄉᆞ람 虎호범 嘲참믈 其기그 祖조부

여년ㅣᄒᆞ고
ᄒᆞ니ᄒᆞ고
ᄒᆞ더라
에ᄇᆡ러니
ᄒᆞ야러니
에ㅣ
이어날이
ᄒᆞ되

조母무조모去거갈女녀ᄯᆞᆯ拽예끌虎호범尾미ᄭᅩ리、新신긔도以이써身신몸
代ᄃᆡ、신虎호범爲위위ᄒᆞᆯ釋셕노을祖조조부母무、조모啣함믈女녀ᄯᆞᆯ以
이써去거갈、
동팔나넌ᄌᆞᆫ다에녀ᄌᆞ라그조모랄범이물어가거널
팔나가범의ᄭᅩ리랄붓ᄯᅳᆯ고더신물어가기랄이걸ᄒᆞ
니범이조모랄노코더신물어가더라
金금금ᄉᆞ聶셥녕孝효효도女녀ᄯᆞᆯ名명일음舜무궁화순英영ᄭᅩᆺ早조일ᄶᅳᆨ寡
파파거歸도로올귀父부부친母무모친家가집汴변변경亂분란ᄒᆞᆯ란、父부부친
員관원원外외밧것郎랑랑관天텬ᄒᆞ을、鑛마쳔리被피입을創허여즐창甚
심심ᄒᆞᆯ舜무궁화순英영ᄭᅩᆺ刲베일규股허벅지고肉실육救구완ᄒᆞᆯ구療치료ᄒᆞᆯ료父

ᄒᆞ니에 ᄒᆞ니라

예 언 이라가 ᄒᆞ야 ᄒᆞ야 ᄒᆞ니 ᄒᆞ고

부부친竟마ᄎᆞᆷ내경死죽을ᄉᆞ葬장ᄉᆞ장之어조ᄉᆞ지明밝을명日날일卽곳즉絶
ᄭᅳᆫ을脰기목두줄而어조ᄉᆞ이死죽을ᄉᆞ

금ᄂᆞ른녑호텨외음연슌영이니조ᄀᆞ과ᄒᆞ야친뎡의도
른와잇더니그부친뎐긔ᄆᆞ원외랑벼슬ᄒᆞᄃᆞᄀᆞ란리
련만ᄂᆞ연쟝열모조허에즈미슌영이ᄃᆞ리살열뷔여
ᄌᆞ묘ᄒᆞ되팔경죽으니장ᄉᆞ지신명일에슌영이도목
목줄기련ᄭᅳ너죽으니라

元원ᄂᆞ원建세울건德덕덕王왕왕氏성ᄊᆡ씨女ᄯᆞᆯ녀父부부친出날츌ᄂᆞ嫁갈가
윤밧爲될위豹표범표所바소噬물셔噬之어조ᄉᆞ지斗사울ᄉᆞ山산산父
부부친大큰대呼부를호女ᄯᆞᆯ녀識알식父부부친聲소리셩驚놀날경趨ᄃᆞ를추

十六

ᄒᆞ야로
ᄒᆞ고 이러타
년라
에호니
에라ᄒᆞ니 이 ᄒᆞ샤
ᄒᆞ야 ᄒᆞ고

ᄒᆞ救출구구완 以이써 父부부친 所소바 棄ᄇᆞ릴 且ᄯᅩ조호의 聲격츨 豹표표범
腦노뇌 ᄒᆞ 殺살죽 살 之ᄉᆞ어 지조 父부부 친 得득으 들 生ᄉᆡᆼ산
언ᄂᆞ로 건덕왕씨에ᄯᆞᆯ언부친이밧민ᄃᆞᄀᆞ표범의게
물녀ᄀᆞ니ᄯᆞᆯ이부친의소리지르던걸듯고ᄶᅩᄎᆞᄀᆞ仆
부친미던호믜렬ᄀᆞ지고범의허골열처서죽이고부
친엳살녓너니라
葛갈츩 妙묘묘홀 眞진참 宣션베풀 城셩셩 ᄶᅡᆨ 民민ᄇᆡᆨ셩 家가집 女녀ᄯᆞᆯ 九구아홉
구 歲세ᄒᆡ 聞문드를 日일날 者쟈너 言언말ᄉᆞᆷ 母모어미 친 年년ᄒᆡ 五오다ᄉᆞᆺ 十
열 ᄉᆞᆸ 當당맛당 死ᄉᆞ죽을 妙묘묘홀 眞진참 節졀마ᄃᆡ 悲비슬풀 憂우근심 祝츅원축
주 天텬하ᄂᆞᆯ 誓셔명셰 不불안 ᄒᆞᆯ 嫁가시집갈 終죵ᄆᆞᄎᆞᆯ 身신몸 齋지지계 素

ᄒᆞ야이더니
에ᄒᆞ니라

소、以ᄡᅥ 避피ᄂᆞᆫ 母모친 年년ᄂᆞᆫ 母모친 後뒤후 年년ᄂᆞᆫ 八팔 여덜
十연습 一ᄒᆞᆫ일 卒졸 죽을
갈모진연셩면가녜라구세에졍징이ᄀᆞᄒᆞ기를그모
친이오십에죡스리므ᄒᆞ니그말드른후에슬어ᄒᆞ고
근심ᄒᆞ야ᄒᆞᆫ을ᄀᆡ축ᄒᆞ야락셰ᄒᆞ고시집ᄀᆞ지안코
평셩열지계ᄒᆞ고소ᄒᆞ야모친의ᄂᆞ흴느리기를빌더
니그후에모친이팔십살셰를슈ᄒᆞ니라
李리영 景경볏 文문 妻쳐 서 徐셔 彩채 식 竊란 從조 父부친
부 嗣ᄉᆞ 이 을 源원 원 避피 ᄒᆞᆯ 賊적 山산 谷곡 賊적 欲
ᄒᆞ고 害해 출 父부친 彩채 식 竊란 前전 日일 늘 此이
갈속 ... 吾

의 ᄲᅥ
ᄒᆞ야 이라가
이
ᄒᆞᆫ더 이 너

十七

나ᄒᆞ라ᄒᆞ니 이 이어련 ᄒᆞ야 뎐 녀ᄒᆞ더라 ᄒᆞ고 ᄒᆞ더라

오니 父부친 부 寧ᄎᆞ라리 령 殺죽일 살 我내 아 賊도적 즉 舍노흘 샤 父부친 부 而

어 至 拘잡을 구 彩처 채 셕 鬻란 란 셔 至이를 지 桂남계 계슈 林수풀 림 橋ᄃᆞ리

ᄉᆞ 이 拾주을 습 炭숫 탄 題쓸 뎨 詩시 시 壁ᄇᆞᄅᆞᆷ 벽 間ᄉᆞ이 간 曰 월일 늘 惟오직 유 有

유잇 슬 桂남계 계슈 林수풀 림 橋ᄃᆞ리 교 下아래 하 水물 슈 千일쳔 쳔 年ᄒᆡ 년 照

빗 칠 見볼 견 妾쳡 쳡 心ᄆᆞᄋᆞᆷ 심 清ᄆᆞᆯᄀᆞᆯ 청 乃이에 내 罵꾸지즐 마 賊도적 즉 投던질

투 水물 슈 死죽을 ᄉᆞ

리경문의ᄉᆞ너셔쳐란이부친ᄉᆞ월을ᄃᆞᄅᆞᆺ산ᄯᆞᆯ곡에셔

피란ᄒᆞᄃᆞ가도적을만나부친을해ᄎᆞ랴ᄒᆞᄃᆡ쳐란이

나스며왈이ᄂᆞ니의부친이니ᄎᆞᄅᆞ리나를죽이ᄅᆞᄒᆞ

니도적이부친을노코쳐란을조ᄇᆞ가거널계림ᄃᆞ리

예이르러숫셜주서돌에시를새鐫유유계림巫하슈
쳔년조견쳡심쳥이라ᄒᆞ니그뜻제ᄒᆞ여쓰되소작계
람ᄃᆞ리수리물이쳔년후에도니맘만근거설빗취보
리라ᄒᆞ엿더라ᄃᆞ쓴후에도적열호령ᄒᆞ고물에더저
주더라

溧 룰룰 슈 水 슈물 袁 원셩 氏 시셩 씨 女 녀ᄯᆞᆯ 母 무모 친 孀 ᄒᆞᆯ파 상거 居 거거 ᄒᆞᆯ 病
병병 들 臥 와눌 數 수두 어 年 년희 事 ᄉᆞ셩 길 之 ᄉᆞ어 지조 至 ᄒᆞᆯ지 지극 孝 효효 도 火
화불 延 연뎡 길 其 기그 家 가집 隣 린이 웃 婦 부부 인 強 ᄒᆞᆯ강 강권 擕 휴끌 女 녀ᄯᆞᆯ 出
흘ᄂᆞ 갈 避 피피 ᄒᆞᆯ 女 녀ᄯᆞᆯ 泣 급울 曰 월일 늘 何 하엇 지 忍 인참 을 舍 샤노 을 母
무모 친 去 거갈 遂 슈인 ᄒᆞᆯ 入 갈들 입어 室 실집 抱 포ᄋᆞ 늘 母 무모 친 共 지ᄒᆞᆫ 공ᄀᆞ 焚

ᄒᆞ니라

불분탈 而ᄉᆞ이 서조 死ᄉᆞ 죽을

률슈ᄯᆞ의원씨에ᄯᆞᆯ연그모친이과거ᄒᆞ고수년엳병

드러누엇던터지효로셩기더니ᄒᆞ루년급히불이ᄂᆞ

거ᄂᆞᆯ이읏부인이ᄯᆞᆯ열어거지로끄러ᄂᆞ매피ᄒᆞᄂᆞᆫ훈

디ᄯᆞᆯ이울며왈엇지ᄎᆞ마병든모친열버리고피ᄒᆞ리

요ᄒᆞ고방에드러ᄀᆞ서모친열안고ᄀᆞ치ᄐᆞ죽으니라

明명ᄂᆞᆫ명ᄉᆞ 山산산 陰음그늘 孝효효도 女녀ᄯᆞᆯ 諸져셩 娥아달쌀음 父부부친 士

션비 吉길길 출 被피입을 誣무무함 死ᄉᆞ죽을 娥아달쌀음 方방ᄉᆞ로비 八팔덜어

ᄉᆞ팔 歲셰ᄉᆞ 赴부ᄂᆞᆯ 京경서울 師ᄉᆞ뭇 臥와누울 釘뎡쇠못 板판ᄂᆞᆯ쪽 上샹위 訴

초출 소소 冤원원통 重중무거울 傷샹상 출 卒졸죽을 里리동리 人인사람 哀애슬플

년

이 ᄒᆞ니ㅣ

라 ᄒᆞ야

ᄒᆞ쌰

이라가 ᄒᆞ니

이

ᄒᆞ샤 ᄒᆞ니라

이ᄒᆞ니ㅣ

이라가ᄒᆞ니ㅣ

ᄒᆞ며 ᄒᆞ니에

ᄒᆞ샤 ᄒᆞ며

之지祖조爲위配비享향ᄒᆞ게ᄒᆞ니曹조娥아廟묘

대명적산음효녀져아넌ᄀᆞ부친ᄉᆞ길이남에무함의
죽으니그ᄯᅢ에ᄉᆞᄆᆞ팔세러서울에ᄆᆞ서날카순못박
은ᄂᆞ무쪽우에누어서원정열정ᄒᆞᄃᆞᄆᆞ몸씨샹ᄒᆞ여
주ᄉᆞ니동리ᄉᆞ람덜이불샹이녀겨서조아의ᄉᆞ당에
비향ᄒᆞ니라

招초불 遠원멸 有유잇슬 孝효효도 女녀ᄯᆞᆯ 父부부친 採채캘 石셕돌 南남녁남
山산산 爲위될 蟒망이대망 所소바 呑툰싱킬 女녀ᄯᆞᆯ 哭곡울 之지어조 顚전 출원
見견볼 父부부친 尸시시톄 同동ᄀᆞᆺ틀 死ᄉᆞ죽을 俄아아ᄭᆞ 大대큰 雷뢰우뢰
電뎐번ᄀᆡ 擊격츨 蟒망이대망 墮타ᄯᅥ러질 女녀ᄯᆞᆯ 前젼압 腹복비 裂렬ᄶᅵ져질 見

十九

어녇ㅣ호고
쥬니라.
예넌
러니 이라가
추야

繩일 父부친 尸시톄 女녀ᄯᆞᆯ 負부흘 土토흙 掩엄더플 埋미무들 編맺
卒몰 石셕돌 而ᅀᅵ어조 死ᄉᆞ죽을
효원ᄯᅡ의 효녀ᄀᆞ 잇쓰니 부친이 남산의셔 돌셜개ᄃᆞ
마대망이 마싱키니 ᄯᆞᆯ이 울며 부친의 시톄ᄂᆞ 보고 마
치죽끼련 쵹원 쥬니 홀연이 크게 뢰뎐ᄒᆞ야 대망이 련
별악 처서 삽희 ᄯᅥ러즈며 빈 마터저서 톄마 뵈이거날
흙열저서 무든 후에 멀이 련돌세 부드티려 죽더라
汝여여 俞 陽양볏 劉류셩 氏사셩 써 二이두 孝효효 도 女녀ᄯᆞᆯ 父부부 乳 生싱난
七칠일 곱 女녀ᄯᆞᆯ 家가집 貧빈간 난 力력심 田뎐밧 當샹일 쪽 至지이를 隴어밧
룰덕 上샹위 歎탄탄 식 曰왈일 늘 生싱난 女녀ᄯᆞᆯ 不불못 출 生싱난 男남ᄉᆞ 뎔 使

이라ᄒ니
와ㅣᄒ고
ᄒ고 이러니
에 ᄒ야
ᄒ고 ᄒ더라

식칠 我아녀 扶부부 뚤 犂리보숨 不불못할 輟철그칠 其기그 第뎨ᄎ례 四

ᄉ넉 第뎨ᄎ례 六륙여섯 女녀뚤 聞문드를 之지어조 惻측슬플 然연그럴 誓셔

셔밍셔 不불산찰 嫁가시집갈 代대디신 父부부친 耕경밧갈 作작지을 父부친부

부 母모모친 卒졸죽을 無무업슬 力력심 營영경영 葬장장ᄉ 卽즉곳 壘

옥집 爲위ᄒ 墓묘뫼 終종마칠 身신몸 不불산찰 離리떠날 親친어버 側측겻

여샹류씨의두효녀년부친이ᄉ뎌언업고일곱뚤만
잇더니집이간난ᄒ야친히밧갈드ᄀ어더외서쉬면
서탄식왈뚤만잇써서로경외장기련놋치못ᄒᄃᄎ
니넷지뚤파여섯지뚤이그말엳듯고측연ᄒ야밍세
ᄒ야시집ᄀ지산코부친디신농ᄉᄒ더니부모ᄀ죽

二十

넌에
ᄒᆞ나 이어 썬
薰 ᄒᆞ나 호더니
어날이
ᄒᆞ나 ᄒᆞ더니 타
러라

스믜장ᄉᆞ지닐심이업서집의ᄃᆞ뫼를ᄡᅳ고편싱열그
겻희ᄯᅥᄂᆞ지안터라
寧녕현 陵릉 소 解ᄒᆡ셩 孝효 도 女녀ᄯᆞᆯ 年년ᄂᆞ 十십열 四ᄉᆞ너 毋무모 친
浣환 衣의옷 溺닉ᄲᅡ 죽 死ᄉᆞ죽 을 女녀ᄯᆞᆯ 號호울 泣읍울 投투던 질 水슈물 其
兄형형 俄아아 기 至지이 를 酒슈잠 슈 而ᄉᆞ어 得득으 들 之ᄉᆞ어 毋
그 蘇소ᄉᆡᆼ 女녀ᄯᆞᆯ 死ᄉᆞ죽 을 女녀ᄯᆞᆯ 挽만잡 을 毋무모 친 甚심심 ᄒᆞ지 堅
무모 친 不불안 찰 解ᄒᆡ플 兄형형 哭곡울 撫부만 즐 曰월일 늘 毋무모 친 己메이
구 들 生싱산 妹미미 대 可가가 홀 慰위 홀 위로 矣ᄉᆞ어 의조 乃내이 예 解ᄒᆡ플
이 녕 릉 히 효 녀 넌 십 ᄉᆞ 셰 예 그 모 친 이 ᄲᅡᆯ ᄂᆡ ᄒᆞ ᄃᆞ ᄀᆞ 물 에
ᄲᅡ ᄌᆞ 니 ᄯᆞᆯ 이 울 며 ᄀᆞ 치 ᄲᅡ ᄌᆞ 거 널 그 오 리 비 ᄀᆞ 자 ᄎᆞ 와

서잠슈ᄒᆞ야건저내니모친션ᄉᆞ타ᄂᆞ고ᄯᆞᆯ션죽어ᄊᆞ
되모친열잔ᄯᅳᆨ붓ᄯᆞᆯ고놋치안커널오리비ᄀᆞ울며만
즈며왇모씨넌ᄉᆞᄅᆞᄂᆞᄊᆞ니미뎨ᄀᆞ가히위로ᄒᆞ것ᄃᆞᆫ
ᄒᆞᆫ더그졔야손열노터ᄅᆞ.

孝효도효 婦며느리부

효부

漢한나라한 東동녘동 海바다해 孝효도효 婦며느리부 少져믈쇼 寡과부과 無업슬무
子ᄌᆞ식ᄌᆞ、養봉양ᄒᆞᆯ양 姑싀모고 甚심ᄒᆞᆯ심 謹삼갈근、姑싀모고 死죽을ᄉᆞ
姑싀모고 女ᄯᆞᆯ녀 告고ᄒᆞᆯ고 吏아젼리、婦며느리부 殺죽일살 我나아 母모친모
吏아젼리 捕잡을포 孝효도효 婦며느리부、誣속일무 服항복복 死죽을ᄉᆞ、

ᄒᆞ더이러니
에ㅣᄒᆞ더
라ᄒᆞ니、ᄒᆞ야
러니

외ㅣ

이이어던

ᄒᆞ사ᄒᆞ고

ᄒᆞ니러라

郡골군中ᄀᆞ운대듕枯모ᄅᆞᆯ고旱ᄀᆞ믈한三석삼年ᄒᆡ년後뒤후太클태守군슈슈

至이를지殺죽일살牛소우祭졔졔ᄉᆞ孝효효도婦며ᄂᆞ리부冢무덤총因인ᄒᆞᆫ

인表표표ᄒᆞᆯ墓무덤모天텬ᄒᆞᆫ을立셜립大큰대雨비올우

한ᄂᆞ라동히효부ᄀᆞ조과ᄒᆞ야조식이셥쓰되시모렬

지셩으로셩기더ᄯᅢ니시모ᄀᆞ죽으미시모의ᄯᆞᆯ이지믈

열담ᄒᆞ야고관ᄒᆞ되며ᄂᆞ리ᄀᆞ죽여ᄃᆞᄒᆞ니태슈ᄀᆞ살

피지안코효부렬잡ᄋᆞ죽여ᄯᅥ니도니ᄀᆞ삼년열ᄀᆞ믈

거녈ᄒᆞ태슈ᄀᆞ와서소렬조부효부에무덤의졔ᄉᆞᄒᆞ

고포셔ᄀᆞ열세ᄉᆞ니금방대우ᄀᆞ오더라

孝효효도子ᄉᆞ덕ᄌᆞ姜셩강詩시시경母모무친好조호와飮마실음江강슈

ᄒᆞ니 ㅣ아러니 ᄒᆞ야ㅣᄒᆞ니 ㅣ어열이 ᄒᆞ야 ᄒᆞ야 을ᄒᆞ니 오ㅣᄒᆞ고 ᄒᆞ니이라 ㅣ이ᄒᆞ야 ᄒᆞ고

水슈去거舍샤六여섯륙七닐곱칠里리ᄯᅡ詩시시경

쳐ᄉᆞ너龐셩방氏셩씨시常홍샹샹泝거시럴소流흐를류而어조ᄉᆞ이汲물기를급

後뒤후値만치날風ᄇᆞ람풍不못ᄒᆞᆯ불時ᄯᅥ시還도로솔환母모무친渴목ᄆᆞ를갈

詩시시경責꾸지즐칙遣보낼견之어조ᄉᆞ지龐셩방乃이세내寄부쳔긔止그칠

저隣이웃린舍집샤晝낫쥬夜밤야紡길삼방績길삼젹市살시珍보비진羞

음식슈使시길ᄉᆞ隣이웃린母어미무遺줄유其그기姑싀모고久오랠구之

어조ᄉᆞ지姑싀모고怪괴적실피問물을문感감동ᄒᆞᆯ감慚붓그럴참呼부를호還도로

올환恩은혜은養봉양ᄒᆞᆯ양愈더옥유謹삼갈근其그기子ᄌᆞ뎐因인ᄒᆞᆯ인遠

멀원汲물기를급溺ᄲᆞ질닉死죽을ᄉᆞ恐두려공姑싀모고哀슬플이傷샹ᄒᆞᆯ샹

不못불敢감히감言말ᄉᆞᆷ언託가탁ᄒᆞᆯ탁以ᄡᅥ이行뎡힝길學비울학不ᄒᆞᆯ산

二十二

라ᄒᆞ醉라 ᄒᆞ고이라 ᄒᆞ야회티 러니예회티 ᄒᆞ고예ᄒᆞ야 ᄒᆞ더라

불在직잇슴姑고시모又우또嗜시질긴魚기물고膾피회又우또不불못ᄒᆞᆯ
能능ᄒᆞᆯ獨독ᄒᆞᆯ노食식먹슴夫부외婦부녀常샹ᄒᆞᆼ샹力력심作작ᄒᆞᆯ
작供공궤膾피회呼호불을隣린이웃母무어미供공궤之지어조舍샤집
샤집側측겻忽홀홀연有유잇슴湧용소슴泉쳔시암味미맛如여ᄀᆞᄐᆞᆯ江강슈강
강水슈물每미미양朝됴아ᄎᆞᆷ輒쳡문듯出츌나올雙쌍쌍鯉리리어常샹ᄒᆞᆼ
샹以이써供공궤膳션반찬

효조강시의모친이강물연질기니강이집에ᄀᆞ기ᄀᆞ
륙칠리ᄅᆞ시의수ᄂᆡ방씨ᄀᆞ샹히강물셜깃더니ᄒᆞ루
넌ᄇᆞ람을만ᄂᆞ지쳬ᄀᆞ되야모친이목이ᄆᆞ르ᄂᆞ시ᄀᆞ
수비럴칙망ᄒᆞ야쫏거넌방씨ᄀᆞ이웃집의부쳐서쥬

야길삼ᄒᆞ야조촌음식ᄉᆞ열소서이웃로구렴식혀시모
끠되리나여러번치넌시모ᄆᆞ끠신녀겨무러서그런
줄열알고감동ᄒᆞ고북그러워불녀되리나봉양ᄒᆞᆫ는
정셩이더욱지극ᄒᆞᆫ지라방씨의ᄉᆞ뎔이물깃넌듸ᄯᅡ
투갓ᄯᆞ그ᄲᅡ저죽스미시모ᄆᆞ슴어ᄒᆞᆯ까ᄒᆞ야감히말
얼못ᄒᆞ고멸니ᄀᆞᆫ비수려갓ᄯᆞᄒᆞ야히ᄆᆞ도의복을지
어다강에던지더라시모ᄆᆞ어회렵질기고셩픔이ᄒᆞᆫ不
먹지못ᄒᆞ넌지라녀외동소ᄒᆞ고길삼ᄒᆞ야어회렴잇
되이웃로구렴불너ᄆᆞ치먹게ᄒᆞ더니집겻희ᄒᆞᆯ연이
시암이소ᄉᆞᄉᆞ되맛시강물갓고날ᄆᆞ도시암의서쌍

ㅣ에 ㅣ이더니 예ㅣ 어놀ㅣ ᄒᆞ더라 세 ᄒᆞ야 ᄒᆞᄃᆡㅣ ᄒᆞ니 면이어니와 이면 ᄒᆞ리라

리어ᄆᆞ싱겨서반찬얻곰졔ᄒᆞ더라

樂악셩 羊양양 子ᄌᆞ남 尋심ᄎᆞᄌᆞᆯ 師ᄉᆞ스승 遠원멀 學학ᄇᆡ올、妻쳐서 貞정고들 義의올을、躬궁몸 勤근부지런 養양봉양 姑고시모、嘗상일쯕 有유잇슬 隣린이웃 雞계닭 入입들어 園원밧ᄉᆞ물 姑고시모、盜도도적 殺살죽일 而조서이ᄉᆞ 食식먹을 之지어조ᄉᆞ 貞정고들 義의올을、對대대ᄒᆞᆯ 雞계닭 不불안 할 食식먹을 而이ᄉᆞ 泣읍울 姑고시모 竟경ᄆᆞᄎᆞᆷ내 棄기버릴 之지어조ᄉᆞ 後후뒤 盜도도적 欲욕ᄒᆞ고잘 犯범범 ᄒᆞᆯ 貞정고들 義의올을、先션먼여 劫겁겁박 其기그 姑고시모、貞정고들 義의올을、操조잡을 刀도칼 而이ᄉᆞ조 出출날、盜도적 도 日일날 從종조출 我아나、姑고시모 可가가 ᄒᆞᆯ 全젼온、젼 不불안 할 從조출 殺살죽일 汝여너 姑고시、모 貞정고들 義의올、을 仰앙볼 天텬ᄒᆞᄂᆞᆯ 을 죵、

ᄒᆞ고 ᄒᆞ니

ᄒᆞ더라 ㅣ

ᄒᆞ고 라ᄒᆞ니라

而ᄉᆞ이어조 歎탄탄식 擧거들 刀도칼 刎문제 ᄒᆞᆯ 頸경목 而ᄉᆞ이어조 死ᄉᆞ죽을 盜

도도적 亦역또 不불아닐 殺살죽일 其기그 姑고시모 ᄒᆞ고 太태클 守슈군슈 以이써

禮례례졀 葬장장ᄉᆞ 之ᄌᆞ어조 號호시호 曰왈이ᄅᆞᆫ 貞졍곧을 義의올을

악양ᄌᆞᄀᆞ스승얼ᄎᆞᄌᆞ멀니비우미그ᄋᆞ녀졍의ᄀᆞᆯ

삼ᄒᆞ야시모렬공양ᄒᆞ더니ᄒᆞ적연이웃ᄃᆞᆨ이ᄂᆞ물밧

세드러소리시모ᄀᆞ잡ᄋᆞ살ᄆᆞ개년졍의ᄀᆞ고기렬디

ᄒᆞ야먹지안코운이시모ᄀᆞ감동ᄒᆞ야고기렬ᄃᆞ버리

더라그후에도적이졍의계범ᄒᆞ라고면저시모렬희

ᄒᆞ라ᄒᆞᆫ디졍의ᄀᆞ칼얼ᄀᆞ지고ᄂᆞ셔니도적왈ᄂᆞᆯ얼조

ᄎᆞ면시모ᄀᆞ온젼ᄒᆞ련이와그러치ᄋᆞ니면시모렬죽

二十四

의 년
나ㅣ 어년
ㅣᄒᆞ샤ᄒᆞ고
ᄒᆞ니ㅣ
ᄒᆞ더라

이ᄣᆡ드졍의ᄆᆞ양뎐단식ᄒᆞ고목엳쪨너죽으니도적
이놀너여시모련노코ᄀᆞ더라그도태슈ᄀᆞ례럳ᄀᆞ초
ᄋᆞ장ᄉᆞᄒᆞ고졍의ᄃᆞ시호ᄒᆞ니라

漢禮례례리별

한한 슈 中ᄃᆡᄀᆞ듕은 趙조셩 高고ᄂᆞ플 妻쳐ᄉᆞ니 張쟝셩 氏시셩씨 字ᄌᆞ명 ᄶᅡ
례례 절 修슈닥 슈・글 姑고시・모 嚴셤엄 ᄒᆞᆯ 酷혹혹 곡독 無무업 슨 道도도・리 禮
절 修슈닥・ᄎᆞᆫ 恭공공 순 承승이・을 初초ᄎᆞᆷ 無무업 슨 慍온노 ᄒᆞᆯ 色식안・식
인당 감 過과허물 自ᄌᆞ스리스 咎구허・물 姑고시・모 後후뒤 乃내이 예 變ᄒᆞᆯ변
意의ᄠᅳᆮ 加가더ᄋᆞᆯ 愛ᄋᆡᄉᆞ랑ᄒᆞᆯ인・
한중죠고의ᄉᆞ너쟝씨에조ᄂᆞᆫ례슈니시모ᄀᆞ엄ᄒᆞᆨᄒᆞ
야무도ᄒᆞ거널공손이ᄇᆞᄃᆞ온의ᄀᆞ업고제의허몰이

언에 쉬이라, 호되 ᄒᆞ고 에ㅣ ᄒᆞ야 라ᄒᆞ니 ㅣᄒᆞ야 에 ᄒᆞ고 어날ㅣᄒᆞ고

ᄅᆞᆫᄒᆞ야조칙ᄒᆞ니시모ᄀᆞᄎᆞᄎᆞ셩픔엳변ᄒᆞ야ᄉᆞ랑ᄒᆞ더라

晉진나라진 陝셤 뎡 婦부부 人인사ᄅᆞᆷ 年년나ᄒᆡ 十열십 九구아홉 嫠리과부 居거ᄒᆞᆯ거 事ᄉᆞ셤길 叔숙아ᄌᆞ비 姑고시모 甚심심ᄒᆞᆯ 謹근삼갈 其기그 家가집 欲욕ᄒᆞ고쟈 嫁가갈시집 之지어조ᄉᆞ 毁훼헐 面면얼굴 自ᄌᆞ스스로 誓셔밍세 叔숙아ᄌᆞ비 姑고시모 死ᄉᆞ죽을 其기그 女녀ᄯᆞᆯ 嘗샹일즉 乞걸빌 假가빌 不블못 得득어들 因인ᄒᆞ야 誣무무함 以이ᄡᅥ 殺살죽일 其기그 母모어미 有유이슬 司ᄉᆞ맛들 不블아니 察찰살필 而이어조ᄉᆞ 殺살죽일 之지어조ᄉᆞ 夏하녀름 暴폭사오나올 十십열 日일날 不블아니 腐부서글 縣현고을 經경지날 歲셰ᄒᆡ 不블아니 雨우비올 太태클 守슈원 知지알 其기그 冤원원통 斬참버힐 此ᄎᆞ이

二十五

ᄒᆞ고

타ᄒᆞ니에
ᄒᆞ더라

女녀ᄯᆞᆯ祭졔졔ᄉᆞ其기그墓묘무덤諡시시호曰왈일ᄋᆞᆫ孝효효도烈렬매울
貞졍고들婦부부인其기그日일날大대큰雨우비올

진나라셤ᄯᅡ부인언십구셰예파거ᄒᆞ매친뎡의셔시
잡보니려ᄒᆞ되얼굴혈제손으로샹ᄒᆞ야ᄆᆡᆼ셰ᄒᆞ고시
슉모렬의탁ᄒᆞ야지셩으로셤기더니시슉모ᄀᆞ죽으
매슉모의ᄯᆞᆯ이그젼의구청ᄒᆞ야여의치못ᄒᆞᆫ혐의로
무참ᄒᆞ되게모렬죽엿다ᄒᆞ니관쟝이살피지안코잡
아죽여셔열음의심여실열시톄렬드러니두되셕지
오니ᄒᆞ고그골이일년열ᄃᆞ물거널태슈ᄀᆞ그부인의
원통ᄒᆞᆫ줄연알고무참ᄒᆞᆫᄯᆞᆯ얼버여셔그무덤에제ᄉᆞ

ᄒᆞ야 이면
ᄒᆞ고
을 이면
ᄒᆞ더아

ㅣ에
ㅣ라ᄒᆞ니
을

ᄒᆞ고시오ᄅᆞᆫ효렴졍부ᄅᆞᆫᄒᆞ니그날에디우ᄒᆞ더라

唐당 당ᄂᆞ라 岐기 기 陽양 볃 公공 공 후 主쥬 공쥬 事ᄉᆞ 셤길 舅구 시부 姑고 시모

고 以이 써 禮례 례법 姑고 시모 有유 잇슬 疾질 병들 不불 아닐 解ᄒᆡ 글 衣의 옷

藥약 약 靡미 미음 非비 안일 親친 친히 嘗샹 맛볼 不불 안일 進진 나올

당ᄂᆞᄅᆞ기양공쥬ᄀᆞ구고섬기기례로ᄒᆞ야시모ᄀᆞ

병이잇쓰면옷설풀고ᄌᆞ덜안코미음파약얼친히맛

보고야ᄂᆞ슈더라

襄양 더 城셩 셩 公공 공 후 主쥬 공쥬 下하 ᄂᆞ릴 嫁가 시집갈 後후 뒤 有유 잇슬

유 司ᄉᆞ 맛 들 告고 고ᄒᆞᆯ 營영 경영ᄒᆞᆯ 別별 달을 第뎨 집 辭ᄉᆞ ᄉᆞ양ᄒᆞᆯ 曰왈 일을 婦부

며느리부 事ᄉᆞ 셤길 舅구 시부 姑고 시모 如여 ᄀᆞᄐᆞᆯ 事ᄉᆞ 셤길 父부 부친 母모 친모

ᄒᆞ나니
시아ᄒᆞ더라
쐬 ㅣ
이러니
ᄒᆞ니 ᄋᆡ ᄒᆞ고
ᄒᆞ니 ㅣ
시라가 ᄋᆡ서

무異이 올 宮궁寢침則즉定뎡뎡홀 省싱살필 闕궐궐홀

상셩 공쥬하가혼후에ᄯᆞ원이ᄋᆞᆯ유수되공쥬렬위ᄒᆞ

샤ᄃᆞ로집련짓더ᄃᆞᄒᆞ니공쥬ᄀᆞ스샹ᄒᆞ야왈며느리

ᄆᆞ구고섬기기렬부모것치ᄒᆞᄂᆞ니닷집에잇쓰면혼

뎡신셩열괄ᄒᆞᄃᆞᄒᆞ더라

鄭졍셩 義의올 을 宗종노 를 妻쳐ᄋᆞ너 盧로셩 氏시셩씨 事ᄉᆞ셩길 舅구시부

姑고시모 恭공공 順슌슌홀 夜야밤 有유잇슬 盜도도적 劫겁겁박 其기그

家가집 家가집 人인ᄉᆞ람 皆기다 匿닉수믈 竄찬도망 惟유오직 姑고시모 不

블못홀 能능능홀 去거갈 盧로셩 冒모무릅쓸 刃인날연장 立립셜 姑고시모 側측겻

爲위될 賊적도적 捶츄즐 幾긔거의 死ᄉᆞ죽을 賊적도적 去거갈 人인ᄉᆞ람 問

오ᄒᆞᆫ더 ■넌 라 이타도 거던 아ᄒᆞ더라

물ᄒᆞᆫ대 何하[illegible] 不불[illegible]ᄒᆞ 悵[illegible]주 答답曰왈 [illegible]ᄂᆞᆫ 人인ᄉᆞ람 所소見견
以이써 異이ᄃᆞᆯ을 於어조ᄉᆞ 鳥됴서 獸슈김ᄉᆡᆼ 者쟈것ᄉᆞ 以이써 有유잇슬 仁인어질
인 義의옳을 也야어조ᄉᆞ 隣린이웃 里리동리 急급급ᄒᆞᆯ 難난환난、尚샹오히려
相샹서로 赴부ᄃᆞ론 況황ᄒᆞ믈며 姑고시모 可가가ᄒᆞᆯ 委위버릴 棄기버릴 乎호어조ᄉᆞ、

졍의 죵와 ᄉᆞ셔로 써 ᄆᆞ주고 렴잘 셩기더니 밤에 화적
이 ᄃᆞᆫ녀들 미접ᄉᆞ람이 ᄃᆞ 도망ᄒᆞ고 시모 년ᄂᆞᆫ 거서 ᄆᆞ
지 못ᄒᆞ너로씨 ᄆᆞ혼 조시모 겻희 섯ᄃᆞᄆᆞ 도적의게 죽
게 ᄆᆞ존지라 도적이 ᄆᆞ미ᄉᆞ람 뎔이 뭇되 엇지 그리 무
섬이 업너냐 ᄒᆞᆫ디 로씨 왈 ᄉᆞ람이 금슈보ᄃᆞ ᄃᆞ른 거ᄉᆞᆫ

의
이ᄒᆞ니
이ᄒᆞ야
ᄒᆞ고 ᄒᆞ고ᄒᆞ야
ᄒᆞ야
이러니 에ᄒᆞ야
ᄒᆞ다 ᄒᆞ니
이

신의ᄀᆞ잇던연고ᄅᆞᆯ이운세곱ᄒᆞᆫ환난이잇ᄉᆡ도서로
구완ᄒᆞ거던하믈며시모럴버리고ᄀᆞ랴ᄒᆞ더라
崔최셩琯관옥、曾증개듸祖조조부母무조모長쟝맛孫손손ᄌᆞ夫부외젼
人신ᄉᆞ람年년ᄂᆞ高고ᄂᆞᆯ無무업슬齒치니、아祖조조부母무조모唐당셩
夫부외젼人신ᄉᆞ람事ᄉᆞ셤길姑고시모孝효도、每ᄆᆡ양朝됴ᄎᆞᆷ櫛즐
빗拜배빈、여拜배졀於어ᄉᆞ階계ᄃᆞᆯ下하아리、升승오ᄅᆞᆯ堂당집、乳유졋姑
고시、모不불안粒립ᄡᆞᆯ食식먹을數수두어年년ᄒᆡ而이조康강편안寧
녕편、ᄒᆞᆯ及급이를病병병、들長쟝얼운幼유어릴咸함다萃취모、들宣션베풀
言언말、ᄉᆞᆷ無무업슬以이써報보ᄀᆞᆸᄑᆞᆯ新신시婦부며느리恩은은、혜願원
원新신셔婦부며느리有유잇슬子ᄌᆞ식有유잇슬孫손손ᄌᆞ、皆개다如

디리요ᄒᆞ더니 ■에ㅣ ᄒᆞ야의 이이러라

여ᄆᆞ들 新신셔롤 婦리며ᄂᆞᆫ 孝효도 敬경ᄒᆞ경 則즉ᄒᆞᆫ 崔최셩 之ᄋᆡ지 門
문문 安안헛 지 得득으들 不블안할 昌창셩창 大대큰 其기그 後후뒤 崔최셩 氏
시셩씨 果과과현 興흥날이러 館관옥、통 兄형형 弟뎨아ᄋᆞ우 八팔여덟 人인사람、
位위벼슬 至지이를 卿경편셔 相상정승、

최판의증조모장손부인이늘거서니ᄆᆞ업ᄊᆞ니조부
당부신이효셩스로셩기여ᄉᆞ참모도외판ᄒᆞ고계하
에서절ᄒᆞ고당의올ᄂᆞᄆᆞ서젓셜먹여읍삭먹지아닌
제수년에글력이강녕ᄒᆞ더니죽을쩍의집안로효럼
뫼와살너왈조부에은혜럼가플것시업ᄊᆞ니원컨더
조부에조손이더더에조부의효셩ᄆᆞ트면최씨에집

二十八

의ㅣ ᄒᆞ더 / 시러니이 / ᄒᆞ니ㅣ / ᄒᆞ니 ᄒᆞ더 / ᄒᆞ니 타가시 / ᄒᆞ야 이어날 / 라 시 이어날 / ㅣ 리니 비

이엇지챵셩ᄒᆞ지오니ᄒᆞ리요ᄒᆞ더니최씨ᄆᆞ파연이

더ᄂᆞ서판의판혀데ᄆᆞ벼슬이결상에이르더라

宋송ᄂᆞ라 송ᄂᆞ 謝샤셩 泌비말 ᄀᆞᆯ 妻쳐안ᄒᆡ ᄂᆞ 侯후셩 氏시셩 씨 家가집 貧빈간난 事

ᄉᆡᆼ 길 姑고시 모 孝효효 도 謹근삼갈 賊즉도 적 至지이를 姑고시 모 疾질병

질 篤독두터울 不불못 출 能능능 출 避피피 출 侯후셩 號호울 泣읍울 姑고시 모

側측겻 盜도도 적 逼핍핍박 之지어조 誓셔맹셰 死ᄉᆞ죽을 不불안 할 從종조

ᄌᆞ 盜도도 적 刃인날 인장 之지어조 사 줄너머 地디ᄯᅡ 賊적도 적 退퇴물너 갈 漸점

졈졈 蘇소회 소ᄉᆡᆼ 見견볼 一일ᄒᆞᆫ 篋협상 ᄌᆞ 在ᄌᆡ잇슬 側측겻 發발발 출 之지어조

지ᄉᆞ 皆ᄀᆡ다 金금금 珠쥬구슬 族족일가 婦부부인 以이써 爲위ᄒᆞᆯ 己긔몸 物물건

물 侯후셩 悉실다 歸귀도라갈 之지어조 族족일가 婦부부인 分분논을 其기그

ᄒᆞ니ㅣ라

타ᄒᆞ더라

一일ᄒᆞᆫ以이써謝샤례侯후爵쟉ᄒᆞᆫ曰왈吾非비我아有유ᄂᆞᆫ

不불산찰願원원ᄒᆞᆯ世소어조야

송나ᄅᆞᆫ샤비의수니후씨ᄆᆞ집이간난ᄒᆞᆫ듸시모ᄅᆞᆯ효

셩으로셩기더니화적이이르미시모ᄆᆞ병드러피ᄒᆞ

지못ᄒᆞ니후씨ᄆᆞ그겻희울며서서죽기ᄅᆞᆯ명세ᄒᆞ고

도적엳꾸지ᄶᅳ니도적이칼노처서ᄯᅡ의너머져ᄯᆞᄆᆞ

도적이간후에ᄭᆡ여ᄂᆞ서보니도적이금과구술ᄒᆞᆫ상

조결ᄇᆡᆨ저우고ᄆᆞᄭᅢ녈일(가)부인이보고제물건이르ᄂᆞᆫ

거녈ᄯᆞ주어더니그부인이반으로노ᄂᆞ주며샤례ᄒᆞᆫ

니후씨ᄆᆞ샤양ᄒᆞ야왈니겻ᄉᆞᆫ인지ᄅᆞᆫ원치안넌ᄯᆞᄒᆞᆫ

二十九

넌 ᄒᆞ더니 에 효ᄒᆞ고 ᄒᆞ니라

넌 ᄒᆞ야 ᄒᆞ더니 면

더라

元원ᄂᆞᆫ 朱쥬 申신 妻쳐ㅣ 郎랑 氏씨 夫부ㅣ 死ᄉᆞ 養양

봉양 姑고 모 甚심 ᄒᆞ 謹근ᄒᆞ 姑고 모 病병 禱도 天텬

뎐 割할 股고 肉육 進진ᄒᆞ 啖담을 郎 愈유

원ᄂᆞᆫ 츙신의 녀 랑씨 년파거ᄒᆞ야 시모ᄅᆞᆯ 잘셩기[illegible]

더니 시모ㅣ 병들미 ᄒᆞᆫ을 괴빌고 ᄃᆞ리살 열베여 여여

서쥬 시ᄂᆞᆫ 스니라

應 명 城셩 趙조 孝효 도 婦부 早조 寡과 家가

貧빈 傭용 織직 奉봉 姑고 念념 姑고 老로

로 一일 朝조 不불 諱휘 無무 由유 得득 棺관

ᄒᆞ야 ᄒᆞᆫ야

ᄒᆞᆫ야 ᄒᆞ야

시러니 ᄒᆞ야

ᄒᆞ야

라

이

ᄒᆞ니 ᄒᆞ야

ᄒᆞ니 이랑ᄒᆞ더라

乃 내이 예 鬻 ᄑᆞᆯ 次 ᄎᆞ 太 子 ᄌᆞ 득 ᄯᅥᆫ 得 득으 들 錢 젼돈 百 ᄇᆡᆨ일 ᄇᆡᆨ 緡 민

모 買 매살 木 목나 무 治 티다 치시 棺 관늘 置 치둘 于 어 우조 家 가집 南 남남 녁 隣 린

이 웃 失 실일 흘 火 화불 南 남남 녁 風 풍바 람 烈 렬미 울 甚 심심 ᄒᆞᆯ 火 화불 勢

셰 형 셰 及 급미 를 家 가집 亟 극급 홀 扶 부부 들 姑 고지 모 出 출나 갈 避 피피 홀

而 서어 ᄉᆞ 조 棺 관늘 重 무거 울 중 不 못 불 홀 可 가가 홀 移 이옮 길 乃 내이 예 撫 무만 질

부 膺 ᄉᆞᆷ가 심 大 대큰 哭 곡울 風 풍바 람 轉 전굴 을 而 서어 ᄉᆞ 조 北 북북 녁 家 가집

得 득으 들 不 불안 찰 焚 분불 탈 人 인사 람 謂 위일 늘 孝 효효 도 感 감감 동 홀

승 셩 조 효 부 녀 조 파 ᄒᆞ야 베 ᄌᆞ 기 렬 품 ᄑᆞ 르 시 모 ᄅᆞᆯ 봉

양 ᄒᆞ 더 니 창 졸 에 시 모 ᄀᆞ 죽 으 면 늘 열 ᄊᆞ 지 못 ᄒᆞᆯ 가 념

녀 ᄒᆞ 야 지 ᄎᆞ ᄉᆞ 뎐 열 ᄑᆞ 르 빅 량 열 ᄇᆞ ᄃᆞ 늘 엳 작 만 ᄒᆞ 야

의넌이
러니쉬
호더러라

집에두어뎌니남뒷집의서불이나서남풍이급ᄒᆞ야
불이집에뎌날지경이르러급히시모ᄅᆞᆯ부ᄃᆞ러셔고늘
엽무거워운동ᄒᆞ지못ᄒᆞ더ᄆᆞ삼엳만드며통곡ᄒᆞ니
홀연이북풍이되야화지ᄅᆞᆫ면ᄒᆞ니ᄉᆞᄅᆞᆷ덜이ᄒᆞ이ᄅᆞᆯ
효도의감동이르ᄒᆞ더라
大대큰 名명일흠 趙조셩 氏시셩씨 夫부외경 沒몰죽을 守슈직힐 志지뜻 養
봉양찬양 舅구시부 姑고시모 舅구시부 姑고시모 終죵맛ᄎᆞᆯ 親친친ᄒᆞᆯ 負부질
土토흙 築츅ᄡᆞᆯ 墳분무덤 高고노플 三삼석 丈쟝길 餘여나믈
대면ᄯᅢ의조씨넌외경이주으미뜻뎔직히고구고ᄅᆞᆯ
효양ᄒᆞ더니구고마죽으미손조흑열저셔셩분ᄒᆞ되

외·ᄂᆞᆫ

ᄒᆞ야ᄃᆞ러니에

ᄒᆞ고

ᄒᆞ고 ᄒᆞ야

이러니

어ᄅᆞᆫ ᄒᆞ니

ᄒᆡᆼ(?)야ㅣ

ᄒᆞ니라、

놉기ᄀ삼ᄉ갈이되게ᄒ니라

明명 ᄂᆞ라 明명ᄂ 韓한셩 太태클 初초ᄎᆞᆷ 妻쳐ᄋᆞ니 劉류셩 孝효도 婦며ᄂᆞ리 夫졍외

死ᄉᆞ죽을 事ᄉᆞ셤길 姑고시모 孝효도、姑고시모 病병병、들 刺쳑찌를 血

피 和화ᄒᆞᆯ 藥약약 以이써 進진ᄂᆞ올 又우또 刲규베일 肉육살 食ᄉᆞ먹일 之조어

ᄉᆞ 盡진 晝쥬낫 夜야밤 不불안 離리떠날 側ᄎᆞᆨ겻 軀구몸 蚊문모긔 蠅승ᄑᆞ리·姑

고시 모 體톄몸 腐부써글 生ᄉᆡᆼ날 蛆져쉬 爲위ᄒᆞ 齧설씹 蛆져쉬、蛆져쉬 不

불안 ᄒᆞᆯ 復부다시 生ᄉᆡᆼ날 太태클 祖조조·詔조서 旌졍표 門문ᄆᆞᆫ、

ᄒᆡ명적한초의아ᄂᆡ류효부ㄴ과거ᄒᆞ야시모ᄅᆞᆯ효셩

스로셤기더니시모ㅣ병들매살을ᄶᅵᆯ너피ᄅᆞᆯ내여약

에ᄐᆞ서먹이고또살을베여먹이고쥬야로겻ᄒᆡ더니

三十一

에에 시이ᄒᆞ고 면ᄒᆞ야 러니 연라가 어녀 ᄒᆞ야러니 이에ㅣ ᄒᆞ더라

지ᄋᆞ녀ᄒᆞ야모지와포리ᄃᆞᆯ쫏ᄯᅥ너시모ᄆᆞ몸에쉬ᄀᆞ
ᄂᆞ거녀쉬렬기리무너쉬ᄆᆞᄃᆞ시싱기지안터라태조황
뎨계서명ᄒᆞ야정문ᄒᆞ니라
편ᄒᆞᆫ難난환난時시며諸져셩福복복守슈직ᄒᆞᆯ義의올을而ᄉᆞ어이조死
정妻처ᄋᆞ范범셩養봉ᄒᆞᆯ양양姑고시모韓한셩每미리양哭곡울其기그
을경入들갈山산산谷곡산곡中ᄀᆞ운데즁不불안ᄒᆞᆯ欲ᄒᆞᆯ욕姑고시모
부외드를之어업조一일ᄒᆞᆫ日일날至지이를澗간시세邊변ᄀᆞ浣완빨衣
靖교闁문드연生싱난席셕조리草초풀因인인ᄒᆞᆯ取취ᄀᆞ즐以이써織직ᄧᆞᆯ席
夫의옷怨원흠ᄒᆞᆯ而ᄉᆞ어이조養양봉ᄒᆞᆯ양양姑고시모范범셩卒졸죽을席셕조리草
축주리舊슈괄ᄒᆞᆯ
풀逐슈인ᄒᆞᆯ不불안ᄒᆞᆯ生싱난
초

ᄒᆞ야조ᄎᆞ되 라ᄒᆞ니 러니ㅣ 면 ᄂᆞᆫ야

졍난ᄯᅢ예져복이건문황뎨ᄅᆞᆯ위ᄒᆞ야졀ᄉᆞᄒᆞ미그ᄉᆞ
ᄂᆡ범씨ᄆᆞ시모ᄒᆞᆫ씨ᄅᆞᆯ봉양ᄒᆞ고ᄆᆡ양그외졍얼울ᄂᆞ
면산곡즁으로드러ᄆᆞ서시모로ᄃᆞᆺ지못ᄒᆞ게ᄒᆞ더니
ᄒᆞ로ᄂᆞᆫ밤ᄋᆡ시ᄒᆞᄃᆞᄆᆞ홀연이이샹ᄒᆞᆫ풀이셰서ᄆᆞ의낫
개녈베여서조리ᄅᆞᆯ젼서프르시모ᄅᆞᆯ봉양ᄒᆞ더니범
씨ᄆᆞ죽은후에그풀이ᄃᆞ시나지안터라

三十二

周쥬셩祥샹샹셔妻쳐ᄋᆡ셔張쟝셩氏씨씨姑고ᄉᆡ모病병병ᄒᆞ들醫의의원
百ᄇᆡᆨ일ᄇᆡᆨ方방법ᄇᆡᆨ산ᄒᆞᆯ效효효험有유잇슬方방법士ᄉᆞ션ᄇᆡ至지이르
其기그門문문曰왈일ᄋᆞ되人인ᄉᆞ람肝간간可가가히療료치료ᄒᆞᆯ乃내이예割
베일 갈비ᄉᆞ左좌왼脇협갈비下하아래以이ᄡᅥ手슈손取ᄎᆔ가져肝간간無무업슬

五 32 a

이라 ᄒᆞ니
ᄒᆞ더라

이에 ㅣ
ᄒᆞ고 ᄒᆞ니

少쇼젹을 痛통압플、以이써 進진ᄒᆞ술 姑고시모 病병병을 愈유ᄒᆞ을、

쥬샹의ᄉᆞ너쟝ᄊᆡ넌시모ᄀᆞ병드러ᄇᆡᆨ방으로ᄃᆞ시려

도효엿이업더니방ᄉᆞᄀᆞ그집에와서왜ᄉᆞ람의간이

약이르ᄒᆞ니그말얼듯고왼편갈비ᄉᆞ리ᄅᆞᆯ베이고손

얼너서간열ᄉᆞ되조끔도ᄋᆞ푸지안터니시모ᄀᆞ먹고

즉효ᄒᆞ더라

烈렬ᄆᆡ울 女녀녀ᄌᆞ

렬녀

齊졔ᄂᆞ라 졔ᄂᆞ 杞긔셩 梁량ᄃᆡ량 戰젼ᄊᆞ홈 死ᄉᆞ죽을 其기그 妻쳐ᄀᆞ서 枕침벨 夫

부외 경 尸시시、테 哭곡울 於어조 어 城셩셩 곽 下하ᄋᆞ래 十십열 日일날 城셩 곽

이 이라
ᄒᆞ나라.
위ㅣ 어녈
이 어녈ㅣ
ᄒᆞ야 ᄒᆞ고
호ᄃᆡ 이ᄅᆞ샤라
써 ᄒᆞ야
ᄒᆞ야 이

爲위위 壺 之어조ᄉᆞ지 崩무너ᄒᆞᆯ붕 遂드ᄃᆡ여슈 赴ᄃᆞᄅᆞᆯ부 淄치치슈 水물슈 以
이써 死죽을ᄉᆞ
제나라 긔량이 젼망ᄒᆞ미 그ᄋᆞ내ᄀᆞ 시톄랄 븨고 셩ᄋᆞ
ᄃᆡ예서 연흘울우니 셩이 무너즈넌지라 인ᄒᆞ야 치슈
에 ᄃᆞᆯ녀드러 죽으니라
宋송ᄂᆞ라송 韓한셩한 憑빙지빙ᄃᆞᆯ 妻쳐ᄋᆞ내 何하셩하 氏셩시시 美알음다올미 康편안강
王인군왕 殺죽일살 憑빙지빙ᄃᆞᆫ 而어조ᄉᆞ이 奪ᄲᆡ앗ᄉᆞᆯ탈 何하셩하 何하셩하 登오ᄅᆞᆯ등 ᄂᆞᆯ
青푸를쳥 陵룽룽 臺ᄃᆡ집ᄃᆡ 自스스리ᄌᆞ 投던질투 死죽을ᄉᆞ 得어ᄃᆞᆯ득 遺기틸유
유 書글셔 于어조ᄉᆞ우 帶ᄯᅴᄃᆡ 間ᄉᆞ이간 願원ᄒᆞᆯ원 合합ᄒᆞᆯ합 葬장ᄉᆞ장 王인군
왕 大큰대 怒노ᄒᆞᆯ노 令ᄒᆞ여곰령 分논흘분 埋무들리 兩두량 冢무덤총 相서로샹

三十三

에게 더니 예시

ᄒᆞ야 ᄒᆞ고

이 ᄒᆞ야

스로 ᄒᆞ니이

라 ᄒᆞ더라

상望ᄇᆞ라볼망經지날경宿잘숙忽홀홀연有잇슬유梓무지ᄂᆞ木나무목各

각각生날ᄉᆡᆼ于어조ᄉᆞ우冢무덤툥、枝가지지連련련홀于어조ᄉᆞ우上웃상又

우또有잇슬유雙쌍쌍鴛원앙원鴦원앙앙棲깃드릴셔其그기樹나무슈、朝아ᄎᆞᆷ조

조夕져녁셕、悲슬플비鳴울명人사ᄅᆞᆷ인、謂닐을위韓나라한夫지아비부婦며ᄂᆞ리부

부之어조ᄉᆞ지精졍셩졍魄넉ᄇᆡᆨ也어조ᄉᆞ야。

송ᄂᆞᆫ한빙의ᄉᆞᄂᆡ라씨ᄆᆞᄋᆞ름답거ᄂᆞᆯ송강왕이빙

얼죽이고하씨ᄅᆞᆯ빼앗거ᄂᆞᆯ하씨ᄆᆞ청릉ᄃᆡ예올ᄂᆞ더러

저서죽고ᄯᅴ서이예글이잇스되빙과합장ᄒᆞ기ᄅᆞᆯ원

ᄒᆞ야ᄡᅡ미강왕이대노ᄒᆞ야각각무드ᄅᆞᆫᄒᆞ야두무덤

이서로ᄇᆞ라뵈일만치ᄒᆞ엿더니ᄒᆞ로밤ᄉᆞ이예홀연이

이
러ᄒᆞ나이
ᄒᆞᆫ다 이런
라ᄒᆞ고ᄒᆞ교
ᄒᆞ나이 ᄒᆞ야
이라ᄒᆞ니라

두무덤에지ᄂᆞ무ᄀᆞ각각ᄂᆞ서ᄀᆞ지ᄀᆞ서로련ᄒᆞ고ᄯᅩ
쌍원앙서ᄀᆞ그ᄂᆞ무에깃듸리여죠셕으로슬피우니
ᄉᆞᄅᆞᆷ덜이ᄒᆞ기렬ᄒᆞᆫ빙부부에졍빅이셔ᄀᆞ되얏다ᄒᆞ
더라

梁량ᄂᆞ라량寡과거과婦부인부高노플고行ᄒᆡᆼ실ᄒᆡᆼ早일쯕조寡과거과不
안불嫁시집갈가梁량ᄂᆞ라량王인군왕聘빙례빙之어조ᄉᆞ지高노플고行ᄒᆡᆼ실ᄒᆡᆼ
ᄒᆡᆼ曰일월婦부인부人ᄉᆞᄅᆞᆷ인之어조ᄉᆞ지義의리의一ᄒᆞᆫ일往갈왕不안찰
불改고칠개乃이에내援ᄃᆞᆼ길원鏡거울경操잡을조刀칼도以써이割베일할
갈鼻코비王인군왕高노플고其그기行ᄒᆡᆼ실ᄒᆡᆼ號별호호曰일월高노플
고行ᄒᆡᆼ실ᄒᆡᆼ

三十四

이ᄒᆞ니 ᄒᆞ고 ᄒᆞ니이 ᄒᆞ야ᄒᆞ셔 이 ᄒᆞᆫ뎌이 이 이어넌 ㅣ세

량ᄂᆞ로파부고칭이조파ᄒᆞ야시집ᄀᆞ지안터니량왕
이통ᄒᆞᆫᄎᆞᆫ뎨고칭이왈부인에의리년ᄎᆞᆫ번ᄀᆞ면끈츠
지안년ᄃᆞᄒᆞ고거울을당긔고칼얼잡고코랄베이니
왕이그칭실얼놉게녀겨서고칭이라별호ᄒᆞ니라

漢한ᄂᆞ라 皇황클 甫보클 規규법 卒졸죽을 後후뒤 妻쳐ᄋᆞ내 禮례례절 宗종노플
종 年년ᄂᆞ 循유치며오 威셩셩 而ᄉᆞ어이조 色ᄉᆡᆨ안ᄉᆡᆨ 美미알음다 董동셩 卓탁노플
착 聘빙통 之ᄉᆞ어지조 禮례례절 宗종노플 自ᄌᆞ스조스 諂쳠노플 卓탁노플
門문 陳진베풀 情졍졍 辭ᄉᆞ말 甚심심 酸산실 愴창슬플 卓탁노플 使
식 奴노종 拔발빼 刀도갈 園위에 之ᄉᆞ어 曰월일 吾오나 之ᄉᆞ어지조
威위위엄 令령령 四ᄉᆞ넉 海ᄒᆡ바 風풍바람 靡미쓰러 何하엇지 有유잇슬

리요ᄒᆞ니
이ᄒᆞ묘
ᄒᆞ니이
이라ᄒᆞ니라

不못불 出츌 行힝힝 ᄒᆞᆫ 於어조ᄉᆞ어 一ᄒᆞᆫ일 婦부부 人ᄉᆞ람인 乎어조ᄉᆞ호 禮례졀례

례 宗종ᄂᆞᆫ 知알지 不못불 免면ᄒᆞᆯ면 乃이에내 大큰대 罵ᄭᅮ지ᄌᆞᆯ마 而어조

이ᄉᆞ 死죽을ᄉᆞ 後뒤후 人ᄉᆞ람인 號별호호 曰ᄀᆞᆯ왈 禮례졀례 宗종ᄂᆞᆯ

놈ᄂᆞᆫ 명장황보규ᄀᆞ 죽은후에 ᄉᆞ니 례종이 졈고 ᄉᆞ
름답거ᄂᆞᆯ 역적 동탁이 통혼ᄒᆞᆫᄃᆡ 례종이 손조 탁의 문
의 ᄂᆞ가 서ᄉᆞ 경열 ᄆᆞᆯᄒᆞ되 심이 인근ᄒᆞ니 탁이 종ᄇᆡᆯ 식
허 칼열 ᄲᆡ여 들고 에워ᄊᆞ고 왈 니의 위령이 텬하ᄀᆞ 븐
람치럼 ᄊᆞ러지니 엇지 알리 부인의게 힝ᄒᆞ지 못ᄒᆞ리
요ᄒᆞ니 례종이 면치 못ᄒᆞᆯ 줄 열 알고 크게 ᄭᅮ짓고 죽ᄉᆞ
니 후인이 례종이라 별호ᄒᆞ니라

三十五

의 ㅣᄒᆞ야 러니 ᄒᆞᆫ디 ᄒᆞ니 이 ᄒᆞ고 ᄒᆞ니라

廬려집江강강小쇼쟉을吏리ᄉᆞ쳔焦쵸셩仲즁버금卿경관ㆍ셔妻쳐ᄉᆞ니
劉류셩氏시셩ㆍ爲위될姑고시모所소ᄇᆞ出츌날ㆍ自ᄌᆞ스스리誓셔뮝셰不안
불嫁가시집가ㆍ其기그家가집逼핍박홀之지어조ᄉᆞ乃내이예投투던질水슈물
而ᄉᆞ이어조死ᄉᆞ죽을ㆍ仲즁버금卿경관ㆍ셔聞문드를之ᄌᆞ어조亦역또自ᄌᆞ스스
주리縊의목ㆍ밀

려강ᄉᆞ젼쇼즁경의ᄉᆞ니류씨ᄀᆞ악ᄒᆞᆫ시어미게쪼겨
서친뎡의도ᄅᆞᄀᆞ다시시집ᄀᆞ지안키로뮝셰ᄒᆞ더니
친뎡의서역지로보니려ᄒᆞᆫ디류씨ᄀᆞ물에던저죽으
니즁경이착ᄒᆞᆫᄉᆞ네렬불샹이너겨죽시목미ᄃᆞ라죽
으니몹쓸시어미ᄀᆞ며느리구박ᄒᆞ다ᄀᆞᄉᆞ댱ᄭᅢ지실

터라

三삼國국曹조文문叔숙妻쳐夏하侯후氏씨

셩씨 名명令령女녀ㅣ 文문叔숙이 早조死ᄉᆞᄒᆞ거ᄂᆞᆯ

父부친이 欲욕嫁가之지ᄒᆞᆫ대 斷단髮발ᄒᆞ고

兩량耳이ᄅᆞᆯ 割할ᄒᆞ고 鼻비ᄅᆞᆯ 以이誓셰曰왈 禽금獸슈

之지行ᄒᆡᆼ실을 吾오ㅣ 豈긔爲위乎호ㅣ리오ᄒᆞ더라

삼국젹 조문숙의 ᄉᆞ너 ᄒᆞ후씨예 일음 연령녀라 조뎐

ᄲᅡ거ᄒᆞ미 부모ㅣ 시집 보니려 ᄒᆞᆫ디 머리털 ᄭᅳᆫ코 두

귀ᄅᆞᆯ 베고 코ᄅᆞᆯ 베고 ᄆᆡᆼ셰ᄒᆞ야 왈 금슈의 ᄒᆡᆼ실을 엇지

ᄒᆞ리오 ᄒᆞ더라

三十六

晉진나라 愍블샹민 懷ᄉ싱각회 太클태 子ᄌ 妃왕비비 名일홈명 惠은혜혜 風ᄇ람풍 太클태 尉위 王셩왕 衍연 女ᄯᆞᆯ녀 也 劉셩류 曜 陷ᄈ질함 洛락 陽양 以ᄡ이 惠혜 風풍 賜줄ᄉ 其그기 下하 將장ᄉ장 妻쳐 之어조ᄉ지 惠혜 風풍 拔ᄲᆡᆯ발 劍칼검 拒막을거 曰ᄀᆞᆯ왈 我나아 太클태 尉위 之어조ᄉ지 女ᄯᆞᆯ녀 太클태 子ᄌ 之어조ᄉ지 妃왕비비 誓셰 不안불 爲될위 逆거ᄉᆞ릴역 賊도적적 所바소 汙더러울오 遂일울슈 遇만날우 害해ᄒᆞᆯ해ᄒᆞ니라

● 진나라 민회태ᄌ비에 일홈은 혜풍이니 태위 왕연의 ᄯᆞᆯ이라 역적 류요ㄱ 서울을 함셜ᄒᆞ야 혜풍얼 잡ᄋᆞ 적장얼 주어 ᄋᆞ시ᄉᆞ믈 여ᄒᆞ니 혜풍이 칼얼 들고 막ᄋᆞ왈

어 이 ㅣ 로 ᄒᆞ고로 ᄒᆞ니라

나난졍숑에ᄯᆞᆯ이요황태조의비라역적의계욕얼밧
지안년ᄃᆞ고인ᄒᆞ야ᄎᆡ초던걸만ᄂᆞ니라
北북녁朝됴졍渭위위源원근원令령원裴비셩倫륜인륜爲위될薛
설셩擧거들所소바陷함빠害해해、妻쳐ᄉᆞ柳류셩氏시씨、
以이써門문문風풍바람有유잇素소본義의옳을、不불아닐受슈받을
辱욕욕與여더블二이두女녀ᄯᆞᆯ三삼셕子ᄌᆞᄋᆞ婦부며느리相샹서로繼계이을
投투던질井졍우물死ᄉᆞ죽을、
북죠쪅비류이위원령이되야ᄯᅥᆫᄀᆞ역적설거의게죽
으며그ᄉᆞ너류씨ᄀᆞ욕얼밧지안코두ᄯᆞᆯ과세조부럴
ᄃᆞ리고우물에던저죽으니라

三十七

이 과가
ᄒᆞ야 이
이어ᄂᆞᆯ 이
이 ᄒᆞ니
라ᄒᆞᆫᄃᆡ 이어ᄂᆞᆯ
ᄒᆞᄃᆡ 에ᄒᆞ고
ᄒᆞ고 ᄒᆞ니라

唐당ᄂᆞ라당 符부셩 鳳봉봉、以이써 罪죄죄 徒도ᄉᆞ 儋담디명 州쥬골、至지이를

지 南남남 海ᄒᆡ바ᄃᆞ 爲위될 獠료남 만 賊적도 적 所소바 殺살죽、일 脅협협박

출 其기그 妻쳐ᄉᆞ 시 玉옥옥 英영꽃 玉옥옥 英영꽃 曰왈일 눌 一일ᄒᆞᆫ 婦부부 인

협 人인ᄉᆞ、람 不불못 ᄒᆞᆯ 足죡족 ᄒᆞᆯ 事ᄉᆞ셤 길 衆즁무리 男남남 ᄌᆞ 子ᄌᆞ、남 ᄌᆞ 請쳥쳥

쳥 推츄미 룰 一일ᄒᆞᆫ 長쟝쥬 쟝 者쟈ᄂᆞ 賊적도 적 然연글 열 之지어조 又우또

請쳥쳥 ᄒᆞᆯ 更경ᄀᆞ 즐 衣의옷 有유잇 슬 頃경잠 ᄭᅡᆫ 歲셰셰 ᄒᆞᆯ 服복옷、立립설 於

어 ᄉᆞ어조 舟쥬ᄇᆡ 罵매ᄭᅮ 짓 賊적도 적、自ᄌᆞ스 스 沈침ᄌᆞᆷ 길 於어조 海ᄒᆡ바、ᄃᆞ

당나라 부봉이 담쥬로 귀양ᄀᆞ다가 남ᄒᆡ듕에서 도적

에 만나 죽으ᄆᆡ 도적이 그 ᄉᆡ 옥영을 협박ᄒᆞ거ᄂᆞᆯ 옥

영이 왈 ᄒᆞᆫ 부인이 여러 남ᄌᆞᄅᆞᆯ 셤기지 못ᄒᆞᆯ개시니 ᄒᆞᆫ

ㅣ 찰시

ᄒᆞ고 이라가

이라 이ᄒᆞ고

ᄒᆞ니 이 ㅣ

이라ᄒᆞ고 ᄒᆞ니라

츄장되너니렴뎡망ᄒᆞ라ᄒᆞᆫ디도적이허락ᄒᆞ거ᄂᆞᆯ또

옷설박구어입기렴졍ᄒᆞᆫ대도적이또허락ᄒᆞ니옥영

이셜복ᄒᆞ야ᄆᆞᄅᆞᆯ입고비갓세서서도적을호령ᄒᆞ고ᄇᆡ

도에ᄲᅡ져죽으니라

朱쥬셩泚ᄎᆞ는뎐壽슈츈初초事ᄉᆞ셩결楊양行ᄒᆡᆼ密밀은말惡

미오위其기그不블안ᄒᆞᆯ臣신하謀모ᄭᅬ歸귀도라唐당당ᄂᆞ事ᄉᆞ냘泄셜루

졀ᄒᆞᆫ行ᄒᆡᆼ칭ᄒᆞᆫ密밀ᄒᆞᆫ말은殺살죽살之지어조捕포잡을騎긔마군至지이를

家가집妻쳐ᄉᆞ니王왕셩呼호소리天텬ᄒᆞ을曰왈일ᄋᆞᆯ我아내不블안ᄒᆞᆯ爲

위될讎슈원슈人인사람所소ᄇᆞ辱욕욕赴부ᄃᆞ다를火화불死ᄉᆞ주을

역적양ᄒᆞᆼ말이쥬연슈렴죽이고그아비왕씨렴不부

三十八

이 의
ㅣ ᄒᆞ고
더니 여러가ᄒᆞ니
이 ᄒᆞ卌 어날
ㅣ ㅣ
ᄒᆞ卌 로
이라ᄒᆞ고 ᄒᆞ야
ᄒᆞ니라

러오니 왕씨ᄀᆞ 찬을 엳볼너 왈 니ᄀᆞ 원슈의게 욕엳 밧
지 안넌ᄃᆞᄒᆞ고 불에 달녀드러 죽으니라

五(ᄃᆞ사 오)代(셰ᄃᆡ ᄃᆡ)王(셩 왕)凝(엉길 응)卒(죽을 졸)官(벼슬 관)虢(ᄃᆡ명 괵)州(ᄀᆞ올 쥬)
妻(ᄉᆞ시 쳐)李(셩 리)擕(끌 휴)幼(어릴 유)子(ᄌᆞ덜 ᄌᆞ)負(즐 부)骸(뼤 ᄒᆡ)而(어조ᄉᆞ 이)歸(도로
올 귀)過(지날 과)開(열 긔)封(봉출 봉)止(그칠 지)旅(나그 려)舍(집 샤)主(쥬인 쥬)人(ᄉᆞ
람 인)不(안찰 불)許(허락 허)宿(잘 숙)牽(끌 견)臂(ᄑᆞᆯ독 비)出(나갈 츌)之(어조ᄉᆞ 지)李(
셩 리)仰(쳐ᄃᆞ볼 앙)天(ᄒᆞᆫ을 텬)長(긴 쟝)慟(스러울 통)曰(일 왈)此(이 ᄎᆞ)手(손 슈)爲(될 위)人(
남 인)執(잡을 집)不(못ᄒᆞᆯ 불)可(가ᄒᆞᆯ 가)以(써 이)一(ᄒᆞᆫ 일)手(손 슈)並(ᄋᆞ오 병)汚(더러울 오)
吾(나 오)身(몸 신)引(당길 인)斧(독긔 부)自(스ᄉᆞ리 ᄌᆞ)斷(끈을 단)其(그 기)臂(ᄑᆞᆯ독 비)
오계젹 왕응이 괵쥬 원으로 죽으미 ᄉᆞ니 리씨ᄀᆞ 어린

에■연■ᄒᆞ야
ᄒᆞ고 ᄒᆞᆫ뎌
ㅣ 이ᄆᆞᆫ니에
ᄎᆞᆷ시ᄒᆞ야 ■의
ᄒᆞ니

ᄋᆞ뎐열끌고시톄ᄅᆞᆯ즈고고향에도로오더니리봉ᄃᆞᆨ
에지너ᄃᆞᄀᆞ쥬막에드니쥬인이조기렬허락지ᄋᆞ니
ᄒᆞ야손목열끄러너거녈리씨ᄀᆞᄒᆞᆫ을열울으며통곡
ᄒᆞᆯ시손목이남의게잡혀ᄊᆞ니손ᄒᆞᄂᆞ로ᄒᆞ야왼몸열
더럽피지못ᄒᆞᆫᄃᆞᄒᆞ고독키ᄅᆞᆯ당거여손열끄ᄂᆞ니라

宋송나라송 貝패더 명ᄇᆡ쥬끌 趙조셩 氏시셩、씨 女녀ᄯᆞᆯ 王왕셩 則측법、友반비、반
聞문드를 其기그 殊슈너끄ᄅᆞᆯ 色ᄉᆡᆨ인、ᄉᆡᆨ 欲욕잘ᄒᆞ고 納납드릴 爲위ᄒᆞᆯ 妻쳐ᄉᆞ、녀
趙조셩 請청청ᄒᆞᆯ 擇ᄐᆡᆨᄀᆞᆯ 日일날 賊적도、적 具구ᄀᆞᆺ출 輿여수리 來릭올 迎영마질
모영、 至지이를 써쥬끌 廨해판、 擧거들 簾렴발 視시볼 之지어조 已이이에
이 自ᄌᆞ스스리 縊의목ᄆᆡᆯ 蓋개대개 恐공두려 爲위될 家가집 族족일가 禍화화

로러라

의녀

호야 호

호야

이

호디 호

호고

故고연、不불안할死ᄉ죽을於ᄉ어어조家가집、

송나라패쥬조씨에달연역적왕즉이졀식이란말열

듯고우시렬스무라흔디조씨ᄀ톡실후기렬청후더

니도적이ᄀ므렬ᄀ추어므즈판사의드러ᄀ서받을

것고보니ᄀ므속의서즈결후여쓰니집안ᄉ람의게

화렬ᄁ치지ᄉ니후라고집의서죽지ᄉ니후엿더라

南남남녁劒검칼州쥬골死ᄉ죽을常샹항샹村촌도리民민빅셩婦부부신

遍만날賊도적、不불안할屈굴할死ᄉ죽을於ᄉ어조道도길傍방곁

尸시시체所소바枕침벨藉자깔處처곳跡적자최輒취宛완홀연然연그럴不불안할

滅멸멸、兩우비올則즉곳乾간마를、晴청기일則즉곳濕습저즐、削끌깍

면 ᄒᆞ고면

이 ᄒᆞ더라

삭去거버릴節즉곳復부ᄃᆞ시見현뵈일、覆부덥흘以써他타남을土토흙

其기그跡젹자최、愈유더욱明명ᄇᆞᆯ글、

남검쥬쇼샹촌박셩의부인연도젹알만ᄂᆞ길ᄀᆞ의서

졀ᄉᆞᄒᆞ야시톄누엇던조리ᄀᆞ완연이흔젹이잇쓰되

비ᄀᆞ오면모르고기이면추즈고ᄒᆞᆨ엳ᄀᆞᆨᄀᆞ시면흔젹

이ᄃᆞ시보이고ᄃᆞ른ᄒᆞᆨ엳더푸면더욱분명ᄒᆞ더라

넌

臨림림찰江강강슈廖료셩節졀졀개婦부부ᄋᆞ인避피피ᄒᆞᆯ賊적도적山산산

이라가 이

中듕ᄀᆞ운ᄃᆡ賊적도적追츄쫏출之지어조以이써身신몸蔽폐ᄀᆞ리울姑고시모、

ᄒᆞ고 ᄒᆞ고

使ᄉᆞ식ᄉᆞ할夫부뵈졍負부질逃도도망被피닙을執집잡을叱질꾸지즐死ᄉᆞ죽을

ᄒᆞ니이ᄒᆞᆫ고

ᄉᆞ鄕향시골人인사람、葬장장ᄉᆞ之지어조號호일음曰왈일ᄂᆞᆯ廖료셩節

四十

라ᄒᆞ니라
이 이라ᄒᆞ
의 ㅣᄒᆞ고
ᄒᆞ야
이러니 이
ᄒᆞ야
면 타ᄒᆞ니
ㅣ

졀졀 계 婦부부 인 墓모무덤、
람강로졀부년산즁의셔피란ᄒᆞᄃᆞ가도적이ᄶᅩᄎᆞ오
미몸스로시로렬ᄒᆞ리위외졍더러업고가게ᄒᆞ고저
년잡피여호령ᄒᆞ고죽으니시플ᄉᆞ람더리장ᄉᆞ지니
고로결부세무덤이라일음ᄒᆞ니라
謝샤셩 枋방방 得득스、 起긔니러 義의올을 兵병군、ᄉᆞ 敗패패 ᄒᆞ고 逃망도
도、 妻처ᄉᆞ 서 李리셩 擕휴끌 二이두 子ᄌᆞ、ᄉᆞ 匿닉숨을 山산산 中듕가온디 採
갤 草초풀 木목ᄂᆞ무 而ᄉᆞ이죠 食식먹을、 元원원 兵병군、ᄉᆞ 蹤죵조 跡
치 쳐 至지이를 山산산 中듕가온디 令령령 曰왈일을 苟구진로 不불못、 獲
획잡을 李리셩 氏시、씨 屠도뭇즐 之지어조、 李리셩 聞문드를 之지어조 曰

시러오ᄒᆞ고 ᄒᆞ야 이 ᄒᆞ니라

월일 늘 豈 긔엇 지 可 가가 홀 以 시써 我 너아 故 고연 고 累 ᄅᆞ면 류죄 人 신남 我 아씨

出 츌ᄂᆞ갈 事 ᄉᆞ일 塞 ᄉᆡᆨ막 ᄒᆞᆯ 遂 슈일 ᄒᆞᆯ 就 츄ᄂᆞ갈 俘 부잡을 囚 슈가둘 建 건세울

건 康 강편 안 獄 옥옥 집 解 ᄒᆡ풀 裙 군치마 帶 ᄃᆡ띠 自 ᄌᆞ스스로 縊 의목ᄆᆡᆯ

샤방듕이의ᄇᆡᆼ얼실이ᄭᅢᆺ다가죄ᄒᆞ야도망ᄒᆞ매ᄋᆞ니

리ᄊᆡᄀᆞ두ᄋᆞ뎔에끝고산즁의수머서초목열ᄆᆡ야먹

더니원ᄂᆞ라군ᄉᆞᄀᆞ츄죵ᄒᆞ야산즁에와서량열ᄂᆞ려

왈리ᄊᆡ령잡지못ᄒᆞ면도륙ᄒᆞᆫ다ᄒᆞ니리ᄊᆡᄀᆞ듯고ᄊᆡ왈

엇지낙ᄂᆞᆷᄒᆞ야여러ᄉᆞ람얼열좌ᄒᆞ리요ᄒᆞ고ᄂᆞ서서잡

혀ᄀᆞ서건강옥에ᄀᆞ치미치마ᄭᅳᆫ열푸러ᄌᆞ결ᄒᆞ고방

두이도그후에잡혀졀ᄉᆞᄒᆞ니라

臨림림 출 海히바다 王왕셩 貞졍고 들 婦부부ㅣ인 舅구시부 姑고시모 夫경외

부 皆기다 爲위될 元무원 원ᄂᆞ 兵병군ᄉᆞ 所소바 執집잡 을 死ᄉᆞ죽 을 主쥬쥬장

將장장ㆍ슈 見견볼 王왕셩 美미알 미음 欲잘ᄒᆞ 욕고 妻쳐ᄉᆞ 시 之ᄉᆞ어 지조 防방막 을

守슈직 칠 益익더 출 嚴엄엄 출 王왕셩ㆍ欲잘ᄒᆞ 욕고 死ᄉᆞ죽 을 不불못 출 得들으

득 請위원 늘 主쥬쥬 쥬장 將장장ㆍ슈 曰월일 늘 吾오너 舅구시 부 姑고시 모 夫

부외ㆍ 정 死ᄉᆞ죽ㆍ늘 我아ᄂᆡ 不불산 찰 爲위위 출 服을복 복입 是시이 不불업 슨 天

뎐 춘 을 之ᄉᆞ어 지조 人인ᄉᆞ람 將장장ㆍ찻 爲연엇 지 用용써 之ᄉᆞ어 지조 願원원 출

爲위위 출 服을복 복입 期긔긔ㆍ년 即즉곳 惟유오 직 命명명 不불안 찰 然연글ㆍ썰

我아ᄂᆡ 死ᄉᆞ죽 을 耳ᄉᆞ어 이조 主쥬쥬 쥬장 將장장ㆍ슈 許허허 락 之ᄉᆞ어 지조 至를이

지 靑청푸 를 楓풍신 풍ᄂᆞ 嶺령고ㆍ리 齧열깨 물 指지손 락가 지 出츄날 血혈피ㆍ書서쓸

넌 ㅣ
ᄒᆞ니
이 ᄒᆞ고
ᄒᆞ야 ᄒᆞ니
이 ᄒᆞ고
ㅣ 이 이면
연 이니라오
ᄒᆞ고 이언이와
이면 라ᄒᆞ니
이어늘
ᄒᆞ야 ᄒᆞ야

ᄒᆞ고 ᄒᆞ고
ᄒᆞ니 ᄒᆞ야
면 라
이 라ᄒᆞ고
ᄒᆞ고 이라ᄒᆞ니라

字글ᄌᆞ조 山산산 石돌셕 上위샹 南남녁남 望ᄇᆞ라볼망 痛스러울통 哭울곡 投던질투
崖언덕애 死죽을ᄉᆞ、 血피혈 漬물빌ᄌᆞ 入들어갈입 石돌셕 天ᄒᆞᆫ텬 을 陰그늘음
雨비올우、 卽곳즉 墳무덤분 起닐어날긔 如ᄀᆞᆺ여 台비로소시 書쓸셔 時ᄯᅢ시
元ᄂᆞ라원 旌표졍 之어조사지 曰일왈 貞고들졍 婦부인부、 立셜립 祠ᄉᆞ당ᄉᆞ
嶺고기령 上위샹 跂긔 曰일월 淸ᄆᆞᆯ글쳥 風ᄇᆞ람풍 嶺고기령 ᄋᆞ
람ᄒᆡ왕경부년구고와외경이원ᄂᆞ로군ᄉᆞ의게잡혀
죽으니쥬쟝이왕씨의ᄋᆞ롬ᄃᆞ옴열보고ᄋᆞ니ᄉᆞ무라
고엄ᄒᆞ게슈작ᄒᆞ니왕씨ᄀᆞ죽으라ᄒᆞ여도할깔업써
쥬쟝열속여왈비구고와외경이죽어넌듸니ᄀᆞ몽상
을입지ᄋᆞ니ᄒᆞ면이논ᄒᆞᆫ을이업넌ᄉᆞ람이니어듸ᄃᆞ

四十二

쓰리요원천디일년몽상만입은후에명열조츠려니와
그러치아니ᄒᆞ면죽으리라ᄒᆞ니쥬쟝이허락ᄒᆞ거늘
쳥풍령에이르러손ᄀᆞ락을ᄭᅢ무러피렬니여돌우에
글즈렬쓰고남향통곡ᄒᆞ고졀벽에ᄯᅥ러저죽으니그
피ᄆᆞ돌에빈여남이우슴ᄒᆞ면피ᄆᆞ북희여금방쓰니
ᄆᆞ트지라원ᄂᆞ라에서졍부ᄅᆞ졍문ᄒᆞ고고리우의ᄉᆞ
당열짓고그고리렬읍샹ᄉᆞ로곤츠되푸른신ᄂᆞ무고
리렬말근ᄇᆞ람고리ᄅᆞᄒᆞ니라

趙조셩卯묘동방發발필知지알池지못ᄲᅦ골元원원ᄂᆞ兵병군ᄉᆞ至지이룻
城셩셩팍守슈직헌使ᄉᆞ식할妻쳐수셔雍옹셩走주ᄃᆞᆯ雍옹셩曰왈일늘

이ᄒᆞ야이
에ᄒᆞ고올ᄒᆞ
ᄒᆞ디

ᄒᆞ니
야ᄒᆞ니 이
이러뇨ᄒᆞ고
이요 이라
ᄒᆞ야 이러ᄒᆞ고
ᄒᆞ니 이
라 ᄒᆡ
ᄒᆞ고 ᄒᆞ니라

君그ᄃᆡ군 爲ᄒᆞᆯ위 忠튱셩튱 臣신하신 我나아 獨홀노독 不안불 爲ᄒᆞᆯ위 忠
튱셩 臣신하신 婦부 乎어조ᄉᆞ호 卯동방묘 發필발 笑우슴쇼 曰ᄀᆞᆯ왈 爲ᄒᆞᆯ위
此이ᄎᆞ 豈엇지긔 婦부부 人사ᄅᆞᆷ인 女녀ᄌᆞ녀 子ᄌᆞ식ᄌᆞ 所바소 能능ᄒᆞᆯ능
乃이에내 書쓸셔 几궤 上위상 曰ᄀᆞᆯ왈 君님군군 不못ᄒᆞᆯ불 可가ᄒᆞᆯ가
叛배반반 城셩셩 不못ᄒᆞᆯ불 可가ᄒᆞᆯ가 降항복항 夫지아비부 妻안ᄒᆡ처 同
ᄒᆞᆫ가지동 死죽을ᄉᆞ 節졀개졀 義올을의 成일울셩 雙쌍쌍 遂드ᄃᆡ여슈 同ᄒᆞᆫ가지동
縊목ᄆᆡᆯ의 從좃ᄎᆞᆯ죵 容용 堂집당 伯맛ᄇᆡᆨ 顏얼골안 葬장ᄉᆞ장 之어조ᄉᆞ지
祭졔ᄉᆞ졔 墓무덤묘 事일ᄉᆞ 聞드를문 諡시호시 卯동방묘 發필발 爲ᄒᆞᆯ위 文
글문 節졀개졀 贈줄증 雍화ᄒᆞᆯ옹 順슌ᄒᆞᆯ슌 義올흘의 夫지아비부 人사ᄅᆞᆷ인
죠묘밧이지쥬不ᄉᆞᄆᆞ되야원병이이르믜죽기로셩

이 ㅣ

이

열직할세ᄉᆞ니옹씨더려도망ᄒᆞᄂᆞᆫ지옹씨왈그ᄃᆡ
넌츙신이되니ᄂᆞᆫ홀노츙신의ᄋᆞ내ᄆᆞ되지못ᄒᆞ랴
ᄒᆞ니뫼받이우서왈이날이엇지부인녀ᄌᆞ의능히홀
비리요ᄒᆞ고셔안우의글열써왈인군열비반ᄒᆞ지못
ᄒᆞ고셩열항복ᄒᆞ지못ᄒᆞᆯ지로부쳐ᄆᆞ갓치죽어결의
ᄆᆞ쌍열일운다ᄒᆞ고옹씨와갓치죵용당에서목ᄆᆡ여
죽으니원장빅안이장ᄉᆞ와졔ᄉᆞ렴ᄒᆞ더라뫼받은문
졀이로시호ᄒᆞ고옹씨넌슌의부인이로시호ᄒᆞ니라
趙죠셩淮회회슈爲위될元원ᄂᆞ라원兵병군ᄉᆞ所바ᄉᆞ執잡을집死죽을ᄉᆞ之
어조ᄉᆞ其그기妾쳡쳡聚모들츄薪나무신焚블불분淮회회슈於어조어江

ᄒᆞ아 ᄒᆞ고
ᄒᆞ고 ᄒᆞ야
ᄒᆞ고 ᄒᆞ니라
위넌
ᄒᆞ고
어니 ᄒᆞ야
ᄒᆞ야

강쥬上샹위置티둘瓦와기와 釜부동의中듕가온대自ᄌᆞ스스抱포안ᄋᆞᆫ늘操
조잡음을 小쇼쟉은 舟쥬ᄇᆡ 至지이를 急급급ᄒᆞᆫ 流류흐를을 仰앙우러러 天텬하ᄂᆞᆯ을
慟통셜울스러 哭곡울 躍약뛸 入입들어 水슈물 死ᄉᆞ죽을ᄉᆞ
조회ᄀᆞ원ᄂᆞᆫ에잡혀졀ᄉᆞᄒᆞ미그쳡이회의시톄럴
강샹의서살ᄂᆞ지려동의예ᄃᆞ무산ᄭᅡ죽은비려ᄃᆞ고
즁류에와서상텬통곡ᄒᆞ고ᄇᆡᆨ저죽스니라
永영길 新신새 譚담셩 氏시셩씨 婦부며ᄂᆞ리 趙됴셩 氏시셩씨 罵매꾸지 賊적도적
도적 不불아닐 屈굴굽힐 與여더블 嬰영어릴 兒ᄋᆞ아ᄒᆡ 同동ᄒᆞᆫ가지로 遇우만날
害해해ᄒᆞᆯ 血혈피 漬ᄌᆞ물들 入입들어 甓벽벽돌 爲위될 婦부며ᄂᆞ리 人인사ᄅᆞᆷ
與여더블 嬰영어릴 兒ᄋᆞ아ᄒᆡ 狀장모양 久구오랠 而이말이을 宛완완연

四十四

이어ᄂᆞᆯ ᄒᆞ며　ᄒᆞ되 ᄒᆞᄂᆞᆫ　의넌이라　에 ㅣ　시　ᄒᆞ리니 라거던

然(연 그럴)磨(마 갈을)以(이 써)沙(사 모리)石(셕 돌)煅(단 달굴)以(이 써)熾(치 셩홀)炭

歎(탄)其(기 그)狀(장 모양)愈(유 더욱)明(명 밝을)

영신담씨의ᄉᆞ니죠씨넌도젹얼호령ᄒᆞ고어린ᄉᆞ뎔

파가치죽어ᄯᅥ니피마력돌에비여죠씨와ᄉᆞ뎐의모

양이되야년구ᄒᆞ되완연ᄒᆞ거ᄂᆞᆯ사셕으로갈고ᄉᆞᆫ블

노달궈도그모양이더욱분명ᄒᆞ더라

王(왕 셩)氏(시 셩씨)婦(부 ᄌᆞ부)ㅣ梁(량 셩)氏(시 셩씨)臨(림 림ᄒᆞᆯ)川(쳔 내)人(인 ᄉᆞ람)

嫁(가 시집)數(수 두어)月(월 달)夫(부 지아비)婦(부 ᄌᆞ부)爲(위 될)元(원 원나라)兵(병 군ᄉᆞ)

所(소 바)執(집 잡을)與(여 더블)夫(부 지아비)約(약 언약)曰(왈 이르)吾(오 나)必(필 반ᄃᆞ시)

不(불 아닐)受(슈 바ᄃᆞᆯ)辱(욕 욕)若(약 만일)後(후 뒤)娶(츄 장가들)當(당 맛당)告(고 고홀)

ᄒᆞ라ᄒᆞ고 라ᄒᆞ며 여날이 먹니에 ᄒᆞ되라ᄒᆞ니 예ㅣᄒᆞ야 이니이면 타ᄒᆞ거날에ᄒᆞ니 ᄒᆞ고ᄒᆞ니 로ᄒᆞ더라

我내아 乃이예내 紿속일틔 賊도적즉 曰일늘왈 乞빌글 歸도라갈귀 夫외경부

而어조ᄉ이 後뒤후 從조출죵 汝너여 賊도적즉 以써이 金쇠금 帛명빅 與줄여

其그기 夫외경부 而어조ᄉ이 歸도라갈귀 之어조ᄉ지 粱셩량 罵꾸지질마 賊도적즉

死죽을ᄉ 後뒤후 夫외경부 謀꾀무 更다시깅 娶장가들츄 議의론의 輒문득쳡

不산찰불 諧화할히 因인할인 告고할고 故연고고 ■젼 妻ᄉ녀쳐 夢꿈몽 妻ᄉ녀쳐

曰일늘월 我내아 死죽을ᄉ 後뒤후 生날싱 某아모무 氏셩시 家집가 今

이제금 十열십 歲나셰 後뒤후 七닐곱칠 年히년 當맛당당 復다시부 爲될우 君

그대군 婦ᄉ녀부 明발글명 日날일 遣보낼견 人사람인 聘통혼빙 之어조ᄉ지

一ᄒᆞᆫ일 言말언 심 而어조ᄉ이 合합할합 問물을문 其그기 生날싱 與더블여 粱

셩량 死죽을ᄉ 年히년 月달월 同ᄀᆞ틀동

四十五

왕씨의ᄉᆞ니량씨넌럼쳔ᄉᆞ람이라시집간제두어달
에부쳐ᄀᆞ원ᄂᆞᄅᆞ에잡히미외경파언약ᄒᆞ야왈너ᄀᆞ
욕녀밧지산일개시나후에만일지취ᄒᆞ며거던너게
끄ᄒᆞᄆᆞᄒᆞ고도적열속여왈본부렬돌녀보닌후에너
렬ᄯᆞᄅᆞ간ᄃᆞᄒᆞ니도적이지물열후이주어본부렬돌
너보니거널량씨ᄀᆞ도적열호령ᄒᆞ고죽어ᄯᅥ나후에
외정이지취ᄒᆞ랴ᄒᆞ되혼인이되지ᄉᆞ니ᄒᆞ니그제야
량씨의말열생각ᄒᆞ고제문으로고ᄒᆞ니그날밤의량
씨[illegible]현몽ᄒᆞ야왈너ᄀᆞᄉᆞ무집에환생ᄒᆞ야열쌀이되
여쓰니찰년후에넌ᄃᆞ시그더의ᄉᆞ시ᄀᆞ된ᄃᆞᄒᆞ거널

면알에죵미뎌보니여동혼ᄒᆞ나실언에결뎡ᄒᆞ고처
조외상실언ᄒᆞᆫ부르니랑씨죽던날이릇칠년후에셩혼
ᄒᆞ더라

金쇠금은 中가온대즁 京서울경을 爲될위 元원원ᄂᆞᆫ 兵군ᄉᆞ병 所바소 破ᄭᆡ칠파 출 ●이라
留머믈류 守직흴슈 ᄒᆞᆫ 撒헤칠살 合참합 출 輦련련 妻쳐쳐 ᄂᆞᆫ 獨홀독 노 吉길길 출 의
氏셩씨시、 鹽셩고염을 糚단장장 盛셩셩 출 服옷복 過지날과 於어조어 平 ㅣ 을
평평 출 日날일〃 誡경계계 家집가 人사람인 曰가로왈 我나아 死죽을ᄉᆞ 以써이 ᄒᆞ고여던
衾이불금 覆덥흘부 面얼굴면 而어조ᄉᆞ이 焚불블분 之어조지 無말무 使하여곰ᄉᆞ ᄒᆞ고
ᄉᆞ 兵군ᄉᆞ병 ᄉᆞ 見볼견 吾나오 面얼굴면、 閉닷을폐 門문문 自스스로ᄌᆞ 經목밀경、 ᄒᆞ라ᄒᆞ고 ᄒᆞ니
輦련련 命명명 焚불ᄉᆞᆯ분 之어조지 亦또역 投던질투 水물슈 死죽을ᄉᆞ、 이ᄒᆞ고 ᄒᆞ니라

四十六

이 이 / 이 어니 / 이 에 / ᄒᆞ니 이라ᄒᆞᆫ / ᄒᆞ야 ᄒᆞ라 더ᄂᆞᆫ / 시

금나ᄅᆞ 즁경류슈 살합련이 원나ᄅᆞ에 패ᄒᆞ미 ᄉᆞ니 독
갈씨ᄀᆞ 엄장ᄉᆡᆼ식 엳평일 뫼ᄃᆞ 더ᄒᆞ고 집안ᄉᆞ람더러
부탁ᄒᆞ시ᄀᆞ 죽거든 이불노 얼굴 얼더펴서 불ᄉᆞ르고
도젹이 얼굴 얼보ᄃᆡ 맏게 ᄒᆞᄂᆞᆫ ᄒᆞ고 문 엳닫고 주결ᄒᆞ
니련이 명ᄒᆞ야 ᄉᆞ르고 저도 물에 ᄃᆡ저 죽으니라

元원나ᄅᆞ원 須ᄂᆞ길기슈 城ᄃᆞ셩 셩ᄑᆡ 人ᄉᆞ람인 郭곽셩 三삼셕 戍리슈 死ᄌᆞᄉᆞ죽을
妻쳐ᄉᆞ녀 楊양셩 自ᄉᆞ스리ᄌᆞ 誓셔밍셰 不불안ᄒᆞᆯ 嫁가시집 及급이를 夫전외
부 骨골ᄲᅢ 還올도환로 歸구시부 曰월일ᄋᆞᆯ 新신시를 婦리며부느 年년ᄂᆞ 罒ᄋᆞᆯ전
초 終ᄆᆞᄎᆞᆷ죵 必반ᄃᆞ시필 他타다ᄅᆞᆯ 適뎍갈 將쟝장ᄎᆞᆺ 求구구ᄒᆞᆯ 里리ᄆᆞ을리 人
인ᄉᆞ람 亡망망ᄒᆞᆯ 女녀ᄯᆞᆯ 合합합ᄒᆞᆯ 瘞예무들 楊양셩 不불안ᄒᆞᆯ 食식먹을 五

ᄒᆞ고 ᄒᆞ니

ᄒᆞ니라

이

쇠ㅣ

ᄃᆞ시 日날 自ᄌᆞ스스 經경목ᄆᆡᆯ 死ᄉᆞ죽을 遂슈인ᄒᆞᆯ 與여더블 夫부외경
오 合합합ᄒᆞᆯ 葬장장ᄉᆞ、
우ᄒᆞᆫᄂᆞᄅᆞ슈셩ᄉᆞ람팍삼이슈ᄌᆞ듸ᄆᆞ서죽으ᄆᆡᄋᆞ니양
씨ᄆᆞ시잡ᄀᆞ지안커ᄅᆞᆯ밍쎄ᄒᆞ더니외경의ᄇᆡᆨ끌이도
ᄃᆞᆫ오미시부ᄆᆞᄒᆞ기ᄅᆞᆯ신부ᄆᆞ년효ᄒᆞ니팔경ᄃᆞ른듸
로ᄆᆞ리ᄅᆞᆯᄒᆞ야동리ᄉᆞ람의죽은처녀ᄅᆞᆯ구ᄒᆞ야합장
ᄒᆞ라ᄒᆞᆫ디양씨ᄆᆞ닷시ᄅᆞᆯ굼고ᄌᆞ결ᄒᆞ야죽으니외경
과합장ᄒᆞ니라

漳장장 州쥬ᄀᆞ을 知지알 事ᄉᆞ닐 闞함셩 文문글 興흥닐 與여더블 賊즉도적
戰젼싸홈 死ᄉᆞ죽을 妻쳐ᄋᆞ내 王왕셩 醜츄미울 醜츄미울 被피닙을 掠략노

四十七

ᄒᆞ야 ᄒᆞ고
라ᄒᆞ니이
어ᄂᆞᆯ
ᄒᆞ야 라가
에 ᄒᆞ니 이
이라ᄒᆞ고
ᄒᆞ야 라ᄒᆞ니
다

략、給솔티실賊도적즉曰일ᄋᆞᆯ왈俟기ᄃᆞ릴ᄉᆞ吾너오葬장ᄉᆞ장夫부외경郞
꼿從조ᄎᆞᆯ츌汝너여賊도적즉、許허락허之어조ᄉᆞ지遂인츌슈得으ᄃᆞᆯ득、脫
버슬탈負즐부尸시뎨시還도로올환積ᄊᆞ을젹薪나무신焚불ᄉᆞ를분之어조ᄉᆞ지
火불화旣이메긔熾셩홀치、投던질투火불화死죽을ᄉᆞ、事닐ᄉᆞ聞드를문、諡
시시호曰일ᄋᆞᆯ왈貞고들졍烈미올렬夫부외경人ᄉᆞ람인立셜립廟ᄉᆞ당묘
祀졔ᄉᆞᄉᆞ之어조ᄉᆞ지號일음호曰일ᄋᆞᆯ왈雙ᄊᆞᆼ상節졀개졀廟ᄉᆞ당묘、
장츄ᄌᆞᄉᆞ함문흥이도적파ᄊᆞ와죽으미ᄋᆞ니왕츄츄
ᄆᆞ도적의게잡히여도적열속여왈외경셜영장ᄒᆞ고
너랄ᄯᆞᄅᆞ간ᄂᆞᄒᆞ니허락ᄒᆞ거ᄂᆞᆯ시톄랄즈고도ᄅᆞ와
서ᄂᆞ무랄ᄊᆞᆨ코ᄉᆞ르ᄃᆞᄆᆞ불에던저죽으니ᄂᆞᄅᆞ의서

의ㅣ 이
예 ᄒ야
언 이니
이러요ᄒ고ㅣ
러라

졍렬부인이르시호렬주고ᄉ당열짓고시외렬갓치

졔ᄉᄒ야ᄉ당일음열쌍졀묘르ᄒ니라

丁뎡셩 尙슝샹 賢어질형 妻ᄋ녀쳐 李셩리 氏셩시 年ᄂ년 二두이 十엽십

餘남여을 爲될위 賊도즉적 所바소 虜로로략 罵꾸지쓸마 曰이왈는 吾나오 家

집갸 六여셧룩 世셰셰 대 義올의을 門문문 豈엇지괴 從조츨죵 賊도즉적 以

써이 辱욕욕 身몸신 闔다합 門문문 三석산 百일백빅 餘남여을 口입구 俱함긔

被입피을 害해해 ᄒ츌구

뎡샹현의ᄉ니러시ᄆ이십여셰예도적의게잡혀호

령ᄒ야왈니집언룩디의문이니엇지네게욕보리요

ᄒ고일문삼빅여구ᄆᄆ치죽으니라

四十八

의넌
ᄒᆞ야에
ᄒᆞ니ᄒᆞ라
이ᄒᆞ고셔
로ᄃᆞᄒᆞ니
ᄒᆞ다ᄒᆞ고로
ᄒᆞ니라

焦쵸셩士ᄉᆞ션비廉렴쳥렴、妻쳐ᄋᆞ내王왕셩氏시셩、씨爲위될賊적도적所
소바掠략로략、紿태속일曰왈일ᄋᆞ늘我아나家가집墓모무덤田뎐밧有유잇슬
藏장감출金금금可가가홀共공ᄒᆞᆫ가지取취ᄀᆞ질、賊적도적信신밋을之지조어
지스隨수ᄯᆞ를至지이를墓모무덤所소바哭곡울曰왈일ᄋᆞ늘我아나得득으들
死ᄉᆞ죽을所소바矣의어조ᄉᆞ實실상실無무업슬藏장감출金금금汝여너可가홀
가가출殺살죽일我아나與여더블妾쳡쳡杜두셩氏시셩、씨皆개다遇우만날
害해해、출

쵸ᄉᆞ렴의ᄋᆞ내왕씨넌도적의게잡혀소겨왈우리묘
하의금엳무더쓰니마서취ᄒᆞ라ᄒᆞ니도적이밋고ᄃᆞ
라고묘소의니ᄅᆞ미왕씨우러왈니마죽을ᄯᆞ람으더ᄯᆞ

의 년

이라가 이어

에

ᄒᆞ니라

의 년 ·

ᄃᆞ살쌍무든금이업쓰니너ᄃᆞᆯ언ᄂᆞ렴죽이ᄅᆞᄒᆞ고첩

두씨와갓치죽으니라

王왕셩 琪긔옥 妻쳐ᄋᆞ너 蔡채셩 氏시씨、避피ᄒᆞᆯ 兵병군ᄉᆞ 長장긴 寧편ᄒᆞᆯ

녕 山산산 中듕가운대 兵병군ᄉᆞ、猝졸급ᄒᆞᆯ 至지이를、有유잇슬 造조지을 紙

지조 희 鑊확가마 方방모 비ᄋᆞ 沸비끌、遂슈인ᄒᆞᆯ 投투던질 其기그 中듕가운대

死ᄉᆞ죽을、

왕긔에ᄉᆞ너채씨년장녕산즁의서피란ᄒᆞᄃᆞ가도적

이급히이르러조희ᄯᅳ넌가마물끌넌가운디예ᄃᆞᆯ녀

드러서죽으니라

天텬ᄒᆞᆫ을 台태별 狄뎍셩 恒홍상 妻쳐ᄋᆞ너 徐셔셩 氏시씨 早조일 寡

四十九

이라가 ᄒᆞ야

이라 ᄒᆞ니

ᄒᆞᆫ디 이

이어ᄂᆞᆯ ᄒᆞ니 이

이러라

파 파 守슈직힐 節졀졀개 避피피홀 亂란분란 山산산 中듕마운대 爲위된 賊

출 파 所소바 執집잡을 紿태속일 曰왈일 吾오나 渴갈목마를 甚심심할 欲욕ᄒᆞ고자 출

도 적 求구구할 水슈물 一일ᄒᆞᆫ 盃배잔 賊적도 令령식일 自ᄌᆞ스스로 汲급물길

즉 ᄒᆞ고 잔 井졍우물 死ᄉᆞ죽을 年년 十십열 八팔여덟

즉 곳 投투던질 節

급 즉 ᄂᆞ

뎐티뎍홍의ᄉᆞ시셔씨년조과ᄒᆞ야슈졀ᄒᆞᄃᆞᄀᆞ도적

의게잡혀소겨왈ᄂᆡ목이심히ᄆᆞᄅᆞ니물ᄒᆞᆫ잔얻ᄃᆞᆯ

ᄂᆞᄒᆞᆫ디도적이저더러ᄯᅥ먹으라ᄒᆞ거ᄂᆞᆯ곳우물에ᄲᅡ

저죽으니그ᄯᆡᄂᆞ이십팔셰러라

石셕돌 梁량다리 柯가 節졀졀개 婦부며ᄂᆞ리 陳진성 氏시씨 避피피홀 亂

분란 道도길 遇우만날 賊적도적 被피닙을 執집잡을 登등오를 舟주ᄇᆡ 罵

출란

년

이라가 ᄒᆞ야

ᄒᆞ고 ᄒᆞ야
ᄒᆞ야 비어넌
ㅣ ᄒᆞ고 ᄒᆞ려라
의 넌
로되 이러니
러녈ㅣ 이면
이라ᄒᆞ더니

꾸지 賊적도 投투던 잘 江강강 쥬 死ᄉᆞ죽을 尸시시 跡뎍거 流류흘을
쓸마 而ᄉᆞ이어 上샹조올ᄂᆞ 止지그친 石셕돌 梁량ᄃᆞ리 岸안언덕 傍방겻 其기그
夫부외, 정 見견볼 之ᄉᆞ어조 殯빈일여더 歸귀도라갈 葬장장ᄉᆞ 之ᄉᆞ어조지、
셕량가씨집결부진씨넌피란ᄒᆞ야ᄆᆞᄃᆞᄆᆞ길의서부
잡히여비예올ᄂᆞ도적얼꾸짓고강에던저죽어서시
톄ᄆᆞ강을거ᄉᆞ려올ᄂᆞᄆᆞ서셕량언덕에닷거널그외
정이보고메여ᄃᆞᄆᆞ장ᄉᆞ지ᄂᆞ니라
齊졔셩 閭려계 판관 判판 妻쳐ᄉᆞ 劉류셩 氏시셩씨、寡과홀파거 貧빈간난 無무업슬
依의탁출의 守슈직힐 志지뜻 不불못 奪탈빼슬、有유잇슬 强강억출 議의론
의 昏혼혼인 者쟈니 劉류셩 給급뎌속 曰왈일늘 三삼석 月월달 三삼석 日일날

五十

에 ᄒᆞ야

ᄒᆞ야 온다

이라ᄒᆞ고 ᄒᆞ니라

吾오나從조좃츨汝여너是시이日일날往왕갈天텬ᄒᆞᆫ을寧녕편ᄒᆞᆯ寺ᄉᆞ절집

登등오ᄅᆞᆯ浮부ᄯᅥᆯ屠도부도絶졀그츨頂뎡니마祝츅빌天텬ᄒᆞᆫ을曰왈ᄀᆞᆯ

妾쳡쳡本본근본名명일홈家가집女녀ᄯᆞᆯ夫부의 정死ᄉᆞ죽을不블못ᄒᆞᆯ

敢감감히失실일을節졀절개投투던질地디ᄯᅡ而ᅀᅵ어조死ᄉᆞ죽을

쳐만의 ᄉᆞ니 류씨 년조 과ᄒᆞ고 간난ᄒᆞ야 의탁이 업서

도 ᄯᅳᆺ 절직히고 ᄆᆞ지 안터니 역륵ᄒᆞ야 혼인 열의론ᄒᆞ

년 자ᄆᆞ 잇개 녈 속여 왈 삼월 삼일에 시집 간ᄃᆞᄒᆞ더니

그날 열당ᄒᆞ얀 텬녕ᄉᆞ의 ᄆᆞ서 노푼 탑에 올ㄴ서 츅텬

ᄒᆞ야 왈 쳡은 근본 일음난 집 ᄯᆞᆯ이라 외경이 죽으미 감

히 실졀ᄒᆞ지 못ᄒᆞᆫᄃᆞᄒᆞ고 ᄯᅡ에 ᄯᅥ러저서 죽으니라

의 년 에

을

ᄒ며 라ᄒ더니

이

이라ᄒ니 에

ᄒ야 타ᄒ고

ᄒ더라

孟맹셩志지뎟剛강ᄒ、妻쳐셔 衣의셩氏시貌、씨夫부의졍卒졸죽・을給
퇴속 앋匠장애목曰월일 늘夫부의졍有유잇슬遺유낏츨衣의옷服복옷欲
ᄒ쟈옥고盡진도置치둘棺관늘中디마듕은可가가홀寬관너그大대큰、其기그棺
관늘旣긔이 에而어조사曰월일 늘吾오나聞문드 를一일ᄒ馬마말不불안할
被피입 을兩량두鞍안안、장夫부의졍死스죽 을與여더 블之어조사지同동마
동棺관늘共지ᄒ공마穴혈광 즁可가가홀也어조사遂슈인 홀自리스스로刭
모찌 를경死스、

밍지강의ᄋ비의씨녀외졍이죽으미대목셔속셔왈
외졍입던옷셜관에늘께시한흐니관열갑져절넙게
ᄒ더니관이도된후에왈니드르니춘말이두안

五十一

장셜입지안넌ᄃᆞᄒᆞ니외경이죽으며ᄒᆞᆫ늘에너서ᄒᆞ

광즁에뭇넌거시가ᄒᆞᄃᆞᄒᆞ고목셜찔너죽더라

明명ᄅᆞᄂᆞ 月달월 娥달알아음 西셔셔 域지경역 人ᄉᆞ람인 女ᄯᆞᆯ녀 也어조ᄉᆞ양 抱안을포

僞그ᄅᆞ위 漢한ᄂᆞ라한 兵군ᄉᆞ병 陷ᄲᆞ질함 太클태 平평ᄒᆞᆯ평 娥달알아음 女녀 抱ᄂᆞᆫ조

爲위 幼어릴유 女ᄯᆞᆯ녀 赴다ᄃᆞ를부 水물슈 死죽을ᄉᆞ 諸모ᄃᆞᆯ졔 婦며ᄂᆞ리부 人인 女녀 暑더위셔

從조ᄎᆞᆯ죵 死죽을ᄉᆞ 者놈쟈 九구 人ᄉᆞ람인 方모방 盛셩ᄒᆞᆯ셩 人ᄉᆞ람인 女녀ᄌᆞ

七칠 日일 顏얼골안 色빗ᄉᆡᆨ 如ᄀᆞᆺ틀여 生날ᄉᆡᆼ 鄕싀골향 十열십 人ᄉᆞ람 女녀ᄌᆞ

爲ᄒᆞ위 巨클거 穴구멍혈 合합ᄒᆞᆯ합 葬장ᄉᆞ장 題쓸뎨 曰ᄀᆞᆯ왈 十열십 女ᄌᆞ녀

墓무덤모

대명쩍워ᄅᆞ아넌셔역죽ᄉᆞ람의ᄯᆞᆯ이라도젹이이르믄

년라 라ᄒᆞ고 ᄒᆞ니 ㅣ라 이ᄒᆞ니 이라도 이ᄒᆞ고 라ᄒᆞ니라

워넌에
에ᄒᆞ니
을ᄒᆞ니
이면 이라ᄒᆞ고
ᄒᆞ야 ᄒᆞ니
이라 ᄒᆞ야

어린ᄯᆞᆯ열안ᄭᅩ물에ᄃᆞᆫ저죽으니집안부녀ᄆᆞᄃᆞ로죽
년이ᄆᆞᄋᆞ홉이ᄅᆞ셩ᄒᆞᆫ더위예일혜ᄆᆞ도야도안ᄉᆡ이
산이거트니시골ᄉᆞ람덜이큰광즁열ᄒᆞ야서ᄒᆞᆫ되장
ᄉᆞ지시고표ᄒᆞ여왈십녀모ᄅᆞᄒᆞ니라

劉셩류慶경경、妻ᄉᆞ쳐馮셩풍氏셩시、씨年ᄂᆞ년十열십九ᄋᆞ홉구、夫셔외부
亡망죽을、誓밍쎄셔守직힐슈節졀개졀、娣ᄋᆞ동셔뎨姒윗동셔ᄉᆞ諷풍유ᄒᆞᆯ풍
之어조ᄉᆞ지曰일ᄂᆞᆫ왈守직힐슈節졀개졀、未못ᄒᆞᆯ미易쉬울이言말ᄉᆞᆷ언、非
아닐비咬ᄭᅵ물요斷ᄭᅳᆫ을단鐵쇠텰釘쇠뎡、不못불能능ᄒᆞᆯ능、即곳즉起
이러날긔拔ᄲᆡᆯ발壁벽벽上위샹釘쇠뎡못齧ᄭᅵ물얼之어조ᄉᆞ지劃획출획然글연
연有잇슬유齒치치아痕흔흔、젹復ᄃᆞ시부接결ᄀᆞ끌臂팔비肉살육釘

五十二

이며니 이
ᄒᆞ더라

넌 이
에

뎡쇠못 著착부칠 壁벽벽 上상위 호지이를 老로늘글 釘뎡쇠못 肉육살 不불
腐부써글、
류경의ᄉᆞ시풍씨넌십구셰예혼조되야슈졀ᄒᆞ기를
뎡셰ᄒᆞ니동셔뎔이일너왈슈졀쉬이말ᄒᆞ지못ᄒᆞᆯ
꺼시니쇠렬끼무러끈너니ᄆᆞᄉᆞ니면슈졀ᄒᆞ지못ᄒᆞᆫ
ᄃᆞᄒᆞ니즉시이러나서벽에쇠못설ᄲᅢ여끼무니획연
ᄒᆞ야니ᄆᆞ드러ᄆᆞ넌지르팔에살열ᄯᅥ여그못스로벽
에븟처ᄯᅥ니로뢰끼지그살이셕지안터라
松숑솔 陽양볏 蘩채셩 烈렬미울 婦부부、신 夫부외졍 葉셥셩 三삼석 病병병들
篤독두터울 與여더블 婦부ᄉᆞ너 訣결영결 曰왈일 及급이를 我아너 生싱산 先

ᄒᆞ고 不다言ᄒᆞ
ㅣᄒᆞ고
라ᄒᆞ고 ᄒᆞ더
도 려라
년

면여 嫁시집가 無무말 受슈받을 三삼석 年년히 苦고로 蔡채셩 梳소빗 洗
셰씨슬 覆경곤 衣의옷 袖슈소매 刀도칼 前젼압 曰월일늘 我아너 先션먼여
嫁시집갈갓 剔문찌를 頸경목 死ᄉᆞ죽을 葉셥셩 尋심ᄎᆞᆯ 死ᄉᆞ죽을
송양채렬부년외졍셥삼이병이죽게되ᄆᆡᄉᆞ니와엳
결ᄒᆞ야왈ᄂᆡ죽기젼의먼저시집ᄀᆞ고삼년고샹열ᄒᆞ
지말ᄂᆡᄒᆞ니채씨ᄆᆞ머리빗고셰슈ᄒᆞ고시옷입고ᄂᆞ
ᄉᆞ며왈ᄂᆡ먼저시집간ᄃᆞᄒᆞ고목ᄆᆡ여질녀죽으니안잇
ᄃᆞᄆᆞ셥삼이도운명ᄒᆞ더라
慈ᄌᆞ출소랑 溪계셰너 沈심셩 氏시셩씨 六륙여 烈 節졀 婦부신 章장셩
氏시셩씨 周쥬셩 氏시셩씨 馮풍셩 氏사셩씨 柴채셩 氏시셩씨 孟밍셩 氏씨셩

五十三

나 이에
ㅣ
ᄒᆞ고 년 ᄒᆞ고
년 라ᄒᆞ더니
에 이
ᄒᆞ니 이ᄒᆞ고
년
ᄒᆞ니 ㅣ
이로ᄃᆡ ㅣ
ᄒᆞ더라

시 孫셩손 氏셩씨 시 也어조ᄉᆞ야 賊도적 적、入들어올 입 犯범홀 범 章셩 쟝 氏셩 씨
시 集모들 집 族일가 족 中가온대 중 婦부인 부 女녀ᄌᆞ 녀 於어조ᄉᆞ 어 一ᄒᆞᆫ 일 樓
루루 讐원슈 슈 曰일ᄂᆞᆯ 월 男남ᄌᆞ 남 子남ᄌᆞ ᄌᆞ、死죽을 ᄉᆞ 鬪싸홈 투、婦부인 부
人사람 인、死죽을 ᄉᆞ 義올을 의、賊도적 적 入들어올 입 章셩 쟝 先먼여 션 投던질
투 河하슈 하、周셩 쥬 馮셩 풍 從조촐 종 之어조ᄉᆞ 지 柴셩 재 孟셩 밍 孫셩 손 自스스
리ᄌᆞ 刃연장날 인 時ᄯᆡ 시 宗일가 종 婦부인 부 死죽을 ᄉᆞ 者놈 쟈 三셕 삼 十열 십 餘
남을 여 人사람 인、六여셧 륙 婦부인 부 尤더욱 우 烈미울 렬。
ᄌᆞ계 심씨 집에 륙졀부 넌 쟝씨 쥬씨 풍씨 지씨 밍씨 손
씨니 란리럴 당ᄒᆞ야 쟝씨ᄂᆞᆫ 일가 부녀럴 ᄒᆞᆫ 루에 뫼우
고 밍써 ᄒᆞ야 왈 남ᄌᆞ던 ᄊᆞ움에 죽고 부인언 의예 죽넌

넌의 라이ㅣ ᄒᆞ니시 ᄒᆞ고 이라 ᄒᆞ니라

또ᄒᆞ더니도적이이르매장ᄊᆡ먼저하슈에ᄲᅡ즈니
쥬ᄊᆡ와풍ᄊᆡᄯᅩᄒᆞᆫᄲᅡ즈고지ᄊᆡ밍ᄊᆡ손ᄊᆡ년조결ᄒᆞ
니일시에알가부녀삼십여인이죽어쓰되륙부인이
더옥맵더라

中(마ᄃᆡ 듕)尉(위 판 원)知(알 지)憲(인 휘)、晉(진ᄂᆞ라 진)恭(공 공)王(인군 왕)後(뒤 후)
也(어조ᄉᆞ 야)、病(병 병 들)篤(두터올 독)、淑(말글 숙)人(ᄉᆞ람 인)賀(하례 하)氏(셩 시 ᄊᆡ)、絶(ᄭᅳᆫ을 졀)
食(먹을 식)同(ᄀᆞᆺ 동)時(ᄯᅢ 시)卒(죽을 졸)、世(셰ᄃᆡ 셰)宗(ᄆᆞᄅᆞ 종)、特(특별 특)命(명 명)
旌(졍표 졍)表(표 표)之(어조ᄉᆞ 지)諡(시 시)曰(ᄀᆞᆯ 왈)貞(곧을 졍)烈(매올 렬)

듕위지휘난진공왕의ᄌᆞ손이라병이즁ᄒᆞ매슉인하
ᄊᆡᄆᆞ음식얼ᄭᅳᆫ코동시예죽으니셰조황뎨계셔특별

五十四

년 ᄒᆞ고
더니 예 예
라가
이어날 ㅣ라가
ᄒᆞ니 이라가
ᄒᆞ니
이 ᄒᆞ되 ㅣ
과ᄒᆞ거날
ᄒᆞ니라

이명ᄒᆞ야정문ᄒᆞ고시호렬경렬이라ᄒᆞ니라
上샹위元원읫듬蔡채셩烈렬미울女녀녀、조少소절믈孤고외을로與여더블
祖조조부母무조모居거거、출一일호日일날祖조조부母무조모出출ᄂᆞ、갈
有유잇을僧승즁乞걸빌食식먹을挑도도들之ᄉᆞ어지조脅홀협협박以이써刃
날연인장、女녀녀、조徒도빈手슈손搏박츌之ᄉᆞ어지조受슈밧을傷상상홀而조어
이ᄉᆞ死ᄉᆞ죽、을僧승즁逃도도망去갈怨홀흔연、來릭올首홀조슈현服복항、복
官판판、원怪실괴미쩍問문물을之어조ᄉᆞ지僧즁즁曰월일ᄂᆞᆯ女녀녀、조拘구잡을我
아니至지이를此ᄎᆞ이遂슈신출抵를ᄃᆞ여ᄃᆞ罪죄죄、
샹원채렬녀ᄂᆞᆫ어려서부모를일코조모의게즈ᄅᆞ더
니ᄒᆞ로ᄂᆞᆫ조모업ᄂᆞᆫ시이예걸식ᄒᆞ니즁이ᄭᅬ오ᄃᆞᄀ

의넌 이ᄒᆞ야 ᄒᆞ고ᄒᆞ니 하라ᄒᆞ더 에ᄒᆞ더라

칼노협박ᄒᆞ거ᄂᆞᆯ빈손으로즁열츠ᄃᆞᄀᆞ칼에샹ᄒᆞ야죽으미즁이도망ᄒᆞᄃᆞᄀᆞ홀연이판령의드러ᄀᆞ不현ᄒᆞ니판원이피잇여겨물은디즁이왈그쳐녀ᄀᆞ잡ᄉᆞ왓ᄃᆞᄒᆞ거ᄂᆞᆯ즁열죽이니라

徐셔셩畢필ᄃᆞ홀璋장반옥、妻쳐ᄉᆞ니朱쥬셩氏시씨、流류흘을賊적도적曰왈至지이를、奔분ᄃᆞ라날井정우물邊변갓、謂위일늘夫부외경妹ᄆᆡ미뎨曰왈늘吾오나셔方방로ᄇᆡ오懷회푸믈孕잉빌井정우물口구입狹협조블、可가가홀推츄밀말되뎌ᄃᆞ而이어조納납디릴之지어조、妹ᄆᆡ미뎨納납디릴畢필ᄃᆞ홀、亦역ᄯᅩ投투던질死ᄉᆞ죽을、

셔판쟝의ᄉᆞ니쥬씨년류젹이이르미우물ᄀᆞ의로ᄃᆞ

에
년 효 년
효 에
년
라가 ᄎᆞ고에
년
ᄒᆞ니라

ᄅᆞᆫ서시미더러일너왈시ᄆᆞ잉틔ᄒᆞ야만삭ᄒᆞ고우
물ᄋᆞᄆᆞ귀조ᄇᆞ니ᄯᅥᄃᆞ말어달ᄂᆞᆫ디시미ᄆᆞ말어ᄂᆞᆫ후
에저도ᄇᆡᆺ즈더라
北북녁京경서울陷함ᄲᅡ질、熹희셩宗종조종張장셩皇황뎨后후황
후、自ᄌᆞ스縊의목ᄆᆡᆯ、毅의굿셀宗종조종周쥬셩皇황뎨后후황、후與
여더블帝뎨황뎨自ᄌᆞ스裁지말ᄂᆞᆯ、南남녁京경서울陷함ᄲᅡ질、安안편
안宗종조종鄒ᄎᆞ셩太태클后후황、후被피입을淸쳥ᄂᆞ라執집잡을北북녁
북去거갈投투던질淮회회슈崩붕죽을、福복목州쥬골陷함ᄲᅡ질、紹쇼이을
宗종조종曾증셩皇황뎨后후황、후被피입을執집잡을投투던질九
子龍룡룡潭담쇼崩붕죽을、

예

이 이라 일러니

이

북경이류적리조셩의계망출쩍의희종황뎨예황후
쟝씨년목미여죽고 欽의종황뎨황후쥬씨년의종과
갓치조결ᄒᆞ고남경이청ᄂᆞ르의계망출쩍의안종황
뎨예황태후추씨년잡혀ᄀᆞᄃᆞᄀᆞ회슈예던저죽끄복
쥬ᄀᆞ망출쩍의쇼종황뎨예황후중씨년잡혀ᄀᆞᄃᆞᄀᆞ
구룡담의던저죽으니조고뎨왕가의어진부인만키
년쥬ᄂᆞ르흉흉ᄒᆞᆫ뎌ᄀᆞ뎨일이요졀ᄉᆞ만키년명ᄂᆞ르망
흘뎌ᄀᆞ뎨일이라
北북녁京경서을陷함빠즐時시대弑시의군셥宗종조종費비셩宮궁궁人
인수、탐年년ᄉᆞ十습열六륙여셜、自리ᄉᆞ조ᄉᆞ投투던질井졍우물、賊즉도적拘

五十六

어년ㅣ
라가ᄒᆞ야
난라
ㅣ다ᄒᆞ고
ᄒᆞ니이
ᄒᆞ야ᄒᆞ니라

당결出츄날爭징닷톨奪탈빼슬之ᄉᆞ어조費비ᄉᆡᆼ請쳥쳥ᄒᆞᆯ吉길길ᄒᆞᆯ成
구일侍을禮례례、결侯릴기ᄯᅩ賊죽도적醉취취、ᄒᆞᆯ斷단끈을其기그喉후인후
曰왈일ᄋᆞᆯ我아나一일ᄒᆞᆫ女녀녀子ᄌᆞᄌᆞ、殺살죽일一일ᄒᆞᆫ賊죽도적帥
슈장、슈足족족ᄒᆞᆯ矣ᄉᆞ어조自ᄌᆞᄌᆞ刎목ᄧᅵ를문、自ᄌᆞ스成셩일울大대큰
驚경놀날、粧ᄉᆔ개둘葬장장、ᄉᆞ

북경이망ᄒᆞᆯ적의의종황뎨예궁인비씨ᄆᆞᆺ십륙셰라。
수믈에ᄲᅡ저ᄯᅥ나적장이건저시여ᄉᆞ니ᄉᆞ믈야ᄒᆞ거
ᄂᆞᆯ비씨ᄆᆞᆺ택일셩례ᄒᆞ기ᄅᆞᆯ쳥ᄒᆞ여다가적장의취ᄒᆞᆫ
ᄯᅢᄅᆞᆯᄐᆞ서ᄉᆞᆷ통열ᄭᅳᆫ어죽여왈ᄂᆡ는일개녀ᄌᆞ로적장
ᄒᆞ나죽인것시족족ᄒᆞ다ᄒᆞ고목질너죽으니라ᄌᆞ

셩이대경ᄒᆞ야거두어장ᄉᆞ지니라그ᄯᅢ예만셩즁
파왼뎐하의남녀로쇼ᄆᆞ각각도적ᄒᆞᄂᆞ죽이고니몸
ᄒᆞᄂᆞ죽을맘얻먹기를비궁인파ᄆᆞ치ᄒᆞ여쓰면도적
의씨ᄆᆞ엽써쓰리라

이
新신서롤 羅라구물 朴박셩 忠츙츙셩 烈렬미ᄉᆞᆯ 節졀졀개 死ᄉᆞ죽을 日일ᄒᆞ

인 | ᄒᆞ고
本본근본 妻쳐ᄉᆞ니 率률거ᄂᆞ릴솔 三삼석 女녀달 上샹갈올ᄂᆞ 鵄셔질질솔 述시질솔

ᄒᆞ야 ᄒᆞ니라
嶺령고개 望망ᄇᆞ라볼 日일ᄒᆞ 本본근본 哭곡울 死ᄉᆞ죽을

신라쩍의녕히박씨예시조ᄂᆞᆫ녕최군츙렬공이일본의
서졀ᄉᆞᄒᆞ미부인김씨ᄆᆞ삼녀를ᄃᆞ리고경쥬잘솔령
의올ᄂᆞᄆᆞ셔일본열ᄇᆞ라보고울ᄃᆞᄆᆞ죽어서몸언변

五十七

에라

이 ᄒᆞ야ᄒᆞ뇨

위ㅣ이라ᄒᆞ고

뎌니이

ᄒᆞ고 ᄒᆞ야

ᄒᆞ고

ᄒᆞ야 ᄒᆞ고

ᄒᆞ니ㅣᄒᆞ야

ᄒᆞ니ㅣ

어녇 ᄒᆞ야

ᄒᆞ야돌이되고혼신션절술시마되니라

百빅실빅 濟제근놀 都도셩 彌미오、릴 妻쳐ᄉᆞ녀 美달알미슴 蓋개덥흘 妻루글

王왕이、군 夜야밤 抵뎌이를 其기그 家가집 將쟝쟝찻 亂란란홀올 之ᄉᆞ어 彌지조

妻쳐ᄉᆞ、녀 請청칭혼 更경곤 衣의옷 以이써 進진ᄒᆞ、올 乃내이 飾식예

미오릴 一일혼 婢비녀종 薦천ᄒᆞ술 之ᄉᆞ어 王왕인、군 知지살 見견볼 其기 欺속일

삭굼 怒노노 誣무무함 彌미오 以이써 罪죄죄 矐학눈멀 兩량두 目목눈 置치둘

小쇼즉 船션비 汎범뗠 之ᄉᆞ어 海희보ᄃᆞ 上샹위 將장장찻 納납ᄃᆡ 리

其기그 妻쳐ᄉᆞ、녀 妻쳐ᄉᆞ、녀 逃도도 之지갈 江강강 口구입 呼호소 天텬을혼

뎐 痛통ᄉᆞ 哭곡울 忽홀홀 有유잇 孤고외 舟쥬비 隨슈ᄯᆞ 波파물결

파 而ᄉᆞ어 至지이를、 乘승ᄐᆞᆯ 至지이를 泉천시 城셩셩 島도셤 遇우만날

五 57 b

ᄒᆞ야 ᄒᆞ야
ᄒᆞ니라

우其ᄀᆡ夫부ㅣ와뎌同동ᄀ틀至지이를高고노플句구ᄌ블麗려부ᄎᆞᆯ終
죵무ᄎᆞᆯ於어ᄉᆞ서조羈긔부ᄎᆞᆯ旅ᄂᆞ그시려

박졔국개루왕이그신하도미의ᄉᆡ니ᄋᆞ룸ᄃᆞ음얼둣ᄭᅩ
밤에그집에ᄀ서불너보ᄭᅩ달니니미의ᄉᆡᄀ의복
얼끈처입년ᄃᆞ가탁ᄒᆞᄭᅩᄂᆞ와서죵ᄒᆞᄂᆞ렴단장ᄒᆞ야
듸려보닛더니왕이속힌줄얼얄ᄭᅩ대노ᄒᆞ야미뎔죄
로무함ᄒᆞ야두눈얼빽ᄭᅩ쥬은비예너서쳐샹의ᄯᅴ우
ᄭᅩ그ᄉᆞ시렴불느니그ᄉᆡᄀ도망ᄒᆞ야강어귀예ᄀ
서흔울얼부르며통곡ᄒᆞ니난듸업년빈비ᄀ물결얼
ᄯᅡ로갓세닷커녈그비렴ᄐᆞᄭᅩ쳔셩섬즁에이르러서

五十八

의넌
의라
에ᄃᆞ니이
어녀ᄒᆞ고
ᄒᆞ니라

미렬만ᄂᆞᄂᆞ치고구려국에ᄀᆞ서결식ᄒᆞᄂᆞ죽더라

高고노픈 麗려고을 郞랑랑관 將장장슈 李리셩 東동동녁 郊교뎔 妻쳐ᄉᆞ녀

進진나갈 士ᄉᆞ션비 裴ᄇᆡ셩 中듕가운데 善션착ᄒᆞᆯ 女녀ᄯᆞᆯ 也야어조ᄉᆞ 寇구도적

至지이를 抱포ᄋᆞ늘 幼유어릴 子ᄌᆞᄉᆞ뎔 走주ᄃᆞ롤 賊적도적 追츄쪼출 及

이를 之지어조ᄉᆞ 置치둘 子ᄌᆞᄉᆞ뎔 江강강 岸안언덕 上샹위 走주ᄃᆞ롤 入어들

곱 江강강 死ᄉᆞ죽을

섭갈

고려쩍랑쟝리동교의ᄉᆞ너진ᄉᆞ비즁션의ᄯᆞᆯ이라

란리렬당ᄒᆞ야어린ᄌᆞ뎔안고ᄃᆞ롸ᄂᆞ더니강얼ᄃᆞ달

ᄂᆞ도적이쪼ᄎᆞ오거늘ᄌᆞ뎔업어덕우의노코강에더

져죽으니라

의넌의라

어녈ᄒᆞ니

이ᄒᆞ더러라

넌에

어녈ᄒᆞ고

에ᄒᆞ니라

本근본 朝됴뎡 樂즐거락 安편안안 郡골군 守군슈 崔셩최 克능극 ᄒᆞᆯ

孚밋을부 妻쳐 셔 林셩림 柜거목거 女ᄯᆞᆯ녀 也어조ᄉᆞ야 寇도ᄌᆞ구 至이를지

欲ᄒᆞ고잘욕 汙더러울오 之어조ᄉᆞ지 林셩림 固구들고 拒막을거 賊도적적 斷ᄭᅳᆫ을단

二두이 臂ᄑᆞᆯ비 猶오히려유 不아닐불 屈구필굴 死죽을ᄉᆞ

우리ᄂᆞᆫ락안군슈최극부에ᄉᆞ시넌림거의ᄯᆞᆯ이라

도적이욕뵈이라ᄒᆞ거ᄂᆞᆯ녀ᄉᆞᄒᆞ야막으니도적이두

ᄑᆞᆯ열ᄭᅳᆫ퇴좃시구피지안코죽으니라

豐풍년풍 山산산 金셩금 氏셩씨 女녀녀 조 年ᄒᆡ년 二두이 十열십 夫부외 셩

死죽을ᄉᆞ 哀슬플애 慟슬플통 不아닐불 食먹을식 唯오직유 啜마실철 水물슈

至이를지 五다ᄉᆞᆺ오 十열십 三석삼 日날일 乃이에내 死죽을ᄉᆞ 合합ᄒᆞᆯ합

葬장ㆍㅅ

풍산김씨예뎌ᄌᆞ년이십셰예외졍이죽거ᄂᆯ의통ᄒᆞ야음식얼먹지안코물만무신제소십삼일만의죽어서합장ᄒᆞ니라

一字下

의 ㅣ

ᄒᆞ야 면 ᄒᆞ고

면 이러나 이널

ㅣ ᄒᆞ고 ᄒᆞ여

女녀녀 小쟉을쇼 學ᄇᆡ울학 卷책권 之어조ᄉᆞ지 六여섯륙

녀쇼학륙젼

古녜고 事일ᄉᆞ 第ᄎᆞ례뎨 七일곱칠 下ᄋᆞ래하

녯젹부인칭젹말ᄒᆞᆫ일곱지하편

賢어질현 妻ᄋᆞ니쳐

어진ᄋᆞ니

周쥬ᄂᆞ라쥬 宣베풀션 王인군왕 姜셩강 后황후후 賢어질현 而어조ᄉᆞ이 有잇슬유 德덕덕 事일ᄉᆞ 非안일비 禮례법례 不안ᄒᆞᆯ불 言말ᄉᆞᆷ언 行ᄒᆡᆼ실ᄒᆡᆼ 非안일비 禮례법례 不안ᄒᆞᆯ불 動움직일동 主인군왕 晏늣즐안 起이러날긔 姜셩강 后황후후 脫버슬탈 簪빈여잠 珥귀옥이 待기ᄃᆞ릴ᄃᆡ 罪죄죄 永끠연 巷골목항 使

로
이을로
ᄒᆞ야
ᄒᆞ고 넌라ᄒᆞ며
라ᄒᆞ고
ᄒᆞ야 러라

ᄉᆞ식힐 其기그 傳부스승 母무어미 通통통출 言언말삼 於어조 王왕인군
曰월일 妾첩첩 使ᄉᆞ식힐 君군인군 王왕인군 失실일을 禮례례법 而조어
소이 妾안느즐 朝됴조회 以이써 見현뵈일 王왕인군 之ᄉᆞ어조 樂요조와 色
녀식、식 忘망이즐 德덕덕 妾쳡쳡 當당맛당 服복입을 其기그 辜고죄 王왕인군
曰월일 寡과즉을 人인ᄉᆞ람 之ᄉᆞ어조 過과허물 也ᄉᆞ어조 遂ᄉᆞ슈인출 早ᄉᆞ날
조일 쯕 朝조회 妾안느즐 退물너갈 勤부지런 於ᄉᆞ어조 政경ᄉᆞ 事
쥬션왕의황후강씨ᄆᆞ어잘ᄒᆞ고덕이잇써례ᄆᆞᄋᆞ니면
마ᄂᆞ ᄒᆞ지안코례ᄆᆞᄉᆞ니면힝ᄒᆞ지안터니ᄒᆞ로넌왕이
늣게여러나거ᄂᆞ 강씨ᄆᆞ빈여와귀옥얼벗고영항의
서티죄ᄒᆞ며유모련식ᄒᆞ여왕긔말얼ᄒᆞ고ᄒᆞ여왈왕이산

넌 다
이 ᄭᅵ어넏 ㅣ
ᄒᆞ나
이럼 이어럴
ᄒᆞ야이ᄒᆞ나
에 난

례ᄒᆞ야 늣게 이러나서 녀식얼 조와ᄒᆞ고 덕열이 저버리게 ᄒᆞ기넌 ᄃᆞ 쳡의 죄니 죄십기럴 청ᄒᆞᄂᆞᆫᄃᆞᄒᆞ니 왕왈 과인의 허물이로ᄒᆞ고 그후에넌 쓸ᄶᅩᆨ 이러나서 졍ᄉᆞ럴 부지러니 ᄒᆞ더라

樊번ᄃᆡ명 姬희셩 楚초ㄴ라 莊장공경 王왕인군 妃비왕비 也야어조ᄉᆞ 莊장공경 王왕인군 好호조와 獵렵산양 數삭ᄌᆞ조 諫간간ᄒᆞᆯ 不불안ᄒᆞᆯ 止지그칠 乃내이에 不불안ᄒᆞᆯ 食식먹을 禽금새 獸슈김ᄉᆡᆼ 之지어조ᄉᆞ 肉육고기 三삼석 年년ᄒᆡ 王왕인군 感감동ᄒᆞᆯ 而이어조ᄉᆞ 止지그칠 因인인ᄒᆞᆯ 爲위위ᄒᆞᆯ 王왕인군 進진나올 賢현어질 者쟈놈 國국나라 大대큰 治치다ᄉᆞ릴 楚초나라 史ᄉᆞᄉᆞ관 書서쓸 曰왈가로 楚초나라 之지어조ᄉᆞ 霸패오픽 樊번ᄃᆡ명 姬희셩

二

라ᄒᆞ더라

이 어년 ㅣ

호디 ᄒᆞ더라

之어조ᄉᆞ지力력심也어조ᄉᆞ야

번희년초장왕의부인이라왕이산양열조와ᄒᆞ거날

희ᄆᆞᄌᆞ조간ᄒᆞ되그치지ᄋᆞ니ᄒᆞ니이예금슈에고기

렬삼년열먹지안터니왕이감동ᄒᆞ야산양열그치거

날인ᄒᆞ야왕열위ᄒᆞ야어진이렬ᄂᆞ수어ᄂᆞᄅᆞ이크게

ᄃᆞ실니넉초ᄂᆞᄅᆞᄉᆞ판이써왈초ᄂᆞᄅᆞᄆᆞ제후에엇은

노ᄅᆞᆺᄒᆞ기넌번희예심이라ᄒᆞ더라

晉진ᄂᆞᄅᆞ진冀셩긔缺이즐결耨밧ᄆᆞᆯ누、其그기妻아ᄂᆡ쳐、饁밧밥엽之어조ᄉᆞ지

敬공경경相서르샹待ᄃᆡ졉ᄃᆡ如ᄀᆞ틀여賓빈ᄀᆡᆨ빈

진ᄂᆞᄅᆞ긔결이밧쳘미고그ᄋᆞ시ᄆᆞ밧밥열먹이되서

이 ᄎᆞ야 디어날ㅣ ᄒᆞ고 아ᄒᆞ더 에이 이 한디 시니 아ᄒᆞ더라

로 공경ᄒᆞ야 손님 거치ᄃᆡ 졉ᄒᆞ더라

漢 한나라 王 왕셩 章 쟝글 冬 동겨울 無 무업슬 被 피이불 臥 와눕을 牛 우소 衣 의옷
中 듕가온대 泣 읍울 妻 쳐안해 怒 노노ᄒᆞᆯ 曰 왈가ᄅᆞᄃᆡ 不 불못ᄒᆞᆯ 自 ᄌᆞ스스로 激 격동경
厲 려심ᄒᆞᆯ 乃 내이에 反 반도리 涕 톄눈믈 泣 읍울 耶 야어조ᄉᆞ 後 후뒤 章 쟝글
至 지이를 京 경서울 兆 됴억됴 尹 윤판윤 欲 욕ᄒᆞᆯ 上 샹올날 封 봉봉ᄒᆞᆯ 事 ᄉᆞ일
妻 쳐안해 止 지그칠 之 지어조ᄉᆞ 曰 왈가ᄅᆞᄃᆡ 人 인사ᄅᆞᆷ 當 당마ᄯᆞᆼ 知 지알 足 족
不 불안 念 념싱각 牛衣 우의소옷 中 듕가온대 泣 읍울 耶 야어조ᄉᆞ

한나ᄅᆞ 왕쟝이 겨울에 이불이 업써 쇠덕셕속의 누어
울거날 ᄋᆞ내ᄀᆞ 노ᄒᆞ여 왈 쟝부ᄀᆞ 빈쳔ᄋᆞᆯ 참지 못ᄒᆞ고
도로여 운어냐ᄒᆞ더니 후에 쟝이 벼슬ᄒᆞ야 경거 감ᄉᆞ

의에노니
ᄒᆞ야
ᄒᆞ고 ᄒᆞᆫ더
ᄒᆞ고
러라

ᄆᆞ되미 ᄂᆞᄅᆞ에 샹소ᄒᆞ야 ᄇᆞᆯ은 ᄆᆞᆯ열ᄒᆞ랴 ᄒᆞᄃᆡ ᄉᆞ너ᄆᆞ

ᄆᆞᆯ더왈 ᄉᆞ람이 맛당이 쪽쪽ᄒᆞᆫ 줄 알아 ᄀᆡ시니 쇠더셔

속의 서울 던날 열 싱각지 안너 ᄂᆞᄒᆞ더라

梁셩량 鴻기러기홍 妻쳐ᄉᆞ 너 孟ᄆᆡᆼ셩 光빗광 字ᄌᆞ명ᄌᆞ、德덕덕 曜빗출요、共ᄒᆞᆫ가지

隱ᄉᆞ믈은 霸ᄑᆞ패 ᄭᅵ 陵ᄌᆞ른릉 山산산 中가온ᄃᆡ즁 以ᄡᅥ이 耕밧갈경 織ᄧᆞᆯ직

爲ᄒᆞ위 業셥셥 海미미 생 賃품삼 春방아 ᄶᅵᄋᆞᆯ용 具ᄀᆞ구 食먹을식、不못ᄒᆞᆯ불

敢감히감 於어조ᄉᆞ어 鴻기러기홍 前앞젼 仰우러볼앙 視볼시、擧들거 案소반안 齊

간조 其그기 眉눈셥미、

ᄅᆞᆼ 제

랑홍의 ᄉᆞ 시밍광에 ᄌᆞ는 덕요니 ᄆᆞ치 패릉산즁에 수

머서 샹히 방아품 열파ᄅᆞ 공궤ᄒᆞ 되홍의 압희서 감히

의에 보이니 / ᄒᆞ야 / ᄒᆞ고 ᄒᆞ니 / 이 이어날 / 이 / ᄒᆞ고 / ᄒᆞ고 ᄒᆞ더라

체ᄃᆞ보뎌몯ᄒᆞ고밥상들기렴눈섭에가조롱ᄒᆞ게놉
피들더라
鮑포셩宣션베풀妻쳐ᄒᆞ시桓환셩氏시셩씨字ᄌᆞ명ᄌᆞ少쇼졀믈君군그ᄃᆡ
父부친奇긔이宣션베풀淸쳥말글苦고로이以이써女녀ᄯᆞᆯ妻쳐ᄉᆞ줄쳐
之지어조ᄉᆞ裝장ᄒᆞᆯ장送송보낼資ᄌᆞ지물賄회지물甚심심盛셩ᄒᆞᆯ셩宣션베풀
션베풀不불아닐悅열깃블少쇼졀믈君군그ᄃᆡ乃내이예悉실다歸귀도라갈
侍시모실御어모실服복옷飾식꿈일要경곤着착입을短단잘을布포베
裳상치마提뎨끌甕옹항ᄋᆞ리出츌나갈汲급물기를
포션의ᄋᆞ서환씨에ᄌᆞ는쇼군이니그부친이션에쳥
고참연ᄒᆞ거이잇녀겨ᄉᆞ위ᄉᆞᆷ삼고혼슈렴셩ᄒᆞ게ᄎᆞ려

四

ㅣ ᄒᆞ야
ᄒᆞ니 ㅣ
넌 ᄒᆞ야 이라ᄒᆞ니
ㅣᄒᆞ야 ᄒᆞ고
시라가 어넌
ㅣ
이 아ᄒᆞ니
ㅣ ᄒᆞ야

보시니션이조와ᄒᆞ지안커널쇼군이죵파의복열ᄃᆞ
돌녀보시고ᄶᆞ른베치모럼입고ᄂᆞᄆᆞ물깃더라
樂악셩羊양양子ᄌᆞ남ᄌᆞ路로길得드ᄅᆞ들遺유ᄲᆞ즐金금금一일ᄒᆞᆫ餠병떡與
여쥴妻쳐슈ᄂᆡ貞경고들義의올ᄋᆞᆯ貞경고들義의올ᄋᆞᆯ曰왈일ᄋᆞᆯ志지듯士
션비不불안찰求구ᄒᆞᆯ利리ᄅᆞᆯ리러니ᄉᆞ이셔汙오더ᄋᆞᆯ行ᄒᆡᆼᄒᆡᆼ실羊양양子
남ᄌᆞ大대큰慚참ᄒᆞ고부ᄭᆞ려ᄂᆞᆯ捐연버릴其기그金금금於어조ᄉᆞ野야덜
ᄌᆞ尋심ᄎᆞᄌᆞᆯ師ᄉᆞ스승遠원멀ᄒᆞ야學학비홀一일ᄒᆞᆫ年년ᄒᆡ來ᄅᆡ올歸귀도라올貞정고들
정義의올ᄋᆞᆯ리인당길刀도칼斷단ᄭᅳᆫ을ᄋᆞᆯ織직ᄶᆞᆯ曰왈일ᄂᆞᆯ中즁가온대道도길
廢폐폐ᄒᆞᆯ學학비홀、何하엇지異이다ᄅᆞᆯ斷단ᄭᅳᆫ을其기그織직ᄶᆞᆯ乎호어조ᄉᆞ
羊양양子ᄌᆞ남ᄌᆞ、感감동ᄒᆞᆯ감其기그言언말ᄉᆞᆷ、復부도시還환도라ᄒᆞᆯ환終죵ᄆᆞᄎᆞᆯ죵

ᄒᆞ야 ᄒᆞ니

ᄒᆞ더라

業(업업)七(칠일)年(년희)不(불안)返(도ᄅᆞ올반)嘗(일샹)斷(쪽단ᄭᅳᆫ을)髮(발터럭)

賣(매팔)以(이써)供(공공급)其(기그)費(비허비)

악양ᄌᆞㅣ길에서ᄇᆡ지운금ᄒᆞᆫ덩이ᄅᆞᆯ어더그ᄋᆞᄂᆡ게

의려주니경의왈듯잇ᄂᆞᆫ션비ᄂᆞᆫ지믈얼구ᄒᆞ야ᄒᆡᆼ실

얼더러피지안ᄂᆞᆫᄃᆞᄒᆞ니양ᄌᆞㅣ부류ᄒᆞ야금얼들에

버리고스ᄉᆞ로열ᄎᆞᄌᆞ열ᄂᆡ비우ᄃᆞㅣ일년만의도ᄅᆞ온

즉경의ㅣ칼노베ᄶᆞ던거설ᄭᅳᆫ어왈공부렴반만ᄒᆞ고

그친거시이베ᄭᅳᆫᄂᆞᆫ이와갓ᄃᆞᄒᆞ니양ᄌᆞㅣ그말얼감

동ᄒᆞ야ᄃᆞ시ㅣ서질ᄂᆡ비와칠년얼도ᄅᆞ오지ᄋᆞ니ᄒᆞ

五 니경의ㅣ샹희머리털얼베여폭ᄀᆞᆯ서공부ᄒᆞᄂᆞᆫ지량

이 ᄒᆞ야
이어ᄂᆞᆯ 이
호되 ᄒᆞ니 이
ᄒᆞ야 ᄒᆞ야
ᄒᆞ고 은 ᄒᆞ니라

열ᄒᆞ더라

許허셩升승올늘、遊유놀誕탄허탄博박장戱희희롱、不불안할治치다ᄉᆞ릴

操조조슈行힝힝、실妻쳐ᄉᆞ니呂려셩榮영영、화勸권권출升승올늘學학비울

學학問문문、을垂슈드리울滯톄코물而이어조言언말、삼升승올늘、感감동ᄒᆞᆯ감

悔회뉘、출辱욕삼ᄎᆞ슬師ᄉᆞ스승遠원멀學학비울、遂슈인출以이써成셩일울

名명일、음榮영영、화後후뒤遍우만날賊즉도적節졀졀개死ᄉᆞ죽을

허승이방탕ᄒᆞ게놀고잡기렬조와ᄒᆞ야힝실얼닥지

안커ᄂᆞᆯᄋᆡ녀려영이공부ᄒᆞ믈권ᄒᆞ되울며말ᄒᆞᆫ디승

이감동ᄒᆞ고후회ᄒᆞ야스승열太조멀니비와안엄열

일우고영、연후에도적열만나결ᄉᆞᄒᆞ니라

이 ᄒᆞ야
ᄒᆞᆫ 디.
뎐
ㅣ 오ᄒᆞ나이
ᄒᆞ야 이라ᄀᆞ
ᄒᆞ나 이
이러라

北븍녁朝됴뎡孫손셩神신령當당당ᄒᆞᆯ遠원면戎슈죠欽흠ᄒᆞ고

以이써孤외로兄형형子ᄌᆞ自스스代ᄃᆡ신妻쳐ᄂᆡ陳진셩氏

시셔씨曰왈ᄂᆞᆫ以이써孤외로姪족질하自스스로代ᄃᆡ신天텬ᄒᆞᆫ을

下하ᄉᆞ리物남물議의론ᄒᆞ외誰누구슈其기그相서상許허ᄒᆞ여神신령ᄒᆞᆫ

感감동其기그言말언、삼乃내이예自스스로行힝ᄒᆞᆫ在잇ᄌᆡ어戎슈죠신

슈리死죽ᄉᆞ을還도로환陳진셩望ᄇᆞ라망極극ᄀᆞᆫ一일ᄒᆞᆫ哭울곡而ᄆᆡ이卒조

졸죽을

북됴젹손신이ᄲᅥᆫ나슈조리ᄀᆞ기렬당ᄒᆞ야형의ᄉᆞ뎐

노더신보니라ᄒᆞ디ᄉᆞᄂᆡ진씨왈부모엽년족하로디

신ᄒᆞ면남의곰론이엇더ᄒᆞ건너냐ᄒᆞ니신이그말열

六

넌의라
예이
으로 ᄒᆞᆫ더
면요
니면 오ᄒᆞᆫ더
이ᄒᆞ야
ᄒᆞ니라

감동ᄒᆞ야손조ᄆᆞᆯᄃᆞᆨᄆᆞ슈지리예서죽어도ᄅᆞ오니진
씨ᄆᆞᄂᆞᆯ얼부ᄅᆞ보고ᄒᆞᆫ번을근죽더라
唐당나라楊양셩烈렬미열婦부부ᅵ인李리셔侃간강간직妻쳐ᄋᆞ니也야ᄉᆞ여조
李리셩希희부烈렬미열之지ᄉᆞ어조亂란분란侃간강侃간직以이써項항디
城셩 令령원欲욕ᄒᆞ고逃도망去거갈楊양셩氏시셩曰왈ᄀᆞᆯ오ᄃᆡ寇구도
구도 적至지이를當당맛당守슈직ᄒᆞᆯ力력심不불안足죡족則즉곳死ᄉᆞ
ᄉᆞ죽을君군그ᄃᆡ逃도망尙샹오히려誰슈누구守슈직ᄒᆞᆯ侃간강간직逐츅인
슈모모募모兵병군ᄉᆞ死ᄉᆞ죽을守슈직ᄒᆞᆯ縣현고을卒졸마ᄂᆞᆯ完완젼ᄒᆞᆯ
당ᄂᆞᄅᆞ양렬부던리간의ᄉᆞ나라리희렬이란리예간
이항셩원으로도망ᄒᆞ라ᄒᆞᆫᄃᆡ양씨왈도적이오면직

이찰시
斥이묘
률ᄒᆞ니어던
ᄒᆞ라 이ᄒᆞ고
ᄒᆞ고 ᄒᆞ고
ᄉᆞᆫ요 면 탄ᄒᆞ더니
이 에 ᄒᆞ니

컬퍼시쇼작히ᄃᆞᄆᆞ심이부족ᄒᆞ면죽을꺼시니그디
ᄆᆞ도망ᄒᆞ면뉘ᄆᆞ직힐야ᄒᆞ디간이신ᄒᆞ야군ᄉᆞ려ᄇᆞ
서죽게로작키여끝얼온젼ᄒᆞ게ᄒᆞ니라
賈가셩 直고들직 言말언、심 坐좌좌 事닐ᄉᆞ 貶폄폄출 嶺고개령 南남녁남、
以써이 妻쳐쳐 董동셩 召쇼、젼를 乃이내 예 訣결영결 曰일월늘 生상성 死
죽을 不못불 할 可가가출 期긔긔약、吾나오 去갈거 可가가출 嫁
시집가 無말무 須모롬기슈 也어조ᄉᆞ야 董동셩 不안불출 答디답답、리 인당 길 纏
ᄂᆞᆯ 東 속묵글 髮터럭발、封봉봉출 以써이 帛비단백、使ᄒᆡ식 直곧직들 言
말선、심 署일음서 曰일월늘 非안비 일 君그디군 手손슈 不안불찰 解풀히 直
작고들 言말언、심 貶폄폄출 二두이 十열십 年해년 乃이내예 還도라환 署실음

이 이타 ᄒᆞ니

러타

이

둘 皂빅비단、宛ᄒᆞ원완연 然션、골셜 及급이를 湯탕끄른 沐목、ᄆᆞ믈 髮발터럭
셔 墮즐ᄠᅥ타러 無무업슬 餘여、남을
가작션이벼슬ᄒᆞᄃᆞᄆᆞ령남으로구양갈세ᄋᆞ녀동씨
와ᄉᆡᆼ결ᄒᆞ여왈너의싱ᄉᆞ렴샨지못ᄒᆞᆯ개시니곱히시
집ᄆᆞᄭᅩ기ᄃᆞ리지말나ᄒᆞᆫ디동씨ᄆᆞ디답지안코노ᄉᆞ
로머리털얼묵ᄭᅵ비단으로봉ᄒᆞ고작션으로실음두
게ᄒᆞ야왈그디손이ᄉᆞ니면풀지안ᄂᆞᄒᆞ더니구양
간졔이십년만의도무오미실음둔비단이완연ᄒᆞ지
라더운물에ᄆᆞ무니머리털이ᄒᆞᆯᄉᆞ업시ᄇᆡᆨᄎᆞ더라
甕옹디명 州쥬끌 招쵸불을 討ᄐᆞᆫ토도죄 使시ᄉᆞ 쟈 董동셩 昌ᄒᆞᆫ창챵셩 齡령ᄂᆞ 治

어녈 ㅣ
ᄒᆞᆫ디 어녈
의 ㅣ ᄒᆞ야
ᄒᆞ야 ᄒᆞ샤
ᄒᆞ니 이ᄒᆞ니
년의라

ᄃᆞ시란치 無업슬무 狀모양장、參참여참 軍군ᄉ군 衡셩형 方모방 厚두터울후 數
ᄌᆞ조삭 爭닷톨징 事닐ᄉᆞ 昌창셩ᄒᆞᆯ창 齡ᄂᆞ령 怒노ᄒᆞᆯ노 殺죽일살 之어조ᄉᆞ지、方
모방 厚두터울후 妻ᄋᆞᄂᆡ쳐、程셩졍 氏셩씨시、徒빈도 行힝뎡、길 至이를지 闕대궐
궐 下ᄋᆞ래하、叩두ᄃᆞ릴구 銀은은 臺집ᄃᆡ 門문문 自스ᄉᆞ리ᄌᆞ 刵귀베일이 陳베풀진
寃원통ᄒᆞᆯ원、昌창셩ᄒᆞᆯ창 齡ᄂᆞ령 乃이예내 得으들득 罪죄죄、
숑쥬ᄎᆞ토소동챵령이불치ᄒᆞ거ᄂᆞᆯ참군형방후ᄀᆞᄌᆞ
조간ᄒᆞ더니챵령이노ᄒᆞ여죽이거ᄂᆞᆯ방후셰ᄋᆞ녀졍씨
ᄀᆞ만여러렬도보ᄒᆞ야대궐문열두되리며귀ᄅᆞᆯ베여
원졍ᄒᆞ니챵령이필경득죄ᄒᆞ니라
元원나라원 胡셩호 烈ᄆᆡ울렬 婦부인부、劉셩류 平평ᄒᆞᆯ평、妻ᄋᆞ내쳐 世ᄉᆞ어조샤

이러니
ㅣ 어널 ㅣ
ᄒᆞ야 ᄒᆞ고
ᄒᆞ야
ᄒᆞ고 ᄒᆞ니라
넌 이타

平평평、훈 車거수리 載재실을 其기그 家가집 遠원멀 戍슈수자리 夜야밤 有잇슬
유 虎호범、御어거할 平평평할 去거갈、胡호성 追츄쫏츨 及급미를 之지어조 持지진
지잡을 虎호범 足족발 呼호부를 車거수리 中중가운 兒ᄋᆞᄋᆞ희 取취ᄀᆞ질 刀
도칼 殺살죽일 虎호범 扶부붓들 平평평훈 還환도로올、
원ᄉᆞᄂᆞᆫ 호련부년 류평의 ᄋᆞᄂᆡ라 평이 수리예 삭구럼
싯고 멀니 슈ᄌᆞ리 ᄀᆞ더니 밤에 범이 와서 평열 무러 ᄀᆞ
거ᄂᆞᆯ 호씨 ᄀᆞ 쫏ᄎᆞ ᄀᆞ서 범에 발열 잡고 수미 속에 인ᄂᆞᆫ
ᄋᆞ희ᄅᆞᆯ 불너 칼열 ᄀᆞ지오ᄅᆞ ᄒᆞ야 범열 죽이고 평열 살
리니라

張장성 義의올을 婦부부、인 濟제제 슈 南남남녁 人인사람、夫부지아비 경 戍슈

슈리 福복복 寧녕편홀 死ᄉᆞ죽을 張장셩 孝효도 養홀봉양 父부부 친 母친모

문 舅구시부 姑고시모 凡범뎌 범 四ᄉᆞ넉 刲규베일 股고지허벅 愈유나을 病

병병 들 及급이를 父부부 친 母무모 친 舅구시부 姑고시모 死ᄉᆞ죽을 乃예이

내 歎탄탄 식 曰월일 늘 夫부외 경 死ᄉᆞ죽을 數수두 어 千쳔일 쳔 里리리 쑤

外외밧 것 不불못 홀 能능능 홀 歸귀도로 올 葬장장ᄉᆞ 以이써 父부부 친 母친모

무 舅구시부 姑고시모 無무업 슬 所소바 依의지 홀 故고연 고 也야이조 ᄉᆞ어 今

금이 졔 不불못 홀 幸힝다 힝 已이이 예 메 死ᄉᆞ죽 을 吾오나 敢감감히 홀 愛ᄋᆡᄉᆞ랑 길

死ᄉᆞ죽 을 乎호어조 ᄉᆞ 乃내이 臥와눌 氷빙얼 음 誓셔밍 셔 曰월일 늘 天텬 을 흔

텬 若약만 일 許허허 락 妾쳡첩 取ᄎᆔ가 줄 夫부외 경 骨골뼈 雖슈비 록 寒한찰

九 甚심심 홀 當당맛 당 不불안 홀 死ᄉᆞ죽 을 踰유넘 을 月월달 不불안 홀 死죽을

어ᄇᆞᆫ 에ᄒᆞ니
ᄒᆞ야이
라ᄒᆞ야
ᄒᆞ니라

乃내예 行힝뎡길 四ᄉᆞ녁 十습열 日일날 至지이를 福복복 寧녕편ᄒᆞᆯ 夫

ᄉᆞ외 정 怨홀홀 연 降강ᄂᆞ릴 于ᄋᆞ어조 童동ᄋᆞ희 言언말 심 動동움직 無무업슬

부 무 異이달을 生싱산 時시ᄯᅢ 指지ᄀᆞ리 示시뵈알 骨골ᄲᅢ 所소바 在재잇슬 遂

슈신 출 還환도올 葬장장ᄉᆞ

졔남쟝의부년외졍이복녕ᄯᅥᆨ의슈조리ᄆᆞ서죽으믹

쟝씨ᄆᆞ부모와구고렬효양ᄒᆞ야네번열ᄯᅳ리살엳베

여병설낫게ᄒᆞ더니부모구고ᄀᆞᄎᆞᄎᆞ죽으미그제야

딴식왼외졍이수쳔리박긔서죽어쓰되박끌엳돌녀

ᄃᆞᄆᆞ장ᄉᆞᄒᆞ지못ᄒᆞ기년부모구고ᄆᆞ의ᄃᆞᆨ이업쓰멀

위ᄒᆞ미라이제년불힝이ᄃᆞ하녜ᄒᆞ여쓰나니ᄆᆞ엇지

의넌넌 나ᄎᆞ야 ᄒᆞ디ㅣ

감히죽기를아까랴ᄒᆞ고얼음우에누어서밍셔ᄒᆞ여
오ᄂᆞᆫ혼스님이첩얼허락ᄒᆞ야외졀얼환장ᄒᆞ게ᄒᆞ샨진
뎐암만치어도죽지안년ᄃᆞ더니ᄃᆞᆫ여너머도죽지안
커ᄂᆞᆫ이예ᄉᆞ십얼거러서복녕에드ᄃᆞᆫᄒᆞ니외경에
령혼이ᄒᆞᆫ동조의게ᄂᆞ리여연동이평시와ᄃᆞ름이업
년지라빅골인년ᄃᆞ런마리처서돌녀ᄃᆞ그영장ᄒᆞ니
라

李리셩仲중버금義의올을妻처안ᄒᆡ劉류셩氏시씨名명일홈翠취푸를仲
哥가형縣현골大대큰饑긔흉년兵병군ᄉᆞ乏핍업슬食식먹을執집잡을仲
중버금義의올을欲욕ᄒᆞ고자烹팽ᄉᆞᆯ믈之지어조ᄉᆞ翠취푸를哥가형泣읍울乞

ᄒᆞ야
이라 ㅣ ㅣ
라ᄒᆞ니 이라
타ᄒᆞᆫ디 이
ᄒᆞ고 려라

빌 曰왈 일늘 吾오나 夫부의 졍 瘦슈ᄑᆞ리ᄒᆞᆯ 小쇼즉을 不불못ᄒᆞᆯ 可가가ᄒᆞᆯ 食

글 吾오나 聞문드를 婦부부인 人인사람 肥비살즐 黑흑거믈 者자니 味

먹을 吾오나 肥비살즐 且차또 黑흑거믈 願원원ᄒᆞᆯ 就취나갈 烹ᄑᆡᆼ살믈

식 美미달 밉 吾오나 夫부의 졀 兵병군ᄉᆞ 遂슈인ᄒᆞᆯ 釋셕노 을 仲듕버금 義

만 以이써 代ᄃᆡ티 신

미 광 올 을 烹ᄑᆡᆼ살믈 翠취프를 哥가형

리 즁의의 ᄋᆞᄂᆞ류ᄡᅥᆫ 알음 언 취가니 ᄒᆞᆫ녀 얼만나 군

ᄉᆞᄂᆞ 먹을 개시 엽ᄡᅥ 즁의 ᄃᆞᆯ 不보 살무랴 ᄒᆞᆫ디 취가ᄂᆞ

울 여비려왈 우리 외졍 언ᄑᆞ리ᄒᆞ야 먹을 ᄡᅮᄆᆞ엽ᄉᆞᆷ개

시ᄅᆞ니 드르니 부인이 살즈ᄀᆞ 거무니ᄆᆞ 맛시 잇ᄂᆞᄒᆞ

나니ᄆᆞ 살즈고 거믄지라 원컨ᄃᆡ 외졍ᄃᆡ신 죽어저르

와이 시이라 ᄒᆞ고 ᄒᆞ고 이라가 에ᄒᆞ고 와 와ㅣ ᄒᆞ니ᄒᆞ고 라ᄒᆞ더라

ᄒᆞ듸 군ᄉᆞᄀᆞ 죵의ᄃᆞᆯ 노코 쥐가ᄃᆞᆯ 살무니라
明명 桐동 城셩 郭곽 鍾셩죵 氏셩시씨 夫부 陶셩도 鏞쇠용 북
以ᄡᅥ이 罪죄죄 戍수자리슈 死죽을ᄉᆞ 鍾셩죵 年ᄒᆡ년 二두이 十열십 五다ᄉᆞᆺ오 貟
부를 其그기 骨ᄲᅧ골 四넉ᄉᆞ 千일쳔 餘남을여 里ᄆᆞ을리 歸도라갈귀 葬장ᄉᆞ장ᄒᆞ고
乃이에내 斷근을단 髮터럭발 杜막을두 門문문 年ᄒᆡ년 八여ᄃᆞᆲ팔 十열십 二
싀두 卒죽을졸 子ᄌᆞ식ᄌᆞ 婦며ᄂᆞ리부 方셩방 氏셩시씨 孫손ᄌᆞ손 婦며ᄂᆞ리부 王
왕셩 氏셩시씨 妾쳡쳡 吳셩오 氏셩시씨 皆다ᄀᆡ 早일조 寡과부과 守직흴슈
節졀개졀 旌졍표졍 三석삼 代대대 稱일ᄏᆞᆯ을칭 四넉ᄉᆞ 節졀개졀 里ᄆᆞ을리
대명 ᄶᅧᆨ 동셩 죵씨의 외경 도용이 구양ᄀᆞ서 죽으미 그
ᄯᅢ예 죵씨ᄀᆞ 이십오 셰라 용의 빅골 열조고 ᄉᆞ쳔리ᄅᆞᆯ

十二

의ㅣ 러니세 어널ㅣᄒᆞ고 ᄒᆞ야ᄌᆞ고ᄒᆞ니 어널ᄒᆞ야에 러니예ㅣ 써널

와셔고향에환쟝ᄒᆞ고머리털얼꼰코문박괴렬ᄂᆞᄆᆞ
지안트ᄆᆞ팔씁이셰예죽고ᄌᆞ부방씨와손부왕씨와
손쳡오씨ᄆᆞᄃᆞ조파ᄒᆞ야슈졀ᄒᆞ니삼티렬졍문ᄒᆞ고
ᄉᆞ년동티렬ᄉᆞ졀리ᄅᆞ일음ᄒᆞ더라
本본근 본 朝됴됴 뎡 安편안 안 東동녁 동 人사ᄅᆞᆷ 인 金쇠금 氏셩시 씨 女ᄯᆞᆯ녀
適시집갈 셕 兪유셩 유 天하ᄂᆞᆯ 텬 桂계수나무 계 常일샹 샹 夜밤야 虎범호 攫ᄀᆞᆯ퍅 夫
去갈거 金쇠금 把잡을파 木나무목 弓활궁 叱소리질 呼소리호 而어조
前앞젼 左왼자 執잡을집 右올흔우 撲칠박 虎범호 虎범호 委버릴위
而말이을 去갈거 負질부 夫지아비부 歸돌아올귀 家집가 粮거량 明밝을명
乃이에내 蘇회소 其그기 夜밤야 虎범호 又또우 至이를지 大큰대 吼울후 金

이ᄒᆞ고

이니

아ᄒᆞ더ㅣ러니

ᄒᆞ더라

셜開열門문荷하메杖지팡語말ᄉᆞᆷ어曰왈爾너이亦또역

靈신령物만물何어지하若같을약是이시之어조ᄉᆞ지甚심할심手손수

虎범호齧물설舍집사傍엽방梨ᄇᆡ리樹나무슈而어조ᄉᆞ이去갈거樹

나무슈乃이에내枯ᄆᆞ를고

우리ᄂᆞ무산동ᄯᅢ에김씨의ᄯᆞᆯ이유텬계의게로시집

갓더니ᄒᆞ로밤언범이와경열무러ᄀᆞ거녈김씨ᄆᆞ목

공열ᄆᆞ지고ᄶᅩ초ᄀᆞ서왼손으로외경열잡고오른손

으로범얼ᄎᆞ니범이노코ᄀᆞ거녈외경열업고도ᄅᆞ와

서평명에회싱ᄒᆞ더니후날밤에범이ᄯᅩ와서고함ᄒᆞ

거녈김씨ᄆᆞ문열열고왈너도령물이너이디지심히

ᄒᆞ녀나ᄒᆞᆫ듸 범이 집엽희 빈 ᄂᆞ무 뎌 믈고 ᄆᆞ더니 비ᄂᆞ
무ᄆᆞ말ᄂᆞ 죽더라

賢현어질 母무모친

어진모친

이
ᄒᆞᆫ듸ㅣ
마ᄎᆞ니 이ᄇᆡᆷᄒᆞ니
이 ᄒᆞ노어ᄂᆞᆯ ㅣ
ᄯᆞ가 ᄒᆞ고

晉진ᄂᆞ라진 叔슉아ᄌᆞ비 向향향ᄒᆞᆯ 欲욕ᄒᆞ고져ᄒᆞᆯ 娶취장가들 申신나라명 公공공후 巫무당
臣신신하 女녀ᄯᆞᆯ 其기그 母모모친 止지그칠 之ᄌᆞ어조ᄉᆞ 曰왈ᄀᆞᆯ 甚심ᄒᆞᆯ심
美미아ᄅᆞᆷ답 必필반ᄃᆞ시 有유이실 惡악악ᄒᆞᆯ 平평평ᄒᆞᆯ 公공공후 強강강건ᄒᆞᆯ
使ᄉᆞ시길 娶취장가들 生ᄉᆡᆼ난 子ᄌᆞᄌᆞ 伯ᄇᆡᆨ맛 友우벗 其기그 母모모친 將장ᄎᆞᆺ
장 視시볼 之ᄌᆞ어조ᄉᆞ 及급미ᄎᆞᆯ 堂당집 聞문드를 其기그 聲셩소리 不불아닐 활
視시볼 而이어조ᄉᆞ 還환도라올 曰왈ᄀᆞᆯ 豺싀승양이 狼랑이리 之ᄌᆞ어조ᄉᆞ 聲셩소리

是시이 必반ᄃᆞ시필 亡망ᄒᆞᆯ망 羊양양 舌셔셜 氏셩씨 後뒤후 果과연과 如
여ᄆᆞ 틀 其그기 言말언 심

진ᄂᆞ라 숙향이 신공무신에ᄃᆞᆯ의게 장기들라 ᄒᆞᆫ대
모친이 금지ᄒᆞ야 왈 무신에ᄃᆞᆯ이 너머ᄉᆞ롬ᄃᆞ오니 ᄒᆞᆫ
경악ᄒᆞᆫ 거시 잇ᄉᆞ리라 ᄒᆞᆫ대 진ᄂᆞ라 인군이 권ᄒᆞ야 장
기드러서 ᄉᆞ 뎐열ᄂᆞ 께널 그모친이 ᄉᆞ희보러 ᄆᆞᄃᆞᄆᆞ
문박끠서 우룸소리 ᄃᆞᆯ듯고 보뎐 안코 도르오며 왈 ᄂᆞ지
랑의 소리라 ᄒᆞ 경집 얼망 ᄎᆞ리라 ᄒᆞ더니 후에 과연 그
말과 갓더라

孟맹셩 子ᄌᆞ군ᄌᆞ 學비울학 而어조ᄉᆞ이 歸도로올귀 母모친무 問물을문 學비울

ᄒᆞ니 어딜ㅣ 이 다ᄒᆞ니 ᄒᆞ야 ᄒᆞ야 ᄒᆞ니라

ᄒᆞ扇 ㅣ

학 所소바 至지이를 自ᄌᆞ스스려 若약ᄀᆞᄐᆞᆯ 也야어조ᄉᆞ 母모모친、以이ᄡᅥ 刀도갈
斷단ᄭᅳᆫ을 機긔베틀 曰왈일ᄋᆞᆯ 子ᄌᆞ아ᄃᆞᆯ 之지어조ᄉᆞ 廢폐폐ᄒᆞᆯ 學학ᄇᆡ홀、若
약ᄀᆞᄐᆞᆯ 吾오너 斷단ᄭᅳᆫ을 機긔베틀、孟ᄆᆡᆼ셩 子ᄌᆞ군ᄌᆞ 懼구두려울 勤근부지런 學
학ᄇᆡ홀 不불안 息식쉴、遂슈인 成셩일울 大대큰 儒유션비、
ᄆᆡᆼᄌᆞ 쇼시예 츌입ᄒᆞ야 공부ᄒᆞᄃᆞᄀᆞ 도라오니 그 모친
장ᄡᅵᄀᆞ 공부 조예ᄅᆞᆯ 무러보니 별노 늘지 못ᄒᆞ여 개년
칼노 베틀에 ᄶᆞ던 거ᄉᆞᆯ ᄭᅳᆫ어 왈 너의 공부ᄅᆞᆯ 반도이 폐
ᄒᆞ던 거시 이와 갓ᄃᆞᄒᆞ니 ᄆᆡᆼᄌᆞᄀᆞ 송구ᄒᆞ야 ᄃᆞ시 ᄀᆞ서
공부ᄅᆞᆯ 부지런이 ᄒᆞ야 셩현이 되얏ᄂᆞ니라
孟ᄆᆡᆼ셩 子ᄌᆞ군ᄌᆞ 將쟝쟝ᄎᆞᆺ 入입들어갈 室실방 其기그 婦부ᄋᆞ내、袒단반버슬 于

ᄒᆞ고ㅣᄒᆞ야.
ㅣᄒᆞᆫ대ㅣᄒᆞ니
예언
요예언
타ᄒᆞ고
ㅣ아ᄒᆞᆫ뎌ㅣ
ᄒᆞ니.
ㅣ댜ᄒᆞ더라

써조ᄉᆞ우 內안산 孟맹셩 子ᄌᆞ군、不불안할 悅열깃블、遂슈인 ᄒᆞᆯ 不불안할 入
돌어갈입 婦부녀、謝사례 母무모친 求구ᄒᆞᆯ 去갈거 母무모、친 台블을 上오를샹
孟맹셩 子ᄌᆞ군 조 謂닐을위 之어조ᄉᆞ지 曰ᄀᆞᆯ월 禮례문 將쟝ᄎᆞᆺ 人사ᄅᆞᆷ인 也
갈샹 堂집당 聲소리셩 必반ᄃᆞ시필 揚드ᄂᆞᆯ양、 所바소 以ᄡᅥ이 戒경계 人남인 也
갈어 入들입 戶지게호、 視볼시 必반ᄃᆞ시필 下ᄂᆞ릴하、 恐두려울공 見볼견 人
어조ᄉᆞ 過허물과 也어조ᄉᆞ 不안불 察살필찰 于어조우 禮례문、 責ᄭᅮ짓칙 孟
안남 于어조ᄉᆞ우 妻안해처、 不안불 亦또역 遠멀원 乎어조호 孟맹셩 子ᄌᆞ군、遂
어조 婦부ᄂᆞ 夫 知 而어조ᄉᆞ 謝사례 之어조ᄉᆞ지 君 不
슈인 ᄒᆞᆯ 留머믈류 其그기 婦부ᄂᆞ 而어조ᄉᆞ이 謝사례
子ᄌᆞ、군 조 謂닐을위 孟맹셩 母모친、 知알지 禮례문、
밍ᄌᆞ ᄉᆞ시예 산방의 드러가 서ᄂᆞ니 가 져삼버선 거설

ᄒᆞ야 에 ᄒᆞ니

보고조와ᄒᆞ지ᄉᆞ너ᄒᆞ야ᄃᆞ시드러ᄆᆞ지ᄉᆞ너호ᄃᆡᄉᆞ
너ᄆᆞ모친ᄭᅴ샤례ᄒᆞ고도ᄅᆞᄆᆞ기럴쳥ᄒᆞ너모친이밍
ᄌᆞ럴불너알너왈례문에ᄒᆞ기럴당의솔놀ᄶᅧᆨ의기침
ᄒᆞ넌거선방안의서ᄉᆞ람들어오넌줄엳알ᄂᆞ넌ᄯᅳᆺ지
요방에들어갈ᄶᅦ압희만보넌ᄯᅳᆺ선남의허물엳볼ᄭᆞ
렴려라너넌례문엳살피지안코ᄉᆞ너만착망ᄒᆞ너냐
ᄒᆞ디밍ᄌᆞᄆᆞ인ᄒᆞ야ᄉᆞ너게샤례ᄒᆞ고ᄆᆞ지못ᄒᆞ게ᄒᆞ
너군ᄌᆞᄆᆞᄒᆞ기럴밍ᄌᆞ의모친이지례ᄒᆞᄃᆞᄒᆞ더라
田뎐션子ᄌᆞ남ᄌᆞ相샹졍齊졔ᄂᆞ三삼석年년해得득으들金금금百백일
鎰빅일량쓰奉봉밧들其기그母무모친母무모친曰월일ᄋᆞᆯ不불살義의

연 ●나
ᄒᆞ니 ...
ᄒᆞ야 ᄒᆞ니
이 ᄒᆞ야 ᄒᆞ니라

의 율울之어조物물건不불안찰入들입于어조舘관ᄉᆞ처爲위될
臣신신不불안찰忠츙셩是시이爲위될子ᄌᆞ식不불안찰孝효도、
田뎐셩子ᄌᆞ남자、懼두려울구還도ᄅᆞ갈환金금금于어조수우王왕인군、王왕션군、
賢현어질其그기毋모친무、以써이其그기金금금賜줄ᄉᆞ之어조ᄉᆞ지、
뎐조ᄆᆞ졔ᄂᆞᆫ뎍에졍승ᄒᆞᆫ졔삼년에황금박을얻으더
서모친의게보치니모친왈불의ᄒᆞᆫ물건언판샤의되
리지안니니에ᄆᆞ남의신하ᄆᆞ되야서츙셩치ᄉᆞ니ᄒᆞ
니부모의게도불효라ᄒᆞᆫ디뎐조ᄆᆞ송구ᄒᆞ야왕끠금
얼도로보치니왕이그모친얼서잘게녀겨서그금얼
모친얼주더라

十五

ᄒᆞ니 ㅣ ㅣ ᄒᆞᆫ ㅣ 이러니 이라가 예ᄒᆞᄂᆞ니 오ᄒᆞᆫ니 ㅣ ᄒᆞ고 ᄒᆞᄂᆞ니라

淖뇨셩 齒치치ᆞ 弑시죽일 齊졔졔ᄂᆞ 閔민불샹 王왕인군 王왕인군 孫손조손

賈가갑 之지조ᄉᆞ어 母모무 謂위일ᄂᆞᆯ 賈가갑 曰왈일ᄋᆞᆯ 汝여너 朝됴아ᄎᆞᆷ

出출ᄂᆞ갈 而ᄉᆞ이조 暮모저물 歸도올 則즉곳 吾오나 倚의기ᄃᆞᆯ 門문 則

而ᄉᆞ이조 望보ᄅᆞᆯ 暮모저물 出출ᄂᆞ갈 而ᄉᆞ이조 不불안 歸도올 則

吾오나 倚의기ᄃᆞᆯ 閭려ᄆᆞ을 而ᄉᆞ이조 望부ᄅᆞᆯ 今금이제 事ᄉᆞ셤길

王왕인군 出출ᄂᆞ갈 不불못 知지알 處쳐곳 汝여너 尙샹오히려

何하엇지 歸귀도올 賈가갑 乃내이예 率솔거ᄂᆞᆯ 市시저ᄌᆞ 人인사ᄅᆞᆷ 四ᄉᆞ넉

百ᄇᆡᆨ일ᄇᆡᆨ 誅쥬베일 齒치치ᆞ

뇨치ᄀᆞ 제민왕열 죽이니 왕손가의 모친이 가더러 일

너왈 평시에 넌네ᄀᆞ ᄋᆞ침에 ᄂᆞᄀᆞ 저물리도로오면 너

예이 ᄒᆞ샤ᄒᆞ니 로ㅣ ᄒᆞ니 이 이라ᄒᆞ니

ᄆᆞ대문의기ᄃᆡ여ᄇᆞᄅᆞ보고저믈게ᄂᆞᄆᆞ도ᄅᆞ오지ᄉᆞ
니ᄒᆞ면서ᄆᆞᄅᆞ문의기ᄃᆡ여ᄇᆞᄅᆞ보와ᄭᅥ니와이제넌
네ᄆᆞ왕연셩기ᄃᆞᄆᆞ왕의간곳졀모ᄅᆞ니네ᄆᆞ엇지도
ᄅᆞ왓넌뇨ᄒᆞᆫᄃᆡ가ᄆᆞ이맏연듯고장ᄉᆞ람ᄉᆞ빅엳거느
러고뇨치렬베이니라

秦 진ᄂᆞ라진 末 ᄭᅳᆺ말 兵 군ᄉᆞ병 起 이러날긔 東 동녁동 陽 볏양 少 져믈쇼 年 ᄒᆡ년 欲
ᄒᆞ고잘욕 立 세울립 令 식힐령 史 ᄉᆞ긔ᄉᆞ 陳 베풀진 嬰 어릴영 爲 ᄒᆞᆯ위 王 인군왕 嬰
어릴영 母 어미모 曰 ᄀᆞᆯ왈 自 스스로ᄌᆞ 我 나아 爲 ᄒᆞᆯ위 汝 너여 家 집가 婦 부인부 ᄂᆞ
未 못미 嘗 일쯕샹 聞 드를문 汝 너여 先 조샹션 有 잇슬유 貴 귀ᄒᆞᆯ귀 者 놈쟈
暴 포금 得 으들득 大 큰대 名 일흠명 不 아닐불 祥 샹셔샹 嬰 어릴영 乃 이에내

으로 ᄒᆞ야
ᄒᆞ고 ᄒᆞᄂᆞ니라

以이써 兵병군ᄉᆞ 屬쇽부찰 項항셩 梁대량、 爲위될 楚초ᄂᆞ라 上샹위 柱
기둥 國국、ᄅᆞᆯ 歸귀돌 ᄅᆞᆯ 漢한ᄂᆞ라 ᄅᆞᆯ 한 封봉 봉ᄒᆞᆯ 侯후제후、
진ᄂᆞᆫ말년의ᄉᆞ방에군ᄉᆞᄀᆞ이러ᄂᆞ미동양쇼년더
러ᄉᆞ면진영열세워왕열ᄉᆞ무랴ᄒᆞ니영의모친이왈
너ᄀᆞ네집의드러온후에네의조샹에귀ᄒᆞ니잇단말
얼듯지못ᄒᆞ야쓰니급히크게되넌거시조치안튼ᄒᆞ
니영이그말얼조차군ᄉᆞᄅᆞᆯᄃᆞ리고항량의게부치여
초ᄂᆞᄅᆞᆯ정승이되고한ᄂᆞᄅᆞᆫ에ᄃᆞᄃᆞᄅᆞ마ᄅᆞᆯ후ᄅᆞᆯ봉ᄒᆞ니라
王왕셩 陵릉언덕、以이써 兵병군ᄉᆞ 屬쇽부찰 漢한ᄂᆞ라한 楚초ᄂᆞᄅᆞ초 執집잡 을
其기그 母모친、欲잘ᄒᆞ고 욕ᄒᆞ고 以이써 招쵸불을 陵릉언덕、其기그 母모친 因

어에
ᄒᆞ▮ ᄒᆞ니

라ᄒᆞ며니
로ᄒᆞ랴ᄒᆞᆫ
ᄒᆞ뇌라

인ᄒᆞᆫ 使ᄉᆞ 者쟈ㅣ 語어ᄒᆞᆫ 陵릉더 曰왈 漢한ᄂᆞ 王왕인군
長쟝얼운 者쟈ㅣ 終죵ᄆᆞᄎᆞᆷ 得득어들 天텬ᄒᆞᄂᆞᆯ 下하아래 無무업슬 以이ᄡᅥ 我
사서 故고연고 持지가줄 二이두 心심ᄆᆞᄋᆞᆷ 遂슈인ᄒᆞᆫ 伏복업듸 劍검칼 而ᄉᆞ이 自ᄌᆞ
死ᄉᆞ죽을

왕릉이 한왕께 부치미 항우ㅣ 릉에 모친얼 잡아두고
릉얼 부르니 릉에 모친이 릉에 ᄉᆞ쟈련 인ᄒᆞ야 릉의게
말얼 ᄒᆞ여 왈 한왕이 관경텬 하련ᄎᆞ 지ᄒᆞᆯ ᄀᆡ시니 날
또리두 맘 열여지 말나 ᄒᆞ고 칼얼 물고 엽ᄃᆡ여 저 죽어 ᄯᅢ
너 후에 릉이 한나ᄅᆞ 정승이 되고 후련 봉ᄒᆞ니라

漢한 한나 嚴엄엄ᄒᆞᆯ 延연느련 年년ᄒᆡ 爲위될 東동녁 海ᄒᆡ바다 太태클 守슈군

十七

ᄒᆞ야 이여녈
ᄒᆞ고
ᄒᆞᄂᆞ니
이니 네
이니 ᄒᆞ고
랏ᄒᆞ고 러니
예 이러라

슈酷혹독烈렬ᄆᆡ올其기그毋무모ᄒᆞ쳔知지알終죵ᄆᆞᄎᆞᆷ내得득스들罪죄죄
謂위닐ᄋᆞᆯ曰왈일ᄋᆞᆯ天텬ᄒᆞᆯ을道도도리神신ᄒᆞᆯ신령明명ᄇᆞᆯᄀᆞᆯ人인사람不
불못ᄒᆞᆯ可가가ᄒᆞᆯ獨독홀노殺살죽일不불못ᄒᆞᆯ意의ᄠᅳᆺ當당당ᄒᆞᆯ老로늘글
見견볼壯장ᄒᆞᆯ장셩子ᄌᆞᄌᆞ被피닙을刑형형벌戮륙죽일去거버릴汝여너
歸귀도라갈掃소ᄡᅳᆯ除뎨덜墓묘무덤地디ᄯᅡ遂슈드ᄃᆡ여歸귀도라갈歲세ᄒᆡ餘
여남을延연느릴年년ᄒᆡ果과과敗패ᄒᆞᆯ패

ᄒᆞᄂᆞᆫ엄연이동ᄒᆡ태슈ᄀᆞ되야혹독ᄒᆞ거ᄂᆞᆯ그모
친이관경독죄ᄒᆞᆯ줄엳살ᄭᅩ일ᄂᆡ왈텬도ᄀᆞ신명ᄒᆞ니
ᄉᆞ람엳만이죽이면앙화ᄀᆞ도ᄅᆞ오ᄂᆞ니로리예장셩
ᄒᆞᆫᄌᆞ식이듀ᄋᆞᆷᄒᆞ야죽ᄂᆞᆫ양을보기ᄀᆞᄉᆞᆯ이니너ᄅᆞᆯ버

이ᄒᆞ야
ᄒᆞ야
호더ㅣᄒᆞ야
러니 이ᄒᆞ니라

리ᄒᆞ고 ᄒᆞᆼ셰도로ᄆᆞ서 묘디ᄂᆞ 소제ᄒᆞᆫᄃᆞᄒᆞ고 ᄆᆞ던니
일변만의 션년이 파연득죄ᄒᆞ니라

翟뎍셩 方방모 進진ᄂᆞ갈 世셰셰 디 微미죽을 賤쳔쳔ᄒᆞᆯ 幼유어릴 孤고외로올 與여더블 母모모 親친 至지이를 京경서울 師ᄉᆞ무리 從종조ᄎᆞᆯ 師ᄉᆞ스승 受슈바들 經경경셔ᄒᆞ 母모모 親친 常샹ᄒᆞᆼ샹 織직짤 屨구신 以이써 給급줄 其기그 資ᄌᆞ뢰 進진나갈 後후뒤 至지이를 丞승판 相샹졍승

뎍방진이 디티로미쳔ᄒᆞ고 조고ᄒᆞ야 모친열다ᄅᆞ 경셩으로 ᄆᆞ셔 스승열구ᄒᆞ야 공부ᄒᆞ되 모친이 손조신ᄉᆞ모곡ᄅᆞ서 공부에 소업셜당ᄒᆞ더니 후에 방진이 졍승ᄭᅡ지ᄒᆞ니라

에이 ㅣ어녈 시ᄒᆞ야을 러니 ㅅ이ㅇ이 겸 ㅣᄒᆞ야ᄒᆞ니 이ᄒᆞ고ᄒᆞ야 ᄒᆞ고열 ᄒᆞ더라

陳진셩文문글矩구법妻쳐ᄋᆞ너穆목화ᄒᆞᆯ姜강셩有유잇슬二이두子ᄌᆞᄋᆞ덜
而ᄉᆞ어이조前젼젼妻쳐ᄋᆞ너四ᄉᆞ넉子ᄌᆞᄋᆞ덜、不불안ᄒᆞᆯ孝효효、도穆목화ᄒᆞᆯ
姜강셩慈ᄌᆞᄉᆞ랑ᄒᆞᆯ愛ᄋᆡᄉᆞ랑ᄒᆞᆯ益익더ᄒᆞᆯ隆룡、노플衣의입을食식먹、을兼겸ᄒᆞᆯ
倍비갑절所소ᄇᆞ生ᄉᆡᆼ난長쟝맛子ᄌᆞᄋᆞ덜、興흥니러ᄒᆞᆯ有유잇슬病병병、들
毋무모、친親친ᄒᆞᆯ친히諸도고로藥약약餌이약乃내이예瘳츄、나을興흥니러ᄒᆞᆯ
遂슈인ᄒᆞᆯ將쟝거ᄂᆞ릴三삼셕弟뎨ᄋᆞ、우詣예니를縣현고을獄옥옥、집陳진베플
毋무모친之ᄉᆞ어지조德덕덕狀쟝모、양己긔몸之ᄉᆞ어지조過과죄乞걸빌就ᄎᆔ나ᄋᆞᆯ
斉刑형형、벌

진문구에ᄉᆞ서목강이두ᄋᆞ덜열두고젼실에네ᄋᆞ덜
언불효ᄒᆞ거ᄂᆞᆯ목강이더욱ᄉᆞ랑ᄒᆞ야의식열소싱보

이시
ᄀ
로ᄒᆞ니이리오
ᄒᆞ고
널아ᄒᆞ더라

두갑졀연ᄒᆞ더니ᄆᆡᆺᄉᆞ뎔ᄒᆞᆼ이병들미친히약엳두려
머여서살더시니흉이세ᄉᆞ우렴두리고관뎡의드려
마서모친에덕열맏ᄒᆞ고저의죄렴받키여형벌에ᄂᆞ
마기렴청ᄒᆞ더라

范범셩滂방우택以아써黨당붕당人인ᄉᆞ람詣예ᄂᆞ갈獄옥옥집其기그母
무모ᄂᆞᆫ就츄ᄂᆞ갈與여더블訣결영결曰왈일ᄂᆞᆯ汝여너得득으들與여더블
李리셩杜두셩齊제가조ᄅᆞᆫ名명일홈死ᄉᆞ죽을亦역또何하엇지恨ᄒᆞᆫᄒᆞᆫᄒᆞᆯ旣
이미有유잇슬令령하ᄂᆞᆯ名명일홈復부또시求구구ᄒᆞᆯ壽슈슈ᄒᆞᆯ考
可가가ᄒᆞᆯ兼겸겸ᄒᆞᆯ得득으들乎호어조ᄉᆞ

十九 범방이붕당에몰니여옥에마치미그모친이영결ᄒᆞ

어 으로
ᄒᆞᆯ시ㅣ
ᄒᆞ야
이러니 에이
ᄒᆞ야
ᄒᆞ야 ᄒᆞ니
ㅣ
ᄒᆞ야
ㅣ

야왈 네ᄆᆞ당 셰명 신리 ᄉᆞᆯ두 말노 ᄋᆞᆫ으이 ᄆᆞ트니 죽은
덜무어시 ᄒᆞᆫ이 잇쓰랴 이메 조ᄒᆞᆫ 일ᄋᆞᆯ 열엇고 또 소리
살기 ᄃᆞ乎ᄒᆞᆫ덜 엇지 겸ᄒᆞ야 스들 수ᄀ 잇랴 ᄒᆞ더라

三삼석 國국나ᄅᆞᆺ 孟맹셩 宗종ᄆᆞᄅᆞ 少쇼졀믈 從종조출 李리셩 肅숙엄숙 遊
놀유 與여더블 同동ᄀᆞᄐᆞᆯ 學ᄒᆞᆨᄇᆡ홀 母무모 친 爲위위ᄒᆞᆯ 作작지을 十십열 二
이두 幅복폭 被피이블 使ᄉᆞ시길 ᄎᆞᆫ 與여더블 貧빈간난 生ᄉᆡᆼ셩 共공ᄀᆞ지ᄒᆞᆫ 寢
잘침 後후뒤 宗종ᄆᆞᄅᆞ 爲위될 監감볼 魚어고기 池지못 司ᄉᆞᄆᆞᆺ틀 馬마말 自ᄌᆞ스스
리조 結결ᄆᆡ즐 網망그믈 捕포잡을 魚어고기 寄긔부칠 母무모 친 鮓
還환도라 之지어조 曰왈ᄀᆞᆯ 汝녀너 爲위될 魚어고기 官관관원 以이써 鮓
어저 寄긔부칠 母무모 친 非비아닐 避피피ᄒᆞᆯ 嫌혐혐의 之지어조 道도길

다ᄒᆞ더라

도世ᄉᆡ야

삼국적밍종이어려서공부출제모친이열두폭이불
연ᄒᆞ야간난ᄒᆞᆫ동졉뎌파ᄀᆞ치덥게ᄒᆞ더니후에종이
벼슬ᄒᆞ야ᄂᆞᄅᆞ고기기르넌못판원이되야서친히구
물ᄯᅵ(연)ᄌᆞ고기렬ᄌᆞ넌절여말니워모친ᄭᅴ보니니모친
이도로보니여왈네ᄀᆞ고기맛흔판원이되야서집에
고기럴보니넌거시혐의를피ᄒᆞ넌도리ᄀᆞᄋᆞ나라ᄒᆞ
더라

晉진ᄂᆞ라진ᄂᆞ 陶도셩 侃강직출간 母무모친 湛잠셩 氏시씨 范범셩 逵질 嘗일쪽
상 遍파지 낟 侃출간 倉창졸 卒졸급 無무업슬 以이써 待대졉 客

의련 ㅣ
이에

二十

ᄒᆞ야ᄒᆡᄒᆞ고
ᄉᆞᆺ야
어니 ᄒᆞ야
ᄒᆞ니 ᄒᆞ야
ᄒᆞ니라

각빈湛잠셤判판셜所소바臥와ᄂᆞᆯ新신새롤薦쳔ᄌᆞ리飼ᄉᆞ먹일馬마말文
또截절베일髮발터럭爲위ᄒᆞ雙상쌍髢톄다ᄅᆡ、비賣매ᄑᆞᆯ易역박고국酒쥬술食
우식極극출豐풍셩출備비ᄀᆞᆺ、출達규질至지이를京경서울師ᄉᆞ스승稱
음述출칭술찬侃강출간직侃출강간직遂슈신출知지알名명일홈、後후뒤至
식를의ᄀᆡ칭太태클尉위판원、
지이를

진ᄂᆞ도간의모친잠씨ᄂᆞᆫ명ᄉᆞ범규ᄀᆞ간열ᄎᆞᄌᆞ오
니창졸에ᄃᆡ쳡ᄒᆞᆯ거시업ᄊᆞ갈고ᄌᆞᄂᆞᆫ시조리ᄅᆞᆯ써러
셔말열먹이고머리ᄅᆞᆯ버여달비ᄃᆞᆯ얼만드러ᄑᆞ라
셔쥬육얼풍비ᄒᆞ게ᄃᆡ쳡ᄒᆞ여ᄃᆡ니규ᄀᆞ서울에ᄀᆞ서
간열칭찬ᄒᆞ니간에일음이일노ᄒᆞ야나서후에대쟝

에 머니
ㅣ
ᄒᆞ고 호다
이어던ᄒᆞ리러니
이 예 ᄒᆞ샤
ᄒᆞ니라

파졍ᄒᆞᄭᅦ지ᄒᆞ니라
吳(셩 오)隱(수믈 은)之(어조ᄉᆞ 지)居(거ᄒᆞᆯ 거)喪(상ᄉᆞ 상)·過(지날 과)禮(례뎔 례)·隣(이웃
린)人(ᄉᆞ람 인)韓(셩 한)康(평안 강)伯(맛 ᄇᆡᆨ)之(어조ᄉᆞ 지)母(모친 무)聞(드를 문)其(그 기)
哭(울 곡)聲(소리 셩)、謂(일ᄂᆞᆫ 위)康(평안 강)伯(맛 ᄇᆡᆨ)汝(너 여)居(거ᄒᆞᆯ 거)銓(저울 젼)衡(저울
형)當(맛당 당)擧(들 거)此(이 ᄎᆞ)人(ᄉᆞ람 인)、及(일를 급)康(평안 강)伯(맛 ᄇᆡᆨ)爲(될 위)
吏(ᄋᆞ젼 리)部(거ᄂᆞ릴 부)尙(쥬쟝ᄒᆞᆯ 상)書(글 셔)遂(인ᄒᆞᆯ 슈)擧(들 거)隱(수믈 은)之(어조ᄉᆞ 지)
階(계뎨 계)清(말글 쳥)級(등쓰 급)、
오은지ᄀᆞ거상ᄌᆡ례예지나계ᄒᆞ더니이웃ᄉᆞ람한강
ᄇᆡᆨ의모친이그우름소리럴듯고강ᄇᆡᆨ더러닐너왈네
ᄀᆞ벼슬니년관원이되거던이ᄉᆞ람을벼슬식키ᄅᆞᄒᆞ

二十一

ㅣ
ᄒ고이
ᄒ야
이라ㅣ더라
의ㅣ에

더니그후에강박이리부상셔ᄀ되미온지련쳔거ᄒ
야쳥환열식히니라
北북북 朝됴됴뎡 高고셩 謙겸겸손 之ᄉ어조 事ᄉ셩셤길 後후뒤 母무모친
李리셩 以이써 孝효효도 聞문들닐 李리셩 亦역또 撫부편홀 育육길을 遍편날지
파 于ᄉ어우조 己긔몸 生싱난 人인남 莫막못홀 能능능홀 辨변분변 其기그 所
소부 出츌난 論론의론 者자니 兩량두 重즁즁홀 之ᄉ어조지
북조젹고겸지ᄀ계모리씨렬지효로셩기고리씨도
ᄉ랑ᄒ기렬소성보ᄃ지ᄂ게ᄒ야남시뉘ᄀ소싱인
지분간치못ᄒ더라
鄭졍셩 善션착출 果과감파 母무모친 崔최셩 氏시셩씨 年년ᄂ 二이두 十십열

ᄒᆞ떠홀덕 ᄒᆞ고 ᄃᆞ니 ㅣ 하야예 면 ᄒᆞ며 ᄒᆞᄂᆞ니ㅣ 로라ㅣ ᄒᆞ야 ᄉᆡ티야 연 로 희 ᄒᆞ니 타ᄒᆞ더타

寡홀과 父부 欲욕잘 奪탈 志지 以이ᄡᅥ 死ᄉᆞ죽을 自ᄌᆞ스스리
誓셔명셰 不불안ᄒᆞᆯ 復부ᄃᆞ시 御어각ᄋᆞᆯ 粉분분 脂지연지 善션착ᄒᆞᆯ 果과감파
ᄑᆞ출 旣긔이믜 長쟝ᄌᆞ랄 官관벼슬 刺ᄌᆞ출엽문 史ᄉᆞᄉᆞ판 政졍졍ᄉᆞ 事ᄉᆞ닐 有
유잇슬 不불안일 合합ᄒᆞᆸ출 理리리치 輒쳡문듯 蒙몽울그리 被피메소미 而조어
이ᄉᆞ 泣읍울 終죵ᄆᆞᄎᆞᆯ 日일날 不불안ᄒᆞᆯ 食식먹을 善션착ᄒᆞᆯ 果과감파 由유말미
유ᄆᆞᆯ 是시이 爲위될 淸쳥ᄆᆞᆰ을 吏리ᄋᆞ젼 崔최셩 恒홍ᄒᆞᆼ샹 自ᄌᆞ스스리 紡방길삼
績젹길삼 夜야밤 深심기플 乃내이예 寢침잘 曰왈일ᄋᆞᆯ 紡방길삼 績젹길삼
上샹위 自ᄌᆞ조ᄎᆞᆯ 王왕인군 后후황후 下하ᄋᆞ래 及급미ᄎᆞᆯ 士ᄉᆞ션비 妻쳐녀ᄋᆞ
쳐 各각각 有유잇슬 所소바 業업업 吾오나 不불못ᄒᆞᆯ 敢감감히 惰타게으를
졍션파의모친최씨ᄀᆞ 이십예파거ᄒᆞ미친뎡의셔시

집보시랴ᄒᆞᆫ디죽기로ᄡᅥᄒᆞ고ᄃᆞ시분파연지련각
ᄀᆞ이안터니션파련ᄏᆡ위벼슬ᄒᆞ야ᄌᆞᄉᆞᄀᆞ되미불합
ᄒᆞᆫ졍ᄉᆞᄀᆞ잇ᄡᅳ면울며굴무니이또리션파ᄀᆞ쳥빅리
ᄀᆞ되더라샹히길삼ᄒᆞ야밤이깁허야취침ᄒᆞ야왈왕
ᄒᆞ로ᄉᆞ셔인의ᄉᆞ니ᄭᅢ지각각ᄒᆞᆫ년길삼이잇ᄡᅳ니너
엇지게을으랴ᄒᆞ더라

唐당ㄴ당柳류셩仲듕버금郢영디명幼유어릴嗜시질길學ᄒᆞᆨ비술母모친
무韓한셩氏시씨常샹ᄒᆞᆼ샹以이써苦고쓸參삼ᄀᆞᆷ黃황누루連련련찰
熊웅곰膽담쓸리和화단丸환환使ᄉᆞ실夜야밤嚼쟉씹불以이써助조도을
其기그勤근부지런仲듕버금郢영디명後후뒤至지이를節졀졀度도법도使

ᄒᆞ니라

의 번

ᄒᆞ야 더니ᄒᆞᆫ

이셔널

언

만ᄒᆞ셔

ᄉᆞ자당ᄂᆞᆫ류즁영이어려서공부ᄒᆞᆯ제모친한씨ᄀᆞᆯ치
고삼황련웅담세ᄀᆞ지쓴약으로환얼지여밤에씨피
여ᄌᆞᆫ고련도습게ᄒᆞ더니후에즁영이졀도ᄉᆞ개지ᄒᆞ
니라

李리景경讓양母모鄭뎡氏시早조寡과家가
貧빈自ᄌᆞ教교之지宅ᄐᆡᆨ後후牆장陷함
得득錢젼盈영船션母모祝축之지曰왈
吾오聞문無무勞로而이獲획身신之지
災ᄌᆡ殃앙也야天텬必필以이先션君군餘여

二十三

ᄒᆞ야 어던 ᄒᆞ고 은 다ᄒᆞ고 러니 이 ᄒᆞ더라

여慶경경、ᄉᆞ矜홀불긍샹其기그貧빈간난而ᄉᆞ어조賜ᄉᆞ줄之ᄉᆞ어조顧홀원

원諸저뭇孤고ᄋᆞ、ᄃᆞᆫ學학비홀問문문을有유잇슬成셩일울此ᄎᆞ이不홀못

불敢감감히取츄ᄀᆞ질、掩엄덥흘而ᄉᆞ어조築츅ᄃᆞ질之ᄉᆞ어조景경볏讓

양ᄉᆞ양、後후뒤至지이를節졀표度도법使ᄉᆞ시ᄉᆞ、자

리경양의모친졍씨년조과ᄒᆞ고간난ᄒᆞ야친히ᄉᆞ덜

연ᄆᆞ러ᄎᆞ더니집뒤에담이무너즈고ᄯᅡ이꺼여돈ᄒᆞᆫ

비ᄆᆞ시닷게녇졍씨츅원ᄒᆞ야왈네드르니공룸ᄇ씨

언년지물언몸에지앙이ᄅᆞᄒᆞ니ᄒᆞᆫ을이만일조샹에

읍덕열싱각ᄒᆞ야ᄀᆞᆫ난ᄒᆞᆫ걸불샹이녀겨주시거던원

컨ᄃᆡ조식덜공부ᄂᆞ셩취ᄒᆞ게ᄒᆞ고이돈언감히ᄆᆞ지

지못ᄒᆞᆫ다ᄒᆞ고ᄃᆞ시그러믓대니후에경양이졀도ᄉᆞ
ᄭᅵ지ᄒᆞ니라
金금셩 節졀졀 ᄭᅢ 婦부부 ᄋᆞ인 安안편 안 南남남녁 賊적도적 帥슈장슈 陶도셩
齊졔졍 졔졔 亮량밝 량 母모모 친 也야어조 사 常샹샹 샹 以이써 忠츙츙셩 義의옳을
의 誨회ᄀᆞ리칠 회 齊졔졍 졔졔 亮량밝 량 頑완완만 완 不불안 불 受슈밧을 슈 遂슈일ᄋᆞᆯ 츌
絶졀ᄭᅳᆫ을 졀 之지어조사 지 自ᄌᆞ스스로 ᄌᆞ 田뎐밧 뎐 而이어조사 이 食식먹을 식 紡방길삼 방 而이어조
이소 衣의입을 의 以이써 이 終죵ᄆᆞᆺ출 죵 身신몸 신
금졀부년산남도적의피슈도졔량의모친이라샹치
츙의로졔량열훈계ᄒᆞ되졔량이듯지안코역적노릇
셜ᄒᆞ거ᄂᆞᆯ수뎐얼ᄭᅳᆫ코손조밧ᄀᆞ라먹고길삼ᄒᆞ야입

ᄂᆞᆫ의 의라 ᄒᆞ더이 로 러ᄂᆞᆫ ᄒᆞ고ᄒᆞ며 ᄒᆞ야ᄒᆞ더라

二十四

기렬평싱열ᄒᆞ더라

宋송나라송張쟝셩쟝奎별규母모친모朱셩쥬氏씨시、親친ᄒᆞᆯ친敎ᄀᆞ르칠교二두이子ᄌᆞ식ᄌᆞ、客손ᄀᆡᆨ至이를지、母모친모于어조ᄉᆞ우窗창창前압젼聽드를텽之어조ᄉᆞ지論의론론文글문學ᄇᆡ흘학則곳즉爲ᄒᆞ위위客손ᄀᆡᆨ設베플셜饌찬음식찬、或혹혹閒한가한話말ᄉᆞᆷ화諧희롱ᄒᆞᆯ해謔희롱학則곳즉不안불設베플셜也어조ᄉᆞ야、後뒤후二두이子ᄌᆞ식ᄌᆞ登오를등科과거과、

숑나라쟝규의모친쥬씨넌친히두ᄌᆞ뎨ᄅᆞᆯᄀᆞ리ᄎᆞ더니손이오면문박끠서드러손이글얼의론ᄒᆞ면음식얼ᄃᆡ졉ᄒᆞ고잡담얼ᄒᆞ면ᄃᆡ졉ᄒᆞ지안터니후에두ᄌᆞ뎨이등과ᄒᆞ니라

의넌 더니면ㅣ베 ᄒᆞ야 ᄒᆞ고 더니에ㅣ ᄒᆞ니라

이ㅣ ᄒᆞ니
라ㅣ
이면
ᄒᆞ면 오ᄒᆞ니
로ㅣ 에
ᄒᆞ니라
ㅣ 세 어나
ㅣ
ᄒᆞ더라

程뎡太태中듕妻쳐侯후氏시生ᄉᆡᆼ二이子ᄌᆞ
卽곳즉明ᄇᆞᆯᄀᆞᆯ명道도리도伊이川내쳔也어조ᄉᆞ야二두이子ᄌᆞ
幼어릴유或혹혹絮쳐羹국ᄀᆡᆼ叱ᄭᅮ지즐질之어조ᄉᆞ지曰ᄀᆞᆯ왈幼어릴유
求구ᄒᆞᆯ구稱일ᄏᆞᆯ칭欲ᄒᆞ고져욕長ᄌᆞ랄쟝當마ᄯᆞᆼ당何엇지하如ᄀᆞᆮᄒᆞᆯ여故
연고二두이子ᄌᆞ於어조ᄉᆞ어飮마실음食먹을식衣옷의服옷복無업슬
무所바소擇ᄀᆞ릴ᄐᆡᆨ皆다개毋말무之어조ᄉᆞ지敎ᄀᆞᄅᆞ칠교也어조ᄉᆞ야二두이子
ᄌᆞ旣이믜긔長ᄌᆞ랄쟝家집가雖비록슈貧간난빈或혹혹二두이子
ᄌᆞ延맛즐연客손ᄀᆡᆨ則곳즉喜깃블희而어조ᄉᆞ이爲위ᄒᆞᆯ위之어조ᄉᆞ지
具ᄀᆞ촐구饌음식찬

졍태듕의ᄋᆞ니후씨ᄆᆞ이ᄌᆞ렬기르니곳명도션ᄉᆡᆼ이

二十五

의년의라 ㅣ시 ᄒᆞ야ᄒᆞ고 을

쳔셩이ᄃᆞᆺ이ᄌᆞᄆᆞ어려쓸졔혹국에장셜타면ᄭᅮ지
저왈어려서욕심치우기렬구ᄒᆞ면ᄌᆞᄃᆞ면맛당이엇
지ᄒᆞ라ᄒᆞ니연고로이ᄌᆞᄆᆞ의복음식에ᄆᆞ리넌게엽
쓰니ᄃᆞ모친의교훈이ᄃᆞᆺ이ᄌᆞᄆᆞᄌᆞ란후에집이비록
간난ᄒᆞ나이ᄌᆞᄆᆞ혹손열쳥ᄒᆞ면깃거ᄒᆞ야음식열ᄆᆞ
ᄎᆞ어ᄃᆡ졉ᄒᆞ더다

朱쥬셩子ᄌᆞ군ᄌᆞ母무모친祝축셩氏시씨確확되女녀ᄯᆞᆯ也어조ᄉᆞ朱
쥬셩子ᄌᆞ군ᄌᆞ年년ᄂᆞᆫ十열십四넉ᄉᆞ而어조ᄉᆞ孤외로울고辛신괴로울勤부지런근
撫부편출教ᄀᆞᄅᆞ칠교遂드듸여슈成일울셩大큰대賢어질현貧간난빈困곤ᄒᆞᆯ곤
之人사람인所바소不못불堪견딜감而어조ᄉᆞ處곳쳐之어조ᄉᆞ지怡

ᄒᆞ더[illegible]

예ㅣ

ᄒᆞ야 을 이러[illegible]

ㅣ서ㅣ

ᄒᆞ고

타ᄒᆞ고ㅣ

을 고ᄒᆞ야

이[illegible]照연[illegible]

쥬조의모친쥭씨넌각의ᄯᆞᆯ이라쥬조ㅣ십ᄉᆞ셰예부

친상얼당ᄒᆞ미쥭씨ㅣ신근히교훈ᄒᆞ야셩현이되고

남와감니치못ᄒᆞ넌빈곤얼태연이처단ᄒᆞ더라

元무원 원ᄂᆞ 秦진셩 閏윤윤 달 夫부남ᄌᆞ 妻쳐ᄋᆞ녀 柴시셩 氏시셩ᄉᆞ씨 夫부외 경

[illegible]쇽을 撫부편 ᄒᆞᆯ 前젼젼 妻쳐ᄋᆞ녀 子ᄌᆞᄌᆞ덜 如여ᄀᆞ틀 己긔몸 出츌난 前

젼 妻쳐ᄋᆞ녀 子ᄌᆞᄌᆞ덜 有유잇슬 罪죄죄 當당당 ᄒᆞᆯ 誅쥬베일 柴ᄌᆞ셩 引인ᄭᅳᆯ

己긔몸 子ᄌᆞᄌᆞ덜 詣예ᄂᆞ갈 官판판 원 泣읍울 訴ᄒᆞᆯ호소 曰월일늘 此ᄎᆞ이 子

ᄌᆞᄌᆞ덜 之ᄉᆞ어 지조 罪죄죄 其기그 子ᄌᆞᄌᆞ덜 亦역도 曰월일늘 是시이 我아나 罪

죄죄 何하엇지 可가가 ᄒᆞᆯ 加가더할 於ᄉᆞ어 어조 兄형형 鞫국문 ᄒᆞᆯ국 之ᄉᆞ어 지조 至

二十六

ᄒᆞ귀 ᄒᆞ니라
ᄒᆞ야 ᄒᆞ더라

ᄒᆞ니
ㅣ ᄒᆞ야ᄒᆞ야

지이를 死ᄉᆞ죽을 不불안ᄒᆞᆯ 易역바꿀 其기그 言언말 官관판원 義의옳을

之ᄉᆞ어조 並병아오를 免면면ᄒᆞᆯ 二이두 子ᄌᆞ아ᄃᆞᆯ

원ᄂᆞᆫ 진윤부에ᄉᆞ니 저ᄊᆞᄀᆞ파거ᄒᆞ야 젼실ᄉᆞ덧디

졉ᄒᆞ기를 귀출ᄒᆞ치ᄒᆞ더니 젼실ᄉᆞ덜이 득죄ᄒᆞ야서

죽을지경이되미 저ᄊᆞᄀᆞ소싱ᄌᆞ렬ᄃᆞ리고 판뎡의드

러ᄀᆞ울며왈 시ᄌᆞ식에죄ᄂᆞᆫᄒᆞ고 소싱ᄌᆞ도ᄒᆞ기를시

죄를 엇지형의계 옹기랴ᄒᆞ야 죽기ᄅᆞᆯ 초ᄉᆞ바ᄃᆞ도 그말

얼곤ᄎᆞ지ᄋᆞ니ᄒᆞ니 판의서의로녀겨 둘ᄃᆞ노터라

陳진셩 祐우도을 好호조 學ᄒᆞᆨ배울 家가집 貧빈간난 母무모 張장셩 氏

ᄉᆞ셩씨 剪젼베일 髮발터럭 易역바꿀 書셔칙 使ᄉᆞ식힐 讀독읽글 之ᄉᆞ어조

ᄒᆞ니라

의온의

라 ᄒᆞ야 이

ᄒᆞ고 ᄒᆞ야

ᄒᆞ니라

官[illegible] 至[illegible] 太子[illegible]

진우에모찬쟝씨년간난ᄒᆞ야머리털열베셔칙열박

구어우렴ᄀᆞ리쳐셔자ᄉᆞᆯ벼슬ᄭᅥ지ᄒᆞ니라

賢현어질 婦부부인 人인사람

어진부인

周쥬나라 太태클 王왕인군 妃비왕비 太태클 姜강셩 有유잇슬 部디명 氏

시셩씨 女녀ᄯᆞᆯ 賢현어질 而이말이을 有유잇슬 色[illegible] 太태클 王왕인군 有

쟈숄 事일 必반ᄃᆞ시 [illegible] 諸졔모ᄃᆞᆯ 化화변ᄒᆞᆯ 導도인도 三삼석 子조 皆

지도 成셩일 ᄉᆞᆯ 賢현어질 德덕덕

쥬나라태왕의비태강은유티씨의ᄯᆞᆯ이라어질고

二十七

의 년에
라 호되
ᄒᆞ야 ᄒᆞ고언
ᄒᆞ고 언ᄒᆞ며
을 ᄒᆞ야
ᄒᆞ니라

조식이ᄋᆞᆺ새태왕이미ᄉᆞ랑의론ᄒᆞ고태ᄇᆡᆨ중옹왕계
세ᄉᆞ덜얼인도ᄒᆞ야ᄃᆞ어진덕얼셩취ᄒᆞ니라
文문글王왕인군妃비왕비太태클姒ᄉᆞ셩有유잇슬莘신디명氏시셩女녀역
녀ᄯᆞᆯ思ᄉᆞᄉᆞ어조媚미슌홀太태클姜강셩太태클任임셩朝조ᄉᆞ침夕셕젼역勤
런부ᄂᆞ지勞로수고以이써盡진ᄃᆞ홀婦부며ᄂᆞ리道도도리文문글王왕인군治
릴ᄃᆞ치시外외밧太태클姒ᄉᆞ셩治릴ᄃᆞ치시內내안敎교ᄀᆞᄅᆞ칠論론ᄀᆞᄅᆞ칠十십열
子ᄌᆞ식常샹샹以이써正졍바를道도도리率솔거ᄂᆞ릴成셩일울武무호반
무王왕인군周쥬나라公공공後후ᄃᆡ之지어조德덕덕

문왕의왕비태ᄉᆞ년유신씨에ᄯᆞᆯ이라태강태임열셩
기되며ᄂᆞ리도리럴극진이ᄒᆞ고문왕언밝혀쳘ᄃᆞ시

위넌라
이 예어넌
이 을ᄒᆞ고
이러나 ㅣᄒᆞ고
ᄒᆞ고
ᄒᆞ니 이러라

리고타ᄉᆞ딘안엳ᄃᆞ시리며ᄉᆞ(열)텰엳브룬도리로그리
처무왕큐공의셩덕엳셩취ᄒᆞ니라
齊졔졔ᄂᆞ桓환위엄公공공、후衛위위ᄂᆞ姬희셩衛위위ᄂᆞ女녀ᄯᆞᆯ也야조ᄉᆞ어
公공공、후合합합ᄒᆞᆯ諸저뭇侯후제후、衛위위ᄂᆞ人인사ᄅᆞᆷ、後후뒤至지이를
公공공、후與여더블管관셩仲즁버금謀모ᄭᅬ伐벌츨衛위위ᄂᆞ退퇴믈너朝됴됴
출죠죠회而ᄉᆞ어시조入들어올실姬희셩望ᄇᆞ랄망見견볼顔안얼굴色색빗知지알
將장장ᄎᆞᆺ伐벌츨衛위위ᄂᆞ下하ᄂᆞ란堂당집請청청ᄒᆞᆯ赦사노흘衛위위ᄂᆞ
君군인군之ᄉᆞ어지조罪죄죄公공공、후乃내이예止지그칠
제환공의부인위희넌위ᄂᆞ라ᄯᆞᆯ이라공이오래의엳
윤우로제후련되오넌디위ᄂᆞ라의서ᄂᆞᆺ게소거넌공 二十八

에이 연ᄒᆞᆫ쇼셔 년ㅣ 면어마ᄒᆞ고 ᄒᆞ니라

에판즁으로더블어위ᄂᆞᄅᆞᄎᆞ기를의론ᄒᆞ고죠회를물니고드러ᄀᆞ더니희ᄀᆞ공의안석얼브ᄅᆞ모고위ᄂᆞᄅᆞᄎᆞ기ᄭᅴᄒᆞᆫ줄얼살고당의ᄂᆞ려위군에죄를노키를쳥ᄒᆞ니공이이예그치더라

宋송ᄂᆞᄅᆞ송伯맛빅姬셩긔之어조ᄉᆞ지舍집샤失일을실火불화左왼자右올은우曰일늘월夫외졍부人ᄉᆞ람인少적을쇼避피홀피火불화伯맛빅姬셩긔曰일늘월夫외졍부人ᄉᆞ람인之어조ᄉᆞ지義의리의傅스승부母어미무不안찰불在잇슬지宵밤쇼不안ᄒᆞᆯ불下ᄂᆞ릴하堂집당遂인홀슈逮ᄃᆞᄃᆞ를뎨于어조ᄉᆞ우火불화而어조ᄉᆞ이死죽을ᄉᆞ

송ᄂᆞ라인군에부인ᄇᆡᆨ희년집에불이ᄂᆞ미좌신이살

넌 의 라
이 이러니
ㅣ ᄒᆞ고
로 ᄒᆞ야 ᄒᆞ고
으로 ᄒᆞ니
어 ᄒᆞ니라

위되부인언잠ᄯᅵᆫ블얼피ᄒᆞ소셔ᄇᆡᆨ희왈녀ᄌᆞ의법언
유모ᄀᆞ맛참업스면밤에당연ᄂᆞ려ᄀᆞ지안넌ᄃᆞᄒᆞ고
블에ᄃᆞ서죽으니라

秦진ᄂᆞ라진穆목화홀목姬희성희晉진ᄂᆞ라진獻헌ᄃᆡ릴헌公공공후女녀ᄯᆞᆯ也어조ᄉᆞ야
穆목화홀목公공공후伐벌칠벌晉진ᄂᆞ라진獲잡을획惠혜은혜公공공후穆목화홀목
姬희성희聞드를문其그기將장ᄎᆞᆺ장至이를지以ᄡᅥ이二두이子ᄌᆞ식ᄌᆞ二두이
女ᄯᆞᆯ녀登올등臺집ᄃᆡ履ᄇᆞᆯ리薪섭신欲ᄒᆞ고잘욕自스스ᄌᆞ殺죽일살
使ᄒᆞ여곰ᄉᆞ以ᄡᅥ이衰최복최絰슈요질질凶흉ᄒᆞᆯ흉服옷복迎마줄영之어조ᄉᆞ지
穆목화홀목公공공후乃이에내歸도라갈귀惠은혜혜公공공후

진목공의부인목희넌당헌공에ᄯᆞᆯ이ᄅᆞ목공이진ᄂᆞ

二十九

이에
이 어ᄂᆞᆯ
ᄒᆞᆫ대 이ᄒᆞ야
ᄒᆞ니라

ᄅᆞᆯ텰셔셔쳔공의ᄉᆞ뎐혜공열잡ᄉᆞ마지고도ᄅᆞ오더
니목회ᄀᆞ듯고이ᄌᆞ이녀렬ᄃᆞ리고디예올ᄂᆞ셥열발
보ᄌᆞ살ᄒᆞ라ᄒᆞ고최질츙목으로혜공열영졉ᄒᆞ게ᄒᆞ
니목공이이예혜공열돌녀보니니라

衛위위ᄂᆞ라 世셰셰 子ᄌᆞ셰ᄌᆞ 共공공 伯ᄇᆡᆨ맛 早조일쪽 死ᄉᆞ죽을、妻셔ᄉᆞ쳐
共공공 姜강셩 守슈직힐 義의올을、父부부친 母무모친、欲욕ᄒᆞ고 嫁
시집갈시가집 之ᄉᆞ어지조 共공공 姜강셩 作작지을 柏ᄇᆡᆨ즉ᄇᆡᆨ 舟쥬ᄇᆡ 詩시시、以ᄡᅵ
셔셔미 死ᄉᆞ죽 自ᄌᆞ스스리 誓셔밍셔ᄒᆞ、셰

위ᄂᆞᄅᆞ셰ᄌᆞ공ᄇᆡᆨ이조ᄉᆞᄒᆞ미ᄉᆞ너공강이슈졀ᄒᆞ거
ᄂᆞᆯ부모ᄆᆞ시집보니라ᄒᆞᆫ대공강이시젼ᄇᆡᆨ쥬편을지

언 라이 ᄒᆞ고 ᄒᆞ야ᄒᆞ나 ᄀᆞᄒᆞ야 ᄒᆞ고이 ᄒᆞ야ᄒᆞ니라

여서죽기로맹세ᄒᆞ니라

莊장공경 姜강셩 衛위나라위 莊장공경 公공공ᄒᆞ 夫부외뎡 人인사람 也어조ᄉᆞ

公공공ᄒᆞ 狂광미칠 蕩탕방탕 無무업슬 常샹덧덧 而이어조ᄉᆞ 莊장공경

姜강셩 正졍바를 靜졍고요 自ᄌᆞ스스로 守슈직힐 忤오거스릴 其기그 意의ᄯᅳᆺ 而이

어조ᄉᆞ 不불못ᄒᆞᆯ 見견볼 答답ᄃᆡ답 竟경ᄆᆞᄎᆞᆷ 無무업슬 子ᄌᆞᄌᆞ식 衛위나라위

人인사람 哀ᄋᆡ슬풀 之지어조ᄉᆞ 爲위ᄒᆞ위 作작지을 碩셕클 人인사람 詩시경시

莊장공경 姜강셩 亦역ᄯᅩ 自ᄌᆞ스스로 作작지을 日일날 月월달 終죵ᄆᆞᄎᆞᆯ 風

부람 等등무리 詩시시경 以이써 自ᄌᆞ스스로 傷샹슬풀 ᄒᆞ니라

장강언위장공의부인이라공에셩품언광탕ᄒᆞ야무

샹ᄒᆞᆫ디장강언졍대ᄒᆞ고조용ᄒᆞ야례법얼직키니일

三十

이 ᄒᆞ야 더니 ㅣ을로 ᄒᆞ야 ᄒᆞ니라

로공의뜻을거시면소박이되야팔경무조ᄒᆞ니ᄂᆞ르
ᄉᆞ람이불샹이너겨위ᄒᆞ야시젼셕인편열짓고장강
이도원월죵풍졔편열지여ᄌᆞ탄ᄒᆞ니다
魯로ᄂᆞ로로ᄂᆞ叔ᄉᆞ잡아ᄌᆞ비슉梁ᄃᆞ리량라紇흘실곳有유잇슬九구ᄒᆞᆸ女녀ᄯᆞᆯ無무업슬
무子ᄌᆞᄌᆞ求구구ᄒᆞᆯ婚혼혼인於ᄉᆞ어어조顔안셩氏시셩씨女녀ᄯᆞᆯ徵을불
징在ᄌᆡ잇슬徵징불을在ᄌᆡ잇슬以이ᄡᅥ夫부외경年년ᄂᆞ長장노플懼려두
구을不불못奄時시더有유둘男남ᄉᆞ뎔私ᄉᆞᄉᆞᄉᆞ禱도긔도尼니화졸丘뎍언
구山산산而ᄉᆞ어시조生ᄉᆡᆼ난孔공셩子ᄌᆞ군ᄌᆞ
로ᄂᆞᄅᆞ대부슉량흘이ᄋᆞ홉ᄯᆞᆯ만잇고ᄋᆞ뎔이업써서
안씨예ᄯᆞᆯ징지의게후취ᄒᆞ얏더니징지ᄆᆞ외졍이늘

이 이
이 ᄒᆞ야 ᄒᆞᆫ디
ᄒᆞ니 씨
라ᄒᆞ니
ᄒᆞ니라

금으로즉시ᄉᆞ뎐엳두지못ᄒᆞᆯ념려ᄒᆞ야ᄉᆞᄉᆞ루아
니구산에긔도ᄒᆞ야공ᄌᆞ넘엳ᄂᆞ으니라
齊제ᄂᆞᆫ졔 杞긔셩 梁량대량、死ᄉᆞ죽을 於어조ᄉᆞ 戰젼ᄊᆞ움、莊장공 公공ᄒᆞᆯ
공遇우맛날 其기그 妻쳐ᄋᆞ너 於어조ᄉᆞ 郊교뎐 弔됴됴상 之ᄌᆞ어조 辭ᄉᆞᄉᆞ양
출 曰왈ᄀᆞᆯ 有유잇슬 先션먼져 人인사람 敝폐ᄂᆞᆯ글 廬려집 在ᄌᆡ잇슬、妾
쳡不불못 敢감감히 與여참여 郊교뎐 弔됴됴상 乃내이에 弔됴됴상 其
기그 室실집.
제ᄂᆞ른쟝슈긔량이ᄊᆞ우다가죽으미제ᄂᆞ른인군이
그ᄉᆞ셔렬뎔에서만ᄂᆞ됴샹ᄒᆞ랴ᄒᆞᆫ디ᄉᆞ양ᄒᆞ야왈션
인에날근집이잇ᄊᆞ니쳡이감히뎔에서됴샹밧지못

에난 이
ᄒᆞ고 예난
ᄒᆞ니
라ᄒᆞ시니다
ㅣ 예
더니 이
어을 ㅣ 라ᄒᆞ니고

ᄒᆞᄂᆞᄒᆞ니그말ᄉᆞᆷ올케녀겨그집에마셔도샹ᄒᆞ니라

魯로 로ᄂᆞ 公공 공 후 父보 클 穆목 화홀 伯빅 맛 之ᄌᆞ 어조 喪상 상ᄉᆞ 敬경 공경

姜강 셩 晝쥬 낫 哭곡 울 文문 글 伯빅 맛 之ᄌᆞ 어조 喪상 상ᄉᆞ 晝쥬 낫 夜야 밤 哭곡 울

孔공 셩 子ᄌᆞ 군ᄌᆞ 曰왈 일ᄋᆞᆯ 知지 알 禮례 례법

로ᄂᆞᄂᆞᆫ 경강이 그 외졍공보목빅에 상ᄉᆞ의ᄂᆞᆫ 낫제만 울고 ᄉᆞ뎔문빅에 상ᄉᆞ의ᄂᆞᆫ 쥬야로 우니 공ᄌᆞ계서지례ᄒᆞᆫᄃᆞ 칭찬ᄒᆞ시니라

宋송 로ᄂᆞ 송ᄂᆞ 鮑포 셩 蘇쇼 회 소 仕ᄉᆞ 벼슬 衛위 로 위ᄂᆞ 三삼 석 年년 해 娶츄 장가들 外외

외밧 妻쳐 겻 처 蘇쇼 회 소 셩 妻쳐 ᄉᆞ 女녀 녀ᄌᆞ 宗종 노픈 養양 봉양 姑고 싀모

孝효 효도 其기 그 姒ᄉᆞ 엇동 曰왈 일ᄋᆞᆯ 可가 가 去거 갈 矣의 어조ᄉᆞ 女녀 조녀

이 ᄒᆞ니
라ᄒᆞ고 ᄒᆞ니
이 ᄒᆞ고 ᄒᆞᆯ
이라ᄒᆞ니라

녀 宗종노플 曰왈 ᄂᆞᆫ 婦부인 人인사람 有유잇슴 七칠일곱 去거버릴
妒투 ᄒᆞ 투긔 爲위될 首슈머리 養봉양 姑고시모 愈유더욱 謹근삼갈 宋송ᄂᆞ
송ᄅᆞ 公공 공ᄒᆞ 聞문드를 之지어조 表표ᄒᆞᆯ 其기그 閭려문 號호별 ᄒᆞᆯ 曰
왈일 ᄂᆞᆫ 女녀 녀ᄌᆞ 宗종노플

송나ᄅᆞ 포소가위 나ᄅᆞ 예ᄀᆞ 벼슬 ᄒᆞᆫ 제삼년에 달니
장리드러 떠나 젼처 녀종이 효셩으로 시모ᄅᆞᆯ 셤기거
ᄂᆞᆯ 그 동셔ᄀᆞ ᄒᆞ기ᄅᆞᆯ 도ᄅᆞᆫ 되로 ᄆᆞᄅᆞ ᄒᆞ니 녀종이 왈 부
인이 일곱ᄀᆞ지 버리ᄂᆞᆫ 죄ᄀᆞ 잇ᄂᆞᆫ디 투긔ᄀᆞ 첫지ᄅᆞ ᄒᆞ
고 시모ᄅᆞᆯ 더욱 지셩으로 셤기니 송나ᄅᆞ 인군이 듯
고 졍문ᄒᆞ고 녀종이ᄅᆞ 별호ᄒᆞ여 주니라

三十二

ᄂ 을로
다ᄒ더니 이
ᄒ고 러니
어렵 이
러니
ᄒ며 며
이라ᄒ고
ᄒ니라

楚초초ᄂ라昭쇼발글王왕인군與여더블夫부외경人인ᄉ람貞뎡고들姜
강셩約약언약曰월일늘召조블을必필반드以이써符부표王왕인군嘗일쪽
상出출나갈遊유놀留류머므를夫부외경人인ᄉ람漸졈졈졈臺대집江슈강
강水슈믈大대큰至지이를王왕인군使ᄉ식힐使ᄉ者자迎영마즐夫부외
부人인ᄉ람而ᄉ이어조忘망이즐符부표夫부외경人인ᄉ람曰월일늘使
ᄎ者자니不블안홀持지ᄀ즐符부표妾쳡쳡不블못홀敢감감히從죵조
중시水슈믈大대큰至지이를而ᄉ이어조死ᄉ죽을

초쇼왕이부인졍강과연약ᄒ야왕이후에부인을부
르라면표련보닌ᄃᄒ더니ᄒ루넌왕이ᄂᄀ놀고부
이열졈디예두어떠니홀연이강물이붓거널왕이급

희ᄉᆞ쟈렬보시여부르되표렬이저ᄃᆞ려너정강이완ᄉᆞ
쟈ᄆᆞ표렬ᄆᆞ지오지ᄉᆞ니ᄒᆞ여쓰니쳡이ᄆᆞ지못ᄒᆞ겟
ᄂᆞᄒᆞ고물세죽으니라

齊졔나라졔 東동녁동 郭곽셩곽 女녀ᄯᆞᆯ녀 項항목항 有유잇슬유 大대큰대 瘤류살혹류、號호
宿숙잘숙 瘤류살혹류、慜민불상민 王왕인군왕、出츌날츌 遊유놀유 百백일백백 姓
생생、皆개다개 觀관볼관 宿숙잘숙 瘤류살혹류、採채ᄯᅳᆯ채 桑상뽕나무상 如여ᄀᆞᆺᄐᆞᆯ여 故고연고고
고、主쥬인군쥬、怪괴괴이괴 名명일홈명 問문물을문 之지어조ᄉᆞ지 對대대답대 曰왈가로왈
吾오나오 受슈밧을슈 父부부친부 母모모친모 敎교ᄀᆞᄅᆞ칠교 採채ᄯᅳᆯ채 桑상뽕나무상 不불아닐불
불 受슈밧을슈 敎교ᄀᆞᄅᆞ칠교 觀관볼관 大대큰대 王왕인군왕、王왕인군왕 曰왈가로왈 此차이차
奇긔긔이긔 女녀녀ᄌᆞ녀 命명명명 載재실을재 後후뒤후 車거수레거、宿숙잘숙 瘤류살혹류 曰

三十三

노면
이라ᄒ니 이 라가
ᄒ야 ᄒ니라

월늘 貞졍고듣 女녀ᄌ 一일ᄒ 禮례례졀 不불찰 備비ᄀ출 雖슈비록
死ᄉ죽을 不불찰 從죵조출 王왕인군 乃내이에 遣견보낼 歸귀도ᄅ갈 使
식ᄒᆞᆯ 使ᄉ자 加가더월 禮례례졀 聘빙통혼 以이써 爲위ᄒ 后후황후、
제ᄉᄅ동곽쳐녀ᄂ목에큰혹시잇ᄂ고로별호ᄅ슉
류ᄅᄒ더니졔민왕이ᄂᄀ에동ᄒ미ᄇᆡᆨ셩이ᄃ구경ᄒ
되슉류ᄂᄌ약히뽕ᄯ거ᄂᆯ왕이괴이녀겨불너물
은ᄃ슉류ᄃᆡ우리부모ᄭ날더러뽕ᄯᄅ명ᄒ고대왕
ᄀ시ᄂ구경ᄒ라식히지ᄋᄂ니ᄒ엿ᄃᄒ니왕왈긔이
ᄒᆫ녀ᄌ로다ᄒ고뒷수리에싯고ᄀ랴ᄒᆫᄃ슉류왈졍
녀ᄂᆫᄒᆫ례만ᄀ초지ᄋ니ᄒ여도죽어도좃지안ᄂᆫ

의년 요라 ᄎᆞ야 면려ᄂᆡ ᄒᆞ더 컬연 이ᄒᆞ고에 이라ᄒᆞ더이

두ᄉᆞ니왕이그말ᄉᆞᆷ올께너겨돌녀보니ᄉᆞᆺ다ᄆᆞᄉᆞ자랴
보시여례랴ᄆᆞᄎᆞ어서왕후랴ᄉᆞ무니라
漢한한ᄂᆞ라成셩일울帝뎨황뎨、婕쳡녀판好여녀판班반셩氏시셩、씨況황ᄒᆞᆯ及
之ᄉᆞ어지조女녀ᄯᆞᆯ彪표호문之ᄉᆞ어지조姑고고、모誦송외울詩시ᄉᆞ시경見견일뵈
女녀너師ᄉᆞ스승之ᄉᆞ어지조篇편칙、편每ᄆᆡ양進진ᄂᆞ갈嘗샹일쪽
上상올流뉴疏소글依의의則즉법古고비禮례례、법帝뎨황
欲욕ᄒᆞ고與여더불同동ᄀᆞᄐᆞᆫ輦련련辭ᄉᆞ말曰왈일ᄋᆞᆫ觀관볼古고녜圖도
畫화그림聖셩셩賢현어질之ᄉᆞ어지조君군인군皆개다有유잇슬
名명일홈臣신신하在재잇슬側측겻三삼석代ᄃᆡᄃᆡ末말ᄭᅳᆺ主쥬신군乃
이 有유잇슬嬖폐ᄉᆞ랑妾쳡쳡上샹위善션착之ᄉᆞ어지조而ᄉᆞ어이조止

三十四

ᄒᆞ니ㅣ
이러니
어라 ᄒᆞ더라

그 찬 王왕 太태 后후ㅣ 聞문 之지 曰왈 古고 有유
진、 樊번 姬희 諫간 獵렵、 今금 有유 倢쳡 妤여
유 班반 辭ᄉᆞ 輦련、
여녀

한셩뎨의쳡여반씨년황의ᄯᆞᆯ이요퓨에고모ᄅᆞ시젼
과녀ᄌᆞ편열외와미양ᄂᆞᄀᆞ뵈ᄋᆞᆸ개ᄂᆞ글열올니면이
젼례법열의방ᄒᆞ더니셩뎨ᄀᆞᄒᆞ루년련열ᄀᆞ치ᄃᆞᄌᆞ
ᄒᆞ디ᄉᆞ양ᄒᆞ야왈이젼그림열보건디셩군엳ᄃᆞ어진
신하ᄀᆞ겻희잇고삼디말셰의어둔인군언ᄉᆞ랑ᄒᆞ넌
쳡이겻희이ᄯᆞᄒᆞᆫ디셩뎨ᄀᆞ올케녀겨그치니왕태후
ᄀᆞ듯고칭찬왈이젼의번희ᄀᆞ산양간ᄒᆞᆫ날이잇더니

넌
ᄒᆞ고 ᄒᆞ고
ᄒᆞ고 ᄒᆞ고
ᄒᆞ야 ᄒᆞ고
ᄒᆞ야 ᄒᆞ야
ᄒᆞ고 로
ᄒᆞ고 논ᄒᆞᆯ
ᄒᆞ고, 이라ᄒᆞ더라

이제에넌쳡여의련얼스양ᄒᆞ던널이잇ᄃᆞᄒᆞ더라

明(발글 명) 德(덕 덕) 皇(황뎨 황) 后(황후 후) 馬(셩 마) 氏(셩 씨) 性(셩품 셩) 不(안찰 불)

喜(깃블 희) 遊(놀 유) 觀(볼 관) 又(또 우) 不(안찰 불) 好(조활 호) 音(소리 음) 樂(풍류 악)、身

(몸 신) 衣(입을 의) 大(굴글 대) 帛(명쥬 백)、置(둘 치) 織(짤 직) 室(집 실) 蠶(누에 잠) 室(집 실) 往

(갈 왕) 來(올 래) 觀(볼 관) 視(볼 시) 以(써 이) 爲(ᄒᆞᆯ 위) 娛(즐길 오) 樂(즐길 락)、敎(ᄀᆞᄅᆞ칠 교) 諸(모든 저)

小(져근 소) 王(임군 왕)、試(시험 시) 其(그 기) 誦(외올 송) 論(의론 론)、行(길 ᄒᆡᆼ) 行(갈 ᄒᆡᆼ)

和(화ᄒᆞᆯ 화) 樂(즐길 락)、不(안찰 불) 以(써 이) 私(ᄉᆞᄉᆞ 사) 家(집 가) 干(간예ᄒᆞᆯ 간) 朝(됴회 됴)

廷(됴뎡 뎡)、嘗(일쯕 샹) 曰(ᄀᆞᆯ 왈) 我(나 아) 但(다만 단) 當(맛당 당) 含(머금을 함) 飴(엿 이)

弄(희롱 롱) 孫(손ᄌᆞ 손)、不(못ᄒᆞᆯ 불) 能(능ᄒᆞᆯ 능) 復(다시 부) 關(간셥ᄒᆞᆯ 관) 政(졍ᄉᆞ 졍)

효명황뎨의명덕황후마씨넌복파장군원의ᄯᆞᆯ이라

三十五

셩픔이구경과풍류렬조와ᄒᆞ지안코몸에굴근명쥬
렬입고버ᄶᅥᆫ집과누에ᄎᆞᆫ집을두고왕릐ᄒᆞ여보
ᄋᆞ일노길거웁열삼끄뭇어린왕얼굴열마리처외이
고의론ᄒᆞ던거셜시엄ᄒᆞ야간간히길거워ᄒᆞ고친뎡
날노됴뎡에구쳥ᄒᆞ지안코샹히맏ᄒᆞ되ᄂᆞᆫ엿엳물
고손ᄌᆞᄂᆞ희롱ᄒᆞ고ᄂᆞᄅᆞᆫ경ᄉᆞ년간셥ᄒᆞ지못ᄒᆞ논ᄃᆞᄒᆞ
더라

南남녁남朝됴뎡됴隱수물은士션비ᄉᆞ朱쥬셩쥬百일빅빅年ᄒᆡ년妻처ᄋᆞ내처
孔공셩공氏셩씨시、亦ᄯᅩ역有잇슬유高노플고行ᄒᆡᆼ실ᄒᆡᆼ、百일빅빅年ᄒᆡ년卒
죽을졸、太클태守슈ᄒᆞᆯ슈蔡셩채興니러날흥宗ᄆᆞᄅᆞ종、餉줄향米ᄊᆞᆯ미百일빅빅

ᄒᆞ니ᅵ ᄒᆞ야
ᄒᆞ더라
의 년
ᄒᆞ야 이러니이
라가 어 에
ᄒᆞ니 에 와
이 라

解(ᄒᆡ 쵸) 孔(공 셩) 氏(시 씨) 遣(보낼 견) 婢(비녀 죵) 詣(예ᄂᆞᆫ 갈) 郡(군 골) 固(고 구들) 辭(ᄉᆞ)
讓(ᄉᆞ양) 不(불 산) 受(밧을 슈)、

남죵젹은 소쥬ᄯᅢ년의 ᄉᆞ니 공씨도 ᄯᅩ ᄒᆞᆫ 노ᄅᆞᆫ 듯지 잇
더니 ᄇᆡᆨ뎍이 죽으ᄆᆡ 그도 태슈 채흥죵이 ᄇᆡᆨ미 ᄇᆡᆨ셕을
부조ᄒᆞ니 기집죵을 보니야 젼갈ᄒᆞ고 밧지 안터다

許(허 셩) 善(션 착ᄒᆞᆯ) 心(심 ᄆᆞᄋᆞᆷ) 母(모 친) 范(범 셩) 氏(시 셩 씨)、少(쇼 졀믈) 寡(과 과부) 博(박 널을)
學(학 ᄇᆡ울) 有(유 잇슬) 高(고 노플) 節(졀 졀개) 善(션 착ᄒᆞᆯ) 心(심 ᄆᆞᄋᆞᆷ) 仕(ᄉᆞ 벼슬)
隋(슈 ᄃᆡ나라) 隋(슈) 年(년) 六(륙 여섯) 十(십 열) 一(일 ᄒᆞᆫ)、死(ᄉᆞ 죽을) 於(어 어조) 宇(우 집) 文(문 글)
化(화 변ᄒᆞᆯ) 及(급 이를) 弑(시 죽일) 逆(역 거스릴) 之(지 어조ᄉᆞ) 日(일 날) 時(시 ᄯᅢ) 范(범 셩) 年(년)
九(구 아홉) 十(십 열) 二(이 두) 撫(부 만질) 柩(구 늘) 曰(왈 ᄀᆞᆯ) 能(능 능ᄒᆞᆯ) 死(ᄉᆞ 죽을)

ᄒᆞ니 라ᄒᆞ고
예ᄒᆞ니라

國국란亂분란我아나有유잇슬完ᄉᆞ덜矣ᄉᆞ어조不불안찰食먹을
식十열含餘여남을日일날亦역또卒졸죽을
허셔심의모친범씨ᄂᆞᆫ조과ᄒᆞ고녈니비와노픈절개
ᄆᆞ잇더니션ᄉᆡᆼ이슈ᄂᆞᄅᆞ에벼슬ᄒᆞᄃᆞ가우문화급이
인군죽이던날에졀ᄉᆞᄒᆞ니그ᄯᅢ예범씨ᄂᆞᆫ구십이셰
ᄅᆞᆯ늘엇만저왈늙히ᄂᆞᄅᆞ환왜란의죽어ᄉᆞ니네ᄆᆞᄉᆞ덜
이잇ᄃᆞᄒᆞ고심여일열굴머또ᄒᆞᆫ죽으니라
唐당ᄂᆞᄅᆞ文글문德덕덕皇황황뎨后황후후長맛장孫손손氏셩시씨性
성플ᄅᆞᆫᄒᆞᆼ約간략ᄒᆞᆯ약素검소、소與더블여太클태宗ᄆᆞᄅᆞ종言말언、심或혹혹及
급이를天텬을下하ᄉᆞ리事닐ᄉᆞ辭ᄉᆞ양ᄒᆞᆯᄉᆞ曰왈ᄋᆞᆯ늘兆빈삼雞계닭司맛들

ᄃᆞᆫ
예라의
뻔

넌 라ᄒᆞ고
이러니 에
ᄒᆞ야 ᄒᆞ더라
의 넌 에
라 에 ᄒᆞ고

ᄉᆞ 晨신새、昳벽 家가집 之어조ᄉᆞ 窮궁호ᄅᆞ 也어조ᄉᆞ야 固고구들 要요구호ᄅᆞ 之
어조ᄉᆞ지 詭궤ᄆᆞᆷ 不불안 찰 對ᄃᆡ답、及급이를 崩붕죽을 帝뎨황뎨 息식각

之어조ᄉᆞ지 不불안 할 復부ᄃᆞ시 立립세울 后후황후、

당ᄂᆞᆫ 태종 황뎨 문덕 황후 쟝손씨 넌 셩픔이 검소

ᄒᆞ고 조용ᄒᆞᆫ지라 태종이 ᄂᆞᆫ 녈열의로 혼ᄒᆞ라 ᄒᆞ면 ᄉᆞ

양ᄒᆞ야 왈 암닥이 ᄉᆡ벽의 우넌 거선 집에 자앙이 ᄅᆞᆫ ᄒᆞᆫ

끄 져ᄉᆞ럼 말ᄒᆞ지 안터니 황후ㅣ 죽으미 태종이 잇지

못ᄒᆞ야 ᄃᆞ시 황후를 세우지 ᄉᆞ니ᄒᆞ니라

太태클 宗종조종、賢현어질 妃비왕비 徐셔셩 氏씨셩씨 堅견구들、姑고고모

也어조ᄉᆞ야、四ᄉᆞ넉 歲세ᄒᆡ 通통ᄉᆞ모ᄎᆞᆯ 論론의론 語어말ᄉᆞᆷ 詩시시경、著저지을

三十七

ᄒᆞ고 예

ᄒᆞ고 ᄒᆞ니라

년、ᄒᆞ야

ᄒᆞ니 ᄒᆞ니라

의 년

述술지을 甚심심할 盛셩셩할、貞졍고들 觀관볼 末말끗、上샹올날 疏소글 極
극극 諫간간할 討토칠 四ᄉᆞ넉 夷이오랑캐 治치다ᄉᆞ릴 宮궁집 室실집、女녀녀 ᄌᆞ
弟뎨아ᄋᆞ、우 爲위될 高고노플 宗종조 종 婕쳡녀 관 妤여녀 관、亦역또 有유잇슬
文문글 藻조문 채、世세인간 以이써 擬의비홀 漢한나라 한 班반셩 氏씨셩 씨
태종의 현비 셔씨 년견에 고모ᄅᆞᄉᆞ 셰예 론어와 시젼
열통ᄒᆞ고 칙열 만이 짓고 태종 말년의 글 열올녀ᄉᆞ이
렴ᄎᆞ고 궁실 셜ᄉᆞ치ᄒᆞ는 날 열국 히간ᄒᆞ니라 녀뎨 년
고종의 첩여ᄀᆞ되야 또ᄒᆞᆫ 글 열잘ᄒᆞ니 셰샹이 한ᄂᆞᄅᆞ
반씨의게 비ᄒᆞ더라
柳류셩 仲즁버금 郢영、명 母무모친 韓한셩 氏씨、씨 相샹졍승 國국나라

休(휴)孫(손)、家(가)法(법)嚴(엄)肅(숙)儉(검)

約(약)常(샹)衣(의)絹(견)素(소)不(불)用(용)綾(릉)

羅(라)錦(금)繡(슈)、爲(위)搢(진)紳(신)家(가)楷(ᄀᆡ)範(범)

歸(귀)柳(류)氏(씨)三(삼)年(년)、人(인)、未(미)嘗(샹)

見(견)其(기)啓(계)齒(치)而(ᅀᅵ)笑(쇼)、

류즁영의모친한씨년졍승휴의증손녀라가법이엄

호고검소호야명쥬렴엽고릉라금슈렴ᄀᆞᆺ이호지

슈니호야지샹가의법이되야ᄯᅥ너류씨의계시집간

졔삼년에니렴열고운년양열못볼너라

宋(송)宣(션)仁(인)皇(황)后(후)高(고)氏(씨)垂(슈)

에
ᄒᆞ야 이ᄒᆞ고
ᄒᆞ고 ᄒᆞ니이
이라ᄒᆞ더라

면의라
로ᄒᆞ야

술 簾발렴 문 八여덟팔 年ᄒᆡ년 名일흠명 불을 周두루쥬 一한일 時ᄯᆡ시 名일흠명 士션비
ᄉᆞ、 朝됴ᄉᆞ됴 廷됴뎡뎡、 淸말글쳥 明발글명、 華빗날화 夏듕국하 綏편안슈
슈 安편안안、 柳버들류 을 絶끈을절 外밧외 것 家집가、 人사람인 謂닐을위 늘 女
녀 太클태 中가온대듕 堯요 당요 舜우슌슌、
녀

송나라 영종황뎨에셔 인황후고씨 넌 팔년 열 슈렴ᄒᆞ
미친뎡 열 여제ᄒᆞ고 일시명ᄉᆞ 를 불너서 죠뎡 이 쳥
명ᄒᆞ고 텬하가 태평ᄒᆞ니 ᄇᆡᆨ셩더러 녀즁요슌이라ᄒᆞ
더라

陳진셩 堂집당 前압젼 漢한한 州골쥬 王왕셩 氏셩씨、 女ᄯᆞᆯ녀 以써이 行ᄒᆡᆼ실
힝 義올을의、 爲될위 郡골군 人사람인 所바소 敬공경경、 號별호호 曰왈 ᄂᆞᆫ

이라ᄒᆞ니라 ᄒᆞ고 ᄒᆞ고 ᄒᆞ야 ᄒᆞ고 을 ᄒᆞ고 ㅣ이라 이 ᄒᆞ야 ᄒᆞ고 으로 ᄒᆞ더라

堂당집 前젼앏 年년ᄂᆞᆫ 十습열 九구아홉 寡ᄒᆞᆯ과과거 有유잇슬 一일ᄒᆞᆫ 子ᄌᆞᄌᆞ뎔

事ᄉᆞ셤길 舅구시부 姑고시모 孝효효도 再ᄌᆡ두 爲위ᄒᆞᆯ 夫부지아비 妹ᄆᆡ누의

分분논흘 財ᄌᆡ지믈 親친친ᄒᆞᆯ 屬쇽붓칠 貧빈간난 者쟈놈 救구구완 養양길을

婚혼혼인 嫁가싀집갈 者쟈놈 三삼석 四ᄉᆞ넉 十십열 人인사람 子ᄌᆞᄌᆞ뎔

孫손손ᄌᆞ 遵준조ᄎᆞᆯ 其기그 敎교ᄀᆞᄅᆞ칠 訓훈ᄀᆞᄅᆞ칠 五오다ᄉᆞᆺ 世셰세ᄃᆡ 同동ᄒᆞᆫ가지

居거살 皆ᄀᆡ다 以이써 孝효효도 友우우애 儒유션ᄇᆡ 業업업 聞문들닐

진당젼연한 쥬왕씨에ᄯᆞᆯ이라 칭ᄉᆞᆫ예놉기로곧ᄉᆞ람더
리당젼이른별호ᄒᆞ니라십구셰과거ᄒᆞ야ᄉᆞ뎔ᄒᆞᄂᆞ
ᄆᆞ잇고구고를효셩스로셤기고두번시뉘게분지ᄒᆞᆫ
고친쳑의간난ᄒᆞ니를살니고셩혼ᄒᆞ여주니ᄆᆞ삼ᄉᆞ

三十九

십인이라ᄌᆞ손이ᄭᅩ훈열직히여소셰동거ᄒᆞ고ᄃᆞ호
우와유업스므로유명ᄒᆞ더라

어 ! 이어서

謝사셩枋방방목得득으득母무모친桂계셩氏사셩、씨尤더욱우賢어질현

專로

達통달달自조조츌枋방방목得득으득敗패패홀逃도망도、子ᄌᆞ婦

년 호되

與더불여二두이孫손ᄌᆞ손、幽유ᄀᆞ물遠원멀方방방、위處처처츌之

ᄒᆞ야

泰편ᄒᆞᆯ태然그럴연、無업슬무一ᄒᆞᆫ일怨원원망語말ᄉᆞᆷ어曰ᄀᆞᆯ일왈

라ᄒᆞ더라

義의의리所바소當맛당당然그럴연也어조ᄉᆞ야、

샤방득의모친계씨ᄀᆞ더욱어질더니방득언의병쟝
으로패ᄒᆞ야도망ᄒᆞ고ᄌᆞ부와두손ᄌᆞ넌원방에ᄀᆞ쳐
쓰되샹히태연ᄒᆞ야ᄒᆞᆫ말도원망이업서왈ᄌᆞ식에날

이의리예당연ᄒᆞᆫ비므ᄒᆞ더라

毛모셩 惜셕앗길 惜셕앗길 高고노플 郵우우톄 妓기기싱 女녀녀ᄌᆞ 也야조어

ᄉᆞ 別별달을 將쟝쟝ᄉᆔ 榮영셩 全젼온젼 反반반ᄒᆞᆯ 惜셕앗길 惜셕앗길 責ᄎᆡᆨ

꾸지즐 之지어조ᄉᆞ 曰왈일늘 妾쳡쳡 雖슈비록 賤쳔쳔ᄒᆞᆯ 妓기기싱 不불못ᄒᆞᆯ

能능능ᄒᆞᆯ 事ᄉᆞ셤길 反반반ᄒᆞᆯ 臣신신하 全젼온젼 怒노노ᄒᆞᆯ 殺살죽일 之

어조ᄉᆞ 後후뒤 三삼셕 日일날 全젼온젼 敗패패ᄒᆞᆯ 伏복업ᄃᆡ릴 誅쥬베일

모셕셕연고유ᄯᅡ기싱이라별쟝영젼이ᄂᆞᄅᆞᆯ비반

ᄒᆞ거ᄂᆞᆯ셕셕이꾸지저왈니가비록쳔ᄒᆞᆫ기싱이ᄂᆞ역

적언셩기지못ᄒᆞᆫᄃᆞᄒᆞ니젼이노ᄒᆞ야주여ᄯᅥ니ᄉᆞᄒᆞᆯ

만의젼이쾌ᄒᆞ야죽으니라

四十

이예 호디 ᄒ야 ᄒ니 어 ㅣ ᄒ니 라ᄒ고 라가에 ᄒ뇨

元원ᄂ라원 范범셩 妙묘ᄒ 眞진참 年년ᄂ 二이두 十십열 一일ᄒ 歸귀도라 于
어조ᄉ 江강셩 文문글 鑄주쇠블 及급미 를 門문문 未미몯ᄒ 合합합ᄒ 巹근잔박
근 夫부외 졍 忽홀홀연 以이써 癎간간 질 疾질병들 死ᄉ죽을 范범셩 曰왈일
웓 我아나 旣긔이메 入입들어 江강셩 氏시셩씨 之지어조ᄉ 門문문 卽즉곳 江
강셩 氏시셩씨 之지어조ᄉ 婦부며 遂슈 ᄆ 居거ᄒ 江강셩 氏시셩씨 家
가집 年년ᄂ 九구아홉 十십열 五오다ᄉ 卒졸죽을 에

원ᄂ라 범묘진이 이십일 세 강문주의게 로시집가되
꼬비 근례렬 몯처 몯ᄒ야 문주ㄱ 홀연이 간질노 죽으
니 범씨 왈 너ᄀ 이믜 강씨 문에 드러와씨니 곳 강씨의
ᄉ네 ᄂ ᄒ고 강씨집에셔 ᄂ도ᄀ 주 십오세예 죽

년이 ᄒᆞ야 ᄒᆞ고 ᄒᆞ야 ᄒᆞ야 이 ᄒᆞ야 이라ᄒᆞ고 로외 ᄒᆞ러니 에ᄒᆞ야 ᄒᆞ더라

스니라
明명ᄂᆞ라太태祖조高고皇황帝뎨后후황후馬마氏시ㅣ性셩품
恭공공손儉검검소寬관너그러고仁인어질常상샹해服복닙은을澣한빨濯탁빨을
之지조ᄉᆞ어衣의옷毎매미양製제말衣의옷裳샹치緝즙이을餘여남을
帛빅명쥬爲위ᄒᆞ巾건슈褥욕요賜ᄉᆞ줄諸뎌뭇王왕인妃비왕主쥬공
쥬曰일일生싱난長쟝자란富부부ᄒᆞ貴귀귀ᄒᆞ當당맛당知지알稼穡ᄉᆞ에누
잠桑무뽕상ᄂᆞ不불안易일이쉬울爲위위홀天텬ᄒᆞᆫ을地디ᄯᆞ惜셕앗길物믈
물만帝뎨황以이써威위위엄武무호반治티다ᄉᆞ리시天텬ᄒᆞᆫ下하아래
后후황毎민미양濟제건之지조ᄉᆞ어以이써寬관너그及급이崩붕죽을
봉帝뎨황痛통슬悼도슬不불산復부다立립세后후황후

四十一

년이 ᄒᆞ니ㅣ 라가

대명태조황뎨의황후마씨넌셩픔이겸소ᄒᆞ샤ᄒᆞᆼ샹
뺀옷설잇고의복ᄆᆞ른ᄶᅩ각얼련ᄒᆞ샤슈건과요를만
드러서뭇왕비와공쥬련주어왈부귀예싱장ᄒᆞ니누
에츠고갈삼ᄒᆞ기ᄀᆞ쉽지안인줄얼수ᄅᆞ서뎐디련위
ᄒᆞ야물건설익ᄀᆡ야ᄒᆞᆫᄃᆞᄒᆞ고태조ᄀᆞ위염으로뎐하
련ᄃᆞ시리미마씨넌어진덕으로건지더니마씨ᄀᆞ죽
으미태조ᄀᆞ슬퍼ᄒᆞ야ᄃᆞ시황후련세우지안하니라

仁인어질 宗종조종 皇황황뎨 后후황후 張장셩 氏시씨 性셩셩픔 恭공손
공 儉검검소 孝효효도 敬경공경 成셩일울 祖조조종 每미미양 有유잇슬
意의뜻 易역박꿀 儲져태조 輒쳡믄득 曰월실 媳식며느리 婦부며느리 兒ᄋᆞ희

라ᄒᆞ야러니 이 이ㅣᄒᆞ나 이 이나 ᄒᆞ야 ᄒᆞ나 세 이ㅣ러라

ᄋᆞ好조흘호、竟ᄆᆞᄎᆞᆷ경 止그칠지、及미ᄎᆞᆯ급 英ᄭᆞᆺ영 宗ᄆᆞᄅᆞ종、幼어릴유 嗣
ᄉᆞ이을 位위위、太클태 后황후후、委버릴위 任맛길임 三석삼 楊버들양 王왕왕
振떨칠진 雖비록슈 欲ᄒᆞ고져ᄒᆞᆯ욕 專오로전、畏두려울외 太클태 后황후후、不못ᄒᆞᆯ불
敢감히감 也어조ᄉᆞ야、正바를졍 統거ᄂᆞ릴통 之어조ᄉᆞ지 初처음초 天하ᄂᆞᆯ텬을 下ᄋᆞ래하
하 休쉬일휴 息쉴식、皆다개 太클태 后황후후 力힘력 也어조ᄉᆞ야、
인종황뎨와황후쟝시년셩홈이효도ᄒᆞ고검소ᄒᆞ니
영조황뎨ᄆᆞ미양태조련박구라ᄃᆞᄀᆞ왈며느리ᄆᆞ어
질ᄃᆞᄒᆞ야그치더니후에손조영종황뎨ᄆᆞ어려서위
련이으ᄆᆡ쟝씨ᄆᆞ어진졍승세ᄉᆞ람을버려맛기미간
ᄉᆞ츈환쟈ᄆᆞ그른노릇설ᄒᆞ고저ᄒᆞ되쟝씨렬두려워

四十

一至下
넌 이
이러니 에
ᄒᆞ야 이러니
에 울
ᄒᆞ여라

셔감히못ᄒᆞ니졍통초년에텬하태평이그심안니라
英영꼿宗종조종 皇황황뎨 后후황후 錢젼셩氏시셩씨 性셩셩품 柔유유ᄒᆞᆯ
謹근삼갈 土토흙 木목나무 之지어조ᄉᆞ 變변변ᄒᆞᆯ 無무미양 夜야밤 泣읍울 籲
유불을 祈기긔 天텬ᄒᆞᆯ 目목눈 爲위위ᄒᆞᆯ 之지어조ᄉᆞ 損손덜 及급미츨
復복회복 辟벽인군 後후뒤 處쳐처ᄒᆞᆯ 景경볏 皇황황뎨 后후황후 猶유오히려
盡진다ᄒᆞᆯ 禮례례졀 焉언어조ᄉᆞ
영종황뎨의황후젼씨넌셩품이유순ᄒᆞ고상ᄒᆞ더니
영종이오랑캐ᄭᅴᄌᆞ러갓다ᄀᆞ오랑캐의게잡혀ᄀᆞ미
젼씨ᄀᆞ밤마도울며ᄒᆞᆫ을ᄭᅳ비러서눈이상ᄒᆞ기에이
르더니후에영종이본국에도ᄅᆞ와서위를회복ᄒᆞ미

예ㅣ이라
ㅣ 이러니라
ᄒᆞ고 년 라예
● ᄒᆞ고 년
시이어 ᄒᆞᆫ디
ㅣ
을 오ᄉᆞ닙에
ㅣ ᄒᆞ샤
ᄒᆞ니라

졀씨ᄋᆞ경뎨의황후되겸ᄒᆞ기를례를극진이ᄒᆞ더라
解히셩 縉진불 글 胡호셩 廣광널을 • 兩량두 家가집 皆개다 有유잇슬 孕일빌 成
셩일울 祖조조、宗종 命명명 指지ᄆᆞ리 腹복ᄇᆡ 爲위ᄒᆞ 婚혼혼、인 縉진불 글 生성난
子ᄌᆞᄌᆞ、뎐 廣광널을 生성난 女녀ᄯᆞᆯ 後후뒤 縉진불 글 死ᄉᆞ죽을 詔조죠서 獄
옥옥 •집 子ᄌᆞ、뎐 戍리슈 슈ᄌᆞ 邊변ᄀᆞᆺ 廣광넙을 欲욕잘ᄒᆞ고 離리ᄯᅥ날 婚혼혼•인
女녀ᄯᆞᆯ 斷단ᄭᅳᆫ을 髮발터럭 自ᄌᆞ스스 誓셔명셔 曰왈일ᄋᆞᆯ 上샹위 所소바 定뎡
뎡뎡 훌 婚혼혼、인 誰슈누구 敢감훌감히 易역박꿀 之지어조 後후뒤 縉진불 글
子ᄌᆞᄌᆞ、뎐 遇우맛날 赦사사놀 而이어조 還환도로올 遂슈인훌 爲위될 夫경외
부 婦부ᄉᆞ、너
희진壹망두졈에ᄃᆞ되즁이라셩조황뎨계서명ᄒᆞ야

四十三

넌라 ᄒᆞ야이워럽 넌 이라가이 나ᄐᆞᆫ더 라ᄒᆞ니

비예두고뎡혼ᄒᆞ라ᄒᆞ더니파연진연상남ᄒᆞ고망언
상녀ᄒᆞ엿더라후에진이무죄시옥즁에죽고ᄉᆞ뎔언
변방에구얀ᄆᆞ미팡이파혼ᄒᆞ라ᄒᆞᆫ대그ᄯᆞᆯ이머리털
열ᄀᆞᆫ코밍세ᄒᆞ야왈우희서뎡ᄒᆞᆫ혼인열누ᄆᆞ변키
ᄒᆞ랴ᄒᆞ더니후에진의ᄉᆞ뎐이샤렬만ᄂᆞ풀녀와서셩
혼ᄒᆞ니라

成셩셩 氏셩시、씨 尤우셩 輔보도을 妻ᄉᆞ쳐니 也어조ᄉᆞ야 江강강 슈 水물슈 [illegible]
방야 溢너물일、 家집가 人사람인、 倉창창 卒졸졸 급홀 升올승늘 屋집옥 成셩셩
盤졍뎡제 衣옷의 欲ᄒᆞ고잘욕 上올갈상ᄂᆞ 門문물을 爾너이 等무리등、 衣닙의、을
耶어ᄉᆞ조야 家몸죤 謝샤례샤 不못블홀 暇겨를하 成셩셩 曰일월늘 安안엇지

오ᄒᆞ고
ᄒᆞ니라

언
세

有유잇ᄂᆞᆫ 男남남ᄌᆞ 女녀녀ᄌᆞ 裸라버ᄉᆞᆫ 而ᅀᅵ어 尚샹오히려 可가가ᄒᆞᆯ 求
子ᄌᆞ ᄒᆞᆯ 生ᄉᆡᆼ산 我아나 獨독ᄒᆞ올노 留류머므러 耳ᅀᅵ조 坐좌안즐 榻탑평 上상
위 死ᄉᆞ죽을 ᄉᆞ

우보의ᄉᆞᄂᆞᆫ셩씨년강문이방에부러집안ᄉᆞ람더리
창졸에집우의로오르더니셩씨년경졔이옷설입고
올ᄂᆞᄀᆞ랴ᄃᆞᄀᆞ물어왈너의뎔이옷설엄언너냐ᄒᆞᄃᆡ
여러시ᄒᆞ기렬급ᄒᆞ야입지못ᄒᆞ엿ᄃᆞᄒᆞ니셩씨왈엇
지남녀ᄀᆞ벗고서죽지ᄉᆞ니ᄒᆞ기렬구ᄒᆞ랴ᄒᆞ고올ᄂᆞ
ᄀᆞ지안코평상에안ᄌᆞᄃᆞᄀᆞ물에죽으니라

義의올을 婢비녀죵 妙묘묘ᄒᆞᆯ 聰총귀밝글 張장셩 孟ᄆᆡᆼ맛 哲결착ᄒᆞᆯ 家가집 婢

파 뻬
1
이러낟 싀 후야
홀고 이라
후야 머니 이
에 이
후 나라

婢 비녀 죵 也 어조 北 븍녁 寇 도적 入 들어 掠 로략 략 孟 맛 밍 哲 착 텰 출
妻 쳐 쳐 李 리셩 與 더블 여 夫 지아비 부 妹 뎨 믜 相 서로 샹 挐 끌 무 投 던 질 두
井 우믈 경 妙 묘 묘 聰 귀 밝 총 隨 따 수 之 어조 지 見 볼 견 二 두 이 女 녀 계 ᄌᆞ
俱 함 끠 구 未 아닐 미 死 죽 ᄉᆞ 以 써 이 李 리셩 有 잇 유 娠 빈 신 恐 두려 공 水 물 슈
물 冷 찰 링 有 잇 유 害 해 해 遂 드디여 슈 負 질 부 於 어조 어 背 등 비 賊 도적 적
退 물너 퇴 家 집 가 人 사람 인 以 써 이 索 줄 삭 引 굴 인 二 두 이 人 사람 인 出
歎 ᄂᆞᆯ 而 어조 이 婢 비녀 비 則 곳 즉 死 죽 ᄉᆞ 矣 어조 의
의비 묘 춍 언장 밍 쳘 에 집 기 죵 이 륙 도 적 이 달 녀 들 믜
밍 쳘 의 숙 니 리 씨 ᄀᆞ 시 녀 와 ᄀᆞ 치 우 물 에 빠 즈 거 날 뫼
춍 이 도 ᄯᆞ 로 빠 져 셔 두 샹 면 이 ᄋᆞ 작 죽 지 ᄋᆞ 니 함 열 보

ᄒᆞ야 라가서 |
이마 ᄒᆞ니어
어년 ᄒᆞ고
| 이러니 |
ᄒᆞ고
넌 ᄒᆞ니

ᄭᅳ리씨년방장티즐이라물이ᄎᆞ서해ᄀᆞ잇쓸ᄀᆞ념려
ᄒᆞ야제둥의즈고잇더니도적이간후에집ᄉᆞ람더리
즐노건저시니두샹뎐은살고묘충언눌녀서죽어뎌
라

湖호 州쥬ᄀᆞ올 有유잇슬 丐개빌 婦부인 隨슈ᄯᆞ를 夫부 及급더블
姑고시모、乞걸빌 食식먹을 石셕돌 門문문 市시저조、三삼석 人인ᄉᆞ람、偶우연
相샹서루 失실일흘、婦부인 有유잇슬 色ᄉᆡᆨ、市시저조 人인ᄉᆞ람
誘유ᄭᅬ일 之지어조 不불안찰 顧고도라보、不불안찰 復부다시 乞걸빌 食식먹을
者자적、二이두 日일날 聚취모들 觀관볼 者자니 益익더할 衆중만을、夫부
부
姑고시모、不불안찰 至지이를 乃내이에 躍약뛸 入입들 水슈물 而이말이을

四十五

ᄒᆞ더라

의년ᄒᆞ야 ᄒᆞ야ᄒᆞ야 ᄯᅦᄒᆞ야 어던

이ᄉᆞ 死ᄉᆞ죽을

호졔ᄃᆞ의결식ᄒᆞ던부인이외경과시모랄ᄃᆞ릭셔문

쟝의셔결식ᄒᆞᄃᆞᄀᆞ우연이셔로일어년지ᄅᆞᆫ부신이

ᄌᆞ식이잇ᄯᅳ나쟝ᄉᆞ람ᄯᅥ러ᄭᅴ오거녈도ᄅᆞᆨ보도안코

잇틀연결식ᄒᆞ지안터니모ᄃᆞ보던ᄉᆞ람연졉만코

외경과시모던소지ᄉᆞ니ᄒᆞ니물에ᄯᅱ여들어죽더라

安편안 陸륙륙、ᄃᆡ 陳진진 節졀졀 개 婦부인、 早조일 쪽 寡과홀 歸귀도

귀ᄭᅡᆯ 父부부 친 家집가 坐안즐좌 臥누을와 小작을소 樓루루 足발족 不안불 찰 下

하ᄂᆞ랄 樓루루 者적자 三석상 十열십 年ᄒᆡ년 臨림림 출 終죽종、을 謂닐위늘 其

기그 婢비ᄃᆡ죵 曰일월늘 吾오너 死ᄉᆞ죽을 愼삼갈신 勿말물 以ᄡᅥ이 男남남 ᄌᆞ

ᄒᆞ라ᄒᆞ더니 이
ᄒᆞ야
ᄒᆞ니 리
라
인ᄃᆡ 오ᄒᆞ니
이 ᄒᆞ니 이러라

子ᄌᆞ식 昇여들 我아내 家가집 人인사ᄅᆞᆷ 忽홀경홀 其기그 言언말ᄉᆞᆷ 令령식힐

령 男남ᄌᆞ 子ᄌᆞ남 昇여들 之지어조ᄉᆞ 氣긔긔운 絶졀그츨 踰유넘을 時

시ᄃᆡ 矣의어조ᄉᆞ 起긔닐어날 坐좌안즐 曰왈ᄀᆞᆯ오ᄃᆡ 始시비로솔 我아내 何하엇지 言

언말ᄉᆞᆷ 若약너 輩배무리 至지이를 此ᄎᆞ이 家가집 人인사ᄅᆞᆷ 驚경놀날 怖

포두려울 而이어조ᄉᆞ 下하ᄂᆞ릴 乃내이예 瞑명눈ᄀᆞᆷ을

안륙ᄯᅡ의 진졀부 년조과ᄒᆞ야 친뎡의 도ᄅᆞᆯ마셔 주은

루ᄆᆞ루에 ᄂᆞ조거쳐ᄒᆞ야 말이 이루ᄆᆞ루에 ᄂᆞ리ᄋᆞ지 안

ᄏᆡ렬 삼십년에 죽ᄭᅵ럼ᄒᆞ야 부리년 죵더러 일너왈

니ᄆᆞ죽겨던 부ᄃᆡ 남ᄌᆞ로 들지 못ᄒᆞ게ᄒᆞ더니 죽

은 후에 그 말 어겨 훌니 녀겨 남ᄌᆞ렬 식혀 들냐ᄒᆞ니 슌

명츈제올인후에홀연이이러안저왈시ᄆ엇덕긔맏
열ᄒ여ᄭ지너의덜에이러킈ᄒ너냐ᄒ니남ᄌ덜이
놀니여물너ᄀ니ᄂ시누어눈열감더라

녯젹녀즁셩현열ᄒᆞᆫᄉᆞ당의향례ᄒᆞ기로가량ᄒᆞ던말
녯ᄉᆞ람이말ᄒᆞ기를집에셩쇠넌부인의게잇다ᄒᆞ고삼
더젹뎨왕가의흥망도또ᄒᆞᆫ그러허니대뎌싱이지지ᄒᆞ
넌ᄌᆞ픔이아니면ᄆᆞ리ᄎᆞ넌삼열발자안알길이업넌고
로녯ᄉᆞ람이말ᄒᆞ기를ᄌᆞ식언어려쓸제ᄆᆞ리ᄎᆞ고며느
리넌처음왓쓸제ᄆᆞ리ᄎᆞᆫ다ᄒᆞ니라만일부모ᄆᆞ츌가견
의ᄆᆞ리ᄎᆞ지안코구고ᄆᆞ츌가후에ᄆᆞ리ᄎᆞ지ᄉᆞ니ᄒᆞ야
텬셩ᄌᆞ픔만맥겨두면부인되니넌비울날이업쓰니심
히불가ᄒᆞᆫ날이라텬디부판ᄎᆞ의슴양이더ᄒᆞ야셩기고
억죠인셩즁에남녀ᄆᆞ샹반ᄒᆞ야당ᄎᆞ의후박이업넌지

四十七

르금셰예경향과귀쳔업씨ᄉᆞ람ᄆᆞ도분수업ᄯᆞ르ᄉᆞ업
ᄆᆞ리츌쥴연삽되녀ᄌᆞᄆᆞ리ᄎᆞ넌법연읍쓰나혹시부모
의ᄌᆞ식ᄉᆞ랑ᄒᆞ넌ᄆᆞ음이ᄒᆞ박이잇써그려허나ᄒᆞ박열
두지못츌뿐이ᄉᆞ니라맛당이완급열비고츌께시니남
ᄌᆞ넌샹치부모슬하에잇써셔평싱두고ᄆᆞ리처도녀ᄌᆞ
ᄒᆞ거니와녀ᄌᆞ넌츌번츌가ᄒᆞ면ᄃᆞ시ᄆᆞ리츌날이업쓰
니ᄯᅩ츈더욱급ᄒᆞ지ᄉᆞᄉᆞ니ᄒᆞ냐만일어려서버덤날ᄆᆞ도
셩현의ᄃᆞᆨ연지론열익히여이목에비게ᄒᆞ고츄상제ᄉᆞ
등ᄉᆞ렬ᄯᆞᆫᄂᆞ거던남ᄌᆞ와함끠례법열조ᄎᆞ칭ᄒᆞ야집에
서넌법이되고ᄂᆞ르에넌풍속이되면ᄯᅩ츈ᄉᆞ름답지ᄉᆞ

너ᄒᆞ라부인언빗깃날이엽고공번되못ᄭᅧ지던계례ᄒᆞᆫ
ᄆᆞ지ᄆᆞ잇쓰ᄂᆞ금셰예칭ᄒᆞ너ᄂᆞᄆᆞ국히즉ᄭᅭ거가의악
히넌거시불과허무ᄒᆞᆫ쇼셜이쇼숭샹ᄒᆞ넌거시요괴ᄒᆞᆫ
무당이며ᄂᆞᄆᆞ면남의혼신못ᄭᅧ지ᄂᆞ로변의구경이ᄂᆞ
산ᄉᆞ의불공이ᄂᆞ무비한만불급ᄒᆞᆫ날실너라너ᄆᆞ쇼시
예안노개연ᄒᆞ야녀쇼착연편ᄎᆞᄒᆞ야가즁부녀로악히
계ᄒᆞ고또샘즁에ᄒᆞ기렬날노환로에당ᄒᆞ면묘당에의
론ᄒᆞ야경향각쳐에조용ᄒᆞ고ᄭᅱ깟ᄒᆞᆫ뜨렬ᄆᆞ리여셩녀
묘렬창건ᄒᆞ되집제도와위ᄎᆞ와졔긔와졔물파칭ᄉᆞ결
ᄎᆞ렬대강셩묘와의ᄒᆞ(방)야미년이팔월즁경스로향례렬

마

지녀되졔판은그ᄯᅡ의ᄉᆞ족부녀즁의어질고지례ᄒᆞ녀
니로국ᄐᆡᆨᄒᆞ기렬계례예빈쥬와ᄀᆞᆺ치ᄒᆞ고판뎡ᄒᆞᄂᆞᆫ부
녀ᄂᆞᆫ오너너로챵뎡ᄒᆞ야당일에모ᄃᆞ셔힝ᄉᆞᄒᆞ고즉시
파좌ᄒᆞ야이젼셩현의졔향열인ᄒᆞ야그덕힝열모ᄃᆡ셔
ᄉᆞ람모도각각ᄂᆞ도오론노릇셜ᄒᆞ면ᄯᅩᄒᆞᆫ에ᄀᆞ틀마음
엳ᄀᆞ지면거의풍화에유익ᄒᆞ리라ᄒᆞ엿더니평셩ᄯᅳᆺ셜
앋우지못ᄒᆞ고거연이박빠이분분ᄒᆞᆫ지라엳음날에산
뎡에거ᄒᆞ야더위병셜치료ᄒᆞᄃᆞᄀᆞ우연이이날열샹각
ᄒᆞ고인ᄒᆞ야ᄀᆞ량으로셩너모도렬ᄒᆞ고글노긔로공노
론대뎌남ᄌᆞ년듕위ᄒᆞ야도렬힝ᄒᆞ며궁ᄒᆞ야도만젼ᄒᆞ

넌분별이잇넌고로뎨왕모와셩모렬쳐소ᄅᆞᄯᅡ르게ᄒᆞ
야ᄀᆡ너와부인연빗것날이업넌지라어ᄅᆡ서넌원만ᄒᆞ
모양얼익히고커서넌잠젹작임ᄒᆞ넌녀공얼친집ᄒᆞ고
늘거서넌옛셜믈고손조ᄂᆞ희롱ᄒᆞ넌날이지쳔업ᄉᆡᄅᆞ
튼고로이제통ᄒᆞ야한ᄉᆞ당에라렬ᄒᆞ니합ᄒᆞ야구십구
인이라조손안인듸부인열졔ᄉᆞᄒᆞ넌날이고례에논업
쓰ᄂᆞ한ᄂᆞ로조사논실ᄀᆡ효녀요원ᄂᆞ로왕츄츄논실ᄀᆡ
렬녀로듸소히려특득이ᄉᆞ당열세워졔ᄉᆞᄒᆞ야비향ᄀᆡ
지잇거던ᄒᆞ믈며녯쩍셩녀냐쳔만셰예공번되게향례
ᄒᆞ기ᄅᆞ당연치ᄋᆞ니ᄒᆞ냐임인계하회일에쓰노라

四十九

셩녀묘의 정위와

위정

쥬태임

동비향 이위

이위 셔비향

쥬대ᄉ 도편강

익 ᄡ 읍 ᄎ

동종향 ᄉ십칠위

위ᄉ십칠 셔종향

쥬위 졔호송진송
셰공 한쟝 비 편호
강공 위번 비 쳐ᄅ
후강 희희 희 쳐중

샹 대 쟈 됴 ᄉ
졔 요 무 쥬 ᄉ 미
궁 공 동 무 쥬 흡 ᄃ
교 ᄉ 진 졔 호 ᄉ 긔

비향위와 종향위

최쟌조모당씨
위효녀
류흥영모한씨
기양공쥬
당문덕장손황후
슈경션과모최씨
왕담쳐학씨
진회태조비왕씨
오명중모
범방모
방육모효씨
효녀조아
강시쳐방씨
량홍쳐민씨
조대가반씨
슌우의녀뎨영
진영모
한명덕마황후
제왕손가모
량고칭

송한빙쳐하씨
뎐조모
반쳡여
왕릉모
왕장쳐
조씨부뎡씨
포션쳐환씨
악양ᄌ쳐졍의
효녀숙션웅
륙속모
황보규쳐녀종
위조문숙쳐찰후령녀
도간모잠씨
왕혼쳐죵씨
허션심모범씨
셔현비
양셩공쥬
리경양모졍씨
졍의종쳐로씨
가직언쳐동씨

렬가량 송년도식

신보한부인윤씨
본조최국부쳐림씨
김씨조비허씨
신라박츙렬쳐김씨
조계장결부
져복쳐범씨
의종쥬황후
쇼종즁황후
영종견황후
면태조마황후
원참문츙쳐왕씨
샤비쳐후씨
죠모발쳐옥씨
샤방득모계씨
람강료결부
진당젼왕씨
쟝온지쳐로씨
송선인교황후
류연슈쳐왕씨
부봉쳐옥영

리간쳐양렬부
오백왕응쳐리씨
정조모후씨
렬신국부인로씨
쥬주모후씨
림희왕정부
샤방득쳐리씨
조회 첩
쟝규모쥬씨
명샹현쳐리씨
신종쟝황후
희종쟝황후
만종추태후
의종비궁인
호 팡 녀
안륙진졀부
고려리동교쳐빈씨
송씨조비류씨
풍산김씨녀
윤미촌부인리씨

이라
에ᄒᆞ되
ᄒᆞ니
넌
을 ᄒᆞ고
을
ᄒᆞ야 ᄒᆞ야
을로 ᄒᆞ고
ᄒᆞ고

女녀ᄌᆞ 小쇼죡을 學ᄒᆞᆨ비울 跋발발ᄒᆞ미

미쇼ᄒᆞᆨ 곳희 쓰넌 글

書셔칙 成셩일울 後후뒤 二이두 紀긔벼리 始시비로 克극능ᄒᆞᆯ 淨졍끼깻 寫

ᄉᆞ씀 略략더강 有유잇슬 釐리다시릴 正졍바를 蓋개대개 其기그 諺언언문 翻

번번역 之지어조ᄉᆞ 例례법례 旣긔이미 不불안ᄒᆞᆯ 逐축쫏츨 字ᄌᆞ글ᄌᆞ 釋셕실셕

ᄒᆞᆯ 셔글 義의뜻 如여그틀 經경경 書셔칙 諺언언문 解ᄒᆡ풀 又우또 不불안ᄒᆞᆯ

因인인ᄒᆞᆯ 事ᄉᆞ닐 演연부를 語어말ᄒᆞᆷ 如여그틀 里리동리 巷항골목 稗패픠

說설말ᄉᆞᆷ 要요죵요 以이ᄡᅥ 文문글 簡간간략ᄒᆞᆯ 意의뜻 明명발ᄀᆞᆯ 使ᄉᆞ식힐 婦

부부 人인사람 易이쉬울 曉효알 爲위ᄒᆞ 主쥬쥬쟝 字ᄌᆞ글ᄌᆞ 義의글뜻 則

즉곳 隨슈ᄯᆞ를 文문글 而ᄉᆞ어이조 異이달을 解ᄒᆡ풀 字ᄌᆞ글ᄌᆞ 音음음 則즉곳 舍

五十

이나 쇼 ᄒᆞ고 호ᄃᆡ 애 ᄒᆞ야 ᄒᆞ고 에 넌 마이 이로ᄃᆡ이

노을 俗쇽시 쇽 而ᄉᆞ어 이조 從좃조 ᄎᆞᆯ 正졍바 을 然션글 연 必필반 득 不몯 지조

샤 불 能능능 ᄒᆞᆯ 無무업 ᄉᆞᆯ 이조 困곤 신 ᄒᆞᆯ 熟슉익 을 致치일 를 誤오그 ᄒᆞᆯ 之ᄉᆞ어

辭폐폐 단 字ᄌᆞ글 ᄌᆞ 體톄몸 亦역또 然연글 열 至지이 를 於ᄉᆞ어 어조 古고예 事

ᄉᆞ날 中듕가 운 或혹혹 有유잇 ᄉᆞᆯ 事ᄉᆞ날 不불안 일 近근가 ᄀᆞ 情졍실 졍 者쟈것

爲위위 ᄒᆞᆯ 其기그 文문글 之ᄉᆞ어 지조 出출날 올 正졍바 을 史ᄉᆞᄉᆞ 기 世 ᄉᆞ어 야조

姑고ᄉᆞ 직 並병소 ᄅᆞᆯ 存존둘 之ᄉᆞ어 지조 書셔최 末말끗 附부부 ᄎᆞᆯ 以이ᄡᅥ 撰찬

출 의 聖셩셩 인 女녀녀 廟묘ᄃᆞ 당 圖도그 림 說셜말 ᄉᆞᆷ 所소ᄇᆞ 以이ᄡᅥ 廣광어 을널

광 其기그 事ᄉᆞ날 也ᄉᆞ어 야조 婦부부 인 人인ᄉᆞ 란 莫막업 ᄉᆞᆯ 盛셩셩 ᄒᆞᆯ 於조어

周쥬ᄂᆞ 家가집 之ᄉᆞ어 지조 興흥이 러 詩시시 경 人인ᄉᆞ 람 歸문 첩 돗

ᄉᆞ어 도 갇 ᄃᆞ쥬 功공공 於ᄉᆞ어 어조 男남남 子ᄌᆞ 조 ᄌᆞ 曰왈일 ᄋᆞᆯ 刑형법 于ᄉᆞ어 우조 妻

ᄒᆞ야 이라ᄒᆞ니 ㅣ ㅣ 라도라 에서ㅣ 이요 쇼 이라 ㅣ ᄒᆞ니 ᄒᆞᆫᄂᆞ ᄂᆞ

御于邦然則世之
教婦人者當知所本而
此一書雖謂之優於
天下恐亦可矣念余
一生凡編三書此最先
四禮集儀次之七書
註詳說爲後三者皆足
以裨風化之萬一矣
若祚吾道一天之下
百世之後有志乎化

五十二

1

리라

세ᄒᆞ노라

民민ᄇᆡᆨ셩 成셩일울 俗풍속 之ᄉᆞ어지조 君군군ᄌᆞ 子ᄌᆞ군ᄌᆞ 者쟈놈 其기그

將장장ᄎᆞᆺ 有유잇ᄉᆞᆯ 取츄그ᄎᆞᆯ 於ᄉᆞ어어조 斯ᄉᆞ이 云운일ᄂᆞᆯ 爾ᄉᆞ어이조 南녁남

병 수왓 莫모저믈 春츈봄 之ᄉᆞ어지조 吉길길ᄒᆞᆯ 日일날 識지긔록

착이된후이십여년만의ᄯᅩ시일통열졍ᄒᆞ되대강

곤ᄒᆞᆫ거시잇ᄯᅳ니언문으로번역ᄒᆞᆫ범례ᄂᆞᆫ글ᄌᆞ뎔

ᄌᆞᄎᆞ뜻셜ᄉᆡᆨ이기렬경셔언ᄒᆡᄀᆞ치도ᄉᆞᄂᆡᄒᆞ고ᄂᆞᆯ얼

인ᄒᆞ야만얼ᄂᆞ티기렬려항에ᄉᆞ셜ᄀᆞ치도ᄉᆞᄂᆡᄒᆞ야

글언간략ᄒᆞ되뜻전발ᄆᆞ서부인덜노알기쉽게ᄒᆞ고

글ᄌᆞ뜻선글열ᄯᅢᄂᆞᆫᄯᅳ르게풀고글ᄌᆞ음파글ᄌᆞ모양

언시속얻노코밭은걸조ᄎᆞᄊᆞᄂᆞ슉습열인ᄒᆞ야그릇

된거시업지못홀꺼시요고소즁에혹밋지못홀날이
잇쓰되정ᄉ의서ᄂ온걸위ᄒ야ᄉ직실톄로두고착
끗헤의셩녀묘도셜노부치기넌녀요학짓넌날열날
키넌뜻지ᄅ조고로셩현부인에쥬ᄂᄅ흉홀쟤ᄀ쳣
지로더시젼짓너니ᄀ공열문왕께돌녀보니셔왈아
너의게법이되야ᄂᄅ럴ᄃ시란ᄃᄒ니실노본즉셰
상에부인ᄀ리ᄎ너니뎐이근본인넌디럴살개시요
이착춘잘이뎐하ᄃ시리기예넉넉ᄒᄃ고실너도파
춘말이ᄉ나타니ᄀ평싱의셋칙열편ᄎᄒ미시칙이
만먼여요ᄉ례짐의ᄀ그지ᄎ요찰셔주샹셜이야즁

卷三

이라 을에 ᄒᆞ고 이러니

이ᄅᆞᆫ 셋ᄌᆡ 이ᄂᆞ 족히 풍화를 도을만ᄒᆞ니 ᄒᆞᆫ을이 만일
우리도ᄅᆞᆯ 복열 줄진ᄃᆡ 원뎐하이 ᄂᆞ빅세후에 ᄂᆞ빅셩
얼변화ᄒᆞ여 풍쇽열알우기예 뜻이 인년군ᄌᆞᄀᆞ이칙
에 취ᄒᆞᆯ개시 잇쓰리ᄅᆞᆺ 병소모ᄒᆞᆫ 길알에 긔록ᄒᆞ노라

後朝跋발미

꼿희쓰넌야즁골

此ᄎᆞ이 書셔칙 初초ᄎᆞᆷ 寫사쓸 時시ᄯᅢ 惟유오직 致치이루 察찰살필 於어조ᄉᆞ어
字ᄌᆞ글ᄌᆞ 音음음 與여더블 字ᄌᆞ글ᄌᆞ 體톄몸 若약만일 字ᄌᆞ글ᄌᆞ 之지어조ᄉᆞ
訓훈ᄯᅳᆺ 則즉곳 一일ᄒᆞᆫ 從종조ᄎᆞᆯ 世셰인간 俗쇽시쇽 所소바 稱칭일ᄏᆞᆯ 而이말이을
不불아닐 加가더일 釐리다ᄉᆞ릴 正졍바ᄅᆞᆯ 及급미ᄎᆞᆯ 今금이졔 再ᄌᆡ두

이 라 예을ᄒᆞ고ᄒᆞᆫ 료어ᄒᆞ고 을ᄒᆞ야언 넌ㅣ로 ᄒᆞ니 ㅣㅣ 요 ᄒᆞ니

寫쓸샤而어조ᄉᆞ이校교샹교之어조ᄉᆞ지不못ᄒᆞᆯ불能능ᄒᆞᆯ능無업슬무憂시ᄃᆞ

須기릴슈商헤아릴샹量헤아릴량者것쟈耳어조ᄉᆞ이夫대범부我나아國나라국以

字글ᄌᆞᄌᆞ訓글ᄌᆞ뜻훈全온젼젼用ᄡᅳᆯ용方방방言말ᄉᆞᆷ언間ᄉᆞ이간以ᄡᅥ이

典법뎐故연고고雅ᄆᆞᆰ을아俗풍속속相서로샹混섯글혼眞참진假거짓가

莫업슬막分분별분事일ᄉᆞ物만물물異달을이而어조ᄉᆞ이字글ᄌᆞᄌᆞ訓글ᄌᆞ뜻훈

同ᄒᆞᆫ가지동者것쟈甚심ᄒᆞᆯ심多만흘다矣어조ᄉᆞ의今이제금乃이에내

因인ᄒᆞᆯ인其그기同ᄒᆞᆫ가지동而어조ᄉᆞ이稍졈졈쵸異달을이之어조ᄉᆞ지如ᄀᆞᆯ여

道길도永긴영失일흘실至이를지謂닐을위之어조ᄉᆞ지類무리류

是이시也어조ᄉᆞ야又또우或혹혹有이실유强억지강而어조ᄉᆞ이異달을이之

者것쟈如ᄀᆞᆯ여題쓸뎨用쓸용苦쓸고日날일生날ᄉᆡᆼ翔날샹之어조ᄉᆞ지

ㅣ오
도ᄒᆞ니
이라
ᄒᆞ노니에
ㅣ
이라
에ᄒᆞ도라

지ᄉᆞ 類동류류ㅣ 是이시 也어조ᄉᆞ야 其그기 欲ᄒᆞ고잘욕 强억지강 之어조ᄉᆞ지 而어조이

이ᄉᆞ 不못불 ᄒᆞᆯ 可가가 ᄒᆞᆯ 得드ᄅᆞᆯ득 者것쟈 亦또역 頗자못파 有잇슬유 之어조지

짐ᄉᆞ 曰ᄀᆞᆯ왈 ᄂᆞᆫ 腹ᄇᆡ복 舟ᄇᆡ쥬 買살ᄆᆡ 肉살육 馬말마 勿말물 則곳즉 處곳쳐 醢젓ᄒᆡ

乳졋유 歲ᄒᆡ셰 日날일 是이시 也어조ᄉᆞ야 並ᄋᆞ올병 를 錄긔록록 在잇슬ᄌᆡ ᄂᆞᆫ 左왼자

方방방 、 待기ᄃᆞ릴ᄃᆡ 異다ᄅᆞᆯ이 을 日날일 更다시ᄀᆡᆼ 校샹고교 고 細ᄀᆞᄂᆞᆯ셰 ᄂᆞᆫ 高ᄒᆞ세

랄 而어조ᄉᆞ이 爲ᄒᆞᆯ위 之어조ᄉᆞ지 一ᄒᆞᆫ일 一ᄒᆞᆫ일 正바ᄅᆞᆯ졍 을 之어조ᄉᆞ지 未아닐미

샹 爲될위 晩느즐만 즐 云이ᄅᆞᆯ운 ᄂᆞᆫ 戊별무 申펼신 孟맛ᄆᆡᆼ 夏여ᄅᆞᆷ하 望보름망 朝

조ᄉᆞ 참 、又또우 識긔록지、

이 칙을 언문으로 졍셔ᄒᆞᆯᄯᆡ에 ᄌᆞ음과 ᄌᆞ톄에만 샹고ᄒᆞ고

글ᄌᆞ 뜻선 시속언 조ᄎᆞ서리 졍ᄒᆞ지 아니ᄒᆞ엿더니 이

제두번치경셔ᄒᆞ면셔샹고ᄒᆞᆫ즉ᄃᆞ시샹량츌개시습
지못ᄒᆞᆫ지라데더아국에글ᄌᆞ뜻설결체속담방언열
쓰고혹문ᄍᆞ도써서아담ᄒᆞᆫ것과속된거시서로석게
고참과그짓설분간츌쑤ᄆᆞ업써서날과물명언ᄃᆞ트
되글ᄌᆞ뜻선ᄆᆞ튼거시허다ᄒᆞᆫ고로이제야그ᄆᆞ튼거
설인ᄒᆞ야조곰ᄃᆞ르게ᄒᆞ니갈도ᄌᆞ긴영ᄌᆞ질쟝ᄌᆞ와
알을실ᄌᆞ이를지ᄌᆞ알늘위ᄌᆞ거튼류ᄆᆞ그러허고또
혹여지로ᄃᆞ르게ᄒᆞᆫ것도잇쓰니쓸데ᄌᆞ써용ᄌᆞ씰고
ᄌᆞ와날실ᄌᆞ난샹ᄌᆞ날늘샹ᄌᆞ거튼류ᄆᆞ그러허고그
즁에여지로ᄒᆞ야ᄒᆞ여도못ᄒᆞ넌것도또ᄒᆞᆫ잇쓰니비

을라

복ᄌᆞ비유ᄌᆞ와살미ᄌᆞ살육ᄌᆞ와말마ᄌᆞ말물ᄌᆞ와곳
쥬ᄌᆞ곳쳐ᄌᆞ와젓친ᄌᆞ젓유ᄌᆞ와친세ᄌᆞ친일ᄌᆞᄆᆞᄃᆞ
그러헌지라이제대강하방에긔록ᄒᆞ노니후일에ᄌᆞ
세이샹고ᄒᆞ야일일이리경ᄒᆞ년거시늣지ᄋᆞ니ᄒᆞ리
라무신밍하망죠에또긔록ᄒᆞ노라

字글ᄌᆞ쯔 訓글뜻훈쯔 方방방위 言말씀언、同ᄀᆞ틀동 異달을시 考상고고、
失일을 至이를 謂일늘 早일쪽 續이을、成일울 致이룰 ○
題일쓸 用써 普셀 掃쓸 剉셜 纖실쓸 ○借빌 虛빈 枕빌 斬버
祝원 禱긔도 ○日날 生난 翔날늘 出ᄂᆞ갈 刃연장날
○買살 肉살 生산 居거홀 ○擧들 野ᄃᆞᆯ 省덜널 入들어갈 ○

道길 永긴 丈길 負질 ○去갈 磨갈을 秋가을 耕밧갈 ○是
올을 升올늘 右올은 ○大불 揚븐 斟부을 鑄쇠불 ○寒찰
佩찬 盈ㄱ득출 ○郡골 麗고을 谷산곡 ○勝익일 習익힐
熟익을 ○階뜰 摠뜰 浮떨 ○米쌀 裏싼 積쌋을 ○伯맛 味
만 旨맛잇슬 ○年ㄱ 我너 川너물 ○島셔 新셔롤 間셔이
○茲이 者니 齒치아 압니 ○受밧을 奉밧들 觸떠부들 ○葬장
○賣상고 將쟝 쥬 ○馬 勿말 言말삼 ○石돌 助도을 旋돌
날 ○足발 跋발 미 簾발문 ○水물 噬믈 遠멀 ○鐘쉰 息쉬
쉽 易쉬울 ○乘탈 和탄 焚불탈 ○會마참 終마칠 竟마참
너 ○橋두리 股허벅지 髢달비 ○醢 乳젓 脩젓 ○小즈을

五十六

寡젹을○異달을趨다를○草플解플○菜ᄂᆞ물餘남을
○姓셩씨城셩곽○帶대茅뛰○載실을厭실일○玉옥
獄속집○邑빗鄕빗○枯ᄆᆞ를裁맏늘○田밧外밧겻○
書글畫걸○雨비帚뷔○手손客빈각○晝낫面얼굴○
藍쪽版조각○領깃羽짓○池못釘쇠못○者겻表빗겻
○邊갓冠관○鉢졀寺졀집○夜밤栗밤알○十열啓열
열을○旱가믈沐가믈○血피稗피○蘗밀耘밧밀○作지
을○稗기울○名불을衍부를○背등等등쑤○有잇슬露
이실○筋져彼제○麥밀推떠밀을떠도말○粉분分푼○承밧
칠責밧칠○麾둘울西두루○遊놀말放노을○衣입을衾

을 라

이불 ○末 끗 繫 끈 ○罪 죄 紙 조희 ○瓶 병 病 병들 ○丘 뫼

山 산 ○愈 나을 勝 나을 ○絲 실 酸 실 ○幼 어릴 疑 엉길 ○

圖 둥굴 摶 둥글 실 ○牛 소 潭 소 ○醬 장 市 저자 ○或 혹 瘤

샏혹 ○授 줄 索 줄끈 ○獻 드릴 垂 드리울 ○然 글열 文 글

家 뭇 陸 륙디 ○祖 조상 弔 됴상 ○器 그릇 誤 그릇홀 ○賣

팔 臂 팔둑 ○孕 밸 漬 물밸 ○尺 자 字 명쨔 ○罷 파홀 破 패

홀 ○時 때 垢 때절 ○牖 창 倉 창집 ○雜 석길 疎 석길 ○炙

적 者 적 ○貼 붓칠 寄 부칠 ○腹 배 舟 비 ○則 곳 處 곳 ○歲 日 히

字 글쨔 訓 글쨔 뜻훈 方 방 방위 言 말씀 언、考 상고 고、

隨 따를 ○悲 슬플 ○治 다시릴 ○司 맛들 ○麾 둘을 ○美

五十七

앏음달 ○使식힐 ○死죽을 ○起이러날 ○紀벼리 ○喜
깃블 ○棄버릴 ○利리러울 ○刺찌를 ○非글을 ○威위
섬 ○機베틀 ○希바랄 ○沸끄를 ○如마틀 ○錮호믜 ○
與더블 ○扶부뜰 ○須기드릴 ○諭넘을 ○珠구술 ○苦
피로을 ○取마즐 ○固구들 ○暮저믈 ○汙더러울 ○忤
거스릴 ○妻아닉 ○齊간조롱 ○細마늘 ○濟건즐 ○敝
날근 ○崖언덕 ○懷푸믈 ○埋무들 ○悔뉘츨 ○採뜨들
○高노플 ○抢수늘 ○少젹믈 ○曜비츨 ○效효엄 ○勞
수그럴 ○好조을 ○報마플 ○多만흠 ○過허믈 ○遮막
을 ○餓주릴 ○惰게우을 ○暇겨를 ○句구블 ○投던질

○流흘을 ○留머므를 ○修닷글 ○幽ᄀᆞ둘 ○由말미을
○久올일 ○守직흴 ○覆덥흘 ○朽써글 ○獸김ᄉᆡᆼ ○均
골을 ○唇입술 ○遵조츨 ○伸펼 ○仁어질 ○信밋블 ○
忍ᄎᆞᆷ을 ○揩ᄭᅩ즐 ○分ᄂᆞᆫ을 ○雲구룸 ○勤부지런 ○問
물을 ○逝갓ᄀᆞ올 ○晩느즐 ○反도리길 ○官벼슬 ○寬
너그럴 ○斷끈을 ○短잔을 ○撒흣틀 ○然그럴 ○延느
릴 ○專오올 ○玄거믈 ○轉구을 ○戰싸홈 ○踐발블 ○
豪ᄆᆞ리술 ○鴻질어기 ○風ᄇᆞ람 ○動움직일 ○痛압플
○仲버금 ○恐두려울 ○種심을 ○念이즐 ○量혜아릴
○將거ᄂᆞ릴 ○狂미칠 ○强억어지 ○養길을 ○望ᄇᆞ롬 ○

○網구물 ○誑속일 ○況ᄒ믈며 ○名일흠 ○明발글 ○
盛ᄃ물 ○迎마즐 ○請말글 ○爭닷톨 ○並ᄋ오를 ○正
발글 ○青푸를 ○聽드를 ○稱일ᄀ를 ○陰그늘 ○深깁
흘 ○尋ᄎ즐 ○覃버을 ○慚북그릴 ○含머음을 ○擔업
을 ○率거ᄂ릴 ○溢너믈 ○疾ᄲᆞᆯ을 ○髮터러 ○沒ᄲ즐
○殺죽일 ○脫버슬 ○鍵이즈를 ○設베플 ○切오랄 ○
撤거들 ○叔ᄋ잡이 ○束묵글 ○搏넘을 ○薄얄블 ○嚼
씨블 ○夕저역 ○釋삭일 ○迹자취 ○擇ᄀ릴 ○抑눌을
○匿수물 ○食먹을 ○飾꿈일 ○直고들 ○塞막힐 ○汲
물기를 ○濕저즐 ○執잡을 ○集모들 ○闔ᄃ들 ○挾조

블

壬申孟秋魯峯六十四歲翁謄寫

女小學 解題

洪允杓

女小學은 壺山 朴文鎬(1846~1918)가 1882年(高宗 19年)에 婦女子들에게 필요한 글을 모아 諺解한 6卷 6冊의 筆寫本이다.

이 女小學이 1882年에 이루어졌음은 그의 文集인 壺山集의 附錄 卷之一에 나오는 年譜의 壬午(壺山의 나이 37歲때)年 四月條에 「女小學成」이라 되어 있는 점으로 보아 알 수 있다.

이 冊은 筆寫本이지만 壺山 朴文鎬 자신이 직접 淸書한 女小學은 現存하지 않는 것으로 생각된다. 단지 그의 後孫이 筆寫한 것으로 보이는 두 秩만이 남아 있는 것으로 추측된다. 원래 이 책은 같은 내용을 최소한 네 번 이상 筆寫한 것으로 생각된다. 이처럼 생각되는 이유는 첫째, 異本이 두 秩이 現存하고 있으며, 둘째, 壺山이 직접 두 번을 썼기 때문이다. 壺山이 직접 쓴 처음 책은 火災로 소실되었으므로 壺山 자신이 또 한 번 쓴다는 기록이 남아 있다. 즉 女小學 題辭에

> 집 미데ᄀ 칠팔세에 언문을 티강 통ᄒ야 익히넌 거시 허탄ᄒ 쇼설이라 ᄊ움과 괴이ᄒ 닐이 규문에 하관이냐 ᄒ고 이전 성현의 말심얼 뫼와 조고마치 ᄎ얼 만드러 ᄀ리치고 출가할 제 통의 너허 보ᄂᆡᆺ더니 근친시에 그 ᄎ을 ᄎᄌ니 화지에 ᄐᆡ와더라

라고 기록하고 있는 것이다.

現存하고 있는 異本은 두 가지이다. 하나는 1897年 亞細亞文化社에서 출판한 壺山集의 제 四책에 影印되어 있는 女小學의 底本이 그것인데 壺山의 後孫이 소장하고 있는 것으로 보인다 (이를 亞細亞文化社 影印本이라고 부르기로 한다.) 또 하나는 忠南 天安市의 泰華山房에서 解題者가 발견한 女小學이다 (이를 弘文閣 影印本이라고 부르기로 한다.)

이 두 異本은 거의 차이가 없다. 筆體까지도 동일하다. 단지 차이점이 있다면, 弘文閣 影印本은 漢文 原文에 朱書로 點을 찍어 놓고, 그 欄上에 한글로 口訣을 써 놓았다는 점이 있는데 비하여 亞細亞文化社 影印本은 그러한 朱點과 口訣이 없다는 점일 뿐이다. 이 두 가지 異本은 그 筆寫年代가 각각 다르다. 亞細亞文化社 影印本은 1915年에 筆寫한 것으로 보이고, 弘文閣 影印本은 1932年에 筆寫한 것으로 보인다.

亞細亞文化社 影印本의 끝부분에 「乙卯 暮春 楓山 七十翁寫」이라 하고 있는 것으로 보아서, 그리고 弘文閣 影印本의 末尾에는 「壬申 孟秋 魯峯 六十四歲翁 謄寫」로 되어 있는 것으로 보아서 알 수 있다. 楓山은 朴文鎬의 또 한 가지 號이기 때문에 亞細亞文化社 影印本은 壺山 朴文鎬가 직접 筆寫한 것으로 보이고 弘文閣 影印本은 그의 後孫 중에 魯峯이라는 號를 가진 사람이 筆寫한 것으로 보일지 모른다. 그러나 이 두 가지 本이 다 壺山이 직접 쓴 것으로는 보이지 않는다. 왜냐 하면 이 두 책이 筆體가 동일하기 때문이다. 弘文閣 影印本을 筆寫한 年代가 1932年이라면 壺山의 死後가 되므로 壺山이 직접 筆寫할 수가 없을 것이며, 또한 1915年에 筆寫한 책과 그 筆體가 동일할 수가 없는 것이다. 따라서 亞細亞文化社 影印本의 책 末尾에 「乙卯 暮春 楓山 七十翁寫」라 한 것도 그대로 옮겨 베낀 것으로 볼 수밖에 없다. 아마도 魯峯이라는 號를 가진 그의 後孫이 베껴 쓴 것으로 해석된다. 그러나 여기에 쓰인 글씨뿐만이 아니고 表記까지도 동일한 것을 보면 壺山이 직접 쓴 것과 거의 차이가 없을 것으로 생각된다. 그러나 壺山이 처음에 쓴 것과는 조금 내용상의 차이가 있을 것으로 보인다. 이러한 것은 그가 쓴 女小學跋에

칙이 된 후 이십여년만의 두시 일통얼 정서ᄒᆞ되 대강 곤촌 거시 잇쓰니

----병오 모춘 길일에 긔록ᄒᆞ노라

라 되어 있어서 처음 책을 쓴지 20餘年만인 1906年에 跋文을 쓰면서, 다시 쓰되 고친 부분이 있음을 밝히고 있다. 그리고 後跋에는

이 칙얼 츰으로 정서홀 띠에 주음과 주테에만 살피고 ---

무신 밍하 망죠에 또 긔록ᄒᆞ노라

라 기록하고 있어서 이 後跋은 또 跋文을 쓴지 2年만인 1908年에 썼음을 밝히고 있다. 그러니까 이 女小學은 단번에 이루어진 것이 아니라 여러해를 두고 編纂된 것임을 알 수 있다. 곳곳에 干支가 출현하는데 거의가 다른 해가 되는 것으로 보아서 이러한 점을 알 수 있다. 따라서 이 문헌에 쓰인 한글表記는 十九世紀末 당시의 表記로 해석하는 것이 타당할 것으로 보인다.

다음에 弘文閣 影印本을 중심으로 하여 그 書誌事項을 살펴 보도록 한다.

冊의 크기는 세로30.4 cm, 가로20.4 cm이다. 그러나 제 3책은 그 크기가 약간 달라서 세로 29.4cm 가로 20.7cm이다. 그리고 版匡의 크기는 가로 세로 각각 25 cm, 16.2 cm이다. 版心魚尾는 없고 版心題도 없다. 단지 版心에는 張次만이 적혀 있다.

表紙의 題目은 「女小學」이며 内紙의 題目도 역시 女小學이다. 無界에 10行 22字이다. 前述한 바와 같이 모두 6卷 6冊으로 되어 있는데, 第一冊에는 女小學題辭 4張, 女小學 目録 5張, 女小學 卷之一 40장으로 모두 49장으로 되어 있고 第二冊에는 女小學 卷之二 50張, 第三冊에는 女小學 卷之三 52장, 第四冊에는 女小學 卷之四 60장, 第五冊에는 女小學 卷之五 59張, 第六冊에는 女小學 卷之六 59장으로 되어 있는데, 이 第六冊의 뒷부분에 女小學跋과 後跋, 그리고 字韻方言同異考가 들어 있다.

그 編纂形式은 매우 특이하여 앞에 原文인 漢字를 쓰고 그 漢字 하나하나의 아래에 일일이 모두 한글로 釋音을 달고 그 原文의 다음에 한글로 諺解를 하였다. 原文에는 漢字와 그 釋音을 달았지만, 諺解文은 순수히 한글로만 썼다. 이와 같은 형식은 東京大學本 百聯抄解와 거의 동일한 형식이 되는 셈이다. 이와 같은 형식의 諺解方式은 대개 婦女子를 대상으로 한 문헌에서 흔히 발견된다. 그러나 대개의 경우에는 漢字音만을 달아 놓는 것이 일반적인데(예컨대 女訓諺解 등), 이 책은 漢字 하나하나에 모두 釋音을 달고 있어서 매우 특징적이다. 그런데 그 釋音도 規範的인 釋音을 달고 있는 것이 아니라, 그 文脈에 따라 다르게 달고 있는 점이 특히 주목된다.

壺山이 이 冊을 編纂하게 된 動機는 그의 女小學題辭에 잘 들어나 있다. 이제 그 題辭의 諺解文 全部를 引用하면 다음과 같다.

ᄒᆞᆫ을이 ᄉᆞ람의 성픔을 주실 쩍의 남녀의 후박이 업쓰ᄂᆞ ᄀᆞ리ᄎᆞ지 ᄋᆞ니ᄒᆞ면 엇지 착ᄒᆞ며 글이 ᄋᆞ니면 무어슬 의거ᄒᆞ리요 그런고로 이전 착ᄒᆞᆫ 부인덜이 글에 잠심ᄒᆞ야 ᄂᆡ치에 유조ᄒᆞ고 ᄉᆞ칙의 일음을 키천ᄂᆞ니라 그러허ᄂᆞ 이 덕얼 익이면 또ᄒᆞᆫ 맘을 방ᄉᆞ케 ᄒᆞᄂᆞᆫ고로 한ᄂᆞ라 채엽과 진ᄂᆞ라 샤도온은 ᄋᆞ넌 거시 만키로 좀ᄉᆞ람 한틔도 조롱함을 바닷너니라 우리ᄂᆞ라에 언문이 잇스니 그 글 지으시니ᄂᆞᆫ 성인이라 부인과 어린ᄋᆞ희도 ᄇᆡ울만 ᄒᆞ니 ᄒᆞ로ᄋᆞ침에도 가히 통할 거시라 그 글로 경서를 번역ᄒᆞ야 부인덜노 ᄇᆡ우게 ᄒᆞ엿더니 세상이 ᄂᆞ리고 시쇽이 무너저셔 이전 법이 ᄎᆞᄎᆞ 어둡더라 부귀가 부인덜언 너머 편ᄒᆞ야 샤치ᄒᆞᄂᆞᆫ 풍쇽만 날노 성ᄒᆞ고 간난ᄒᆞ니ᄂᆞᆫ 치산에 골몰ᄒᆞ야 언문얼 겨를치 못ᄒᆞ더라

집 미대ᄀᆞ 칠팔세에 언문을 ᄃᆡ강 통ᄒᆞ야 익히넌 거시 허탄ᄒᆞᆫ 쇼설이라 ᄊᆞ옴과 괴이ᄒᆞᆫ 닐이 규문에 하관이냐 ᄒᆞ고 이전 성현의 말심얼 뫼와 조고마치 ᄎᆡᆨ얼 만드러 ᄀᆞ리치고 출가할 제 통의 너허 보ᄂᆡᆺ더니 근친시에 그 ᄎᆡᆨ을 ᄎᆞ즈니 화지에 ᄇᆡ와더라 집 ᄋᆞ희넌 십오세에 칠서럴 ᄃᆞ 일것더니 너식과 질녀ᄂᆞᆫ ᄎᆞᄎᆞ 그 ᄂᆞ희 되

미 정구ᄂᆞᆫ ᄀᆞ장 능히 ᄒᆞ나 속에 든 거슬 무릅진ᄐᆡ 한말도 ᄇᆡ온 거시 업도ᄃᆞ 대더 ᄋᆞ덜에 ᄇᆡ우지 못ᄒᆞᆫ 거슨 부모ᄀᆞ 용서ᄂᆞ ᄒᆞ련이와 ᄯᅩᆯ언 남의 집에 ᄇᆡ인 ᄉᆞ람이라 만일 ᄇᆡ우지 못ᄒᆞ면 외정과 구고의게 이우ᄒᆞᄂᆞ니 ᄉᆞ덕을 닥지 ᄋᆞ니ᄒᆞ면 엇지 남의 며느리ᄀᆞ 되리요 ᄂᆡᄀᆞ 편발 쩍부텀 놀며 ᄇᆡ우기럴 조와 ᄒᆞ야 ᄎᆡᆨ얼 만권을 ᄇᆡ와쓰ᄂᆞ ᄒᆞᄂᆞ도 몸의 잇지 ᄋᆞ니ᄒᆞ니 즁야의 혼ᄌᆞ 싱각ᄒᆞ미 놀닌 ᄯᆞᆷ이 그치지 ᄋᆞ니ᄒᆞ도ᄃᆞ 대더 드른 거시 잇거던 그 말ᄃᆡ로 ᄒᆡᆼᄒᆞ미 귀ᄒᆞ니 그 말과 그 닐이 경서에 잇고 ᄉᆞ긔에 잇넌지라 두루 뫼와서 이 ᄎᆡᆨ얼 만드러 너ᄉᆞ의게 주노라

입오 춘삼월에 호산은 쓰노라

이 女小學에 인용된 문헌은 周易, 左傳, 國語, 史記, 內則, 禮記, 女誡, 小學集解, 毋詩, 東國文獻備考, 小學諺解, 五倫行實, 安氏家訓, 論語 등 考據諸書가 대단히 많다.

이 冊을 지은 朴文鎬는 本貫이 寧海로서, 字가 景模이며 호는 壺山 또는 楓山이다. 그의 原系는 朴赫居世의 七世孫으로서 朴堤上으로부터 始發된다. 朴文鎬의 先系가 忠北地域에 정착한 것은 高麗 高宗朝 때부터이다. 朝鮮朝에 와서는 그의 先祖가 壬辰亂 때 懷仁으로 移居하였다.

壺山은 1848年(憲宗 12年) 3월 1일에 懷仁郡 訥谷里에서 탄생하였다. 서울을 비롯한 여러 곳에 다닌 적은 있지만 주로 생활은 忠北 懷仁郡 訥谷里에서 생활하였다. 따라서 이 女小學에 쓰인 한글表記는 十九世紀末의 忠北 懷仁郡 地域語를 반영하고 있다고 할 수 있다.

이 女小學에 한글로 표기되어 있는 漢字의 釋音과 諺解文은 十九世紀末의 忠北方言을 반영하고 있어서, 國語史的인 면에서 중요한 가치를 지닌다. 方言史 資料를 찾아 보기 힘든 현실에서 이와 같이 方言을 상당부분 반영하고 있는 자료의 출현은 國語學界를 위해서는 매우 고무적인 일이라 아니할 수 없다.

이 女小學에 대해서는 解題者가 별도로 발표할 論文을 준비 중에 있다. 따라서 本 解題에서는 國語學的인 特徵에 대해서는 생략하기로 한다.

參 考 文 獻

朴文鎬(1987), 壺山全書 (影印本), 亞細亞文化社.

柳正基(1987), 壺山 朴文壺全書 解題, 壺山全書 影印本 第一冊, 亞細亞文化社.

李樹鳳(1988), 女小學 研究, 湖西文化 6.